이정우
에크리

무위인-되기

이정우 에크리 01

무위인-되기

초판1쇄 펴냄 2023년 6월 26일

지은이 이정우
펴낸이 유재건
펴낸곳 (주)그린비출판사
주소 서울시 마포구 와우산로 180, 4층
대표전화 02-702-2717 | **팩스** 02-703-0272
홈페이지 www.greenbee.co.kr
원고투고 및 문의 editor@greenbee.co.kr

편집 이진희, 구세주, 송예진, 김아영 | **디자인** 권희원, 이은솔
마케팅 육소연 | **물류유통** 유재영, 류경희 | **경영관리** 유수진

ISBN 978-89-7682-830-9 93100

독자의 학문사변행學問思辨行을 돕는 든든한 가이드 _(주)그린비출판사

무위인-되기

소운 이정우 지음

그린비

지은이 이정우

소운(逍雲) 이정우(李正雨)는 1959년 충청북도 영동에서 태어났고 서울에서 자랐다. 서울대학교에서 공학과 미학 그리고 철학을 공부했으며, 아리스토텔레스 연구로 석사학위를, 푸코 연구로 박사학위를 받았다. 1995~1998년 서강대학교 철학과 교수, 2000~2007년 철학아카데미 원장, 2009~2011년 어시스트윤리경영연구소 소장을 역임했으며, 현재 소운서원 원장(2008~)과 경희사이버대학교 교수(2012~)로 활동하고 있다.

소운의 사유는 '전통, 근대, 탈근대'를 화두로 한 보편적인 세계사의 서술, '시간, 사건, 생명'을 중심으로 하는 사건의 철학, 그리고 '진보의 새로운 조건들'을 탐색하는 실천철학의 세 갈래로 진행되어 왔다. 철학사적 저작으로는 『세계철학사 1: 지중해세계의 철학』(길, 2011), 『세계철학사 2: 아시아세계의 철학』(길, 2018), 『세계철학사 3: 근대성의 카르토그라피』(길, 2021) 등이 있으며, 존재론적 저작으로는 『사건의 철학』(그린비, 2011), 『접힘과 펼쳐짐』(그린비, 2012), 『파라-독사의 사유』(그린비, 2021) 등이, 실천철학적 저작으로는 『천하나의 고원』(돌베개, 2008), 『전통, 근대, 탈근대』(그린비, 2011), 『진보의 새로운 조건들』(인간사랑, 2012) 등이 있다. 현재 『세계철학사 4: 탈근대 사유의 갈래들』을 집필하고 있다.

소운서원 | https://sowoonseowon.modoo.at

머리말

여기에 모은 글들은 2009년에서 2022년에 걸쳐 썼던 글들이다. 1부의 글들은 세계, 주체, 윤리에 관한 글들로서 지난 십여 년간 존재론, 주체론, 윤리학을 이어서 사유하려 한 노력을 담고 있는 글들이다. 첫 글인 「주체란 무엇인가?」가 논의의 중심에 있으며, 그 앞으로는 '세계'에 관한 글들이 그리고 그 뒤로는 '윤리'에 관한 글들이 연관되어 있다. '무위인(無位人)' 개념의 해명이 이 책의 핵심에 있으며, 그 이론적 기초로서 '내재적 가능세계론'이 그리고 그 실천적 귀결로서 '타자-되기의 윤리학'이 배치되어 있다고 보면 좋을 것이다. 2부의 세 글은 시간에 관련된 것이다. 특히 아이온의 시간, 즉 흐르지 않는 시간, 사건의 시간이 논의의 핵심에 놓인다. 이 글들은 앞으로도 계속될 시간 개념의 연구를 위한 기초가 되어 줄 것이다. 3부의 글들은 오늘날의 한국 사회와 관련되는 글들이다. 구한말에서 현재에 이르기까지의 역사를 배경으로 한국 사회의 여러 주체들과 나눈 대화라는 맥락에서 읽으면 좋을 것이다.

2023년 여름

逍雲

차례

1부

무위인-되기

역사에 있어 근대성의 도래는 사유하는 사람들에게 주체의 문제를 부과했다. 그리고 그로부터 적지 않은 세월이 흐른 오늘날에도 주체의 문제는 여전히 현대 사상의 중심부에 놓여 있다. 그만큼 주체의 문제가 간단치 않기 때문이며, 또 세계가 생성하는 한 주체의 문제 역시 생성하기 때문일 것이다. 근대가 도래한 이후의 숱한 사상가들이 주체라는 화두를 붙들고서 씨름해 온 것을 보면, 인간이란 사유를 포기하지 않는 한에서는 자기 스스로에 대해 끝없이 사유해야 할 운명을 타고난 존재인가 보다.

　나 역시 사유를 처음 시작했을 때부터 줄곧 주체의 물음으로부터 벗어난 적이 없었던 것 같다. 여기에는 내가 소은 박홍규 선생께 철학을 배우면서 처음부터 '결정론과 자유'라는 문제를 만나게 된 상황도 작용했을 것이다.

　내게는 주체와 자유를 역설하는 사유들보다는 오히려 결정론적인 사유들이 매력적이었다. 왜였을까? 주체의 자유는 결정론의 끝에서만 설득력을 가질 수 있다고 믿었기 때문이다. 주체와 자유를 처음부터 강조하는 것은 해결해야 할 문제를 애초에 해결된 것으로 제시하는 것에 불과하다는 생각이 들었다. 이 때문에 오히려 객관적 장을 강조하는 철학들이 더 가까이 다가왔던 것이다. 첫 저작에서 '담론의 공간'을 탐구한 것도 이 때문이었다.

지금도 이런 생각에는 변함이 없다. 그러나 내가 결국 지향하는 것은 주체와 자유의 철학이며, 그 때문에 『담론의 공간』을 쓴 직후 이미 내가 '객관적 선험'의 장이라고 부른 장에서 과연 어떤 주체가 가능할까를 고민하기 시작했다. 그리고 그 결과로서 '가로지르는 주체'를, 그 후에는 '무위인'을 개념화했다. 그러나 이 탐구는 아직도 끝나지 않았고, 또 사유를 삶의 생성과 함께하는 한 끝날 수도 없을 것이다.

'무위인' 개념은 이전 저작들에서 여러 번 사용했지만 구체화할 기회가 없었다. 이 글은 이 개념을 정교화하기 위해 작성되었다. 내게 진정한 의미에서의 주체란 곧 무위인이며, 때문에 여기에서 무위인에 관한 논의를 통해 주체의 이론을 명확히 하고자 시도했다.

우리의 주제는 '이름-자리로부터의 탈주'이다. 이름-자리의 체계[位]와의 투쟁이 우리를 일정한 주체로 만들어 주고 또 우리 삶에 의미를 부여해 준다고 보기 때문이다. 탈주란 벗어남이 아니라 오히려 부딪침, 끊음, 이음, 가로지름, 가름, 모음,…의 운동이다. 그것은 윤리적이고 정치적인 행위이다. 그러나 이런 윤리와 정치의 논리를 다듬기 위해서는 우선 이름-자리라는 개념을 명확히 해야 한다.

I. 술어적 주체

반복되는 모든 것에는 그 반복을 가능케 하는 집요한 어떤 힘이 숨어 있다. 그렇다면 주체 물음의 반복에는 어떤 힘이 숨어 있을까? 주체 물음의 반복 아래에는 '나'라는 힘이 숨어 있다. 그것은 자의식을 갖춘 개체가 좋든 싫든 품을 수밖에 없는 힘이다. 이 힘이 주체 물음이 반복되도록 만든다. 그러나 이런 반복에는 아이러니가 숨어 있다. 물음의 반복에는 해(解)의 불완전성이 함축되어 있고, 물음을 던지게 만드는 내적 힘은 스스로의 동일성을 반복해서 위기에 빠트리기 때문이다. 그럼에도 왜 주체는 스스로에의 물음을 멈추지 않는 것일까?

주체가 자기에의 물음을 반복하는 선험적 지평은 시간이다. 끈덕지게 되돌아오는 물음-힘은 시간을 그 가능조건으로 해서 반복된다. 시간은 '나'의 물음이 새롭게 되돌아올 수밖에 없도록 강요한다. 이 강요는 시간이 생성시키는 타자성과 관련된다. 시간의 지평 위에서 주체는 타자들과의 마주침을 통해 생성해 가며, 그로써 자신의 동일성을 상실하게 된다. 이 상실로부터의 회복은 주체의 자기 변형을 요구하며, 이런 요구는 자기에의 물음을 반복케 하는 것이다. 이런 반복을 통해서만 주체는 해체되는 자신을 재구성해 나갈 수 있다. 타자와의 마주침에 충실할 때 주체는 낯섦에 열려 갈 수밖에 없으며, 주체성은 그런 과정과의 투쟁을 통해 새로운 동일성을 만들어 가는 능력이다. 그래서 그는 늘 차이생성과 동일성의 교차로/전장(戰場)에서 방황하는 존재이다.

고전적인 사상가들(예컨대 스피노자)이 대개 그렇게 생각했듯이, 타자들과의 마주침은 인식의 측면과 감정의 측면을 갖는다. 그래서 주체는 타자들과의 마주침을 통해서 인식적 변화와 감정적 변화를, 즉 '변양'과 '감응'을 겪는다. 그리고 이 변양과 감응이 차이생성을 가져온다. 주체가 '나'를 만들어 나가기 위해서는 이 차이생성과 대결해 자신의 동일성 ──정적 동일성이 아니라 시간의 종합을 통해 성립하는 동적 동일성 ──을 끝없이 다듬어야 한다. 변양과 감응을 통해서 계속 타자화되면서도 역동적 동일성(이른바 '정체성')을 유지해 나감으로써 '나'라고 하는 주체성이 존립한다. 그렇다면 이 '나'는 구체적으로 어떤 존재인가?

주체와 술어

주체란 구체적으로 어떤 존재인가? 현실적으로 생각할 수 있는 주체는 우리가 '술어적 주체'라고 부를 수 있을 주체이다. 술어적 주체란 주어로서의 주체로서, 자신에게 붙은 **술어들을 통해서** 성립하는 주체이다. 아리스토텔레스의 논리학/존재론을 염두에 둔다면, 이런 주체를 '범주적 주체'라고도 할 수 있을 것이다. 이 범주적 주체에서 술어들은 주체를 규정해 주는 것들로서, 문법적으로는 명사 및 형용사로 구성된다. 철수는 머리가 검다. 나타샤는 키가 170cm이다. 앙드레는 교사이다. 미치코는 히로마쓰의 딸이다 등등.

이 술어들은 각각의 주어를 서술하며, 그 각각은 한 사람의 주체가 이 **규정성들을 통해 타자들에게 드러남**을 함축한다. 술어들의 응집성이 주어와 그 술어들의 연관성을 보여 준다. 철수는 "머리가 검다", "노래를 잘 부른다", "A회사에 다닌다", "불교도이다", … 라고 할 때, 술어들의 응집성이 그것들과 철수라는 주체의 연관성을 확인해 준다. 이때 서술되는 주체는 이런 술어/규정성을 통해서 타자들에게 드러나지만, 다시 타자들의 인식을 내면화함으로써 스스로를 인식하게 된다. 이때 "사람들은 철수가 …라 한다"라는 언표들이 내면화됨으로써 "나는 내가 …라고 생각한다"라는 언표들이 성립한다. 전자에서 주체/'나'는 언표의 주체가 되고, 후자에서는 언표행위의 주체가 된다. 언표의 주체와 언표행위의 주체가 일치하지 않는 경우 "영희는 '철수[나]는 똑똑하다'고 생각한다"와 같은 언표가 성립하며, 일치할 경우 "나는 '나는 똑똑하다'고 생각한다"와 같은 언표가 성립한다. 전자와 후자는 매우 다르다. 언표의 주체(나)와 언표행위의 주체(나, 영희)가 때로는 일치하고 때로는 일치하지 않는 것이다. 내가 "나는 내가 …"라고 언표할 때 즉 언표의 주체와 언표행위의 주체가 일치할 때 한 주체의 '자기의식'이 성립한다. 더 정확히 말해, 이런 자기의식 없이 주체는 주체일 수 없다. 이 경우 주체의 구체적인 주체-임은 "나는 …"이라는 형식에 있어 술어에 들어가는 규정성들이라고 할 수 있다. 이런 맥락에서의 주체가 술어적 주체이다. 술어들이 주체를 주체이게 한다. 너의 술어들을 알려다오, 그러면 네가 누구인지 말해 주마.

주체로서 존재하는 것들은 우선 개체로서 존재해야 한다. 개체성이 없는 곳에 주체성이 존재할 수 없기 때문이다. '물의 요정'이나 '바람의 요정' 같은 신화적 이미지들은 흥미롭다. 물이나 바람에는 개체성이 존재하지 않지만 그것들에 주체성을 부여함으로써 이미 함축적으로 개체성을 부여하고 있는 것이기 때문이다. 개체성의 좁은 의미와 넓은 의미를 구분할 필요가 있을 것이다. 상식적 의미에서의 개체들은 좁은 의미에서의 개체들이다. 생명체들은 좁은 의미에서의 개체성을 보여 주는 핵심적인 존재들이다. 이 사람, 저 개, 그 장미꽃 등등. 보다 넓은 의미의 개체성도 가능하다. 일상적 개체들 이상의 개체들(한 가족, 한 마을, 한 종 등등), 또 이하의 개체들(한 세포, 한 원자 등등). 그럼에도 우리는 대개 주체성을 좁은 의미의 개체들에만 부여하며, 이것은 이 개체들이 보다 고유한 의미에서의 개체성을 형성하기 때문이다.

보다 더 흥미로운 개체성들도 존재한다. 태풍은 일정한 형태를 가지지 않으며, 더 결정적으로는 한 번 생겨났다가 사라진다. 그럼에도 그것은 개체성을 가진다. 그래서 사람들은 그것에 고유명을 붙여 준다. 하나의 고유명 예컨대 '사라'는 그것에 일종의 의사-주체성을 부여해 주고, 그래서 사람들은 "태풍 사라'가' 제주도를 덮쳤다"고 말한다(이 밖에도 태풍은 흥미로운 존재론적 물음들을 많이 던져 준다. 1년마다 찾아오는 매우 유사한 성격의 태풍, 그래서 사람들이 어떤 일정한 이름으로 부르는 태풍은 진짜 '그 태풍'이라고 할 수 있는가? 지구상의 공기가 결국 돌고 도는 '하나의' 공기라면 각 태풍들은 여럿인가 하나인가? 등등). 이 외에도 독특한 개체성을 구가하는 존재들은 매우 많다: 0°C, 정동진에서의 새해 일출, 아홉 시 반의 당구, 그날 그 졸업식의 분위기, 혜경이 특유의 보조개, …. 이 모든 '것들'이 나름대로의 개체성을 담고 있다. 넓은 의미의 개체성은 '**것**'의 **존재론**을 함축한다.[1]

하나의 개체, 즉 어떤 방식으로든 어떤 '것'으로 존재하는 것이 자기의식을 가지게 될 때 주체성이 성립한다. '자기'의식이란 어떤 가름의 의식을 뜻한다. 즉, 나와 나 아닌 것은 다르다는 것, 나와 나 아닌 것 사이에는 불연속이 존재한다는 것을 의식할 때 자기의식이 발생한다. 자기의식은 자(自)와 타(他)의 구분을 함축한다. 자기의식이라는 개념을 어떤 존재들에까지 적용해야 하는가는 답하기 쉽지 않은 물음이다. 즉, 그것의 유와 무의 경계선을 어디에서 그어야 할지가 쉽지 않은 개념이다. 그러나 원칙적으로 좁은 의미에서의 개체들, 즉 생명체들은 모두 자기의식을 가진다고 할 수 있다. 식물들은 0으로 수렴하는 자기의식을 가진다고 할 수 있을 것이다.[2] 개체성을

1) '것'이라는 불완전 명사는 그 불완전함으로 인해서 개체성들을 최대한 포괄할 수 있다. 그것은 둔스 스코투스의 '이-것(haecceitas)' 개념보다도 넓은 범위를 포용한다. 이는 '일반성-특수성' 짝(큰 단위들과 작은 단위들이 '수목형'으로 구조화되어 있는 체계)에서 '보편성-특이성' 짝으로의 이행과 관련된다. 조직(예컨대 대학)은 대개 수목적이다. 인문대학과 자연대학, 어문계열과 인문계열, 역사와 철학, 동양철학과 서양철학, "영미철학"과 "대륙철학", "프랑스철학"과 "독일철학", … 같은 식의 이항적(binary) 또는 다항적 가지치기. 일반성과 특수성의 누층적 위계. 우리는 이런 체계의 그 어딘가(어떤 기표와 어떤 장소)에 자리를 잡아야 한다. 이런 체계는 **이름-자리의 체계**이다. 보편성-특이성은 일반성-특수성의 격자를 모두 지우고('보편성') 거기에 이전의 분절체계에서는 배제되었던 새로운 개별성들('**특이성들**')을 채워 나갈 때 성립한다. 대학을 분절 짓고 있는 격자들을 모두 지우고 '학문'이라는 보편성을 세운 후 거기에 독특한 "전공"들 ── 실선이 아니라 점선으로 그어진(언제나 점선으로 사는 것이 중요하다) ── 을 새롭게 창조하는 일이라고 할 수 있다. 우리 삶에서 진정 창조적인 것은 새로운 개별성들, '이-것'들, 특이존재/특이성들을 창조하는 일이다.
2) 일반성, 보편성, 특수성 등으로 환원될 수 없는 좁은 의미의 개체성/개별성 ── '실존' ── 의 의미는 키르케고르, 실존주의자들, 아도르노/호르크하이머 등에 의해 강조되었다. 반면 이런 의미에서의 개체성/개별성 개념의 한계는 특히 질베르 시몽동에 의해 논의되었고, 그후 들뢰즈의 작업으로 이어졌다(다음을 보라. Alberto Toscano, *The Theater of Production*, Palgrave Macmillan, 2006). 전자의 흐름은 '개인'의 의미를 강조하는 흐름이고, 후자의 흐름은 (좁은 의미에서의) 개체성 개념의 존재론적 한계를 파고 들어간 흐름이다. 이렇게 볼 때

가진 존재자는 (그것을 인식하는 주체에게) 보다 안정적인 규정성들/술어들을 가진 것으로서 나타난다. 형태라든가 색 등을 비롯해 비교적 안정적인 술어들을 갖추었을 때 개체성이 두드러진다(넓은 의미에서의 개체들도 규정성들을 가진다. 그래서 사람들은 "올해 첫날의 일출은 유난히 아름다웠다"고 말한다). 주체성을 가진 것들에는 좀 더 다채롭고 심도 있는 술어들이 붙는다. 개체성 나아가 주체성이 도래하면서 세계의 서술에는 좀 더 풍부한 술어들이 필요하게 된다. 물론 이런 술어들은 세계에서 가장 풍부한 술어들을 보유한 존재인 인간에 대해 상대적인 술어들이다.

스스로를 의식하는 개체 즉 주체는 자기와 타자를 가름으로써 주체가 된다. 일찍이 헤겔이 분석해 주었듯이, **타자성** 없이는 주체성도 없다. 나를 나'이다'라고 긍정하는 것은 반드시 내가 아닌 타자를 내가 '아닌' 존재로서 나로부터 구분해야만 가능하다. 그리고 이 '아님'을 매개해서 나-'임'으로 되돌아올 때에만 인간 고유의 자기의식이 가능하다. 이런 가름과 되돌아옴으로부터 자기의식이 탄생한다. 이 자기의식은 그 자기의식의 주체를 행복하게 만들어 주는 동시에 불행하게 만든다. 주체는 자기의식을 가짐으로써 고도의 역능(力能)을 갖추게 된다는 점에서 행복하며, 타자와의 불연속이라는 근원적인 소외감을 가지고 살아가야 한다는 점에서 불행하다. 자기의식을

개체성의 좁은 의미와 넓은 의미, 그리고 개체성 일반과 인간 고유의 개인성을 구분하는 것이 필요하며, 1) 존재론적으로 보다 폭넓은 개체성('이-것')을 파악하면서도 2) 그 위에서 좁은 의미의 개체성이 가지는 의미 3) 더 나아가 인간-개체 즉 개인/실존의 고유한 의미 또한 음미하는 포용적인 사유를 추구할 수 있다.

갖춘 존재는 그 자기의식에 집착하면서도 동시에 그로 인한 불연속을 메우려고 한다는 점에서 불가능한 욕망을 꿈꾸는 존재이다.[3]

주체가 자기를 확인하는 기본적인 방식은 술어들을 통한 확인이다. 언표의 주체와 언표행위의 주체가 일치할 때 자기의식을 갖춘 주체의 자기 확인이 성립한다. '나'가 "나는 x이다"라고 말할 때, x에 들어가는 세목들, 그것들이 바로 자기의식을 갖춘 한 주체가 자기를 확인할 수 있게 되는 규정성들/술어들이다.[4] 이 x에는 일반명사만이 들어올 수 있다.[5] 학생, 한국인, 노인… 등등. '나'는 이런 일반명사들에 의해 '~이다'로서 서술된다(술어적 주체로서의 나). 유일하게 예외적으로 x에 들어올 수 있는 고유명사, 그것이 나의 (좁은 의미에서의) 이름이다. '나'는 숱한 일반명사들로 규정되지만, 고유명사로서는 단 하나만으로 규정된다.[6] '나'는 일반명사들로 '표현'되며, 더 나

---

3) 박이문은 인간을 자연과 거리를 두려 하면서도 또한 그것과 합치하고 싶어 하는 "모순된 욕망"의 존재로서 파악하고, 시(詩)를 이 모순된 욕망을 충족하려는 노력으로서 해명한다(『인식과 실존』, 미다스북스, 2016, 145쪽 이하). 박이문이 시에서 찾은 이 모순된 욕망의 충족을 모리스 메를로-퐁티는 회화에서 찾는다. 회화는 대상과 거리를 두면서도 그것과 합일하려는 노력이기 때문이다(「눈과 마음」, 『현상학과 예술』, 오병남 옮김, 서광사, 1983).

4) 서구어의 경우 (예컨대 영어로) "I am x"의 x는 형용사들을 포괄한다. "I am tall"에서 'I'와 'tall'은 직접적으로 연결된다. 우리말의 경우 주어 '나'에 다시 다른 주어 '키'가 있고, '크다'는 내가 아니라 키에 붙는다. 존재론적으로는 심대하게 보이는 이 차이가 실제 어떤 구체적 차이들로서 나타나는지의 여부는 실증적인 연구를 필요로 한다.

5) 주체성을 논하는 지금 일반명사를 주로 논하지만 여기에 형용사도 포함되어야 한다. 형용사는 원칙적으로 일반명사로 환원될 수 있다. "나는 키가 크다"는 "나는 키가 큰 사람이다"로. 또, 형용사가 주체성에 중요한 역할을 하기도 한다. "나는 얼굴이 검다" 등등.

6) 물론 이 이름이 여러 가지로 달리 불릴 수는 있다. 제갈량은 제갈공명으로도 또 와룡선생 등으로도 불릴 수 있다. 또, 이름이 바뀌는 등 고유명 자체가 아예 바뀌는 경우들도 있다. 자신의 의지와 관계없이 여러 번 바뀐 고유명사는 그 고유명사의 '나'가 굴곡진 삶을 살았다는

아가 일반명사들'이다'. 그리고 최종적으로 그런 일반명사들 전체를 포괄하는 술어적 주체 즉 어떤 고유명사'이다'.

규정은 부정들을 함축한다. 내가 남자라면 여자가 아니고, 기독교인이라면 불교도, 이슬람교도, … 가 아니고, 교사라면 회사원, 군인, … 이 아니다. 하나의 규정은 그것이 포함된 하나의 범주를 함축한다. '기독교인'이라는 규정은 '종교'라는 범주의 한 예화이다. 교사라는 규정은 '직업'이라는 범주의 한 예화이다. 따라서 술어적 주체를 구성하는 규정들은 삶을 형성하는 각각의 범주들에서 추출됨으로써, 그리고 그렇게 추출된 규정성들이 계열화됨으로써 성립한다. 때로 하나의 범주에서 몇 가지의 규정성들이 함께 추출되는 경우도 있다(예컨대 여러 개의 직업을 가질 경우). 이렇게 어떤 규정성이 해당 범주로부터 추출될 때 그 규정성의 여집합은 부정된다. 이렇게 하나의 주체는 예컨대 "여자이고 기독교도이고 교사이고 경상도 사람이고 1973년생이고, … 인 이영희"라는 술어적 주체이다. 이영희의 존재는 곧 이 술어들의 집합인 것이다. 술어적 주체로서의 '나'의 주체성은 이런 술어들의 통접으로부터 떼어 생각할 수 없다.

결국 하나의 주체는 넓게는 우주, 좁게는 사회의 각종 범주들에 속하는 이런 규정성들의 특정한 계열로 이해될 수 있다. 달리 말해, 술어적 주체는 무수한 **규정성들의 계열체**이다. 이영희는 여자'이고',

---

것을 증명해 주는 기호이다. 굴곡진 삶을 산 사람들은 그들의 의도/바람에 상관없이 여러 이름들로 불린다. 의도적으로 자신의 이름을 바꾸는 경우도 있는데, 이는 일본 전국시대 무장들에게는 일반화된 현상이었다. 이름 바꾸는 것을 어렵게 생각한 한국인과 쉽게 생각한 일본인 사이의 차이를 분석해 보는 것은 흥미로운 작업일 것이다.

기독교도'이고', 교사'이고', 경상도 사람'이고', 1973년생'이고', … 이렇게 길게 늘어서는 계열체. 물론 여기에 시간 지표가 붙을 수 있다. 이영희는 1973년 경상도에서 여성으로 태어났고, 어릴 때부터 기독교도였고, 25살에 교사가 되었고 등등. 규정들에 순서가 붙음으로써 술어적 주체는 좀 더 분명하게 파악될 수 있다. 시간적 순서를 들었지만, 가치에 입각한 순서는 중요하다. '나'가 자신의 술어들에서 어떤 것을 더 중시하고 덜 중시하는가가 그 '나'의 자기의식의 모양새에 중요한 영향을 미치기 때문이다. 우리의 예에서 '이영희'가 자신의 술어들에서 예컨대 '여자', '기독교도', '교사', '경상도 사람', '1973년생', …의 순서에 따라 중시한다면, 그는 자신의 자기의식을 성적 정체성, 종교적 정체성, 직업적 정체성, 지역적 정체성, 세대적 정체성, …의 순서에 따라 자각하고 있음을, 술어적 주체로서의 자신을 이 순서에 따라 파악하고 있음을 함축한다. 그리고 그의 사회적 행위들도 이런 자기의식에 입각해 이루어질 것이다.[7]

---

7) 라이프니츠의 철학에서 우리가 말하는 술어들 하나하나는 '빈위들'로 일컬어진다. 신은 자신의 '마음속'에 존재하는 무한한 빈위들 중 어떤 것들을 꺼내어 계열화함으로써 하나의 모나드를 만들어낸다. "삼국시대에 태어나다", "유비를 만나다", "조조와 대결하다", "오장원에서 죽다"를 비롯한 숱한 빈위들을 이어서 '제갈량'이라는 모나드를 만든 것이다(여기에서 각각의 빈위가 동사적으로 표현되어 있지만, 라이프니츠는 기존의 논리학적 형식에 따라 'be 동사'를 통해 논의를 전개하고 있기 때문에 우리의 논의와 배치되지 않는다. 이 문제는 뒤에서 다시 다룬다). 이런 구도로부터 빈위들의 순서 문제, 그것들 사이의 연속과 불연속의 문제, 빈위들의 다른 계열화 즉 가능세계의 문제를 비롯해 흥미진진한 존재론적 문제들이 따라 나온다. 만일 라이프니츠의 신학적 구도를 거두어내고 본다면, 즉 술어들이란 신의 마음속에서 끄집어내어지는 것이 아니라 지금 우리가 살고 있는 이 세계에서 만들어진다고 생각한다면, 이런 술어들의 총체란 도대체 무엇이고 또 술어들의 계열화란 어떻게 이루어지는 것일까? 요컨대 내재성의 구도에서 술어적 주체란 어디에 근원을 두는가? 일단 추

개인 하나하나를 이런 계열체로 볼 때, 자신의 계열체와 타자들의 계열체가 구분된다. 자신을 이루는 규정성들 하나하나가 타자들의 규정성들에 대비된다. 영희가 기독교도라면, 철수는 불교도이고, 영수는 이슬람교도이다 등등. 내가 교사라면, 혜경이는 회사원이고, 미치코는 디자이너다 등등. 이렇게 '나'-계열체의 고리들 하나하나가 그 여집합들과 부정/차이의 관계를 맺게 되며, 따라서 한 계열체 전체가 숱한 부정들/차이들의 계열이기도 하다. 이렇게 '自와 他'의 전체 구도가 형성된다.

술어적 주체의 구도를 통해 형성된 자아와 타자들의 구도에서 자아의식은 '나'의 술어들과 타자들의 술어들 사이의 비교를 통해서 주어진다. 철수가 a, b, c, d, …로 구성된 술어적 주체이고 영희가 ㄱ, ㄴ, ㄷ, ㄹ, …로 구성된 술어적 주체일 때, 철수와 영희의 자아-임과 타자-임은 이 술어들의 비교/대조를 통해서 성립한다. 그러나 이런 비교/대조는 존재론적이기만 한 것이 아니라 가치론적인 것이기도 하다. 때문에 철수와 영희는 이 술어들을 둘러싸고서 (헤겔이 정교하게 분석한 바 있는) '인정 투쟁'으로 돌입하게 된다. 인생이란 이런 술어들을 둘러싼 투쟁의 양상을 띠게 된다. 그리고 이런 인정 투쟁이 경쟁의식을 낳게 된다. 경쟁의식은 질시를 낳게 되고, 질시는 우월

상적으로 답한다면, 빈위들의 총체란 바로 '사회'(넓게는 우주. 영희가 '인간'이라는 것 자체가 하나의 술어이다)라는 곳에, 더 심층적으로 말한다면 사회의 가능조건(구조주의자들이 말한 '구조')에 있다고 할 수 있으며, 빈위들의 계열화란 이 사회에 붙어 있는 시간 지수─삶의 '스케줄'─에 있다고 할 것이다. 이 문제가 앞으로 정교화해야 할 문제들 중 하나이다.

감/열등의식 ─ 사실상 동전의 양면이다 ─ 을 낳게 되고, 우월감/열등의식은 증오심을 낳게 되고, 증오심은 고통을 낳게 된다. 그래서 자신의 술어들 ─ 각종 형태의 출신, 전공, 직업/분야, 재산, 신체적 특징들,… 등 ─ 에 **집착하는** 자아의식(흔히 말하듯이, "자아의식이 강한" 의식)은 불행한 의식이다. 술어적 주체로 구성되는 **사회/세상**이라는 곳을 살아가는 우리 인간은 누구도 이런 고통을 피해 갈 수 없다.

　이런 고통으로부터의 해방은 우리의 삶을 구성하고 있는 이름-자리들의 체계가 존재론적이고 가치론적인 실체가 아니라는 것, 그것들은 실선으로 그려져 있는 듯이 보이지만 자의적인 ─ 소쉬르적 뉘앙스에서 ─ 분절선들 이상의 **아무-것도-아니라는 것**에 대한 깨달음으로부터 가능하다. 장자는 이 아무-것도-아님을 '만물제동(萬物齊同)'의 이치로써 가르쳤다.[8] 이 '제동'의 경지에 이르렀을 때 **홀연히** 일반성-특수성으로 이루어진 삶의 격자가 깨끗하게 지워지고 질서의 무(無)이자 무한(無限)한 잠재적 질서이기도 한 **허(虛)가 도래**하게 된다. 그리고 우리는 이 보편성='허' 위에서 독특한 '이-것'들을 그려 나갈 수 있게 된다. 이때 우리는 더 이상 위(位)에 집착하지 않는 무위인(無位人)이 된다.

---

8) "길은 사람들이 걸어 다녀서 생기는 것이다. 사물은 사람들이 그렇게 불러서 그런 것이다. 어째서 그렇다고 하는가? 사람들이 그렇다고 해서 그런 것이다. 어째서 그렇지 않다고 하는가? 사람들이 그렇지 않다고 해서 그렇지 않은 것이다. [허나 道의 관점에서] 사물들은 이것이기도 하지만 저것이기도 하며, 이것일 수도 있지만 저것일 수도 있다. 이것은 결코 아니라는 법도 없으며, 저것은 결코 될 수 없다는 법도 없다."(「제물론」)

그러나 이런 무위인의 경지는 철학적 깨달음의 차원에서만, 내면의 차원에서만 가능하다. 현실의 격자는 견고하다. 그렇지만 우리로 하여금 거기에 아주 작은 차이라도 생겨나게 하도록 해 주는 것은 결국 이 무위인에의 깨달음이다. 무위인이란 이름-자리를 가지지 않는 존재가 아니라 그것에 집착하지 않는 존재이다. 무위인이란 허(虛)의 차원과 현실의 이름-자리 체계 사이에서 살아간다.

집합적 주체들

개체/개인만이 아니라 집합체도 술어적 주체가 될 수 있다. 집합체로서의 술어적 주체는 '나'가 아니라 '우리'라는 주어로 표현된다. '나'는 절대적이지만 '우리'는 상대적이다. 나는 세상에서 꼭 하나만 존재하지만,[9] '우리'는 다양한 방식으로 존재한다.

'우리'라는 개념은 그것에 속한 각각의 개별 주체들이 그것을 **확장된 나**로서 이해할 때 성립한다. 한 가족에 속한 성원들은 각기 가족을 확장된 자신들로서 이해하고 살아가며, 그때 그 가족은 '우리'로서 성립한다. 성원들이 없는 집합체는 성립하지 않는다는 사실은 단순히 논리적 진리이기만 한 것이 아니라, 그것의 성립을 위해서는 반드시 이런 주체성의 이해와 실천이 전제되어야만 한다는 것을 의미하기도 한다. 그렇지 않을 경우 집합체란 명목적인 이름으로서만 존재할 수 있을 뿐이다. 생물학적 군체(群體)에서 인간사회의 집

---

9) 라이프니츠의 '식별 불가능자 동일성의 원리'가 이 점을 말하고 있다. 다음을 보라. 山內志郎, 『ライプニッツ —— なぜわたしは世界にひとりしかいないのか』, 日本放送出版協會, 2003.

합체들에 이르기까지, 이런 이해와 실천이 이루어질 때 하나의 집합체는 마치 하나의 개체, 나아가 주체인 듯이 활동한다. 이럴 때 우리는 하나의 집합체를 개체, 주체로서 언급할 수 있다. 특히 그 집합체가 하나의 집합체로서 응집력이 강할수록 그렇다(이 응집력은 그 집합체에 속하는 개체/개인들이 스스로를 그 집합체에 동일시하는 정도[10]에 비례한다). 그런 한에서 우리는 영희네-주체와 철수네-주체, A회사-주체와 B회사-주체, 나아가 여성-주체와 남성-주체, 한국인-주체와 일본인-주체와 중국인-주체 등등을 이야기할 수 있다. 그리고 집합체들이 외연적 위계를 형성하는 한에서 집합체-주체들도 그런 위계를 형성한다. 예컨대 여성-주체와 남성-주체가 인간-주체에 속할 수 있고, 한국인-주체, 일본인-주체, 중국인-주체, … 등이 '동북아인-주체'에 속할 수 있다.

하나의 집합체가 일종의 주체로서 활동할 수 있기 때문에 집합체와 집합체 사이에서도 개인과 개인 사이에서 성립할 수 있는 여러 관계들이 성립한다. 숱한 '나'들 사이에서 펼쳐지는 드라마들은 역시 숱한 '우리'들 사이에서 펼쳐질 수 있다. 물질적인 맥락에서만 추상화해 본다면, 개체들 역시 어떤 면에서는 '우리'들이다. 하나의 신체는 숱한 세포들의 집합체이기에 말이다. '나'는 이런 숱한 '우리'들 ─ 나 자신인 '우리'까지 포함해서 ─ 이 중층적으로 포개져 이

---

10) 물론 동물들에게서 볼 수 있는 본능적 동일시와 인간 개인들이 의식적으로 행하는 동일시는 상당히 다른 성격을 띤다. 또 인간의 경우에도 의식적인 동일시와 무의식적인(때로는 거의 본능적인) 동일시가 섞여 있으며, 각 개인 각 집단마다 그 양태는 달리 나타난다.

루어지는 사건이다. '나'는 하나이지만 확장된 나로서의 '우리'는 무수히 많다. 나는 한 가족, 한 학교, 한 정치단체, 한 직장, …에 동시에 속해 무수한 '우리'들로서 존재할 수 있는 것이다. 달리 말한다면, '나'란 결국 무수한 '우리'들의 교집합에서 성립한다. '나'는 숱한 '우리'들로 구성되지만, 또한 역으로 숱한 '우리'들로 해체된다. '나'와 숱한 '우리'들——사회——사이에는 **이율배반적 관계**가, 통접과 이접이 동시에 성립하는 관계가 성립한다. 개인과 사회의 각종 드라마는 이 이율배반적 구조에서 연원한다.

집합체에 붙는 술어들은 또한 그 집합체에 속하는 개별 주체들에게 붙는다. 철수가 A회사에 다닐 경우, "A회사 사람들은 부지런하다"는 규정은 곧 "철수는 부지런하다"라는 규정을 함축한다. 여기에는 다음과 같은 추론이 함축되어 있다. "철수는 A회사에 속한다. A회사 사람들은 부지런하다. 고로 철수는 부지런하다." 앞에서 술어들에 대한 자아의 집착을 이야기했거니와, 위와 같은 추론은 자아로 하여금 자신이 속한 '우리'들로서의 술어에 집착할 수밖에 없도록 만든다.

한 주체는 무수한 집합체들의 교집합에서 성립한다고 했거니와, 그렇다면 한 주체는 그가 속해 있는 각종 집합체들의 술어들을 규정으로서 가지게 된다. "나는 여자이다. 여자는 TV 드라마를 좋아한다. 고로 나는 TV 드라마를 좋아한다" 등등. 이영희는 TV 드라마를 좋아하고, 교회에 나가고, 학생들을 가르치고, 경상도 말을 쓰고, 광주민주화운동이 발생하기 전에 태어났고, …라고 할 수 있다. 물론 한 집합체에 붙는 술어는 개연적(probable)이다. 기독교도가 교회에 나갈 개연성이나 교사가 학생들을 가르칠 개연성은 비교적 높다. 그러나 여자이지만 TV 드라마를 좋아하지 않는 사람도 있고, 경상도 사람이지만 서울말을 쓰는 사람도 적지 않다. 이렇게 집합체에 붙는 술어들은 그 개연성이 일정하지는 않다. 때문에 한 주체를 그가 속한 집합체의 술어들을 통해 파악할 때 자주 '일반화의 오류'를 범하게 된다. 이것은 한 집합체에 속한 주체가 그 집합체의 술어를 얼마나 의지적으로/주체적으로 받아들이느냐, 그리고 외부의 시선이 그 주체와 집합체 사이의 거리를 얼마나 감안해서 보느냐의 여부에 관련된다. 예컨대 한 사람이 여자로 태어난 것은 비의지적인 것이지만, 기독교도인 것은 일정 정도 의지적인 것이다. 그래서 한 주체는 (자신이 속한) 집합체의 규정을 (정도상의 문제이지만) 때로는 의지적으로 또 때로는 의지와 무관하게 가지게 된다. 또 한 주체를 바라보는 시선은 그 주체의 술어와 집합체의 술어를 단적으로 동일시할 수도 있고 구분해 볼 수도 있다. 그 사이에 무수한 시선들이 존재한다.

이렇게 개연적이기는 하지만, 결국 한 주체는 계열화된 술어들로 존재하며 그 술어들 하나하나는 집합체의 성격을 띤다. 우리의 예에서 이영희는 'TV 드라마를 좋아하는 사람들'의 집합체에 속하며, 또 '교회에 나가는 사람들', … 이라는 집합체에 동시에 속하게 된다. 한 개인은 그에게 고유하게 붙은 술어들'임'과 마찬가지로 다양한 집합체들에 붙은 술어들'임'이기도 하다(그에게 고유하게 붙은 술어도 집합체로 생각할 수 있다. 예컨대 그가 곱슬머리일 때, 그는 '곱슬머리'라는 집합체 ── 세계에 존재하는 모든 곱슬머리들의 집합 ── 에 속한다고 볼 수도 있기 때문이다). 이런 구조에서 주체의 외연과 규정성들의 외연은 반비례한다. "나는 한국 사람이다. 한국 사람은 동북아 사람이다. 동북아 사람은 '동양' 사람이다. '동양' 사람은 사람이다. 사람은 동물이다. …" 아리스토텔레스의 논리학을 참조해서 생각해 본다면, '나'가 한국 사람이라 할 때 한국 사람이 가지는 규정의 외연은 '나'가 가지는 규정보다 적다. 한국 사람이 가지는 규정들은 자동적으로 나에게 붙지만, 내가 가지는 많은 규정들이 한국 사람에 붙지는 않기 때문이다. 한국 사람이 '성질이 급하다'는 규정을 가질 경우, 나는 자동적으로 또는 개연적으로 이 규정을 가진다. 그러나 '나'가 곱슬머리라고 해서 "한국 사람은 곱슬머리다"라고는 할 수 없다. 마찬가지로 동북아 사람의 규정들보다 한국 사람의 규정들이 더 많다. 개체는 외연이 1인 집합이며, 그래서 가장 많은(사실상 무한한) 규정들을 가진다. 개체가 '고유한' 것은 바로 이 때문이다.[11]

'나'는 다양한 집합체들과의 이런 누층적이고(외연적 측면에서) 교집합적인(내포의 측면에서) 복잡한 관련을 맺는, 그리고 원칙상 무한한 규정들의 고유한 계열로 규정되는, '외연=1'인 존재이다.

주체성의 선험적 지평으로서의 시간

지금까지의 우리 논의는 철저히 공간론-집합론적 논의였을 뿐이다.

---

11) 그러나 나에게 고유한 규정이라고 생각되는 것들도 상당 정도는 일반적이다. 예컨대 '갈색 머리'를 이 세계에 존재하는 모든 갈색 머리의 집합으로 본다면, 나의 갈색 머리도 (마치 나의 성질-급함이 한국인-집합체의 성질-급함의 한 요소이듯이) 갈색 머리-집합의 한 요소일 뿐이기 때문이다. 이것을 플라톤적인 방식으로, 즉 현실적인 모든 갈색 머리들은 갈색머리-이데아의 모방물들이라는 식으로 볼 수도 있을 것이다.

그러나 시간을 참조하지 않고서는 주체(성)를 논할 수 없을 것이다. 주체성의 선험적 지평은 바로 시간이기 때문이다. 이 시간적 지평을 접어놓을 때 앞에서와 같은 공간적 논의가 가능하다.

시간이 주체성의 선험적 지평이라는 것이 단지 주체가 시간 속에서 변해 간다는 사실을 뜻하는 것만은 아니다. 나아가 주체가 시간의 지평 위에서 살아간다는 것만을 뜻하는 것도 아니다. 시간이라는 선험적 지평은 주체를 **역설적으로** 조건 짓는다. 수동적 측면에서 주체는 규정들의 변화에 의해 변모를 겪어 간다. 시간적 지평 위에서 주체는 변화를 **겪는다**. 변덕스러운 날씨는 한 주체에게 병을 가져온다. 전쟁은 한 주체의 모든 것을 앗아 간다. 결혼은 한 주체의 성격을 크게 변화시킨다. 이렇게 주체는 시간의 작용 즉 세계의 생성 속에 존재하며 그래서 세계-생성과 더불어 생성해 간다. 다른 측면에서 주체는 자신의 규정들에 대해 고민하며 그것을 바꾸어 나가려 한다. 나는 기독교인이지만 기독교가 싫어져 불교도가 되려 한다. 사회가 발전하면 국적의 변경까지도 가능하게 된다. 나는 한국인이지만 한국이 싫고 그래서 미국인이 되려 한다. 기술의 발달은 심지어 자연적 조건까지도 바꿀 수 있게 해 주었다. 나는 여자임이 싫고 그래서 남자가 되려 한다. 나는 나의 규정들을 고착시키기보다 끝없이 바꾸어 나가려 한다. 나는 시간을 겪기도 하지만 또한 시간을 **바꾸어 간다**. 바꾸어 나감의 선험적 지평은 시간이다. 그래서 시간이라는 조건은 나의 수동성의 조건인 동시에 능동성의 조건이다.

그래서 주체는 근본적으로 이율배반적인 존재, 그러나 불연속적인 모순 구조가 아니라 연속적인 시차적(視差的) 구조를 띤 존재이다.[12] 이 시차적 구조가 주체의 삶을 상반된 두 힘이 투쟁해 가는 장으로 만들며, 술어적 주체란 이런 과정의 어느 한 면을 잘라 보았을 때 성립할 뿐이다. 바로 이렇게 잘라 보았을 때, 이미 말했듯이 주체를 구성하는 술어들은 체계를 이루고 있다. 술어들은 한편으로 범주화되어 있고 다른 한편으로 변별되어 있다. "나는 여자/남자이다.""나는 기독교인/불교인/…이다.""나는 교사/회사원/군인/…이다.""나는 경상도 사람/충청도 사람/경기도 사람/…이다.""나는 1973년생/1984년생/…이다." 술어들은 한편으로 성, 종교, 직업, 출신도, 생년월일 등등으로 범주화되어 있다. 그리고 각 범주는 차이들의 체계 ——변별적 체계—— 로 되어 있다. 이 변별적 체계는 때로는 수평적인 차이들의 체계이고 때로는 수직적인 위계적 차이이다(예컨대 군대의 계급). 한 사람의 술어적 주체는 각 범주에서 하나씩(경우에 따라서는 몇 개씩)의 요소들을 뽑아서 그것을 통접했을 때 성립

---

12) 이율배반은 두 종류로 구분해 볼 수 있다. **모순적 이율배반**에서 그 두 항은 평행을 달린다. 엘레아의 제논에게서 나타나는 'para-doxa'가 이 경우에 해당한다. 이 모순적 이율배반에서 하나의 항은 다른 하나의 항을 배제한다. 플라톤은 제논의 역설을 '디아-레게스타이(dialegesthai)' 즉 서로 부딪치면서도 그 부딪침의 과정을 통해 어떤 긍정적인 결과를 산출해 가는 '변증법'으로서 극복하고자 했다. **시차적 이율배반**에서 두 항은 궁극적 하나의 두 측면을 형성한다. 두 면은 불연속적으로 평행을 달리는 것이 아니라 사실상 하나인 존재의 두 면, 그러나 동시에 성립할 수는 없는 두 면이다. 뫼비우스의 띠가 그 전형적인 이미지를 제공한다. 모순적 이율배반에서 한 항과 다른 항은 양립 불가능하다. 시차적 이율배반에서 두 면은 양립 가능하지만, 그 양립 가능성은 두 면을 포괄하는 궁극적 면 바깥에서 그것을 대(對)하는 존재에게만 가능하다. 그 궁극 면 안에 속하는 존재들은 시차적인 두 면에 동시에 서 있을 수 없으며 하나의 면에 서 있을 때 다른 한 면은 배제된다. 오직 두 면의 **접선(接線)**—도(道)의 지도리—에 서서 두 면을 넘나드는 존재만이 즉 **이접적 종합**을 행하는 존재만이 두 면 모두를 볼 수 있다. 이 시차적 이율배반의 사유는 곧 '불일이불이(不一而不二)'의 사유와 통한다.

한다.

삶의 범주들은 한 개인이 만들어내는 것이 아니다. 그것들은 사회적-역사적으로 축적된 거대한 체계이다. '인간'으로 태어난다는 것은 곧 그런 체계 안에 내던져진다는 것을 뜻한다. 그래서 한 인간에게는 그가 태어나기 전에조차 상당한 술어들이 붙게 된다. 그러나 자기의식에 눈뜬 개인은 각 범주에서 하나씩의 술어를 뽑아내어 그것들을 통접시킴으로써 스스로 '자기'를 만들어 가고자 한다. 이것은 술어들의 그물로 되어 있는 거대 그물 속에서 자기의 **자리**를 잡아 가는 과정이며, 자기의 **이름**을 만들어 가는 과정이다. 그 그물이 고착되어 있을수록 '자기'의 구성은 수동적이고 상투적일 수밖에 없다. 주체는 술어들을 뽑아내어 통접시킨다기보다는 술어-장의 통과를 겪으면서, 좋든 싫든 어떤 술어들을 달고 다니게 된다고 할 수 있다. 그래서 주체는 그물 속에 갇힌 새처럼 펄럭이면서 그저 좀 나은 이름-자리를 잡으려고 몸부림치게 된다.

이 새장에서 탈주하고자 한다면 술어들의 그물과 끝없이 **투쟁할** 것이 요청된다. 그물코를 찢어 그물의 모양 자체를 바꾸어 나가는 각종 실험들을 통해서만 삶의 술어적 그물은 변해 갈 수 있다. 주체는 일정하게 주어진 어떤 것이 아니라 규정성들의 공간에서 끝없이 수선되는 직조물이라 할 수 있다. **한 시점에서** 한 주체를 규정하고 있는 이름들(일반명사들), 즉 규정성들의 공간에서 그 주체가 차지하고 있는 자리들이 그의 주체성을 규정한다. 그러나 주체는 이 **이름-자리의 바깥으로** 탈주하면서 스스로를 끝없이 수선하려 한다. 이 점에서 주체는 공간적 구성체일 뿐만 아니라 시간 속에서 계속 변화를 겪는 활동체이기도 하다. 주체는 "나는 ~이다"를 통해서가 아니라 "나는 ~이/가 되고 있다"를 통해서 성립한다. 이 '~'이 그물 속에 이미 결정되어 있는 그물코가 아니라 그 자체 생성해 가는 어떤 것일 때, 주체란 '~되기'를 통해서 살아가는 것이다. 이 주체는 명사-형용사의 주체이기보다는 동사의 주체, 동사로서의 주체이다.

II. 차이생성과 정체성

술어적 주체의 정태성을 극복해 가면서 시간과 차이생성의 차원으로 나아갈 때, 이름-자리의 그물을 찢으면서 삶에서의 새로움을 만들어 나갈 때, 가장 핵심적인 것은 **정체성의 구축**이다. 동일성을 극복하기 위해 차이생성의 흐름 속으로 들어가기만 한다면, 주체는 곧 주체성을 잃어버리고 와해될 것이기 때문이다. 주체는 동일성을 거부함으로써가 아니라 시간을 머금을 수 있는 동일성 즉 정체성을 구축함으로써만 주체로서 살아갈 수 있다. 결국 삶의 요건은 시간과의 관계에 있다. 시간을 벗어난 주체는 (설사 그런 것이 가능하다 해도) 하나의 동일성으로 고정되며, 살아-가는 주체이기를 그친다. 그러나 시간 속에서 동일성을 상실해버린 주체 역시 더 이상 주체로서 살아-가지 못한다. 살아-간다는 데에는 이런 근본적인 이율배반적 성격이 깃들어 있다. 정체성의 구축이란 곧 이런 동일성과 차이생성의 이율배반을 화해시켜 가는 길이다.

자기차이성

주체는 주체로서 계속 생성해 간다. 즉, 그때 그때 주어지는 조건들에 동화되어 가는 한편 그것들과 투쟁함으로써 자신을 만들어 간다. 이렇게 주체가 생성/되기를 통해 성립한다 할 때, 그러한 주체-화의 선험적 지평은 곧 시간이다. 주체가 시간의 지평 위에서 되어-가는 과정은 그 주체의 **경험에 기반**한다. 주체는 경험을 통해서 자신으로 되어-간다. 주체는 시간의 지평 위에서 경험을 통해서 자신으로 되어-가는 것이다. 경험이란 우선은 겪음이다. 주체는 살아가는 한 끝없이 겪음('파토스')에 처한다. '처(處)-함'은 어딘가에 놓임이고, 어떤 상황의 닥쳐-옴이다. 사물들에 대한 지각, 타인들과의 만남, 특정한 사건들과의 부딪침, 어떤 일에서의 성공과 실패, 더 넓게 말해 특정한 사회와 시대에 태어남, (근본적으로 볼 때) 인간으로서 태어남, 이 모두가 겪음이고, 처-함이고, 닥쳐-옴이다. 시간과 장소, 타자들과 사건들이라는 근본 구조 — 생성하는 구조 — 에서 겪어-감이 살아-감이다. 산다는 것은 곧 겪는다는 것이고 겪는다는 것은 시간의 지평 위에서 끝없이 **생성하는 차이들을 겪는** 것이다. 시시각각으로 변해 가는 지각, 계속 생성해 가는 타인들과의 만남, 부딪쳐 오는 숱한 사건들, …. 이렇게 주체는 살아가는 한 크고 작은 차이들을 만나며 그때마다 변해 간다. 스피노자식으로 말해, 주체는 끊임없이 신체적으로 변양되고 동시에 정신적으로 감응한다. 만일 이런 차이생성이 모두 각각의 파편으로 고립된다면, 주체는 시간의 지평 위에서 계속 산산조각이 나게 될 것이다. 토막 난 이런 주체는 계속 희박화와 파편화를 겪음으로써 성숙을 모를 것이며, 결국 주체로서 성립할 수 없을 것이다(우리 시대의 주체들은 점점 이런 상태에 가까워지고 있는 듯하다). 주체는 시간의 지평 위에서 '시간의 종합'을 통해서만 주체로서 성립한다.

주체에서의 시간의 종합은 우선 크게는 두 가지 **수동적 종합**의 틀 속에서 이루어진다. 생명체로서의 주체는 생존이라는 조건/틀 속에서 수동적 종합을 행한다. 생명체의 동일성은 시간과 차이생성을 겪으면서 와해되지만, 생명체는 차이생성을 흡수하는 메타-동일성을 수립함으로써 자신의 역동적 동일성을 보존해 나가야 한다. 차이생성의 거대한 와류——이른바 "진화"——에 휩쓸려 와해되지 않기 위해서는 시간의 종합이 필수적이다. 이를 가능하게 하는 능력이 기억이라면, 기억이야말로 생명의 기초적 본성이라 할 것이다. 기억은 차이들의 계열화 속에서 보존되는 자기를, 자기차이성을 가능하게 한다. 차이생성과 싸워야 하는 생명체의 이런 생존 조건이 시간의 수동적 종합을 가져온다.

수동적 종합은 또한 사회적 맥락에서 성립한다. 사회적 시간은 동시화/동기화(同期化)되어 있고, 한 사회를 살아가는 사람들은 모두 그 동기화된 시간에 따라 자신의 리듬을 조정해야 한다(학교의 시간, 군대의 시간, 공장의 시간,…). 이렇게 조정된 시간의 종합은 수동적 종합이며, 생명체로서의 종합도 그렇거니와 이 수동적 종합 역시 얄궂게도 매우 애써야만 지킬 수 있는 수동적 종합이다. 생명체로서나 사회인으로서나 한 주체는 극히 애씀으로써만 수동적인 종합을 수행할 수 있다! 따라서 여기에서의 '수동성'이란 소극성이나 무위를 가리키는 것이 아니라 종합의 주체가 진정 주체일 수 없는 상황을 가리킨다. 그러나 자연과 사회라는 이중의 객체성 위에서 살아가야 하는 주체에게는 이런 수동적 종합 위에서만 능동적 종합을 행할 수 있다.

시간을 종합하는 존재로서의 주체는 자신 안에 **차이생성을 머금**게 된다. 이 차이생성은 자기에게 그 자기와 차이 나는 자기들을 가져오며, 주체는 이 차이들을 시간의 종합을 통해 소화해 냄으로써 주체로서 성숙해 간다. 주체의 이런 성격을 '자기차이성'이라고 부를 수 있다.

주체로 하여금 시간 속에서 단순한 동일성이 아닌 정체성(시간 속에서의 변화를 담지하는 역동적 동일성)을 가질 수 있도록 해 주는 것, 이것을 우리는 '기억'이라고 부른다. 따라서 사건들을 통해 생겨난 기억의 내용들로 채워지지 않은 텅 빈 주체는 의미를 가지지 못한다. 사건들은 외재적이다. 따라서 주체는 바깥에서 부딪쳐 오는 사건들 없이는 성립하지 않는다. 사건들과의 부딪침은 계속 차이를 만들어 내고, 주체는 그 차이들의 와류에 휩쓸려 가지 않는 한에서만 주체로서 존립한다.[13] 주체는 바깥으로의 열림, 타자와의 부딪침 없이는 성립하지 않는다. 그러나 기억 능력은 변화를 겪는 주체에게 연속

---

13) 이런 이유로 컴퓨터가 그토록 많은 정보-기억을 담고 있음에도 그것을 주체라고는 하지 않는다. 그 기억은 사건들을 통해서 쌓인 기억이 아니라 장착된 것에 불과하기 때문이다. 이 단순 기억(정보)과 생명체 특히 인간의 기억 사이에 로봇의 기억이 존재한다고 할 수 있다. 로봇을 어떤 의미에서의 주체로서 받아들인다면, 그것은 그의 기억이 컴퓨터의 기억과는 다른 종류의 기억이라는 점을 함축한다. 그렇다면 로봇(이나 그와 유사한 존재들)에서의 기억이란 어떤 기억일까?

성을 부여함으로써 시간 속에서의 차이들의 종합을 가능케 한다. 외부성을 띠는 사건들의 주체와 내부성을 띠는 기억의 주체는 시차적 이율배반의 구조에 입각해 안과 바깥, 능동과 수동의 이율배반을 극복해 간다. 기억은 차이생성의 종합을 통해 보존되는 자기 ——자기차이성——를 가능케 한다. 시간적 지평에서의 차이들은 **구체적인 존재함[有]의** 기본 조건이다. 세계는 기본적으로 차이들의 생성이기 때문이다. 때문에 기억하는 주체는 연속성과 차이를 동시에 머금을 때에만 성립한다. 주체는 '내적 복수성'을 통해서 성립한다. 내적 복수성은 외적 복수성과 다르다. 공간 속에 외연도적으로 펼쳐져 있는 수적 복수성으로서의 외적 복수성과 대비적으로, 내적 복수성은 시간을 종합하면서 강도적으로 접혀 있는 질적 복수성이다. 기억이란 다름 아닌 내적 복수성이다.

술어들의 집합, 이름-자리가 공간적 주체를 구성한다면, 자기차이성, 내적 복수성, 기억이 시간적 주체를 구성한다. 시간적 주체는 공간적 주체를 해체/재구성하면서 열린 주체를 가능케 한다. 그러나 시간적 주체가 시간을 배반할 때 이런 열림은 닫혀버린다. 자기차이성은 기억을 통해 가능하지만 또한 기억을 통해 닫혀버리기도 한다. 주체가 기억을 바탕으로 차이를 만들어 나갈 수도 있지만, 기억에 갇혀 자기차이성에서 물러나버릴 수 있기 때문이다. 기억이란 주체에게 이렇게 이율배반적으로 작용한다. 여기에 자기차이성의 긴장이 존재한다.

고유명사로서의 주체

주체는 술어들을 통해서 규정된다. 주체는 고유명사이고 술어들은 일반명사들이다. 따라서 고유명사는 일반명사들의 계열로 분석된다. 그러나 고유명사가 일반명사들로 온전히 분석될까? 본질주의 철학에서 고유명사는 일반명사의 한 경우 즉 '예화(例化)'이다. '철수'는 '인간'의 한 예화다(더 올라가서 '인간'은 '동물'의 한 종화이다). 개체는 특정한 집합의 한 요소로서 파악된다. 예화와 종화(種化)는 아리스토텔레스적-스콜라적 사유의 근본 틀로서 작동했다. 라이프니츠의 빼어난 공헌은 개체를 이렇게 그 상위의 보편자들에 귀속시켜 이해하기보다는 그것이 내포하고 있는 빈위들의 계열체로서 이해했다는 점이다. 고유명사는 일반명사의 예화로서 이해되기보다 무한한 일반명사(빈위들)의, 나아가 형용사, 동사 등의 계열체로서 이해된다. 철학사상 처음으로 개체는 가지적인 존재로 화했다.[14] 라이프니츠는 하나의 모나드는 그 빈위들로 온전하게 분석된다고 보았다. 물론 분석되지 않는 빈위들, 칸트가 '종합명제' 개념을 통해 구분해내고자 했던 빈위들도 있다. "총각은 결혼하지 않은 남성이다", 이것은 분석명제이다. 하지만 "철수는 서울에 살고 있다"는 것은 종합명

---

14) 물론 이 문제는 라이프니츠 이전에도 중요하게 다루어졌다. 아리스토텔레스는 이전의 철학자들과는 달리 개체에 존재론적 실재성을 부여한 대표적인 철학자이다. 이런 측면은 후에 신플라톤주의적 경향에 의해 다소간 약화되었으나, 스콜라철학의 전성기 특히 아벨라르두스 이후에 새롭게 조명되기에 이른다. 오컴을 비롯한 유명론자들에 이르러선 이 점이 보다 강화되며, 둔스 스코투스는 오늘날의 '이-것' 개념에 가까운 독창적 개념인 'haecceitas'를 개발해내기도 했다. 그러나 개체를 적어도 원칙적으로는 완벽하게 가지적 존재로서 파악한 인물은 라이프니츠이다.

제이다. 경험을 통해 확인해야 할 명제이기 때문이다. 그러나 라이프니츠에게 모든 참된 명제는 분석명제이다. 종합명제라고 일컬어지는 명제들은 다만 무한한 분석을 요하는 명제들일 뿐이다. 우리가 경험을 통해 확인하는 것도, 신(神)이라면 무한한 분석을 통해 알 수 있으리라. 그러나 신학적 구도를 걷어 내고 볼 때, 각각의 빈위들은 시간 속에서 우연히 성립한다. 빈위들은 제작된 것이 아니라 시간의 지평 위에서 **계속 열려 가는 관계들**을 통해 성립한다.

베르그송은 전통적인 철학들이 대개 "모든 것이 주어졌다"는 대전제 위에서 움직였음을 종종 지적한 바 있다. 이때의 '모든 것'은 각 철학자들마다 다르다. 라이프니츠의 경우 이 '모든 것'은 바로 빈위들의 총체일 것이다. 신은 이 빈위들의 총체에서 일정한 것들을 집어내어 계열화함으로써 각각의 모나드들을 만들었다. 다시 신학적 구도를 걷어 내고 볼 때, 1) 총체성이란 이 세계에서 일어날 수 있는 모든 사건들의 집합이 될 것이고, 2) 나아가 현실성이 아닌 잠재성의 차원까지 생각할 때 가능한 사건들의 총체일 것이며, 3) 베르그송의 근본 가설을 따른다면 그 **총체 자체**가 시간 속에서 바뀌어 간다고 해야 할 것이다. 이때 1) 빈위들이란 한 인간이 삶을 살아가며 겪을 수 있는 우연적 사건들의 총체일 것이고, 2) 우리가 알고 있는 사건들 외에 잠재적 사건들이 잠존하기에 경험의 지평들은 계속 넓어져 갈 것이며, 3) 한 사람, 하나의 고유명사는 시간의 종합을 통해 형성되는 사건들의 계열을 통해 이해될 수 있을 것이다. 주체는 사건들의 총체 ── 열린 총체 ── 를 가로지르면서 생성하는 것으로 이해된다. 이것이 누군가가 "산다"는 것을 뜻한다.[15]

주체는 빈위들/사건들의 총체가 형성하는 객체성을 가로지르면서 성립하기에, 단적으로 주어지는 주체성 같은 것은 없다. 물론 한 인간에게 '주어지는' 선천적 측면들이 존재한다. 그러나 이 선천성 또한 오랜 시간에 걸친 각종 종합들의 연장선상에서 주어진다. 하나의 모나드 안에 우주 전체가 접혀 있다는 라이프니츠적 가설까지 가지는 않더라도, 모든 개체/주체가 숱한 인연의 귀결이라는 점은 분명하다. 개체, 나아가 주체는 (실제 이름을 가지든 가지지 않든) 고유명사로서 존재하지만, 그 고유명사는 거대한 객체성의 한 얼굴로서 성립하는 것이다. 한 개체/주체의 고유함은 객관적 세계의 한 갈래로서만 성립한다.

한 주체의 고유한 측면들, 즉 그의 정체성을 이루는 것들은 이렇게 차이생성하는 세계와 차이생성과 투쟁하는 기억의 능력에 뿌리를 두고 있다. 앞에서 술어적 주체에서 시작해 그 해체를 통해 차이생성을 발견했다면, 이제 차이생성하는 세계에서 어떻게 정체성이 형성되는가를 생각해 본 것이다. 결국 정체성은 주체의 규정성들의 집합론적 고정을 통해서가 아니라 시간의 종합을 통한 주체의 **고유한 계열화**를 통해 성립하며, 이 종합의 고유성이 한 주체를 **술어적 주체를 넘어서는** 고유명사로 만들어 준다. 자유는, 그것이 자기에 대한

---

15) 이런 주체는 어떤 집합체의 요소이기를 그친다. **가로지르는 주체**는 어떤 면에 속하는 점이 아니라 운동하는 선이기 때문이다. 따라서 그가 맺는 관계들의 양상도 자신이 속한 면에 입각해 이뤄지는 집합론적 관계 맺음이 아니라 선적 운동을 통해서 생성해 가는 관계 맺음이다. 한 사람의 주체성은 주어진 무엇이 아니라 이런 운동이 결과적으로 만들어 가는 고유한 어떤 길일 것이다. 점에서 선으로, 이름-자리에서 **무위-길로.**

착각이 아닌 경우, 이렇게 객체성에 여건을 두고 이루어지지만 또한 시간 속에서 고유하게 성립하는 주체성에 뿌리 두고 있다.

이런 이유에서 개인의 '단독성'을 지나치게 강조하는 것은 개인의 단독성도 결국 세계의 한 얼굴이라는 점을 무시하는 것이다. 규정성들, 우주의 법칙성들, 사회-역사적 구조들을 떠난 '나'는 존재하지 않는다. 개인의 단독성만을 강조하는 것은 여전히 개체를 실체화하는 것이다. 개인의 고유성을 인정하는 동시에 그의 개체성을 실체화하기보다는 '이-것'으로 이해할 필요가 있다.

한 인간은 존재론적으로 우연적 존재, 우발적 사건이지만, 생물학적 법칙성에 지배받는다. 따라서 세계의 우연성에 대한 인정이 형식화를 거부하는 이유가 되지 않는다. 존재론적 우연성과 과학적 법칙성은 양립할 수 있다. 형식화를 간단히 '과학적 이데올로기'로 치부하는 것은 19세기적 낭만주의의 유산인 것이다.

고유명사의 법칙성은 형식논리학적 대립항이 아니다. 고유명사는 법칙성의 끝에서만, 더 정확히 말해서 그 배면(背面)에서만 드러나기 때문이다. 단독성과 객관세계의 이치가 대비되는 것은 아니다. 단독성은 또 다른 단독성과 대비된다. 그리고 그 모든 단독성들은 상호 절연된 단독성이 아니라 세계의 차이생성이라는 바다 위에서 함께 부유하면서 그 차이생성을 공유하는, 그리고 항상 타자들과의 관계, 생성하는 관계에 따라 생성하는 단독성, 그런 공유와 함께-맞물려-생성하기라는 지평 위에서만 일정한 차이들을 통해 형성되는 단독성인 것이다.

객체성과 주체성의 갈등과 화해

객체성과 주체성이 시차적 이율배반을 형성한다고 해서 그것을 공간적-구조적 방식으로만 이해하는 것은 치명적 한계를 노정하게 된다. 객체성과 주체성은 공간적으로 주어진 구조가 아니라 시간 속에서 계속 밀고 당기면서 변형되어 가는, 즉 이율배반의 구체적 형태 자체가 계속 변해 가는 탈구조적 구조를 형성하기 때문이다(따라서 이율배반은 탈구조와 구조, 시간과 공간 자체에서도 성립한다). 이런 시차적 이율배반은 더 이상 수학적인 것이 아니다.

인간은 늘 일정한 조건들하에서 살아가지만 그 조건들을 넘어서면서 독특한 삶을 만들어 왔다. 그런 조건들을 인식하는 이론적 행위와 그것들을 넘어서는 실천적 행위를 엮어 감으로써 살아온 것이다. 철학의 역사에서 자유의 문제가 늘 핵심적인 논의거리로 다루어져 온 것은 이 때문일 것이다. 삶에서의 필연성을 인식하지 못할 때 자유는 주관적 환상이 되어버린다. 역으로 자유의 가능근거를 확보하지 못하는 필연성은 인간적 삶을 뒷받침하는 철학이 될 수 없다. 고전적인 철학들이 주로 형이상학적 차원과 현실적 차원의 화해를 꾀했다면, 근대 이후의 철학들은 대개 현실적 차원 자체의 결정성과 인간의 자유 사이에서 사유를 진행해 왔다.

이런 과정에서 나타난 부정적인 상항(常項)들 중 하나, 근대 이후 꾸준히 이어져 온 한 경향은 인간이 이룩한 인식의 성과에로 인간 자신을 흡수시켜 보려 한 경향이다. 계몽주의 시대의 기계론적 유물론으로부터 오늘날의 사회생물학까지 이런 경향이 꾸준히 이어져 왔고 앞으로도 이어질 것이다. 그러나 이런 식의 시도들은 여러 가지 문제점, 특히 **어리석음**을 함축한다.

첫째, 존재와 인식의 순환성의 문제이다. 인간은 인식 주체로서 어떤 대상을 규정하지만, 그런 규정 자체가 바로 **인식 주체의 어떤 조건들의 결과**라는 점이다. 인간은 자신이 만든 그물로 고기를 잡을 때면 바다가 그 그물처럼 생겼을 것이라고 착각한다. 그러나 인식이란 결국 인간이 하는 인식이다. 물론 이것이 불성실한 형태의 주관주의나 상대주의, '과학사회학'적 입장을 정당화하는 것은 아니다. 그물을 더 잘 만들면 더 많은 고기가 잡힐 수 있다. 특정한 그물을 실체화하거나 고착화하는 것이 문제일 뿐이다. 존재와 인식은 끝없이 **순환적**이며, 인식론적 어리석음에 빠지지 않으면서 그 순환의 고리들을 더 정교화해 나가는 것이 중요하다.

둘째, 이런 순환성을 망각할 때 즉 인식에서의 주체와 객체의 시차적-역동적 이율배반을 인식하지 못할 때, 자신이 얻은 인식 결과를 다시 자신에게 투영해 자신을 일방적으로 이해하는 존재론적 우(愚)를 범하게 된다. 앞의 인식론적 우와 짝을 이루는 이 우를 통해서 주체는 **사실상 자신이 만든 것일 뿐인** 그물로 자기 스스로를 옭아매는 기이한 모순을 범하게 된다. 자신이 A라는 그물을 만들어 세계를 A로 규정하고서 "그러므로 인간은 ~한 A이다"라는 결론을 내리는 것이다. 이 존재론적 우를 벗어나는 것은 앞의 인식론적 우를 벗어나는 것과 맞물려 있다. 인식 결과를 실체화하지 않을 때 그 결과를 자신에게 반조(返照)해 자신을 고착적으로 규정하는 함정에 빠지지 않을 수 있는 것이다.

셋째, 이 인식론적 우와 존재론적 우에 맞물려 있는 또 하나의 어리석음이 윤리학적 어리석음이다. 인식(존재의 파악)도 그것을 통한 자기 규정도, 지금까지 우리는 단수로서 총체화해 이야기했지만, 사실은 복수적인 구도에서 이루어진다. 그것은 단지 수적 복수성을 뜻하는 것이 아니라 인식 주체들의 다양성 —— 개인적, 시대적, 지역적, 전공/분야별, … 다양성 —— 을 뜻하며, 여기에는 숱한 윤리적 문제들이 도사리고 있는 것이다. 인식이란 주체와 대상의 관계일 뿐만 아니라 주체와 주체의 관계이기도 하다. 그리고 이때 주체와 주체의 관계에서 중요한 것은 코드를 공유하고 있는 경우가 아니라 공유하고 있지 않은 경우이다(따라서 상품의 판매에 있어서만이 아니라 인식에 있어서도 "salto mortale"는 작동한다). 인식이란 대상이라는 타자성과의 부딪침만이 아니라 타인들과의 부딪침을 함축한다. 이런 타자성을 인식하지 못할 때 여러 가지 형태의 인식론적 아집에 빠지게 되는 것이다. 바로 이 때문에 한 분야에서 유능한 사람이 다른 관점에서는 (유치한 고집에 사로잡혀 있는) 어린애와도 같은 모습을 보여주는 현상이 종종 나타나게 된다. 타자들과의 부딪침이라는 과정 없이, **삶 일반의 지평 없이** 자신의 영역에 갇힐 때, 결국 우리가 만나게 되는 것은 교양과 인성에서 크게 모자란 사람의 모습일 뿐이다.

진정한 정체성을 만들어 간다는 것은 지식의 문제가 아니라 지혜의 문제이다. 이는 곧 인식론적-존재론적 우와 윤리학적 우로부터의 탈주이다. 철학에서 문제가 되는 것은 무지나 무식이 아니라 어리석음이다. 어리석음이란 어떤 사실을 '모르는' 것(무지)이나 말과 행위에서의 난폭함(무식)이 아니라 철학적 **요점을 빗맞히는** 데에서 유래한다. 무지하지 않기도 또 무식하지 않기도 어렵지만, 어리석지 않기는 특히 어렵다. 철학적 요점을 이해하는 것 자체가 매우 어려운 일이기 때문이다. 빼어난 아니 위대하다고까지 할 수 있는 학자들에게서도 철학적 어리석음은 발견된다. 진정한 주체성/정체성을 만들어 나가는 것은 인식론적-존재론적으로나 윤리학적으로나 어리석음을 극복하는 과정이다. 인간은 자신이 주체성의 한가운데에 있다고 생각할 때 종종 '선험적 착각'에 빠지곤 한다. 왜일까? 자신이 주체성(대상의 정복) 한가운데에 있노라고, 드디어 '진리'에 도달했노라고 확신할 때, 그는 객체성과 부딪치는 과정, 그 역동적인 과정을 사상해버리고 있는 것에 불과하기 때문이다. 바로 그렇기 때문에 이런 식의 인식론적 어리석음은 그 부딪치는 대목에서 세계에 대해서만이 아니라 타인들에 대해서도 일방적이고 심지어 폭력적인 성향을 드러내게 된다. 우리는 이런 모습을 종교적, 정치적 독단에서 전형적으로 확인하게 된다. 자신이 이미 진리에 도달했노라고 생각하는 주체에게는 바깥에서 부딪쳐 오는 타자성은 자신의 동일성을 위협하는 존재로밖에는 여겨질 수 없는 것이다. 일신교에서 유래한 비극들이나 현대의 독단적 이데올로기의 참상들은 바로 이런 인식론적-심리학적 구조에서 연원한다.[16]

주체성이란 어떤 실체/본질도 또 상태도 아니다. 그것은 객체성과 마주쳐 가면서 생성하는 **선상(線上)**에서 생성해 가는 무엇이다. 그

---

16) 이보다 좀 더 교활한 형태는 자신이 이미 '진리'에 도달했다고 생각하고 있으면서도, 겉으로는 진리를 탐구하고 있는 척하는 경우이다. 우리는 한국의 대학에서 이런 "지식인들"을 자주 만날 수 있다.

런 역동적인 선상에서 객체성과 만나고 그런 만남을 통해서 스스로의 인식을 해체/재구성해 갈 때에만 철학적 어리석음을 벗어날 수 있고 진정한 인식을 다져 나갈 수 있다. 이렇게 역동적으로 형성되어 가는 선상에서 이루어지는 시차적 구조는 단순히 평행을 달리는 이율배반이 아닐 뿐만 아니라 (앞에서 말했듯이) 더 이상 공간적-구조적 이율배반도 아니다. 그것은 시간의 지평 위에서 이루어지는 역동적인 구조 ── 생성하는 '不一而不二' ── 인 것이다.

이런 주체 즉 선상에서 성숙해 가는 주체성 개념은 타인들과의 관련성에 있어 더욱 중요하다. 시간 속에서 변이해 가는 시차적 이율배반 구조에서 주체는 규정되는 존재인 동시에 규정에 대해 능동적으로 대처해 나가는 존재이다. 규정되는 주체는 일정한 장 ── 거칠게 일반화해, 생물학적 법칙성과 이름-자리의 체계 ── 에서 살아가는 존재이고, 규정하는 주체는 그 장 안에서 자기를 만들어 가는 존재이다. 장 안에서 살아가는 주체는 관계들의 체계 안에서 일정한 이름-자리(일정한 '종'의 성원으로서 그리고 일정한 '지위'의 성원으로서 가지는 이름-자리)를 점한다. 자기를 만들어 가는 주체는 자신의 이름-자리를 스스로 만들어 가려 한다. 주체-되기[17]는 곧 이름-자리와의 투쟁, 술어적 주체와의 투쟁을 통해서 이루어진다. 이것이 (말년의 푸코가 사유했던 주제이기도 한) 자기-만들기이다. 그러나 자기를 만듦도 장 안에서 가능하기에 역시 관계의 문제이다.

---

17) 이하 주체-되기 또는 '주체-화'는 '주체화' ── '대상화'와 짝을 이루는, 다소 공간적인 맥락의 주체화 ── 와 구분해서 생성론적 뉘앙스가 보다 강화된 개념으로 사용한다.

관계를 떠난 순수 내면적 자기-만듦은 대개 허구적인 만듦에 불과하다. 그것은 주체-화의 선상을 따라 이루어지는 자기-만들기가 아니라 허구적 주체성에 침잠하는 **상상적** 만듦일 뿐이다. **실재적인** 자기-만들기가 중요하다. 그러나 실재적인 자기-만들기는 늘 쉽지 않다. 타인이란 늘 힘겨운 존재이다. 눈길은 이 힘겨움을 드러내는 곳이다. 사회적 장 안에서의 나=자기는 시선들의 교차로에 존재한다. 사람들이 던지는 눈길들은 일정한 이름-자리에 위치하는 나에게 던지는 눈길들이다.[18] 나에게 붙어 있는 규정성들 하나하나는 타인들의 눈길 하나하나를 함축한다. 사회적 장 안에서의 나는 그런 눈길들의 총체가 집결되는 그 무엇/어디이다. 스스로를 만들어 가는 나는 그런 눈길들로, 술어적 주체로 환원되지 않는 고유의 공간을 마련하는 나(소요하는 나), 또는 그런 눈길들과 실제 투쟁하고 그것들을 변화시키려 행위하는 나(투쟁하는 나)이다. 전자는 그물코들에 속하지 않는 사각지대에 숨는 나이고, 후자는 그물코들의 구조를 바꾸어 가는 나이다. 그러나 소요에만 빠져 있는 나는 선상에서 성숙해 가는 나가 아니기에 결국 허구적인/상상적인 나에 그치며, 투쟁의 과정에서 자기도 모르게 객체화되는 나는 그물코를 바꾼다면서 스스로 그물코 구조에 흡수해 들어가는 얄궂은 나에 불과하다.[19] 현

---

18) 사르트르는 눈길을 직접 분석했지만 이는 이름-자리에서의 눈길보다는 의식을 담고 있는 타인의 눈길이다. 이에 비해 라캉은 상징계에서의 욕망을 분석했지만 눈길을 직접 분석하지는 않았다. 여기에서 우리가 논하고 있는 눈길 개념은 사르트르의 현상학적 눈길보다는 라캉의 상징계에서의-욕망이 함축하고 있는 눈길 개념에 가깝다.

19) 헤겔은 전자를 "동물로의 회귀"로 후자를 "스노비즘"(속물주의)으로 불렀다. 다음을 보라.

실을 회피하려는 전자는 오직 자신의 이해(利害)에 관련되는 것들만이 '현실(리얼리티)'이라고 생각하며 세상 모든 모순들로부터 눈을 돌린다. 이들에게는 소소한 이야기들만이 주제가 된다. 1980년대로부터 1990년대로의 이행은 이런 소소한 주체들의 탄생을 목격했다. 경우에 따라서 이런 사회적 분위기를 상상적으로 극복하려는 시도들, 대중문화를 통해 표출되는 비현실적인 전복들이 나타나기도 한다. 후자는 세상의 모순을 타파한다면서 자신의 권력에의 의지를 그럴듯한 언어로 포장하는 자들에게서 발견된다. 이들은 매우 큰 이야기들을 떠들지만 그들이 우선 극복해야 할 것은 바로 자기 자신이다. 전자는 소요가 아니라 도피에 불과하며, 후자는 투쟁이 아니라 권력에의 의지에 불과하다. 소요는 투쟁으로 근접해 갈 때에만 실재적 주체-화가 될 수 있고, 투쟁은 소요에 근접해 갈 때에만 진정한 투쟁일 수 있다. 이 점에서 소요와 투쟁은 다시 또 다른 측면에서의, 메타적인 맥락에서의 시차적 양면을 형성하면서 나를 구성한다.

주체는 '나'에 대한 아집을 가진다. 아집(我執)이 주체성의 근본 성향이다. 그러나 어떤 주체도 관계 속에서 살아가야 한다면, 아집이란 사실상 관계들에 대한 아집이다. 불교는 개별자들의 자성(自性)을 부정하고 관계들의 생성에 주목했지만, 아집 개념은 이 관계들 자체에 대한 것으로 확장되어야 한다. 아집은 대개는 관계에 대한 아집이다. 관계 속에서의 나는 곧 이름-자리이고, 따라서 아집은 기본적

아즈마 히로키, 『동물화하는 포스트모던』, 이은미 옮김, 문학동네, 2007.

으로 이름-자리를 둘러싸고서 성립한다. 사람들은 사회 속에서 더 인정받는 이름-자리를 얻기 위해 애쓴다. 그럴듯한 이름-자리를 얻고서 의기양양해하는 사람들도 있고 얻지 못해 열등의식의 포로가 되는 사람들도 있지만, 그 모두가 아집에 빠져 규정성들을 둘러싼 싸움을 벌이고 있는 것은 마찬가지이다. 사회적 장에서 생존해야 하는 한 그 누구도 이런 싸움에서 온전히 벗어날 수가 없다.

주체-화의 선상에서 생성하는 주체는 이런 규정성들의 체계 즉 'doxa'에서 벗어나는 'para-doxa', 사회적 통념의 체계인 'sens'에서 벗어나는 'non-sens'를 살아가는 주체이다. 그러나 여기에서 'para'는 단순한 평행도 공간적인 구조도 아닌 생성하는 선상에서 역동적으로 이루어져 가는 'para'이며, 또 'non'은 단순한 부정도 또 무의미한 부재도 아닌 새로운 의미의 잠재성으로서의 'non'이다. 이 '파라'-독사와 '농'-상스의 선상을 따라가면서 소요와 투쟁의 끝없는 'dialegesthai'(변증법적 운동)를 살아가는 주체, 그런 주체가 진정한 주체일 것이다. 물론 스피노자의 말처럼 이런 주체-되기는 어렵고 또 드물다.

III. 인식론적 역운(逆運)

술어적 주체를 넘어 주체-되기를 행할 때, 계속 변이해 가는 시차적 이율배반의 선상에서 성숙해 가는 주체-되기를 행할 때, 핵심적인 문제들 중 하나는 인식이다. 생성하면서 성숙해 가는 주체는 겪음으로써 성숙해 가는("pathei mathos") 주체이며, 이 겪음에 있어 중요한 한 양상은 **인식**에 있기 때문이다. 인식이란 겪음의, 삶의 한 요소이지만, 그것은 매우 중요한 요소여서 어떤 철학자들은 그것을 철학의 핵심 문제로 보기도 한다.

주체-화에서의 인식을 논할 때 우리가 초점을 맞추는 것은 인식론이 아니라 오히려 주체론(더 정확히 표현해 주체-화-론)이다. 문제가 되는 것은 진리와 오류의 실체론적 구분이 아니라, **진리가 오류로 화(化)하고 오류가 진리로 화하는 생성과정**(과 그것이 함축하는 주체의 생성과정)이다.[20] 논의했듯이, 변이해 가는[21] 이율배반적 구조의 선상에서 생성하는 주체는 곧 인식상의 변이를 겪는 주체이기도 하고 또 진리와 오류가 갈라지기도 하고 뒤바뀌기도 하는 (그 자체 생성하는) 선상에서 살아가는 주체이기도 하다. 특히 여기에서 이야기하려는 것은 진리가 오류로 화하는 과정, 즉 '역운(逆運)'의 과정이다.

---

20) 칸트는 『순수이성 비판』에서 '진리의 논리학'과 '가상의 논리학'을 구분함으로써 인식론적 선을 그었고, 그런 균열에서 생겨난 문제들을 해결하기 위해 두 권의 책을 더 써야 했다. 이런 인식론적 구조는 동시에 주체론적 구조라고도 할 수 있으며, 따라서 문제는 이런 구도에서 귀결한 주체는 여러 부품들을 모아서 조립해 놓은 꼴을 하고 있다는 점이다. 우리에게 필요한 것은 이런 **조립된** 주체로부터 **선상에서 성숙해 가는** 주체로의 이행이다.

21) 변이(variation)는 탄생과 소멸이 아니며(무엇인가가 지속되면서 바뀌어 간다는 점에서), 또 양적 증감, 질적 변화, 장소 이동과도 다르다. 변이는 질적인 변화도 포함한다는 점에서 양적 증감과 다르며, 공간적인 영토화와 탈영토화를 포함한다는 점에서 질적 변화와도 구분되며, 단순한 공간적 이동이 아니라 내용상의 변화를 동반한다는 점에서 장소 이동과도 다르다. 변이('연속적 변이')는 하나의 장 — 질적 다양체 — 이 유지되면서도 영토화와 탈영토화 운동을 통해 그 내용이 바뀌어 가는 운동을 말하며, 우리의 맥락에 적절한 개념이라고 할 수 있다. 이하 생성이라는 포괄적인 개념 대신 변이라는 개념을 사용할 것이다.

진리가 오류로 둔갑할 때

인식이란 본래 순수한 것도 고상한 것도 아니다. 원초적인 맥락에서의 인식이란 생물학적인 것이며 생존경쟁의 한 요소로서 작동한다. 인식하는 자는 주체가 되고 인식의 대상이 되는 자는 객체가 되며, 때문에 인식이란 "먹느냐 먹히느냐"라는 생물학적 현실의 인식론적 버전, 즉 "인식하느냐 인식 당하느냐"의 싸움이라고 할 수 있다. 원초적인 맥락에서의 인식이란 결국 주체화와 객체화의 투쟁인 것이다. 개구리는 자기 앞에서 기어가는 개미를, 뱀은 개미를 노리는 개구리를, 하늘의 독수리는 저 아래에 기어가는 뱀을, 포수는 독수리를, …을 인식한다. 인식하는 자는 죽이고 인식당하는 자는 죽는 것이다. 인식이란 본래 이렇게 사느냐 죽느냐의 문제이다. 인식이란 주체, 의식, 언어, 수학, 현미경, 추론, … 등의 문제이기 이전에 근본적으로 **생명의 문제이다.** 주체가 될 것이냐 객체가 될 것이냐, 이것이 인식의 원초적 상황인 것이다. 그래서 본래 '오류'란 주체인 줄 알았던 존재가 어느 사이에 객체로 둔갑하게 되는 상황을 뜻한다. 오류란 상대를 잘못 인식했을 때 그것이 곧 자신의 상해(傷害)를 뜻하는 심각한 상황을 함축하는 것이다. 오류의 상황에서, 주체는 자신이 객체화한 대상에 의해 결국 스스로 객체화된다. 주체-화는 이렇게 늘 그 등 뒤에 객체-화의 그림자를 달고 있다. 오류의 경우, 객체화된 대상은 자신을 객체화한 주체에게 그 그림자를 돌려준다. 변이해 가는 이율배반의 선상에서 살아간다는 것은 이렇게 인식을 둘러싼 투쟁의 장, 주체화와 객체화의 전선(戰線)에서 살아간다는 것을 뜻한다.

이는 물론 사회적 상황에서도 마찬가지로 성립한다. 사회 역시 (생물학의 대상에 국한되지 않는 넓은 의미에서의) 생명의 한 형식 ─ 그러나 물론 독자적이고 독특한 방식 ─ 에 다름 아니기 때문이다. 그러나 문제는 이런 생물학적-사회학적 수준을 넘어서는 인식들, 고전적인 철학자들이 '순수 이성'의 성과라 불렀던 인식들의 성격이다. 이 순수 이성의 성과들은 플라톤 이래의 형이상학과 근대에 이루어진 과학적 탐구들에서 전형적으로 나타난다. 그러나 우리는 이런 성과들이 가져온 문제들에, 나아가 그 문제들을 다룬 담론들에까지 이미 익숙하다. 전통 형이상학과 근대 과학의 인식이 드러낸 새로운 성격, 진리가 오류로 둔갑한 사건 ─ 이는 인류 역사상 가장 근본적인 둔갑들 중 하나다[22] ─ 은 **인식론적 역운**의 두드러진 예이다.

인류가 지각과 본능의 수준을 넘어 사물들을 인식하고 조작하는 단계에 이르렀을 때, 그 결정적인 단계로서 자신의 **논리공간/추상공간** 안에 사물들을 표상해 기하학적으로 변형할 수 있기에 이르렀다.[23] 그렇게 함으로써 인간주체는 사물들을 객체화하며 **스스로를 조작하는 주체**로서 세웠다. 인간은 조작하는 존재가 된 것이다. 그러나 이렇게 조작된 객체가 이내 주체를 객체화하는 존재로 화한다. 객체

---

22) 다른 두 가지의 결정적인 둔갑이 더 존재한다. 그 하나는 물질적 풍요를 가져다준다고 믿었던 자본주의가 거대한 불평등과 착취의 체계로 둔갑한 것이고, 또 하나는 역사의 행복한 종말로 믿어졌던 민주주의/대중사회가 거대한 어리석음과 천박함의 도가니로 둔갑한 것이다.

23) 논리공간과 추상공간은 구분된다. 논리공간은 생각의 공간, 관념의 공간으로서의 인간의 의식을 뜻한다면(흔히 말하는 "머릿속"), 추상공간은 의식에 의해 구성되는/상정되는 한에서의 객관적인 공간이다. 소은 박홍규가 자주 언급하는 것은 추상공간이다.

성이 그것을 조작한 주체를 오히려 위협할 때 진리로부터 오류로의 둔갑이 일어나며, 자신이 인식/조작한 산물에 의해 조작자가 지배당하는 인식론적 역운이 일어난다. 이 역운이 일어나는 선상을 따라서 뒤집어진 주체성/객체성의 동적 이율배반의 운동이 이루어진다. '근대 문명'이란 이런 이율배반적 운동의 지도리들로 이루어져 왔다.

인간이 기계를 만들어내면 그 기계들이 이내 인간을 지배한다. 오늘날의 하이-테크 문명은 객체-화에서 주체-화로 전환하곤 하는 기계문명의 역습을 유난히 선명하게 보여 준다. 새로운 기술이 생겨날 때마다 인간은 그 기술을 통해 주체화되지만 이내 자기도 모르게 객체화된다. 전화가 생겨난 후부터 사람들은 좀체 편지를 쓰지 않는다. 자동차가 생긴 후부터 사람들은 좀체 걷지 않는다. 계산기는 계산 능력을 떨어뜨리고, 타자기는 글쓰기 능력을 떨어뜨렸다. 편의를 위해 기계들을 개발해낼수록 인간은 점점 기계들의 그물에 낚인 고기가 되어 간다. 최근에 와서 이런 흐름에 하나의 결정적인 지도리가 도래했다. '디지털'이라는 이름을 가진 이 지도리는 정보 조작의 극한적 형태를 가능케 했고, 다양한 형태로 도래한 복제 기술은 사물들의 존재론 그 자체를 뒤흔들고 있다. 이제 기술문명은 삶의 외적인 측면들에만이 아니라 사유, 감정, 무의식, 욕망 등 내적인 측면들에까지 스며들고 있다. 이는 인식론적 역운의 최신 형태라 할 수 있다.

정보를 통한 세계의 객체화와 그렇게 형성된 객체성에 의한 주체의 객체화에 있어 가장 극단적인 경우는, 물론 아직은 상상적인 이야기이지만, 인간이 자신의 생각/마음을 객체화함으로써 다시 정보망의 객체로 전락하는 경우일 것이다.[24) 이때 인간은 '전뇌화(電腦

化)'라는 객체화를 통해서 스스로 정보의 바다 위에서 객체화되는
역운, 그리고 객체화된 대상 자체가 외적 대상이 아니라 인간 자신
의 내면이기에 결국 자신의 내면을 객체화해야 하는 역운을 만나게
된다. 인간이 빛나는 승리를 자축하고 있을 때 이미 기술은 인간에게
들이밀 칼날을 준비하고 있다. 기술이 함축하는 미래에는 등을 돌린
채 새로운 기술 ── 기술은 오직 **새로울 때에만**[25] 대중을 매료시키고
자본을 증식시킨다 ── 을 만들어내는 데 여념 없는 자본가-기술자
집단, 이를 대중들의 의식/무의식에 심어 놓는 대중문화는 인식론적
역운의 비극성을 더욱 심각하게 증폭시켜 간다.

　　인식론적 역운은 특히 순수 인식에 이르러 그 얄궂은 성격을 두

---

24) 〈공각기동대〉는 "ghost in the shell"이라는 현대 데카르트주의, 그리고 전뇌화된 세계를 묘
　사한다. 전뇌화된 사이보그들은 외적인 정보를 자유로이 객체화하지만 그런 객체화를 통
　해서 결국 스스로의 마음을 객체화하게 된다. "고스트 해킹"을 통해 남의 마음속의 정보를
　뺏고 빼앗기는 상황이 연출된다. 한 '인간'의 정체성은 고스트를 통해 성립하며, 고스트를
　비트들의 집합체로 보는 한에서(물론 이는 하나의 상상이다) 비트들의 운동 가운데로부터
　하나의 '생명체'(그러나 신체 없는 생명체)가 탄생할 수 있다는 가설을 배제할 수 없다. 그
　래서 스스로에 대해 "나는 정보의 바다에서 태어난 생명체"라고 주장하는 인형사(puppet
　master)는 이렇게 말한다: "기억을 외재화했을 때 생겨날 결과를 너희 인간들은 좀 더 생각
　했어야 했어."

25) 내가 본 한 전자오락실의 유리창에는 "전뇌화된 세계 속에서 자신을 즐기자!"라고 쓰여 있
　었다(이 글을 쓴 사람은 '자신'이라는 말을 신중하게 생각해 보지 않았겠지만). 훗날 전뇌화
　된 수준의 전쟁이 발생한다면(걸프전은 이미 이 가능성을 예고했다) 사람들은 전자오락실
　에서 익혔던 인식과 감성을 유감없이 써먹지 않을까. 기술과 운명의 집요한 연쇄를 소름 끼
　칠 정도로 선명하게 보여 주는 구절이 아닌가.
　* 이 글을 쓴 지 얼마 되지 않아 '드론'을 동원한 전쟁이 실제 현실화되었다. 미국이 드론을
　사용해 (그들이 노린 인물이 있던) 결혼식장을 폭파했다고 한다. 가장 행복한 순간을 맞이
　했을 신랑, 신부와 하객들은 어디에서 날아온지도 모르는 드론의 폭격으로 한순간에 잿더
　미로 변했다.

드러지게 드러낸다. 인간은 대상을 개념의 수준에서 인식할 수 있는 특권을 누리지만, 주체가 만들어낸 개념들은 그것들을 물신화(物神化)하는 주체들을 지배한다. 자연을 기의 취산(聚散)으로, 원자들의 이합집산으로, 절대자의 섭리의 구현으로,… 개념화할 때, 그러한 개념화가 실체화되는 순간 주체는 자신이 만들어낸 그물에 스스로를 옭아매게 된다. 역사를 이상향의 퇴락으로, 유토피아를 향한 진보로, 오행(五行)의 순환 과정으로… 개념화할 때, 그런 세계들 안에서 이루어지는 주체들의 행위는 그러한 틀 내에서만 의미를 부여받는다. 인간은 세계를 개념화함으로써 스스로를 주체화하지만 그런 개념화를 실체화할 때 이내 그 개념들의 울타리에 갇히게 되는 것이다.[26]

인간은 자신이 만들어낸 의미를 통해서 스스로를 주체화한 것으로 착각하지만 결국 그 의미에 의해 객체화되곤 한다. 의미는 주체가 대상에게 던지는 빛이지만, 동시에 다시 주체에게 되돌아와 형성되는 그림자이기도 하다. 이렇게 주체-화와 객체-화의 이율배반적 놀이는 인간의 자기 이해에서 절정에 달하게 된다. 이는 다음과 같이 삼단논법적 구조를 가진다. 1) 세계는 X이다. 2) 인간은 세계의 한 부분이다. 3) 고로 인간 역시 X이다. 앞에서 말했듯이, 인식론적 우와 존재론적 우를 범하는 주체는 1)에서 2)로 쉽게 넘어가고 또 2)에

---

26) 이는 철학의 초보자들에게서 흔히 나타나는 경향이기도 하다. 어떤 개념 — 예컨대 몸 — 을 하나 잡아 그것을 물신화(物神化)함으로써 모든 것을 그것으로 환원시키려는 것을 '철학'(실소를 자아내는 철학)으로 착각하는 경우가 그것이다. 이런 경향은 철학의 초보자가 어떤 특정한 인물을 '진리'로 우상화하는 경우에서도 마찬가지로 드러난다.

서 3)으로 쉽게 넘어감으로써 철학적 어리석음 속에 빠져들어 간다. 인식은 본래 이떤 집단의 문제이지만 그 결과는 이내 다른 사람들에게 영향을 끼친다. 특히 물질적 변화를 동반하는 조작적 인식의 경우 이런 영향은 두드러지며 강요의 성격을 띠게 된다.

기술적 변화는 모든 사람들의 승인을 통해서 발생하는 것이 아니다. 어느 날 갑자기 "디지털 사회가 도래했다", "게놈 프로젝트가 완성에 가까워졌다" 같은 말들이 신문을 장식하고, 사람들은 "세상이 변하는구나" 하고 생각한다. 이런 변화를 기획했던 자본주의적-과학기술적 주체들은 다른 주체들을 객체화해 그들의 프로젝트에 복속시키려 한다. 이런 기도는 특히 TV, 신문, 영상, 인터넷을 비롯한 대중매체와 대중문화[27]를 동원해 이루어진다. 다른 주체들은 이런 객체화에 복속되거나 일정 정도 저항한다.

이런 일은 상당히 이론적인 수준을 갖춘 인식의 경우에서도 발생한다. 예컨대 진화론은 생명체에 관한 담론이지만, 그 자신 생명체인 인간이라는 존재에 새로운 의미를 던진다. 진화론을 받아들인 사람들은 자신들의 세계관과 가치관을 총체적으로 수정한다. 진화론을 거부하는 사람들은 이 담론에 대해 일정한 부정적 태도를 취한다. 세계관과 가치관을 둘러싼 "신들의 전쟁"이 시작된다. 인식이란 만인의 지평에서가 아니라 특정 집단에 의해 이뤄지며, 그렇게 이뤄진

---

27) 나는 '대중문화'를 어떤 분야/장르들을 가리키는 개념이 아니라 문화가 만들어지고 전파되고 소비되는 특정한 양태를 가리키는 말로서 사용한다. 실험영화들은 대중문화가 아니지만 『일주일 만에 읽는 칸트』나 『날아라, 아인슈타인!』 등은 대중문화이다. 대중매체와 대중문화는 대개 인식을 왜곡시킨다. 그리고 이런 왜곡된 인식은 사회의 현실로 자리 잡게 된다.

이후의 과정은 인식론적 과정이기보다 사회학적 과정이다(후자의 과정에는 대중매체와 대중문화가 중요한 역할을 한다). 그 특정 집단이 아닌 사람들에게 인식이란 어느 날 갑자기 도래한 사건으로서 삶의 지평에 떨어진다.

역운의 극한

한 집단='우리'가 던지는 프로젝트는 타인들을 객체화하기 위한 그물과도 같다. 수많은 '우리'들은 자기 그물을 던짐으로써 스스로를 주체화하고, 또 다른 그물들에 의해 포획되면서 객체화된다. 자본가들은 세계를 그들의 돈벌이를 위한 장으로 만들기 위해, 기독교도들은 세계를 기독교화하기 위해, 기술자들은 세계를 그들의 기술이 적용되는 곳으로 만들기 위해, 대중문화는 세계를 대중화하기 위해,… 프로젝트를 던지며, 그런 프로젝트들은 사회를 객체화하기 위해 사회 위에 떨어진다. 사회란 이런 객체화를 시도하는 주체들의 갈등의 장이며, 타자들을 객체화하려는 이런 시도들이 복잡하게 얽혀 돌아가는 장이다. 오늘날의 인식은 '지식-권력' 외에도 자본주의, 기술, 대중문화를 포함한 이 사각의 링에서 역운을 맞이하고 있는 것으로 보인다. 오늘날 관리사회에서의 인식이란 이 사각의 링 안에서 기획·양산·판매·소비되고 있다. 근대성의 극한에서 우리는 또한 인식론적 역운의 극한을 본다.

하나의 인식, 예컨대 인간에 대한 인식이 도래할 때 인간이라는 존재는 그렇게 제시된 인식-틀로 **환원되곤** 해 왔다. 오늘날의 '게놈 프로젝트'와 이에 기반한 유전자주의는 이런 구도를 선명하게 보여 준다. 이런 기획과 이론을 제시하는 사람들은 특정한 주체들이지만, 그것들이 사회로 스며들면 이제 인간은 유전자로 환원되기 시작하며 한 인간이 현세계에서 나타내는 형질들은 유전자가 빚어내는 효과들일 뿐인 것으로 이해되기 시작한다. 그리고 이런 생각은 이내 한 인간의 생물학적 형질을 넘어 그의 모든 측면에까지 확대되기에 이른다. 그리고 어떤 인식이 한번 흐름을 타게 되면 갑자기 그리고 우르르 몰려드는 대중매체와 대중문화에 의해 난리법석이 일어나곤 한다.[28]

학문적 인식이란 그 여러 가지 맥락을 잠시 접어 두고 본다면 그 자체로서는 중성적이고 순수한 것이다. 그러나 그 자체로서 중성적인 것도 이내 특정한 이익을 꾀하는 세력에 의해 전유(專有)된다. 소스타인 베블런은 자본주의란 부를 창출하는 시스템이 아니라 사회 공용의 부를 전유하는 기법이라는 점을 밝힌 바 있다.[29] 그래서 자체로서는 순수한 인식도 어느새 그것으로 이익을 얻으려는 세력들에 의해 **이익 창출의 도구**로 화해버린다. 학문도 예술도 종교도 어느

---

28) 이런 난리법석은 **인식론적 공해**를 불러일으킨다. 공기에서의 공해, 쓰레기의 공해를 비롯해 숱한 형태의 공해들이 우리 삶을 뒤덮고 있지만, 인식론적 공해는 그다지 주목받지 못한다. 감성적 확인이 어려운 대상은 사람들의 시선에 좀처럼 포착되지 않기 때문이다. 그러나 현대인은 다른 공해들 못지않게 거대하고 탁한 인식론적 공해 속에서 '탈-진실'의 시대를 살아가고 있다.

29) 베블런의 핵심적인 통찰은 이른바 '자본의 생산성'이란 1) 사회 공동체 전체가 생산의 수단과 방법에 대해 공유하는 지식과 2) 그 지식을 자기 것으로 전유하고 그것을 기반으로 사회 전체를 지배하는 자본가의 권력이라는 두 요소를 구분하지 않고 뭉뚱그려 놓고 있는 개념이라는 점을 밝힌 데에 있다(베블런, 『자본의 본성에 관하여 외』, 홍기빈 옮김, 책세상, 2009, 142쪽). 자본주의의 알맹이는 생산이 아니라 생산물의 전유에 있다.

새 자본, 권력, 기술, 대중문화로 이루어진 사각의 링에 포위되어버린다. 그래서, 우리의 예를 다시 든다면, 생물학적 이론을 넘어 유전자 조작과 그 상품화, 국가적 통제가 등장하게 된다. 19세기 훈육사회의 대표적인 부산물인 IQ 검사가 21세기에는 유전자 검사로 대체되고, '바이오벤처'들은 한 인간의 유전자를 '샘플링'해 용기에 넣어서 '데이터베이스'화한다. 한 인간의 생물학적 정체성이 용기에 포장되어 'QYT072009'와 같은 식의 기호를 부여받는다. 미국은 전과자 12만 명 이상의 유전정보를 데이터베이스화한 CODIS[30]를 세웠고, 마침내 아이슬란드는 전 국민의 유전정보를 데이터베이스화하고 있다. 생명산업과 생체권력은 상상을 초월한 방향으로 치닫고 있는 것이다.

이제 한 인간의 생물학적 정체성은 실험되고 조작되고 판매되고 유통되는 상품이 되었다. 생명의 전유와 조작이 장기의 판매와는 비교할 수 없는 수준에 도달한 것이다. 한 인간의 유전정보가 무책임하게 유출되었을 때 일어날 일들, 정부나 기업에서 한 인간의 유전정보를 쥐고서 통제할 때 일어날 일들, 부모들이 더 잘생기고 똑똑한 자식을 가지겠다고 집착할 때 일어날 일들, 한 가족 성원의 유전정보 유출이 다른 성원들에게 끼칠 영향, 길거리에 머리카락만 떨어뜨려도 누구인지 확인되는 완벽한 통제사회의 도래, 이 모든 상황들이 하나의 새로운 인식을 제시한 특정 주체들에 의해 다른 주체들이 그리

---

30) Combined DNA Index System. 이는 2000년의 자료이다.

고 결국 그 특정 주체들까지 철저하게 객체화되는 비극을 예고하고 있다. 사람들은 성형수술을 하듯이 자신의 유전자를 고치려 할 것이고, 과학자들은 미래의 비극을 외면한 채 오로지 경쟁 상대자들만을 겨냥하면서 밤을 샐 것이고, 기업과 정부는 유전정보를 활용해 부와 권력을 더욱 강화할 것이다. 주체의 인식이 그를 객체화하는 상황이 이렇게 극단화되는 경우가 또 있었을까.

인간은 세계를 인식함으로써 그리고 그 인식을 사용해 세계를 조작함으로써 주체가 된다. 그러나 그렇게 객체화된 세계는 인간에게 낯선 주체/타자로서 반격해 오며 이번에는 인간주체를 객체화한다. 오늘날의 인간은 자신이 만들어낸 기계적-자본주의적 관리사회의 환경에 갇힌 물고기가 되었다. 인간의 주체-화는 단순한 생성이 아니라 오히려 이런 주체화와 객체화를 둘러싼 사건들로 이루어진다. 이것이 인간이란 '역사'를 살아가는 존재라는 사실의 근본 의미이며, 이 의미를 구성하는 핵심적인 한 요소가 인식의 문제일 것이다.

그러나 지금까지 논했듯이, '인간'이라는 일반명사가 사태를 호도할 수 있다는 점을 다시 한번 기억하자. 이런 변화를 모든 주체들이 원했던 것인가? 특정한 주체들이 그렇게 만들어 왔던 것은 아닌가? 어떤 주체들이 일정한 객체화를 통해 스스로를 주체화할 때, 다른 사람들은 그 주체화의 그늘 아래에서 객체화된다. 그래서 인식론적 역운 자체는 인식론적 문제가 아니라, 그 근본에서 윤리학적 문제인 것이다. 윤리의 문제, 타자의 문제는 주체-화라는 생성 과정에서 나타나는 주체화와 객체화의 과정, 능동과 수동의 과정, 정체성 만들기의 과정과 뗄 수 없이 얽혀 있다.

IV. 타자-되기

'나'는 자기의 규정을 통해서 성립한다. 그러나 극히 내밀한 차원을 제외한다면 대부분의 '나'는 '우리'로서 존재한다. 생성의 관점을 다시 생각한다면, 나-되기는 곧 숱한 우리-되기의 총체이다. "나는 남자이고 학생이고 강남에 살고 불교도이고 …이다." 이렇게 '나'라는 주어의 술어에 들어가는 규정성들은 대부분 집합적이다. 더 나아가 "나는 고전 음악을 좋아하고, 갈색 머리를 좋아하고, 천문학을 좋아하고 …한다." 이때의 술어에 들어가는 내용들도 대부분 집합적이다. 앞에서 논의했듯이, '나'는 늘 수많은 '우리'들의 교차로에 서 있게 된다.

술어적 주체의 개념이 지배하는 현실에서, 무수한 '나'들이 맺는 관계는 사실상 무수한 '우리'들이 맺는 관계이다. 그래서 '나'는 술어적 주체의 그물망 속에서 끝없이 객체화된다. 수많은 '우리'들은 **서로를 객체화한다.** '나' 자신도 이렇게 타인들을 객체화한다. 그래서 주체화와 객체화의 눈길-놀이는 계속되며, 이런 상호적인 눈길-놀이가 주체-화와 객체-화 과정의 핵심 요소를 이룬다.[31] 주체화는 곧

---

31) 앞에서도 구분한 바 있지만, 이하 주체화는 객체화의 대립 개념으로서 타자들을 객체화하는 행위를 가리키는 말로, 그리고 주체-화는 주체화와 객체화를 겪으면서 역동적 뫼비우스

그 뒤에 객체화의 그림자를 달고 다니게 된다. 주체-화란 이렇게 능동이자 수동의 과정이며, 나-되기이자 (나 자신으로부터) 남-되기의 과정이다. 주체란 이렇게 주체-화와 객체-화가 계속 갈라지는 경계선상에서 살아가면서, 그 갈라짐의 지도리들을 내면화하는 이중체이다.

주체화를 둘러싼 투쟁

주체화는 빛의 형성이다. 주체는 시간의 종합을 통해 형성되며, 시간의 종합이란 불투명성 속에서 주어지는 것들, 소여들을 투명성으로 변환시키는 행위이기 때문이다. 자신의 힘으로 포섭하지 못했던 객관적 소여가 주체 속에 녹아들어 감으로써 주체는 자신을 보존하고 확충한다. 이런 존재는 우선 스스로의 개별성을 지향하는 존재이며, 주체성은 개별성을 전제한다. 주체란 개체적이든 집단적이든 일정한 개별성을 근간으로 하는 것이다. 개별성은 생명체 특히 동물에게서 두드러지게 성립하며, 따라서 주체화란 생명의 어떤 성격 특히 동물성과 밀접한 관련을 가진다. 주체-화가 그 안에 이미 생존경쟁의 성격을 품게 되는 것은 이 때문이다. 그래서 주체-화의 문제는 그 근저에서부터 이미 윤리적인 문제를 품고 있다.

　　한 개별적 존재는 보다 강할수록 보다 더 주체화된다. 그 맞은편에서는 좀 더 약한 존재일수록 더 두드러지게 객체화된다. 주체화와

적 이중체로서 생성함으로써 주체로서 존재하는 과정을 가리키는 말로서 사용한다. 주체화와 객체화 쌍이 정적이고 대립항적이라면, 주체-화와 객체-화는 동적이고 시차적이다.

객체화의 과정은 기본적으로 **강함과 약함**이라는 존재론적 구조에 의해 이루어진다. 주체화란 그 근본 구조에서 타자들을 자신 아래에 복속시킴으로써, 즉 '대상화'함으로써 성립한다. 이는 사람과 사람의 관계에서도 마찬가지이다. 역사는 권력을 획득해 주체화된 주체들과 그들의 시선 아래에서 객체화된 예속주체들의 드라마들을 끝도 없이 보여 준다. 그러나 객체화된 존재는 그를 누르고 있는 주체의 힘을 분쇄하고 언젠가는 스스로도 주체화되기 위해 칼을 간다. 주체의 등에는 언제나 객체화의 위험이 자라고 있고, 객체의 가슴에는 언젠가 주체가 되려는 욕망이 꿈틀거리고 있다. 사회적 삶이란 이렇게 주체화와 객체화를 둘러싼 갈등으로 얼룩진 투쟁의 장이다. 역사 속에서 확인되는, 인간이 겪어 가는 삶의 과정이 그토록 힘겹게 느껴지는 것은 그것이 근본적으로 이런 동물적 삶의 구조 위에서 성립할 수밖에 없기 때문이다.

'나'가 숱한 '우리'들의 중첩 구조에 입각해 성립하는 한에서, 이상의 논리는 결국 집단들 사이의 중첩 구조 위에서 성립한다. 한 집단이 주체로서 설 때 그것은 곧 그 맞은편에 하나의 그늘이 형성되었음을 함축한다. 높은 빌딩이 설 때 그 아래의 가옥들에는 그늘이 들 수밖에 없듯이. 마찬가지로 객관적 소여를 자기화/전유하는 것은 자신 속에 빛을 확충하는 것이지만, 그 맞은편의 타자를 어두움 속으로 몰아넣는 것이기도 하다. 사람들은 끝없이 높아져 가는 빌딩들처럼 '항룡(亢龍)'이 되려고 한다. 그 맞은편에서, 객체화되는 존재들은 주체의 눈길 아래에 포섭됨으로써 대상화된다. 'sub-jectum'에는 이런 이중적 의미('아래에 던져진 것'이자 '주체')가 깃들어 있다. **이중체로**

서의 'sub-jectum'이 가지는 이런 동적 구조가 우리가 앞에서 만났던 역동화된 시차적 이율배반의 구조를 형성한다. 인간세(人間世)는 이런 이중체들의 드라마(사건, 상황)이다.

이런 이중체들이 엮어 가는 드라마는 타자들을 내리누르고 솟아오르려는 욕망과 권력의 드라마이다. 이런 근본적인 구조 때문에 모두가 하나 되는 이상향, 영원한 평화, 완전한 사랑 같은 것은 불가능하다. 우리는 역사에서 이런 개념들의 역설(力說)이 때로 (이상을 꿈꿀 수 있는 인간의 특권이 아니라) 타자를 교묘하게 지배하려는 전략으로서 작동했던 경우들을 많이 볼 수 있다. 그리고 이런 논리에는 늘 '하나'에의 집착이 따라다닌다.[32] 하나 안에는 진정한 의미에서의 타자라는 것이 존재하지 않는다. 그렇기에 중요한 것은 타자들 사이의 낯섦과 갈등이라는 현실을 허망한 개념들로 덮지 않는 것, 집단과 집단 사이의 타자성을 정면으로 직시하는 것이 아닐까. 오늘날 '세계화'를 겪고 있는 이 시대에 인류 전체의 진정한 하나-됨은 절실한 가치이지만, 그것은 다양한 집단들이 서로의 타자성을 인정하고 그 사이에서 공존의 전략들을 모색함으로써만 가능할 것이다.

이것은 곧 한 개체/집단에서의 주체화와 객체화의 균형의 문제이다. 나의 주체성을 인정하는 만큼 타자의 주체성을 인정하는 것, 타자를 객체화하는 만큼 나 자신도 자발적으로 객체화되는 것. 이러

---

32) 다나카 지가쿠(田中智學)의 '핫코우이치우(八紘一宇)' 같은 생각이 대표적이다. 여기에서 세계를 한 가족으로 생각한다고 말함으로써 즉 하나-됨(Einheit)을 이야기하면서 결국 정복과 지배의 야욕을 드러내는 전형적인 개념('內鮮一體', '一視同仁'), 우리-되기를 이야기하면서 나의 주체성의 그늘로 타자들을 덮으려는 전형적인 술책을 발견할 수 있다.

한 주체화와 자기객체화 사이에 균형이 무너질 때 타자성을 인정하지 않으려는 다양한 시도들이 등장하게 된다. 서로의 타자성을 인정하는 균형 속에서만 주체화와 객체화를 둘러싼 갈등도 균형을 잡는다.

거대 주체를 무너뜨리기

그러나 이렇게 논리적 공간에서의 균형만을 이야기하는 것은 현실의 왜곡이거나 기껏해야 원칙론에 그칠 것이다. 이런 식의 생각은 추상적 사유의 한계를 드러낸다. 우리의 실제 삶, 즉 역사적 삶은 처음부터 특정한 형태의 불균형에서 시작된다. 누구나 태어나면서 이미 불균형한 주체화∞객체화[33]의 장 안에 내던져진다. 그리고 대부분의 사람들은 거대한 주체로서가 아니라 무수한 힘들에 둘러싸인 작은 주체로서 태어난다. 그들은 다양한 방식으로 객체화됨으로써 역설적으로 특정한 주체로서 성장한다.

　　인류가 원시상태에서 처음 벗어나 새로운 발걸음을 내디뎠을 때 (처음에는 청동기의 사용, 그 후에는 철기의 사용을 통해서) 거대 권력이 탄생하였으며, 그 후 거대 권력의 담지자에 의해 모든 사람은 위계사회의 특정한 자리-이름 안에서 일정한 크기 ── 전통 존재론에서 '청탁의 정도', '존재의 정도', '완전성의 정도'는 때로 사회적 신

---

33) 우리가 지금까지 이야기해 온, 단순히 평행을 달리는 이율배반이 아니라 서로를 넘나드는 이율배반, 공간적으로 고정되어 있기보다 계속 변이를 겪는 이중체, 양면을 가르는 선상에서 갈등과 화해의 드라마가 벌어지는 역동적 'sub-jectum'을 가리키기 위해 이하 위와 같은 표기를 사용하고자 한다.

분에 상응했다 —의 주체성을 부여받게 된다.

근대에 이르러 주체화∞객체화의 이런 구도에 큰 변화가 도래하지만, 거대한 주체화(타자들의 객체화)를 행하는 집합체는 여전히 존재한다. 다만 거대한 괴물이 변신을 거듭하듯이 그 양태를 바꾸어 왔을 뿐이다. 이 경우 대부분의 주체들에게 있어 객체화가 주체화를 압도한다. 이는 곧 거대 주체 바깥에는 그것에 동화되는 길 이외에는 달리 길이 없는 경우이다. 이런 주체들 중 가장 강력한 주체는 국가(사실상은 정부)이다.[34] 정부는 '국가'라는 추상적 존재, 상징적 권력을 등에 업고 모든 작은 주체들 위에 군림한다. 스탈린 시대의 소련인들은 국가에서 제시하는 "철학"을 받아들이지 않을 경우 위해를 당했다. 때문에 사람들은 그들의 바깥에서 주어진 절대 주체에 스스로를 동화함으로써 객체화/'주체'화될 수밖에 없었다. 이때의 주체화란 사실상 예속주체화/객체화이다. 사람들은 "나는 …이다"라고 말하지만 그것은 결국 "너는 …이다"를 통해서 주입된 허위 주체성이다. "A: 나는 애국자다. B: 너는 당에 충성을 바치는 자이다." 주체화의 형식을 띠고 있는 A는 결국 객체화의 형식을 띠고 있는 B의 가면일 뿐이다. 그 가면은 쓴 것이 아니라 씌어진 것이며, 자기를 숨기는 가면이 아니라 자기를 숨기지 않았다고 믿게 만드는 가면이다. 유

---

34) 국가라는 거대 주체와 작은 주체들의 관계는 역사적 특수성에 입각해 이해되어야 한다. 예 컨대 2002년 한국에서처럼 선거혁명을 통해 기득권 세력을 타파한 경우, 마치 전통 사회에 서 왕과 백성들이 공감했을 경우처럼 정부와 대중의 공감이 기득권 세력에 맞서는 구도가 성립한다. 그러나 김대중-노무현 정부에서 이명박 정부로 넘어가면서 이런 구도는 다시 전복되었다. 거대 주체와 작은 주체들의 관계를 일반론으로만 이야기할 수는 없다.

신 시절 어린 학생들은 '국민교육헌장'을 달달 외웠고(어쩌나 열심히 외웠던지 지금도 거의 다 생각이 난다) 그 헌장에 따라 객체화/예속주체화되었다. 나이 든 한국인들의 의식 속에는 아직도 그런 허위 주체성의 흔적이 깊이 각인되어 있으며, 노무현 대통령에 대한 탄핵소추 같은 사건(2004년)도 근본적으로는 이런 허위 주체성의 잔존에 기인했다고 해야 할 것이다.

객체화와 주체화의 균형을 위해 때로 자발적인 객체화가 요청된다. 모든 사람들이 힘든 상황에서(예컨대 지루하게 순서를 기다릴 때) 스스로를 참을성 있게 객체화하는 것은 중요하다. 그러나 보다 큰 문제들로 눈을 돌릴 때, 자발적 객체화의 요구는 종종 거대 주체의 전략의 일환으로서 작동하곤 했다. 처음부터 불평등하게 시작되는 우리의 삶에서 균형 잡힌 주체화는 오히려 불평등에 대한 비판과 저항을 통해서 형성되기 마련이다. 처음부터 소수의 커다란 주체들과 대다수의 작은 주체들이 대립하는 현실에서, 균형이란 주체성과 객체성의 단순한 배분이 아니라 이미 높이 솟아 있는 거대 주체성을 무너뜨리는 데에서 성립하기 때문이다. 결국 주체성이란 주어지는 것이 아니라 투쟁을 통해서 획득할 수 있는 것이다. 작은 주체들의 균형은 근거 없이 주어진 거대 주체성을 와해시킴으로써 가능하다.[35] 그러나 사실상 이 세상에 그늘을 만들지 않는 어떤 주체성도 존

---

35) 보다 큰 주체성은 권력을 통해 수립되기도 하고 매력을 통해 수립되기도 한다. 근거 있는 거대 주체성은 매력을 통해 타인들의 인정을 얻음으로써 수립되는 주체성이다. 오직 이런 주체성만이 보다 큰 주체성으로서 받아들여질 수 있다. 그러나 매력을 통해 수립된 주체성이 권력으로 화한다면 그 또한 와해의 대상이 되어야 한다.

재하지 않는다. 때문에 거대한 주체성을 무너뜨리는 것 못지않게 스스로가 그늘을 만들지 않으려는 끝없는 노력이 요청된다. 거대한 주체성을 무너뜨리는 것은 **투쟁**의 삶이고, 그늘을 만들지 않으면서 사는 것은 소요의 삶이다.

타자 없는 주체

그늘이 존재하지 않는다는 것, 그것은 모든 것이 빛으로 차 있다는 것을 뜻한다. 그것은 부분이 전체가 될 때에만 가능하다. 스토아 철학자들은 우주의 운명(fatum)에 스스로를 동일시함으로써 개체성을 초월하고자 했다. 그러나 개인의 내면에서는 가능할 수도 있을 이런 경지가 사회에서는 허용되지 않는다. 아니, 개인의 차원에서라면 획득될 수 있을지도 모르는 이런 경지를 사회적 차원으로 그대로 확장했을 때 그것이 가공할 결과를 가져올 수도 있다. 우리는 니시다 기타로에게서 이런 그릇된 확장의 전형을 본다.

　니시다에게서 주체화란 빛의 형성이다. 자신을 짓누르는 객관적 상황에 무릎 꿇지 않고 그 상황을 주체 안에 녹여 넣음으로써 주체는 자신을 보존하고 확충한다. 그 극단적인 경우는 주체가 겪는 한 순간의 '생명사건'을 이데아와 결합시키는 경우일 것이다. 순간과 영원, 객체성과 전체, 생성과 이데아를 합치시키는 것은 오래된 형이상학적 꿈이다. 로댕이라는 한 인간의 개별적이고 우연한 손놀림이 예술적인 이데아를 구현할 때처럼. 니시다의 사유는 사건과 이데아(화이트헤드가 말하는 "영원한 객체", 들뢰즈가 말하는 "순수사건")가 결합하는 한 순간의 '생성-즉-존재(生成卽存在)'를 체현하고자 하는 현재의 사유이다. 그것이 곧 "자기가 자기 안에서 자기를 본다"는 것, "낯섦/불안, 어두움의 경험을 친숙함/안심/밝음의 경험으로 전환시키는 것"이다. 이 점에서 주체화란 어두움에서 빛으로 가는 행위이다.[36)]

그러나 니시다는 주체화의 빛은 필연적으로 타자들의 객체화를 함축한다는 사실을 분명하게 깨닫지 못했다. 때문에 그의 형이상학이 그대로 역사철학으로 전환되었을 때, 주체성의 빛은 곧 폭력의 어두움으로 화하게 된다. 니시다의 역사철학은 (이토 히로부미가 입안한) 천황과 국체(國體)라는 절대 주체를 전제한다. 니시다는 그의 형이상학에서 객관적으로 주어진 소여들에 수동적으로 매몰되기보다 그것들을 주체에 녹여 넣어 능동적으로 주체화할 것, 한순간의 생명 사건에서 생명의 약동을 느낄 것을 역설했다. 그리고 이 철학을 역사철학으로 그대로 확장해 역사적 사건 속에서 역시 절대 주체가 되기를 역설했다. 그러나 천황과 국체라는 절대 주체에 자기를 던지는 것은 주체화되는 것이 아니라 객체화되는 것, 즉 허위 주체가 되는 것이다. 그것은 주체화로 착각한 객체화이다. 주체화는 자기 규정과 더불어 성립한다. 그러나 그 자기 규정이 외부에서 주어질 때 성립하는 것은 허위적 자기 규정이다. 그것은 비판과 저항의 여지를 남겨 두지 않는 동일화일 뿐이다. 그것은 폭력에의 동일화이며 폭력적 주체에 스스로를 동일화함으로써 타자들에게 객체화의 그늘을 강요하는 것

---

36) 니시다의 로댕론에 대해서는 허우성, 『근대 일본의 두 얼굴: 니시다 철학』(문학과지성사, 2000), 239쪽 이하를 참조하라.

이었다. 니시다의 역사철학은 결국 주체화와 객체화의 거울놀이를 보지 못함으로써 대동아공영권 논리의 철학적 앞잡이가 되어버린 것이다.[37) 유신 시절 많은 한국 철학자들이 그랬듯이.[38)

니시다의 일본에게서 우리는 주체성과 객체성의 거울놀이를 너무나도 분명하게 볼 수 있다. 일본은 서구에 의해 객체화되었다. 메이지유신 이후 일본의 최대 과제는 서구라는 주체에의 동일화였다. 그러나 일본은 이런 관계를 한국과 중국 등에 고스란히 이전했다. 일본은 아시아 제국을 객체화하려 했으며, 스스로가 서구에 동화하려 했듯이 이번에는 한국과 중국 등을 스스로에 동화시키려 했다. 제국주의의 그늘은 그대로 닮은꼴로서 반복되었다.[39) 이 상황에서 니시다는 생성-즉-존재를 그대로 역사철학에 투영했다. 우리는 여기에서 내면의 성숙과 사회적 상황 인식 사이에는 거대한 간극이 있음을 확인하게 된다. 형이상학에서의 '생명의 약동'이 역사철학에서의

---

37) 니시다 자신보다는 그의 제자들에 의해 이루어진 '세계사의 철학'은 이런 경향을 노골적으로 대변한다(예컨대 나카무라 미츠오 외, 『태평양전쟁의 사상』, 이경훈 외 옮김, 이매진, 2007, 223쪽 이하를 보라). 따라서 니시다 자신과 교토학파의 역사철학은 구분되어야 한다. 그러나 니시다 자신의 사유가 이미 그러한 정향을 분명히 드러내고 있다.

38) 이는 박종홍의 철학에서 매우 분명히 드러난다. 다음의 글을 보라. 이정우, 「한국 민족주의의 두 얼굴」, 『전통, 근대, 탈근대』, 그린비, 1999/2011. 니시다 기타로의 무의 파시즘, 하이데거의 존재의 파시즘, 그리고 박종홍의 창조의 파시즘을 비교하는 것은 흥미로운 작업일 것이다.

39) 이 점에 관련해서 히로마쓰 와타루, 『근대 초극론』(김항 옮김, 민음사, 2003)을 참조하라. 그러나 이 책에 붙인 가라타니 고진의 「해설」(과 역자의 「후기」)은 '근대 초극론'을 '탈근대 사상'과 동일시하는 심각한 오류를 범하고 있다. 다른 모든 점들은 접어 둔다 해도, 근대 초극론의 강렬한 민족주의/국가주의와 탈근대 사상의 탈민족적(더 정확히는 탈국가적) 경향은 전혀 양립할 수 없는 것이다.

'제국주의'와 '파시즘'으로 둔갑한 것이다. 타자의 주체성을 고려하는 것이 사회-역사적 인식에서의 제일 원리라는 것을 우리는 다시 한번 분명하게 확인하게 된다.

타자-되기

니시다의 경우에서 볼 수 있듯이, 내면적 빛의 확충은 내면에서만 가능할 뿐 사회적으로는 가능하지 않다. 사회에 있어 어떤 빛의 확충은 반드시 상대적으로 그만큼의 그늘을 만들어내기 때문이다. 사회란 **철저하게 상대적인 장**이다. 이 사실을 무시하고 내면적 힘을 사회화하려 할 때 그 결과는 필연적으로 모종의 폭력이 될 수밖에 없다. 그리고 사회란 사실상 이런 폭력적 힘들, 스스로를 주체화하고 타자들을 객체화하려는 힘들이 마찰하는 장이다.

　바로 그렇기 때문에 거대 주체의 형성은 바로 그만큼의 그늘을 만들어낼 수밖에 없고, 주체화∞객체화에서의 폐색(閉塞) 현상을 만들어내게 된다. 이런 폐색으로부터의 탈주는 항상 '되기'를 통해서 이루어질 수밖에 없다. A가 B가 된다는 것은 A-임에서 B-임으로 되는 것이 아니다. 이는 상상적으로만 가능할 뿐이며, 또한 A와 B의 동일성을 그대로 남기는 것에 불과하기 때문이다. A와 B의 차이를 건너뛴다는 것은 곧 A와 B의 동일성 자체는 유지된다는 것을 뜻한다. **차이의 체계는 곧 동일성의 체계에 다름 아니기 때문이다.** 그래서 핵심은 이 '차이의 체계=동일성의 체계'라는 거대한 동일성 그 자체를 극복하는 일이다. 이것은 '차이들'이 아니라 '차이화/차이생성'의 지속적인 운동, 즉 되기를 통해서만 가능하다.[40] 이는 곧 모든 개체들, 주체들은 사실상 dA, dB …일 뿐 A, B가 아니라는 생성존재론적 깨달음에서 시작된다. 이때 모든 관계는 A와 B가 아니라 dA와 dB의 관계가 된다. 그래서 되기란 늘 변별적 동일성들에서의 건너뜀이 아니라 그 사이에서의 미분적인 생성을 통해서만 가능하다. 이런 생성, 즉 공히 생성하는 타자들 **사이에서의 미분적인 되기**가 곧 타자-되기라 할 수 있다. 이 타자-되기가 모든 윤리적 행위의 존재론적 근거가 아닐까.

차이생성하는 세계를 가로지르면서 자신의 정체성을 만들어 가는 것이 인간이라는 존재가 가지는 삶의 근본 조건이다. 그리고 인간은 그런 과정에서 필히 이름-자리의 체계 속에 자신의 위치를 잡아야 한다. 그로써 특정한 형태의 주체가 된다. 그러나 이런 주체-임의 체계 —— 동일성들의 체계이자 곧 차이들의 체계 —— 는 곧 죽은 세계이며, 생명의 약동[41]이 사라진 세계이다. 그리고 이 세계는 주체성들의 불평등한 분포를 통해 숱한 그늘들이 존재하게 되는, 그리고 그런 빛과 그늘의 체계가 고착된 세계인 것이다. 모든 윤리적 행위의 철학적 근거가 타자-되기인 것은 바로 이 때문이다.

타자-되기란 결국 '우리'-되기 —— 우리에 갇힌 '우리'가 아니라

---

40) A, B, C의 차이들의 체계는 곧 동일성의 체계이다. 차이들의 체계가 그 자체 A, B, C의 동일성을 전제하기 때문이다. 중요한 것은 차이들의 체계=동일성의 체계 자체를 생성시키는 것이다. '차이의 정치학'과 '되기의 정치학'을 동일시하는 것은 심각한 오해이다. 되기의 정치학이 무너뜨리려는 것이 바로 차이의 정치학이기 때문이다.

41) '생명의 약동' 개념은 끝없는 차이들의 생성을 말할 뿐, 거기에 어떤 '낭만적인' 뉘앙스가 들어 있는 것은 아니다. 오히려 이런 차이들의 생성이 우리가 앞에서 논한 삶의 힘겨움들을 가져온다고 보아야 한다. 그러나 그런 힘겨움들과 투쟁하면서 어떤 긍정적 경지들을 만들어낼 수 있는 잠재력 역시 생명에 들어 있다. 생명의 약동이란 이 두 뉘앙스 모두를 포괄하는 존재론적 개념이다.

이-것으로서의 우리 —— 이다. 되기란 관계 속에 들어감이며, 사이에서 자신과 타자의 동시적인 변이를 꾀하는 것 이외의 것이 아니기 때문이다. 역동적-시차적 이율배반의 선상에서 생성하는, 이중체로서의 'sub-jectum'으로서 살아간다는 것은 바로 그 선상을 따라가면서 숱한 관계를 맺으면서 이-것들로서의 '우리'들을 살아가는 것에 다름 아니다.

V. 무위인(無位人)

인간이란 술어적 주체로서 이름-자리의 그물 속에서 살아가면서도 또한 거기에 고착되지 않으려 하는, 계속 새로운 자기를 만들어 나가려 하는 이중체이다. 그리고 이런 이중체로서의 삶이란 동적이고 시차적인 이율배반의 선상을 살아가는 것이며, 결국 생성하는 관계를 살아가는 것에 다름 아니다. 이율배반적 선상에서 생성한다는 것은 계속 새로운 관계를 맺어 나간다는 것에 다름 아니기에 말이다.

관계를 맺는다는 것은 어떤 '우리'의 생성을 뜻한다. 아주 작은 우리(예컨대 두 연인)에서 매우 큰 우리(예컨대 인류 등)에 이르기까지 각종 형태의 '우리'의 형성과 해체가 인간세에서의 관계 맺음의 실질적 의미이다. 사회는 무수한 '우리'들로 구성되지만 이 '우리'들의 장은 부단히 변화를 겪는다. 때로 하나의 '우리'가 둘이나 그 이상의 '우리'들로 갈라지기도 하고, 때로 둘 또는 그 이상의 '우리'들이 합쳐지기도 한다. 하나의 '우리'가 일종의 영토성을 형성한다면, '우리'들의 장은 개인들이 또는 '우리'들이 무수한 다른 '우리'들에 관련해 탈영토화와 재영토화를 겪는 장이라고 할 수 있다. 이 탈영토화와 재영토화의 과정을 파악하는 것이 사회계열학의 과제이다.

'우리'들의 이합집산은 곧 주체성∞객체성의 생성을 함축한다. '우리'들의 최소 단위인 개인들의 거대한 장에서 다양한 '우리'들이 생성된다. 그러한 생성의 매 순간 주체성∞객체성에서의 생성도 동반되며, 술어적 주체들의 변이(變異이자 變移)가 이어진다.

'우리'들의 계열학

많은 주체들 —— 개인적 주체들과 집단적 주체들을 포괄하는 극히 다양한 주체들 —— 은 각각 하나의 계열을 형성한다. 그리고 이 계열들 사이에 다양한 방식의 이어짐, 끊어짐, 갈라짐, 합쳐짐, 엇갈림,⋯ 이 성립한다. 이런 과정들에 대한 연구인 계열학 —— 사회계열학 —— 은 무엇보다 한 계열의 여러 계열들로의 갈라짐과 여러 계열들의 한 계열로의 합쳐짐을 기본으로 한다.[42]

수많은 '우리'들이 갈라진다. 갈라짐은 하위 주체성들의 형성으로 귀착한다. 이럴 경우 '우리'의 술어들은 두 '우리'의 술어들로 변환되며, 그로써 술어들의 다른 계열들이 형성된다. 어떤 술어들은 보존되고 어떤 술어들은 파기되며, 어떤 술어들은 변한다. 이런 과정을

---

42) '계열'의 개념은 한편으로 낱낱의 요소들에 중점을 두어 논하는 원자론적 사유에, 다른 한편으로 전체/총체에 중점을 두어 논하는 유기체주의에 대비된다. 계열학은 점의 사유나 면의 사유가 아니라 선의 사유이다. 계열학에 대해서는 『사건의 철학』 및 『사유의 새로운 이념들』(그린비, 2022)의 대담에서 논했다.

통해서 새로운 주체성들이 형성된다.

하나의 주체성 안에 여러 견고한 주체성들이 자라고 있을 때, 각 주체성들 사이에는 간극이 형성되고 전체-주체성에는 금이 간다. 금은 그늘에서 자란다. 전체-주체성 안에 그 주체성의 빛을 받지 못하는 그늘이 있을 때, 그렇게 객체화된 그늘은 주체성을 획득하려 하고 그때 전체-주체성에 금이 간다. 그래서 그 금은 정확히 주체화∞객체화의 선상에서 발생한다. 갈라짐이 도덕적 당위를 획득하는 경우는 전체-주체성이 그 부분들을 억압할 때이다. 제국은 그것이 정복한 부분들을 누름으로써 전체로서 존재하며, 따라서 그 부분들은 제국을 와해시키고 원래의 다원성을 회복하려 한다. 제국은 타자들을 스스로의 동일성 속으로 와해시켜 봉합해버렸기에, 타자들은 다시 제국의 배를 가르고 나온다. 갈라짐이 도덕적 당위를 획득하지 못하는 경우는 정당한 전체를 부분들의 이기적인 욕망에 입각해 와해시키려는 경우다. 국민투표를 통해 정당하게 획득한 권력을 쿠데타로 전복시키려는 경우가 이에 해당한다. 갈라짐은 하나 안에 존재하는 여럿 사이의 금을 통해 이루어지는 것이다.

사회가 이름-자리의 체계인 한에서 갈라짐도 결국 이름-자리의 체계의 문제이다. 하나의 주체성이 두 주체성으로 갈라짐은 이름-자리의 분화 현상이기도 하다. 이 새롭게 등장하는 이름-자리들이 새로운 정체성들을 만들지만, 그런 분화가 기존 이름-자리들의 이합집산에 그칠 경우 거기에 진정한 의미에서의 창조는 없다. 이름-자리의 전체 체계는 그대로 남으며 단지 누가 어디에 서느냐만 달라질 뿐이다. 갈라짐은 독특한 '이-것'들의 창조가 이루어질 때 진정 의미를 가지게 된다.

그러나 또한 많은 '우리'들이 하나의 '우리'로 합쳐진다. '우리'들의 합쳐짐 역시 주체성에 상관적이다. 작은 '우리'들이 큰 '우리'로 합쳐짐은 작은 주체들이 모여 큰 주체성을 이룸을 뜻한다. 그것은 작은 주체성들 사이에 존재했던 상호 객체화가 소멸되는 것을 함축한다. 그러나 합쳐짐은 또한 정복을 뜻하기도 한다. 정복의 경우 정말 소멸되는 것은 상호 객체화가 아니라 작은 주체성들이다. 큰 주체성의 형성은 끌어당김을 통해 형성된다. 작은 '우리'들 사이에 끌어당김이 있을 때 큰 '우리'가 성립한다. 그러나 그 끌어당기는 힘은 매력일 수도 있고 권력일 수도 있다. 두 남녀의 합쳐짐은 매력을 통해서이지만, 제국주의에 의한 정복은 권력을 통해서이다. 매력을 통한 큰 주체성의 성립은 작은 주체들 사이에 존재했던 그늘의 소멸을 뜻하지만, 권력을 통한 거대 주체의 성립은 커다란 그늘이 작은 그늘들을 덮어버림을 뜻한다. 이런 거대 주체는 이미 미래에 갈라질 금을 은폐시키고 있는 것이다.

갈라짐의 경우와 마찬가지로 합쳐짐의 경우에도 어떤 새로운 '이-것'의 탄생이 이루어지지 못한다면, 결국 기존 이름-자리들의 체계에서의 이합집산에 다름 아니다. 거대 주체의 총체성은 오히려 이 이름-자리의 체계를 더 공고히 하며, 이 경우 역시 진정한 창조를 가져오지는 못한다. 술어적 주체를 넘어 변이하는 삶을 살아갈 때, 갈라짐과 합쳐짐은 단지 집합론적 형태를 띠기보다는 오히려 기존의 집합론적 구조 자체를 변이시키게 된다. 그때에만 '되기'가 가능하고 윤리적 창조가 가능하게 된다.

상생적인 되기의 함정: 남북한의 예

두 '우리'가 합쳐지지 않고 나란히 존재할 수 있다. 그 나란히 존재함이 적대의 관계를 형성할 때 대치의 관계가 되고, 그렇지 않을 때 공존의 관계를 형성한다. 이는 평행적('para') 이율배반의 경우이다. 두 '우리'의 대치는 두 주체성의 대치이며, 두 주체는 서로에게 객체화의 그늘을 던진다. 그리고 그런 주체화//객체화[43]가 즉 상호 객체화가 세력의 균형을 이룰 때 대치가 성립한다. 두 주체가 적대하지 않고 나란히 병치될 때 공존의 관계가 형성된다. 이 경우 역시 세력 균형이 이루어지지만, 이때의 균형이란 객체화의 힘이 상쇄됨으로써가 아니라 자기 객체화의 힘이 동시적으로 맞물려 있음으로써 성립한다.

'우리' 문제에 있어 중요한 한 예는 남한과 북한의 관계이다. 북한과 남한은 오랫동안 대치해 왔다. 북한은 남한을, 남한은 북한을 객체화했으며 각자의 주체성을 상대방에게 투영해 서로에 대한 허상을 만들어 왔다. 한 주체가 타자를 정복하고자 할 때 그 타자에 대한 정확한 인식이 요청된다. 그러나 두 주체가 대치할 때 각자는 서로에 대한 허상을 요청한다. 그 허상이 각 주체의 존립을 가능하게 하기 때문이다. 각 주체는 타자에 대한 허상을 통해서 내부 결속력(그러나 사실은 지배층의 동일성)을 다져 왔으며, 더 나아가 그러한 허상들의 창출에 암묵적으로 공조해 왔다고 할 수 있을 것이다(박정

---

43) 앞의 '주체화∞객체화'와 달리 '주체화//객체화'는 단순한 'para'를 형성하는 주체화와 객체화를 뜻한다.

희와 김일성은 거울 이미지이다). 양자는 적대적 공모관계를 이어 왔다. 그렇기 때문에 그러한 대치가 붕괴될 때 허상들 역시 무너질 것이고, 그러한 와해는 그 주체의 중심(지배층의 동일성) 역시 무너뜨릴 것이다. 그렇기 때문에 그러한 대치의 와해는 각 주체 내의 핵심 주체가 아니라 그 핵심 주체에게 압력을 가해 온 역사의 힘(타자들의 힘) 자체였다고 해야 한다.

2000년 김대중-김정일의 6.15 선언에 대해 어떤 사람들은 김정일의 '쇼'에 대해서, 그 놀라운 '연출력'에 대해서 말한다.《조선일보》를 비롯한 수구 세력들은 통일 자체를 방해하려 열을 올린다. 그러나 민족의 '감정'에 대한 냉소적인 눈길을 보내는 사람들이야말로 (무지한 사람들이 아니라) 어리석은 사람들이다. 김정일의 '쇼'에 의해서, 김정일과 김대중의 '거래'에 의해서 남북한 주체의 'para'가 와해되는 것이 아니라 남북한 'para'의 와해가 두 정상의 만남을 가능하게 한 것이다. 사람들은 사회에서 발생하는 사건들을 다양하게 계열화해 의미를 읽어낼 수 있다. 그러나 많은 경우 그런 계열화는 그저 몇 명의 문제, 추상적인 이데올로기의 문제로 계열화된다. 하지만 역사의 궁극 의미는 대다수의 대중 자신들이며, 김정일이나 김대중이 아니라 통일을 희구하는 한 맺힌 사람들의 감정 자체인 것이다. 냉소주의는 모든 섬세한 차이들을 비웃음의 동일성으로 환원시킬 뿐이다.

두 주체가 한 주체로 합쳐질 때 정말로 주의해야 할 것은 그 하나의 주체 자체가 만들어내는 또 다른 그늘이다. 어떤 주체든 그늘을 만들어내기 때문이다. 이 점은 민족 분단이라는 그늘과 계급 차별이라는 그들의 관계에서도 확인된다. 우리는 통일에 의한 민족-주체의 형성이 바로 남북 분열의 원인이었던 프롤레타리아-주체를 둘러싼 대립과 대척적이었다는 사실을 다시 상기해야 한다. 남북이 갈라졌던 것은 민족적 주체에서의 갈라짐이 아니라 계급적 주체에서의 갈라짐이었다. 따라서 남북이 합쳐 다시 민족-주체를 형성한다는 것이 그 분열의 원인이었던 계급-주체의 합침을 의미하는 것이 아니다.

박정희도 김일성도 민족주의적 태도를 가지고 있었다. 그러면서도 자유주의와 공산주의로써 대립했다. 여기에 근본적 모순이 있는바, 진정한 민족주의자라면 민족을 우선시해야 하기 때문이다. 이들은 각각 민족의 통일을 자유주의로써 또는 공산주의로써 이루어야 한다고 믿었으며, 따라서 지향점은 민족주의였지만 과정은 자유주의 또는 공산주의여야 했다. 자유주의와 공산주의가 각각의 권력의 토대이기 때문에 민족주의를 내세워도 진정 그것에 궁극적 방점을 찍을 수 없었던 것이다. 여기에 한국 근대사에서의 "우리"가 내포하는 비극적인 논리적 모순이 존재한다.

결국 '민족'이라고 말하지만 보다 예민한 문제는 계급의 문제였다고 해야 하지 않을까. 계급적 주체에 기반해 이루어졌던 분열을 민족적 주체에 입각해 봉합하는 것이 한계를 가지는 것은 이 때문이다. 우리가 민족 주체에만 눈길을 주고 계급적 모순(물론 이미 그 구조가 상당히 복잡해졌기 때문에 반드시 고전적인 의미로 사용한 것은 아니다. 그러나 계급적 모순이 소멸한 것은 전혀 아니며, 사회가 존재하는 한 소멸할 수도 없다)에 눈을 감을 때, 민족 주체의 형성은 또 하나의 그늘(이미 있었던 그늘이지만)을 만들어내게 될 것이다. 통일을 통해서 계급적 모순이 해소되지 않는다면, 통일은 과거의 핵심 주체들을 와 해시키는 것이 아니라 오히려 강화시켜 줄 것이다. 즉 민족은 통일될 지 몰라도 지배 구조는 와해되기는커녕 강화될 것이다.

이렇게 새로운 그늘이 메워질 때 또 하나의 그늘이 생겨나는 것 은 그러한 과정이 진정한 되기가 아니라 거대 주체에 의해 이루어질 때이다. 이 경우 진정한 이-것이 생성하기보다는 구조적인 재조정 만이 이루어질 뿐이기에 말이다. 방금 든 통일의 예의 경우, 이것은 통일의 주도권을 정부가 쥐고 있기 때문이며, 정부가 '국가'라고 하 는 집단 환상을 통해서 군림하고 있기 때문이다. 통일은 모두의 일이 다. 정부의 일이 아니다. 그러나 누구나 통일은 '국가'의 일이라고 생 각하며, 국가와 정부가 동일시되는 한 이런 구조는 무너지지 않을 것 이다.

진정한 우리-되기의 가능근거: 무위인

이런 구조적 한계를 벗어나기 위해서는 다양한 저항 주체들의 개입 이 요청된다. 더 정확히 말해 저항 주체들의 상승변증법=상생(相生) 이 요청된다. 저항 주체들이 서로에게 그늘을 만들기보다는 전체로 서의 저항을 생각하면서 상생의 관계를 맺을 때에만 진정한 '우리- 되기'가 성립할 수 있기 때문이다. 생명은 끝없이 차생하는 힘이지만 또한 그 안에 새로운 형상들을 창조해 낼 수 있는 가능성을 품고 있 다. 그래서 생명은 연속적이면서도(절대 불연속은 죽음의 세계이다) 거기에는 다양한 형태의 개별화를 가능케 하는 힘 또한 내장되어 있다. 삶의 모든 드라마는 생명의 이런 힘에서 출발한다. '우리-되기' 역시 이런 생명의 힘의 한 발현이다.

인간의 삶은 개별화된 개체들의 삶이 아니라 내면화된 주체들의 삶이다. 그리고 주체란 사회 속에서 어떤 형태로든 이름-자리를 부여받음으로써 성립한다. 그리고 이름-자리란 바로 한 인간에게 붙어 있는 술어들과 그 술어들이 함축하는 실제 관계들, 상황들로 구성된다. 사회란 이런 이름-자리들의 집합론적 구조로 되어 있다. 사회에는 숱한 변동들이 생겨나지만, 이름-자리의 체계 자체에서의 변화가 없다면 그것은 집합론적 이합집산에 불과하다.

사회의 집합론적 구조, 존재론적으론 생명의 배반인 죽음을 또 가치론적으론 불평등을 함축하는 이런 구조를 '위(位)'라 부를 수 있을 것이다. 무위인이란 이런 위를 가지지 않는 사람이 아니라(그것은 불가능하다), 이런 위의 경계들을 가로지르면서 이-것들을 창조해내는 사람이다. 이-것들의 창조는 타자들 사이에서의 '되기'를 전제하며, 타자-되기, 숱한 형태의 '우리-되기'를 통해 가능하며, 때문에 존재론적 행위인 동시에 윤리학적 행위이기도 하다. 무위인으로 산다는 것은 단지 위를 거부하는 것을 뜻하지 않는다. 위를 거부하고 허공에서 살 수 있는 사람은 없다. 여기에서 무(無)는 위의 없음이 아니라 오히려 위의 잠재성이며, 숱한 위의 형태들이 점선들로 존재하는 허(虛)이다. 무위인이란 이 허의 차원으로 내려가 삶의 또 다른 방식들을 사유하고 현실로 다시 올라와 새로운 이-것을 창조해내는 사람이다. 그때에만 무위인은 상상적인 것이 아니라 실재적인 것이며, '우리-되기'에 창조적으로 공헌할 수 있다.

* * *

인간은 단순한 개체로서 존재하지 않으며 나아가 생명체로서만 존재하는 것도 아니다. 인간이란 주체로서 존재한다. 인간은 개체이자 생명체이자 주체이지만, 전자의 두 층위가 필수적인 것이라면 마지막 층위만이 고유하고 충분한 것이다. 때문에 인간이 스스로를 돌아다보면서 사유할 때 주체의 문제는 피해 갈 수 없으며, 어떤 논의를 하든 사유의 핵심에 놓여 있는 문제라 하겠다.

개체 특히 생명체로서의 인간으로부터 주체로서의 인간으로 간단하게 넘어가는 것만큼 경계해야 할 것도 없다. 뇌과학이나 사회생물학을 비롯해서 우리 시대에 나타나고 있는 천박한 한 경향, 즉 다양한 학문을 존재론적 차원에서 진정으로 종합하는 것이 아니라 한 분과과학의 성과를 조악하게 일반화하는 경향이야말로 인간-주체의 이해에서 무엇보다 우선 극복해야 할 태도이다. 주체의 이해는 무엇보다 그를 고유한 주체로 만들어 주는 어떤 문턱 ── 기호, 의미, 상징계, 사회, 문화, 나아가 무엇이라 하든 ── 을 넘어서 논의되어야 하며, 이 문턱을 충분히 고려하면서 논의되어야 하는 것이다.

우리의 주체론은 무엇보다 이 문턱을 형성하는 가장 기본적인 선험적 조건에의 성찰로부터 시작된다. 이런 작업을 통해 우리는 주체를 우선적으로 이름-자리[位]의 측면에서 파악했으며, 이를 '술어적 주체'로 이해했다. 이 술어적 주체가 진정한 주체가 되기에는 주체성을 결한다는 점을 깨달음으로써, 우리는 진정한 주체는 무위(無位)의 차원에서만 성립한다는 것을 알게 된다. 주체론을 논하는 이 저작에서 나는 이 테제를 논증하려 했다. 진정한 주체는 오로지 무위인(無位人)에게서만 성립하는 것이다.

'이-것'-되기로서의 주체-화

하나의 개별자로서 그러나 동시에 숱한 관계 속에서 살아가야 하는 존재, 자신의 동일성에 집착해도 또 관계들의 바다에 용해되어도 심각한 문제에 봉착할 수밖에 없는 존재, 끊임없이 타자화되면서도 동일자로서의 자기를 잃지 않으려는 존재, 아니 동일자로서의 자기를 소멸시키지 않기 위해서도 타자화되지 않을 수 없는 존재, 이런 아슬아슬한 이중체가 '주체'이다. 어떤 주체로서 살아가야 하는가, 이것이 삶의 핵심 문제이다.

　단적으로 주어진 것으로서의 주체 개념으로부터 주체-화 개념으로의 이동은 현대의 사유가 이룩한 가장 의미심장한 성과들 중 하나이다. 이것은 단지 주체를 실체주의적인 방식이 아니라 생성존재론의 방식으로 파악했다는 이론적인 맥락에서만은 아니다. 주체란 그것을 모양 지으려는 숱한 객체성들과의 밀고 당기는 투쟁, 화해, 혼화(混和)를 통해서만 (그 말의 진정한 의미에서의) 주체일 수 있다는 점을 드러내 주었다는 점에서도 그렇다.

'주체-화(subjectivation)'는 '주체'와 다를 뿐만 아니라 근대적인 의미에서의 '주체화(Subjektifikation)'와도 다르다. 주체-화는 객체-화를 만들어냄으로써 이루어지는 분리 현상이지만, 동시에 또한 주체-화와 객체-화를 아우르는 메타적 객관성으로서의 객체-화의 일부(x로서가 아니라 dx로서의 일부)이기도 하다. 주체-화를 통해 객체-면과는 다른 주체-면이 형성되지만, 주체가 절대적으로 초월적일 수는 없는 한 이 주체-면은 더 포괄적인 의미에서의 객체-면을 초월하지 못한다. 사르트르는 초월하는(dépasser) 주체의 성격을 누구보다도 잘 보여 주었다. 주체는 dx로서 끝없이 스스로를 초월해 간다. 그러나 이 dx는 그 자체로서는 추상적인 생성일 뿐이며, dy(객체의 생성하는 총체)와의 관계하에서만($\frac{dy}{dx}$) 일정한 모습을 띠게 된다. dx는 늘 dy와 맞물려-변해 가는 한에서의 dx이다. 반대로 보아, 객체는 주체가 배제된 상태에서의 어떤 고정된 동일성이 아니라 주체의 변화와 맞물려-변해 가는 총체로서의 객체이다. 결국 주체는 객체 —— 대상이 아닌 전체로서의 객체 —— 에 포괄될 수밖에 없지만, 주체의 포괄은 곧 객체를 변모시킨다. 그리스 연극에서처럼 주인공(개인이든 집단이든)은 결국 합창단에 포괄되지만, 주인공의 존재는 (주인공과 합창단을 포괄하는) 전체를 변모시킨다. 이 점에서 주체는 수동적-능동적 이중체이며, 존재의 생성하는 주름이다. 이것은 푸코가 말년에 몰두한 주제이기도 하다.[1]

---

1) 들뢰즈의 다음 언급을 잘 음미해 보자. "푸코가 집요하게 붙들고 있는 주제는 이중체 (double)라는 주제이다. 그러나 이중체는 결코 내부성의 투사가 아니다. 반대로 그것

그러나 주체-화의 문제 이전에 개체-화의 문제가 있다. 주체는 개체에게서만 성립하기 때문이다(고대인들은 비-개체에게 주체성을 부여하기 위해 그에 이름을 붙이곤 했다). 주체-'화'를 사유한다는 것은 곧 인칭의 성립을 가능케 하는 '비-인칭적 장'을 사유하는 것이다. 그러나 이는 또한 그 이전에 개체-화를 사유하는 것, 즉 '전-개체적 장'을 사유하는 것이다. 개체-화의 문제를 다룬다는 것은 곧 개체를 모델로 해서 개체-화를 사유하기보다는 개체-화를 터로 삼아 개체를 사유함을 뜻한다. 이것은 질베르 시몽동의 기획이기도 했다. 결국 '전-개체적이고 비-인칭적인 장'과 그 위에서 이루어지는 개체-화와 주체-화를 포함하는 다층적(多層的) 구도에서 사유할 필요가 있다.

개체화의 문제는 상식적 의미에서의 개체를 넘어서 이를 생성의 장 속에서 사유하려는 시도이다. 그러나 이 논의 이전에 우선 우리의 논의가 각종 형태의 환원주의들과 어떻게 입장을 달리하는지 논할 필요가 있다. 우리의 시도는 '개체성'을 달리 사유하려는 것이지 다른 어떤 차원들로 환원하려는 시도가 아니기 때문이다. 우리는 개체를 끝없이 다른 무엇(들)에로 환원하려는 경향과 (상식적 의미

은 바깥의 내부화이다. 그것은 '一者'의 분열(dédoublement)이 아니라 '他者'의 중첩(redoublement)이며, '同一者'의 재생산이 아니라 '差異나는 것'의 반복이며, 어떤 '나(je)'의 발현이 아니라 언제나 타자인 어떤 것 혹은 내가 아닌 어떤 것(non-moi)의 내재화(mise en immanence)이다. 중첩에 있어 하나의 이중체인 것이 타자가 아니라, 타자의 이중체로서 나를 사는 것이 나(moi)이다. 나는 외부에서 나를 만나는 것이 아니라 나의 내부에서 타자를 발견하는 것이다('중요한 것은 他者가, 먼 것이 또한 가장 가까운 것, 同一者인가를 드러내는 일이다')"(Gilles Deleuze, *Foucault*, Ed. de Minuit, 1986, p.105).

에서의) 개체를 실체화하려는 경향을 동시에 극복해야 한다. 이런 맥락에서 우선 개체의 존재 자체를 다른 차원으로 환원하려 했던 사상사의 경향을 비판적으로 검토한다.

I. 환원주의로부터 확장된 개체 개념으로

학문의 역사를 살펴보면, 개별적 존재들은 늘 그것들 자체로서가 아니라 다른 어떤 것으로 환원되어 이해되곤 했다. 어떨 때는 그 위에 존재하는 것들로 환원되어, 종/류의 한 예화(例化), 형상/리(理)의 구현체, 피조물, 전체의 양태 또는 '계기', …로 이해되었고, 또 어떨 때는 그 아래에 존재하는 것들로 환원되어, '~자(子)'라든가 '~소(素)'의 집합체들로 이해되었다. 전자의 경우 개별자들은 각종 형태의 보편자들로 환원되었고, 후자의 경우 각종 형태의 물질적 존재들로 환원되었다. 하지만 개체란 과연 그 이상의 무엇으로 또는 그 이하의 무엇으로 환원되어야 하는 존재인가?

　우리 모두는 개체가 무엇인지 직관적인 이해를 가지고 있다. 그러나 개체의 개념에는 모호한 구석이 있다. 개체를 규정해 주는 분절선은 정확히 어디에서 그어져야 하는가. 방금 우리는 개체 이상과 이하를 논했다. 하지만 하나의 분자, 하나의 세포도 타자들과 구분되는 자체의 구조적 동일성을 갖추고 있다는 점에서는 개체이며, 하나의 가족이나 국가도 어떤 면에서는 개체이다. 개체의 개념은 극대와 극미로 뻗어 가는 무수한 상대적 분절선들로 확장될 수 있다.

'불연속'과 '하나'가 있는 곳에 개체가 있다. 'atoma'가 'atomum'과 'individium'으로 분화되어 번역되었다는 사실은 시사적이다. 분할할 수 없는 것, 더 정확히 말해 분할하면 더 이상 본래의 자신이 아니게 되는 모든 것이 개체이다.

그럼에도 좁은 의미에서의 개체 개념이 의미를 잃어버리는 것은 아니다. 잠정적으로 다음 규정을 제시해 보자: 개체란 그것의 구성 요소들은 그것을 위해 존재하지만, 그것 자체는 다른 것의 온전한 구성 요소가 되기를 거부하는 존재이다. 반대의 방향에서 말해, 개체란 전체는 그것을 포함함으로써 전체가 되지만 그것 자체는 어떤 전체에도 온전히 속하지 않는 존재이다. 결국 개체란 '자'와 '타'를 스스로 구분하는 존재로서, 결국 기(己)인 존재이다. 철수의 세포들, 유전자들, 철수의 몸에서 일어나는 화학반응들, … 등은 모두 철수라는 개체의 존재를 전제하고서 성립한다. 그것들은 철수를 위해서 존재한다. 그러나 철수는 그의 가족, 마을, 국가, 지구, … 를 위한 온전한 요소가 되기를 거부한다. 이 이기성(利己性)이 '자기(自己)'를 형성한다. 이 점에서 개체의 뚜렷한 예는 생명체, 그중에서도 동물이며, 그중에서도 특히 인간이다. 개체란 결국 극미의 차원에서 극대의 차원까지 이어져 있는 이 우주에서 뚜렷한 하나의 분절선을 만들어내는 독특한 존재이다.

개체라는 존재를 확고한 본질을 가진 실체로서 보는 관점은 이미 다양한 각도에서 극복되었다. 지금 논의의 목적이 이 낡은 존재론을 복권시키려는 것은 물론 아니다. 문제는 개체의 위상을 희박하게 만드는 모든 관점들에 대해 의구심을 가질 필요가 있다는 것이다. 개체의 존재론적 특권이 오래전에 박탈되었다 해도 우리의 일상적 삶은 철저하게 개체들을 토대로 이루어져 있으며, 개체가 부정될 경우 윤리와 정치를 비롯한 모든 문화적-가치론적 담론들/행위들은 그 건강한 토대를 잃어버릴 것이기 때문이다. 개체를 그 이하의 요소들로 환원하려는 경향들이든, 아니면 그 이상의 단위들로 환원하려는 경향들이든, 아니면 보다 심층적인 어떤 존재들(구조주의가 말하는 '구조', 정신분석학이 말하는 '무의식' 등등)로 환원하려는 경향이든, 이 모든 생각들은 주체의 위상을 약화시킨다는 점에서 공통된다. 그러나 사람들이 자신들의 자식에게 입맞춤할 때 그들은 어떤 세포 덩어리가 아니라 그들이 어떤 특정한 날, 특정한 장소에서 태어난, 그리고 자신이 기저귀를 갈아 주고 우유를 먹이고 자장가를 부르면서 키운 바로 그 아이에게 입맞춤하는 것이다. 이라크 전쟁의 원흉으로서 우리가 지목하는 것은 백악관의 바로 그 부시라는 특정한 개인이지 그의 DNA라는 추상적인 존재가 아니다. 또, 개체의 상위로 가서 '네오콘'이라는 보편자 역시 울포위츠를 비롯한 특정한 인간들을 묶어 부르는 이름일 뿐이다. 이런 사실이 부정된다면 우리의 현실은 무엇이 될까? 다른 형태의 환원주의들에도 똑같은 물음을 던질 수 있다.

거듭 말하지만, 이것이 개체를 존재론적으로 실체화해야 함을 뜻하는 것은 아니다. 존재론적 분절은 상대적인 것이며 맥락에 따라 달라져야 한다. 특정한 분절의 절대화는 역동적 분절들의 다원성에 자리를 내주어야 하며, 또 언제나 그래 왔다. 그래서 개체들이란 원자들의 운동 결과일 수도 있고, 이데아의 구현체일 수도 있다. 또 신의 창조물일지도 모르고, DNA의 발현체일지도 모른다. 무의식의 구성물일지도 모르고, 미분방정식이 현실화된 것일지도 모른다. 보다 상상적으로는 〈매트릭스〉에서처럼 프로그램된 사이버세계의 기호들일지도 모르고, 또는 한편의 호접몽(胡蝶夢)일지도 모른다. 그럼에도 이런 설명들과 설명 항(개체) 사이의 간극은 메워지지 않는다. 이 모든 생각들에도 불구하고, 우리는 개체들의 존재론을 가지고서 나날을 살아간다. 이런 생각들은 분명 개체의 어떤 측면들을 비추어 주며 이 점에서 모두 빛나는 통찰들이다. 이런 이론들이 없었다면, 우리는 상식적으로 지각하는 개체들의 차원에서 한 발자국도 더 나아갈 수 없었을 것이다. 그러나 개체는 이런 설명들 중 하나에로 온전히 환원된 적이 없으며 앞으로도 되지 않을 것이다. 나아가 다른 각도에서 말해, 이 모든 생각들은 현실을 살다 간 어떤 개인들에게서 나온 생각들이고 그것들 중 어떤 것을 믿는 또는 논박하는 존재들 또한 개인들이다. 개체는 그 어떤 설명-틀에 포획될 경우든 늘 설명되는 부분보다 더 큰 여백을 남긴다.

문제의 장소

이 생각을 구체화하기 위해 하나의 예를 취해서 논해 보자. 이는 곧 최근에 자주 논의되고 있는 생물학적 환원주의의 예이다. 생명의 문제는 위대한 지성들의 열정을 끌어낸 대표적인 문제들 중 하나이다. 그러나 고유한 의미에서의 생물학은 서구 문화의 산물이라 해야 할 것이다. 타문화에서 우리는 생명에 대한 문학적 찬탄이나 형이상학적 사변 그리고 의학적 실천을 볼 수 있다. 그러나 생명(bio)을 과학적 이성(logos)을 가지고서 탐구한 '생물학'을 발전시킨 것은 서구 문화이다. 때문에 생물학에는 서구 존재론이라는 심층적인 배경이 가로놓여 있다. 그러나 생물학과 존재론의 관계는 역사 속에서 여러 번 변환을 겪었다는 사실을 이해하는 것이 중요하다.

아리스토텔레스의 형이상학은 그의 생물학을 추상적 차원으로 일반화시키고 있다. 발생학에 대한 그의 열정은 가능태와 현실태 개념을 낳았고, 생명체의 변화에 대한 세심한 관찰은 유명한 4원인설을 가능케 했고, 계통학/분류학에의 몰두는 형상들의 유기적 체계라는 그의 존재론을 탄생시켰다. 1) 모(母)의 난자에 부(父)의 정자가 들어가 수태되는 것은 곧 질료에 형상이 구현되는 것이다. 질료는 무엇인가가 될 수 있는 가능태이고, 형상은 바로 그 '무엇'이다. 가능태는 현실태로서의 형상의 인도를 받아 완성태로 향해 간다. 2) 생명체(더 넓게는 개체)를 이해하기 위해 질료인과 형상인 외에 운동인(부와 모) 그리고 목적인(가능태로부터 현실태로 가는 운동의 방향성, 도달해야 할 목적으로서의 완성태)의 선재가 필요하다. 3) 형상들의 체계로서의 종·유의 체계, 즉 분류학적/계통학적 체계가 세계 이해의 전체 상(像)으로서 제시된다. 이런 전체적 배경 아래에서, 우리는 그에게서 개체에 대한 최초의 정교한 이론을 발견한다. 그러나 아리스토텔레스에게는 **개체**(제일 실체)와 **형상**(제이 실체) 사이에서의 흔들림이 있다. 지금의 논의 구도에서 볼 때, 아리스토텔레스가 존재론적 직관과 (자연철학자들로부터 플라톤에 이르기까지의 지적 유산이 요구하는) 인식론적 구도 사이에서 드러낸 이 흔들림은 우리의 문제가 발생한 원초적인 장소를 보여 준다.

근세 이후 생명 탐구의 과정은 개체에서 시작해(또는 종에서 시작해) 분자에 이르는 하향(下向)의 과정이다. 생물학, 나아가 자연과학 일반은 미시세계를 향해 지치지 않고 질주해 왔다. 그리고 좀 더 마이크로한 세계가 발견되면 그보다 상위의 세계들은 이 세계에로 환원되어 이해되었다. 근대의 합리적 이성은 '분석'의 개념을 통해 이러한 과정을 정초했다. 사물들을 보다 잘게 분할해 분석하고 그 결과를 가지고 분할하기 이전의 존재를 설명하는 것. 근대적 감수성은 곧 '마이크로'에 대한 감수성이다. 과학은 사물들을 계속 분석해 나갔으며 한 단계 아래 층위로 분석해내려갈 때마다 큰 성공을 거두곤 했다. 때문에 분석적이고 환원적인 방법은 이내 과학적 방법 그 자체와 동일시되기에 이르렀다.[2] 이런 식의 시도는 이미 데카르트에 의해 명확하게 표명되지만, 보다 현실적 형태는 현대의 유전자 환원주의에 이르러 분명하게 드러나게 된다.

데카르트는 신과 영혼을 제외한 일체의 사물을 기하학으로 설명하려는 근대 과학의 야심을 분명하게 표현했다. 중요한 것은 그가 이 야심을 생명의 영역이라고 해서 완화시키지는 않았다는 사실이다. 그에게 생명체는 기계론적으로 완벽하게 설명할 수 있는 것이었

---

2) 물론 이런 흐름은 반대 방향의 흐름, 즉 현실차원을 거시차원으로 환원하려는 흐름들과도 맞물려 있다. 예컨대 분자생물학의 발달은 진화론과 연결되어 생명관을 변화시켰으며, 이로써 개체들의 차원은 미시차원과 거시차원으로 **이중적으로** 환원되기에 이르렀다. 그러나 이 구도는 어떤 면에서는 긍정적인데, 미시와 거시를 관통하려면 어쨌든 중간차원을 통과해야 하고 이로써 (단순한 일방향적인 환원주의에 비해) 논의 구도가 덜 단순해지기 때문이다.

다. 비록 그가 실제 제시한 설명이 오늘날 우리의 눈길에는 무척이나 조잡하게 비친다 해도. 게다가 데카르트는 훗날 라플라스가 물리세계에 관련해 주장할 철저한 결정론을 그보다 몇 세기 전에 생명세계에 관련해 주장했다: "만일 누군가가 동물의 어떤 종(예컨대 인간)의 종자를 그 모든 부분들까지도 인식한다면, 그는 이 지식만을 가지고서 확실한 이성과 수학을 사용해 그 종자가 후에 도달할 모든 형태와 구조를 연역할 수 있을 것이다."(『동물의 형성』) 오늘날 물리세계에 관련해서도 무리하다 싶은 결정론이 생명세계에 관련해 역설되고 있는 것이다. 그러나 오늘날까지 생물학을 추동해 온 야심은 바로 데카르트의 이런 야심이었다는 사실 또한 부인할 수 없다.[3] 데카르트는 (영혼과 신을 제외한) 모든 개체들을(나아가 만물을) 'res extensa'로 환원하고자 함으로써 근대를 관통해 오늘날까지 이어지고 있는 **환원주의 프로그램**을 진수시켰다.[4] 그러나 이 프로그램은 한참의 세

---

3) "만일 난자 내 모든 유전정보에 접근할 수 있다면 그리고 모든 유전자에 대해 상세히 알 수 만 있다면, 어떤 동물이 될지 예측할 수 있지 않을까?" 루이스 월퍼트, 『하나의 세포가 어떻게 인간이 되는가』, 최돈찬 옮김, 궁리, 2001, 13쪽.

4) 17세기의 고전역학은 세계를 이상적인 기계로, 완벽한 시계로 표상했다. 그리고 시간을 되돌려도 고전역학 체계는 흔들리지 않는다는 점에서 이 체계는 가역적(reversible) 체계였다. 따라서 이 체계에서 문제시되는 것은 생명체다. 생명체야말로 생로병사를 겪는 존재이며 시간의 불가역성을 분명하게 보여 주는 존재이기에 말이다. 때문에 생명체를 바라보는 기계론적 패러다임은 이상적 시계의 모델로부터 증기기관의 모델로 전환해야 했다. "램프가 탐에 따라 기름이 떨어지게 되고 연료가 떨어진 램프는 꺼지듯이, 호흡으로 잃어버린 것을 음식을 통해 복구시키지 않는다면 동물들은 죽게 된다."(라부아지에) 이런 사유 전환이 열역학의 등장과 더불어 본격화되기 시작했던 물리과학의 경우보다 생물과학의 영역에서 먼저 일어났다는 것은 어쩌면 당연한 일일 것이다. 근세적 기계론이 이렇게 발전된 형태로 나아간 것은 우선 생물학의 영역이었다. 그러나 기계론적 생물학이 진정 생명체의 '메커니즘'을 설득력 있게 파헤치기 시작한 것은 그로부터 한참이 지나서였다(그리고 그 사이에 생물

월이 지나서야 현실화되기 시작했으며, 그 사이에 환원주의와 개체의 문제는 몇 차례의 변형을 겪었다.

거시적 환원주의와 그것의 붕괴

데카르트적 꿈을 현실화할 수 있을 현실적 방법이 부재했던 고전 시대에, 생명과학자들을 사로잡았던 것은 오히려 계통학이었다. 생명체를 미시적으로 분해하기보다는 살아 있는 그대로 관찰하고 오히려 개체 이상의 차원들 — 종과 유, 나아가 목(또는 과), 강, 계와 같은 계통학적 분류 틀들, 또는 물리세계와의 관계 등 — 의 맥락에서 분석하고자 했다. 근세의 생물학자들은 무수한 생명체들의 가시적 성질들 — 특히 특정한 생명체들에 공통적으로 나타나는 '형질들' — 을 일반 대수학('마테시스=mathesis')의 방식으로 분류하고자 했다. 이를 위해서는 질서정연한 기호체계가 수립되어야 했으며, 때문에 '명명법'이 발달하게 된다. 사물의 가시적 성질들 하나하나(예컨대 식물의 형태, 각 부위의 크기, 꽃잎의 모양, 색깔, 암술과 수술의 수와 모양, 색깔, 꽃받침의 모양, 꽃밥의 위치,…)는 인간의 마음에 '관념들'을 낳는다.[5] 그리고 라부아지에와 린네 등에 의해 이 성질들 및 관념들

학은 기계론으로부터 일단 탈피해야 했다). 그러나 얄궂게도 오늘날에 와서야 확고하게 정립된 이 기계론은 더 이상 예전의 기계론은 아니다.

5) 이런 구도는 영국 경험론자들의 심리학적 인식론에서도 그대로 나타난다. 나아가 화학에서의 명명법, '부의 분석'이나 '일반 문법', 또 '질병 분류학' 같은 다른 담론들에서도 공통으로 나타난다. 푸코가 잘 분석해 주었듯이(『임상의학의 탄생』, 『말과 사물』), 근세(고전 시대)의 여러 담론들은 공통의 에피스테메 위에서 움직였다. 과학사 서술의 주된 대상인 물리학, 즉 갈릴레오와 뉴턴의 수학적 물리학이라는 상위 층위 아래에는 화학, 자연사=박물학, 부의

과 상응하는 기호체계가 구축되었다. 그래서 가시적 성질들과 기호들 그리고 관념들이 서로 거울처럼 마주보면서 사상관계를 형성했다.[6] 이렇게 만들어진 기호체계는 동일성과 차이의 기준에 따라 위계적으로 배열되었다. 이 위계는 연속적이다. 생명체들의 극히 큰 다양성, 그리고 두 생명체 사이에 언제나 존재하는 중간 항에 대한 주목은 이 위계에는 어떤 단절도 없다는 결론을 가져왔다. 이렇게 해서 '생명의 사다리'라는 이미지가 형성되었다. 생명체는, 아니 우주 전체는 가장 아래의 물질로부터 인간에 이르는 간단(間斷) 없는 사다리로서 파악된다. 중세 신학적 이미지가 여전히 잔존했던 것이다. 개체들은 자신들에 앞서 존재하는 어떤 틀, 어떤 표의 특정한 자리를 할당받는다. 순수 개체, 단독적 개체는 없다. 일반성/보편성에 복속된, **특정한 자리로서의 개체들**만이 존재한다.[7]

분석, 일반 문법, 질병 분류학, 나아가 경험주의 인식론 전체를 관통하는 에피스테메가 존재했던 것이다.

6) 따라서 이 시대에 '관념들'은 주관적인 것들이 아니다. 사물들(의 가시적 성질들) 및 기호들과의 상응이 전제되어 있기 때문이다. 칸트 이후의 'Vorstellung'(표상)과 근세의 관념은 서로 다른 에피스테메 위에 서 있다. 전자는 객체와 주체의 상응(/재현)을 전제하고 있지만, 후자는 '존재와 사유의 일치'라는 끈이 끊어진 이후 이제 (그러한 일치를 전제하지 않은 채) 주체 앞에 '불려와-서-있는' 인식질료(주관적 관념)일 뿐이다. '이념'의 사유를 통해 존재와 사유의 일치를 회복시키고자 한 헤겔이 'Vorstellung' 개념을 폄하한 것도 이 때문이다.

7) 고전 시대의 박물학자들이 생명체들의 가시적 형질들에 주목했을 때, 가능태-현실태라는 시간적 구도는 형질들의 관찰과 분류, '표 만들기'라는 공간적 구도에 자리를 내준다. 수술·암술·꽃받침·꽃잎의 수, 모양, 색깔 등 무수한 가시적 형질들 사이의 동일성과 차이가 세심히 관찰되고 분류되었으며, 그 관계들의 체계가 도표화되었다. 이러한 작업에서 목적인은 거부된다. 더 정확히는 목적 개념을 끌어들일 이유가 없다. 그럼에도 고전 시대의 박물학자들이 생명체들의 형질들을 도표화할 때 그들을 인도한 것은 고전적인 위계적 세계상, 존재들의 아프리오리한 표였다. 의학에서의 질병분류학 또한 고전 시대 전체를 지배한 '대(大)

그러나 이 '일람표' ── 훗날 레비-스트로스도 이 일람표 작성의 방식에 매료된다 ── 가 좀 더 요령 있게 이해되려면 이 연속성에 마디가 주어져야 했다. 이로부터 '종'의 개념이 새로운 역할을 떠맡게 된다. 종의 개념에는 더 이상 아리스토텔레스적 형상/본질의 의미가 부여되지 않았다. 본질이 선재하고 그것이 질료에 구현된다는, 따라서 보편자가 개별자에 선행한다는 플라톤적 구도는 이미 거부되고, 유명론이 시대의 대세가 되었다. 실존하는 것은 분명 개체들이다. 그럼에도 과학적 인식을 위해서는 종의 개념이 필수적으로 요청되었다. 그러나 종의 개념은, 사실 아리스토텔레스에게서도 이미 그러했거니와, 이제 일정 정도 발전을 보게 된 발생학의 빛에 비추어 새롭게 이해된다. 종의 동일성은 발생의 동일성에 의해 뒷받침된 것이다. 고전 시대 종의 개념은 중세의 실재론적 종 개념과 19세기 이래의 철저한 유명론적 종 개념 사이에 위치했다고 할 수 있다. 개체의 동일성이 형성되는 과정('발생')과 그 과정을 공유하는 집단('종') 사이에 동형성이 부과되었다. 그러나 종 바깥의 개체는 없다. 종의 동일성은 개체의 동일성에 의해 뒷받침되지만, 결국 개체의 동일성 자체는 종의 동일성 없이는 무의미한 개념이기 때문이다. 종 개념은 여전

질서/순서'의 틀 내에서 이루어졌다. 라마르크에서 잘 볼 수 있듯이, 진화론적 사유가 도입되어 생물학적 탐구가 시간 축을 취했을 때도 심층적으로 변한 것은 없었다. 당대에 '진화'는 결국 아프리오리한 표를 시간 축에 따라 늘어놓은 것에 불과했기 때문이다. 역사에 큰 굴곡을 가져오곤 했던 천변지이들에 대한 인식도 이 존재론적 구도를 타파하진 못했다. 사람들은 사실에 기반해 표를 작성했다기보다 표에 기반해 사실들을 정위했던 것이다. 고전 시대의 박물학 전체는 라이프니츠의 일반 대수학에 기반했다. 개체들은 그 형질들로 분해되고, 분해된 요소들은 도식화되었다.

히 중세적 뉘앙스에서의 '보편자'였다.

18세기 말~19세기 초에 라마르크, 퀴비에, 조프루아 등과 더불어 생명 이해는 새로운 문턱을 넘게 되었고 많은 변화가 도래했다. 고전 시대에 성공을 거두었던 것은 자연사=박물학이었다. 즉, 고전 시대의 생명 탐구는 생명체들의 가시적 표면에서 성공을 거두었으며 그 내부를 들여다보는 데에는 실패했다. 그러나 이제 '조직화'의 개념과 더불어 생물학은 생명체의 내부를, 그 두께를 들여다보기 시작한다. 그러므로 '생물학'이라는 말이 탄생했을 바로 그 시점이 동시에 비교해부학이 탄생했던 시점이라는 것은 전혀 우연이 아니다. '비교'해부학을 통해 기관들의 상호 작용이 이해되면서 비로소 생명체 내부의 탐구가 본 궤도에 올랐던 것이다. 그러나 기관들보다 중요한 것은 기능들이었다. 기능들을 이해할 때 기관들의 역할 역시 충분히 드러나기 때문이다. 다리와 날개의 형태학적 차이보다 중요한 것은 그 기능에서의 유사성이었다(이런 맥락에서 아리스토텔레스의 '유비=analogia' 개념이 상동 개념과 상사 개념으로 분화되어 부활하게 된다). 가시적 차이들에서 심층적 유사성으로. 구조에 있어 유사한 상동 기관들과 기능에 있어 유사한 상사 기관들이 탐구되었다. 그러나 기능들에의 주목은 좀 더 심오한 생물학적 통찰로 이어졌다. 기능들은 단편적이지 않다. 기능들은 밀접한 논리적 연관성을 가진다. 포식동물의 강한 턱은 빨리 달리는 다리, 멀리 보는 눈, 강력한 어깨, … 등을 논리적으로 요구한다. 나아가 기능들은 위계화되어 있다. 신경계, 소화계, 순환계, 비뇨기계 등은 동등한 가치를 가지지 않는다. 중요한 기능일수록 동물의 내부에 위치한다. 표면의 수평적 구조에서 심층의 수직적 위계로. 이로부터 모든 것이 변하기 시작했다.

　기능들/기관들의 무작위적이고 무한한 조합은 가능하지 않다. 생명체들은 논리적으로 정합적인 하나의 도안(plan)에 입각해 구성되어 있다. '조직화의 도안' 또는 ('도안'이라는 번역어가 인식론적이고 인간중심적이라는 점을 감안한다면) '조직화의 면'이 발견됨으로써 비로소 생물학은 현대성의 문턱을 넘어서게 된다. 그러자 중요한 논쟁이 대두되었다. 조직화의 면은 하나인가 여러 개인가? 조프루아 생-틸레르는 모든 동물들은 원초적인 하나의 도안('추상동물')으로부터의 변형들을 통해 생성되었다고 보았으며, 이에 반해 퀴비에는 결코 환원될 수 없는 여러 개의 도안들(특히 네 개의 통약 불가능한 도안들)을 강조했다. 퀴비에에 따를 때 이제 서구 자연관에서 줄기차게 내려온 사다리의 이미지, 생명 연쇄의 이미지는 붕괴된다. '아프리오리한 표'는 무너진다. 생명계는 갖가지 불연속을 품고 있는 곳, '도약'이 중요한 역할을 하는 곳으로 변한다. 생물학사에서 이 변화는 철학사에서 '존재와 사유의 일치'를 보장해 주던 끈이 잘린 것만큼이나 중요한 의미를 띤다. **생명의 사다리가 붕괴**되면서 생명 이해는 새로운 단계로 접어든다.

　이제 생물학은 본질주의의 테두리를 넘어 비상하기 시작한다. 생명체는 일정한 본질을 구현받은, 그리고 본질들의 위계 내에서 한 자리를 부여받은 존재가 아니다. 그것은 무기물과 단적으로 구분되는 유기물, 그럼에도 무기물의 세계와 끝없이 상호 작용을 주고받는 (이로부터 라마르크의 '환경' 개념이 등장한다), 간단 없는 삶과 죽음의 생성 위에서 존립하는(비샤는 생명을 "죽음에 저항하는 기능들의

총체"라 했다) 존재가 된다. 물리학의 경우 19세기가 되어서야 '고전
역학에서 열역학으로'의 거대한 변환이 이루어졌으나, 생물학에서
는 그에 해당하는 변환이 이미 오래전에 성립했던 것이다. 생물학이
자신의 정체성을 바로 이 시대에 확보하게 되었다는 사실은 시사적
이다. 이 변화는 우리의 주제에 관련해서도 핵심적이다. 개체들은 아
프리오리한 표의 안정된 한 자리(본질)를 차지하는 존재가 더 이상
아니다. 개체들은 환경과의 관계, 시간이 가져오는 생성, 죽음과 삶
의 투쟁, … 등의 한가운데에 존재하는 **역동적인** 존재로 화한다. 개체
들은 **열린** 관계들로 해방되어 움직이기 시작했다. (본격적인 의미에
서의) 진화론의 시대가 온 것이다. 이 점은 개체의 인식에 있어 한 중
요한 진전이며, 우리는 그 함축을 이 글의 후반부에서 논할 것이다.

미시적 환원주의의 맥락들

그러나 개체들이 자신들을 포함하는 큰 개체들(보편자들)로부터 해
방된 지 얼마 지나지 않아, 이번에는 그들보다 작은 개체들이 그들을
빨아들이기 시작했다. 생물학에 있어서도 매크로를 마이크로로 환
원하는 경향이 주도적이 된 것이다. 기계론에서 해방됨으로써 이루
어진 생명세계의 고유성과 생명체의 독특성에 대한 인식은 시간이
흐르면서 점차 물리-화학적 환원주의에 덮이게 된다. 일단 세포의
발견이라는 하나의 결정적인 문턱을 넘어서자 생물학은 급속히 비
상하기 시작했다.[8] '마이크로'에 대한 근대적 열정이 불붙기 시작했
다. 고도의 실험적 방법들, 현미경을 비롯한 기구들, 새로운 이론적
관점들이 쏟아져 나왔다. 이 흐름 속에서 개체들은 이번에는 마이크

로 차원으로 환원되기에 이른다.

세포의 발견은 몇 가지 중요한 결과를 가져왔다. 첫째, 동물과 식물에서, 나중에는 미생물이나 단성생식을 하는 동물들, 포자, … 등에서 공통으로 세포가 발견됨으로써 생명계 전체를 이해할 수 있는 보편적 근거가 마련되었다. 단적으로 말해, 모든 생명체는 세포로 되어 있다. 생명과 비생명 사이에 날카로운 구분선이 그어졌다. 훗날 세포가 더 작은 단위들로 쪼개져 이해되기 시작했다 해도, 오늘날 생물리학이나 생화학에 의해 생명체가 연구되고 있다고 해도, 분자, 원

---

8) 개체에서 세포로 가는 길에는 조직(tissue)에 대한 탐구가 있었다. 비샤가 적절히 말했듯이, 생물학에서의 조직들은 화학에서의 원소들과도 같다. 거시적인 이질성이 미시적인 화학적 원소들에 의해 간명하게 해명되듯이, 조직의 발견은 기관들과 기능들의 복잡함을 보다 심층적인 차원에서 간명하게 이해할 수 있게 해 주었다. 조직은 해부학이라는 행위/담론이 추적해내려갈 수 있었던 마지막 항이었다. 조직과 더불어 막(膜)이 행하는 결정적인 역할들도 밝혀지게 된다. 막은 한편으로 신체의 부분들을 구분해 주면서 다른 한편으로 (그렇게 구분된) 부분들이 특정한 방식으로 관계 맺을 수 있도록 해 주는 이중적 역할을 한다. 조직 및 막의 발견과 더불어 '조직화의 도안'은 새로운 의미를 띠게 된다. 그러나 조직과 막의 발견보다 더 결정적인 것은 세포의 발견이었다. 조직이 세포에게 '생명체의 원자'의 자리를 내주게 된다.
로버트 훅은 그가 코르크 등에서 발견한 미세한 방들을 '세포'라고 불렀다. 그러나 그것의 의미가 밝혀진 것은 한참이 지나서였다. 로버트 훅 등은 세포를 보았지만 슐라이덴과 슈반은 그것을 읽었다. 물론 이들 이전에도 생물학에 원자론적 사고를 도입하려는 시도들은 일찍부터 있었다. 18세기 유기화학의 성립과 더불어 생명체들을 구성하는 입자들에 대한 사변이 이어졌다. 모페르튀이와 뷔퐁은 오늘날의 분자생물학을 연상시키는 상당 수준의 이론을 전개하기도 했다. 그러나 이 입자들이 비생명체들의 입자들과 근본적으로 다른 것으로 이해되지는 않았다. 세포의 진정한 의미를 이해하면서 생물학은 비로소 그 자신의 입자들을 가지게 되었다. 세포는 물리-화학적 분자들, 원자들과 근본적으로 다르다. 첫째, 그것은 그 자체가 하나의 작은 생명체이다. 비생명체가 모였다고 해서 생명체가 나오지는 않는다. 둘째, 세포들의 집합이 생명체를 이루는 것은 물리-화학적 입자들이 물체를 이루는 것과는 크게 다른 수준의 통합('유기적 통합')을 요구한다. 물체를 양분해도 그 성질은 변하지 않는다. 생명체를 양분하면 그 생명체는 죽는다.

자, … 가 아닌 세포라는 단위가 생명체와 비-생명체를 가르는 기준 이라는 것은 여전히 유효하다. 세포 연구의 결과들은 생명계의 다양 한 측면들로 파급된다. 그 결과 비로소 생명계 전체에 대한 포괄적인 이론이 가능하게 되었다. 그러나 생물학에서의 이런 '거대 서사'가 등장하면서 개체들은 다시 환원의 위기에 처하게 된다. 개체들의 경 계선은 세포들의 경계선들에 비하면 피상적인 것들로 격하된다. 개 체들의 개별성/독특성은 세포들의 **보편성이라는 바다로** 용해되어 들 어간다.

둘째, 세포는 단순히 개체를 구성하는 단위들이 아니다. 세포는 그 자체가 하나의 생명체이다. 그래서 생명체는 일종의 프락탈적 존 재가 된다. 물론 세포들은 개체의 통합성을 전제한다. 개체의 통합성 을 전제하지 않는다면, 그 부분들의 어떤 행동도 이해할 수 없는 것 이 된다. 그럼에도 세포 하나하나가 독자적 경계들을 형성하고 있다 는 점은 부정할 수 없다(이로부터 다시 한번 막의 중요성이 확인된다. 막의 존재가 없다면 독자성을 가진 세포들이 어떻게 완벽한 통일성을 갖춘 개체들의 부분이 되는지를 이해할 수 없겠기에 말이다). 이 사실 은 생명체를 원자론적으로 보려는 모든 시도들을 거부했던 생기론 을 무너뜨리게 된다. 개체의 통일성 못지않게 세포들의 독자성이 분 명하게 드러났기 때문이다. 이로써 '조직화의 도안' 개념이 또 다른 함축을 얻게 되었다. 19세기적 생기론에 의해 밑받침되었던 이 개념 은 이제 세포들을 전제하는 개념으로 화한다. 이런 흐름 속에서 개체 의 존재론적 위상은 다시 소멸될 위기에 처한다. 그 극한은 개체를 그저 **세포들의 군체(群體)** 정도로 보려는 또 하나의 환원주의이다.

셋째, 세포의 발견은 생식의 설명에 거대한 변화를 가져왔다. 생명체의 가장 일차적 본질은 생식에 있다. 따라서 세포의 발견은 생명의 본질에 한걸음 더 다가갈 수 있는 교두보를 마련해 주었다. 예전부터 늘 논쟁의 대상이 되어 온 정자와 난자의 역할이 세포 개념의 등장과 더불어 분명해졌다. 이제 생식이란 기본적으로 세포의 분열(원생동물의 경우), 정자-세포와 난자-세포의 결합, 결합된 난세포의 차이생성='분화', … 같은 메커니즘들을 통해 이해된다. 폰 바에르를 비롯한 인물들은 이런 과정들을 세밀하게 파헤쳤으며, 이로써 전성설은 적어도 기존의 형태로서는 몰락하게 된다.[9] 이런 연구들을 통해 이제 생명체의 미시적 메커니즘들과 표면적 형질들 사이의 관련성이 보다 밀접하게 파악되기에 이르렀다. 유전형과 표현형이 보다 긴밀하게 연결되기 시작한 것이다.[10] 더불어 비정상적인 표현형

9) 얼핏 생각되는 바와는 달리 전성설은 자연발생설과 양립하지 않는다. 오히려 데카르트적 기계론에 입각했던 반(反)교회파들이 자연발생과 이종발생을 주장했다. 교회의 입장에 섰던 사람들은 자연발생을 부정하고 전성설을 주장했던 것이다. 그래서 자연발생설은, 흔히 생각하는 바와 반대로, 서구 담론사에서 중세적 권위를 무너뜨리고 급진적 사유를 전개하는 데 매우 중요한 역할을 했다고 해야 한다. 후에 후성설은 진화론과 결부된다. 그러나 분자생물학은 적어도 일견 전성설을 함축하는 것으로 보이지 않는가? 논쟁은 아직 종식되지 않은 것으로 보인다. 그러나 전성설이든 후성설이든 기존의 형태로는 곤란하며, 논의의 핵심은 전성과 후성의 정확한 분기점을 둘러싸고 이루어져야 할 것이다.

10) 그러나 두 형의 관계는 일방향적으로 이해되었다. 바이스만이 체세포와 생식세포를 구분하고 표현형과 유전형 사이에 '방벽'을 세운 후(표현형은 유전형에 영향을 끼치지 않는다. 라마르크주의에 대한 논박), 이런 일방향적인 인과관계는 공리가 되었고 바이스만이 '생식질'이라 불렸던 DNA의 발견을 통해 공고화되었다. "체세포 단백질의 성질들의 어떤 정보도 DNA의 핵산에 이전되지 않는다." 이런 생각에 대한 반론이 제기된 것은 최근의 일이다. 바이스만의 영향과 그 한계에 대한 좋은 논의로 안셀-피어슨,『싹트는 생명』(이정우 옮김, 산해, 2005)을 보라.

들, 즉 '기형들'의 형성 메커니즘 또한 세밀하게 밝혀지기 시작한다. 이 모든 연구들은 결국 하나의 생명체는 하나의 세포로부터 나온다는 것, 요컨대 루돌프 비르코프의 말처럼 세포가 세포를 낳는다는 것("omnis cellula e cellula")을 확립했다. 이 과정을 통해서 개체들의 위상은 또 한 번 추락하게 된다. 개체들은 **생명-전체의 긴 실타래**로 녹아버리게 된 것이다.

하지만 이 경우는 좀 달랐다. 생명-전체의 긴 실타래가 발견된 것과 맞물려 동시에 **특정 개체들의 고유한 실타래**의 의미 또한 발견되었기 때문이다.[11] 어떤 의미에서는 서로 엉켰던 실타래들이 각각으로 풀린 것과도 같았다. 멘델 유전학에서의 '불연속의 법칙'은 이 점을 선명하게 보여 준다. 물론 진화론과 분자생물학의 발달은 이 실타래들의 얽힘을 더 정교하게 파악하게 되지만. 그러나 우리의 맥락에서 볼 때, 이 과정이 개체의 존재론을 명료화해 준 것은 아니다. 여전

---

11) 발생 과정의 해명을 통해서 이제 '조직화의 도안'은 '발생의 도안'에 자리를 내주게 된다. 비교해부학을 주도했고 18세기 말, 19세기 초 생물학의 확립에 결정적인 역할을 했던 조직화의 도안은 이제 고도로 복잡한, 신비하기까지 한 발생 과정을 지배하는 정교한 도안을 통해서 정초된다. 이 도안을 파헤치는 것이 이후 생물학사의 핵심 갈래가 된다. 1830년대에 세포 이론이 등장했고, 1870년대에는 발달된 현미경을 통해 세포핵이 관찰되었다. 1880년대에는 생식세포와 체세포의 차이가 드러나기 시작했다. 19세기 말에 바이스만이 "유전의 본질은 핵 내의 특수한 분자 구조를 가진 물질의 이전(移傳)이다"라고 했을 때, 현대 생물학의 기본 경향은 이미 성립했다고 볼 수 있다. 1930년대가 되면 현대적인 형태의 생물학이 모습을 갖추게 되고, 이때 다윈의 진화론과 멘델의 유전학을 결합한 '통합설' 또는 '신다윈주의'가 생물학의 주류로 성립해 오늘날에 이르고 있다. 그리고 1950년대에 DNA가 발견되면서 오늘날의 분자생물학이 성립하게 된다. 이 과정의 의미 또한 이중적이다. 조직화의 도안이 생명-전체의 근본 특성을 보여 준 동시에, 특정 생명체들-개체들의 존립 기반을 보다 분명히 해 주었기 때문이다.

히 개체는 어떤 긴(길고도 긴!) 실타래의 한 국면 ──헤겔식으로 말해 '계기'──일 뿐이기 때문이다. 이런 맥락에서 중요한 것은 바로 체세포와 생식세포의 구분이다. 생명의 알맹이는 생식세포(난자와 정자)이다. 체세포는 거칠게/단적으로 말해서(도킨스 같은 인물은 아주 진지하게 말하지만), 생식세포의 그릇일 뿐이다. 다시 한번, 개체는 자신의 실타래를 찾은 대신, 그 실타래 속으로 와해되어 들어갈 운명에 처한다.

우리 문제의 현대적인 형태는 이 시점에서 구체화되었다: 생식세포 중심의 **생물학적 지식**과 개체의 **독자적인 위상**에 대한 현실적 경험을 어떻게 화해시킬 것인가? 우리의 삶을 구성하는 것은 개체들이다. 철수, 미치코, 앙드레,⋯ 같은 인간들, 뽀삐, 야옹이,⋯ 같은 동물들, 뜰에 핀 꽃들, 마당의 나무들, 뒤뜰의 벌레들,⋯. 이 모든 것들은 개체들이고, 우리 삶의 주인공은 개체들이다. 이제 두 시각이 첨예하게 대립한다. 생명의 연속성, 생식세포의 중요성에 비하면 개체란 한순간 생식세포를 보호하고 다른 개체로 그것을 넘겨주는 용기(容器)에 불과하다는 생각에 맞서, 한 개체의 주체성, 자아(의식), 사회성, 환원 불가능성 등을 강조하는 다른 생각이 제시됐다. 바이스만주의냐 실존주의냐. 물론 그 사이에서 우리는 베르그송을 비롯한 여러 형태의 생명철학들을 만나게 된다.

현대 환원주의와 그것의 극복

여기에서 미시적 환원주의와 그 적대자들 사이의 긴 투쟁을 그릴 수는 없다. 오늘날의 맥락에서 제기되는 이 환원주의의 핵심과 비판의 요점들만 논하려 한다.

발생 메커니즘의 해명은 중요한 결과를 낳았다. 폰 바에르가 밝혀낸 바에 따르면, 모든 동물들은 처음에는 같은 길을 가다가 일정한 단계에 도달하면 하나는 멈추고 나머지는 좀 더 분화된다. 즉, 발생의 과정에서 각 동물들의 분화 정도가 달라진다. 따라서 발생이라는 시간적 과정은 종·유를 비롯한 공간적 구조의 지표가 된다. 더 나아가 이 공간적 구조는 다시 시간적 과정, 그러나 이번에는 거시적인 시간적 과정에 연결된다. 개체발생의 과정은 계통발생의 과정 — 진화 — 에 연결되는 것이다. 세포 수준에서의 발생 과정의 연구는 이렇게 생명계 전체의 거시적인 시공간적 구조에 빛을 던져 주게 된다. 학문에 있어 '발전했다'고 말할 수 있는 경우들 중 하나는 떨어져서 연구되던 상이한 영역들이 이렇게 그 숨겨진 연관성을 드러낼 때이다. 세포 연구는 이와 같이 생물학의 다양한 분야들을 통합해 주었다. 세포의 보편성은 그 구조의 보편성에 기반한다. 모든 세포는 원형질과 핵으로 구성되어 있다. 원형질의 연구는 생명체의 신체를 이해하는 데 도움을 주었고, 핵의 연구는 생식의 이해에 도움을 주었다. 지난 세기를 추동해 온 생물학적 열정은 생식의 연구였다. 그러나 이러한 흐름의 보다 본격적인/현대적인 형태는 염색체와 유전자, DNA와 게놈 같은 개념들을 둘러싸고 전개되었다.

분자생물학적 지식들은 오늘날 어느 정도까지는 '상식'이 되었다. 교과서적인 내용이긴 하지만 일단 간단히 정리하고서 넘어가자. 한 생명체의 무수한 세포들(인간의 경우 약 60조 개) 각각의 핵은 모두 그 생명체의 설계도를 포함하고 있다. 설계도의 존재가 강아지가 강아지를 낳고 코끼리가 코끼리를 낳는 생명의 질서를 보장해 준다. 이 설계도는 예컨대 인간의 경우 46개의 염색체에 나뉘어 존재한다. 그러나 같은 염색체가 2개씩 쌍으로 있기 때문에 질적으로는 23종류의 염색체(정확히는 24종류)가 존재하는 셈이다. 그러나 생식세포의 염색체는 그 절반인 23개이다. 체세포와 똑같다면 세대가 내려가면서 인간의 염색체 수는 2의 거듭제곱으로 늘어날 것이다. 이 23개의 염색체가 자식에게 전달된다. 자식은 부에게서 23개, 모에게서 23개의 염색체를 받기에 그 염색체 수는 46개가 되지만, 그의 생식세포는 다시 그 절반인 23개가 된다. 두 개의 쌍으로 이루어진 전체가 반분(半分)되고, 그렇게 반분된 두 절반이 만나 다시 전체가 회복된다. 내용상 차이가 있지만, 이 논리적 패턴은 DNA 복제 시 그대로 다시 등장한다.[12] 〈두 존재〉 → 〈각 존재의 반분〉 → 〈반분된 두 반쪽의 결합을 통한 새로운 존재의 탄생〉 → 〈반분되었던 반쪽들의 결합을 통한 본래 전체의 복원〉. 이 흥미로운 논리가 생명의 세계를 지배하고 있다.

　22쌍의 염색체(큰 순서대로 번호를 붙여 구분한다)는 '상염색체'로서 각각의 염색체는 신체 각 부위들에 대한 유전정보를 담고 있다. 23번째 염색체 두 개는 '성염색체'로서 남성의 경우와 여성의 경우가 다르다(따라서 22쌍의 상염색체와 두 개의 성염색체, 즉 24종류

---

12) 면역학에서도 또한 이와 유사한 논리 ── 이 경우는 전체와 그 절반의 관계가 아니라 동일자와 타자의 관계지만 ── 를 만날 수 있다(다다 도미오, 『면역의 의미론』, 황상익 옮김, 한울, 2010). 상이한 영역들과 층위들에서 유사한 논리가 반복되고 있다. 이 논리는 생명의 본질적 논리, 적어도 그들 중 하나인 것으로 보인다.

의 염색체가 한 개체를 정의한다). 여성의 경우 X와 X로 이름 붙여진 똑같은 염색체 두 개가, 남성의 경우 X와 Y로 이름 붙여진 염색체 두 개가 성염색체이다. 여성은 두 X 중 하나를 자식에게 전달하고, 남성은 X와 Y 중 하나를 자식에게 전달한다(모의 X와 부의 X를 받은 자식은 여성이 되고, 모의 X와 부의 Y를 받은 자식은 남성이 된다). 따라서 자식의 성은 부에 의해 결정된다. (이 경우는 성의 경우이지만) 논의를 일반화해 말한다면, 이 메커니즘의 발견은 하나의 개체=생명체의 **동일성**을 보장해 주는 것이 바로 염색체들의 **조합**이라는 사실, 그리고 이런 동일성을 후대에도 보장해 주는 것 역시 염색체들의 보존에 있다는 사실을 함축한다. 이로써 개체는, 적어도 그 여러 핵심 속성들은 그 하위 요소들의 조합의 결과/효과라는 관점이 따라 나온다.

염색체들 안에는 유전자들이 존재한다. 유전자 개념은 멘델의 실험에서 분명히 볼 수 있다. 둥근 완두콩(AA)과 주름진 완두콩(aa)의 교배는 Aa의 형질을 가진 완두콩들을 낳는다. 유전자형은 Aa이지만 표현형은 둥글다. 우성 유전자(A)가 열성 유전자(a)를 누르고 표면에 나타나기 때문이다(여기에서 '우수'와 '열등'은 인간적 가치평가와는 상관없이 발현되느냐 은폐되느냐에 따라 붙여진다). 이것들을 다시 교배하면 유전자형의 분포는 AA, Aa, aA, aa가 된다. 표현형에 있어 세 개는 둥글고 하나는 주름진 완두콩이 나온다. 이 연구에서 분명한 것은 어떤 형질(형태, 색깔,…)을 지배하는 어떤 유전적 '요인들'(멘델)의 존재이다. '둥긂'을 지배하는 요인과 '주름짐'을 지배하는 요인이 각각의 동일성에 따라 분명히 변별적으로 존재한다는 사실이 중요하다. 즉 요인들 사이의 불연속이 유전 메커니즘의 핵심이다. 요인들이 마구 뒤섞인다면 유전 연구는 불가능할 것이다. 이렇게 다른 요인들과 분명히 구분되는, 불연속을 이루는 동일성을 갖춘(그래서 '자[子]'를 붙일 수 있는) 유전 요인 하나하나에 빌헬름 요한센은 '유전자'라는 이름을 붙였다. 유전자의 존재야말로 유전 현상을 체계적으로 연구할 수 있게 해 주는 생명의 질서를 상징한다.

염색체와 유전자의 연구는 생명을 지배하는 **보편 문법**에 한 걸음 다가선 성과이다. 그러나 역설적으로 바로 그 성과로부터 생명체의 **다양성**을 이해할 수 있는 열쇠가 발견되었다. 감수분열 시 염색체는 2배로 늘어난다. 그러나 이때 유전자의 교차가 발생한다. 즉, 똑같은 염색체 두 개가 아니라 서로의 유전자를 살짝 교환한 염색체 두 개가 발생한다. 이 과정을 통해서 유전자가 뒤섞이며 따라서 상이한 후손들이 태어난다. 더구나 이런 뒤섞임은 철저하게 무작위적으로 발생하기 때문에 예측 불가능한 우연성을 보여 준다. 똑같은 부모의 염색체, 유전자를 이어받았으면서도 똑같이 생긴 형제들이 없는 것은 이 때문이다. 자연은 한편으로 놀랍도록 규칙적인 보편성, 수학적인 질서를 드러냈지만, 그와 동시에 무한히 다양한 생명체들이 탄생할 수 있는 메커니즘 또한 드러냈다. 마치 생명의 밋밋함, 동일성의 지속은 곧 생명체의 절멸을 뜻할 수도 있음을 예감이라도 한 것처럼. 생명체의 다양함은 생명체의 존속 자체의 조건이다.[13] 이제 생물학

---

13) 더 근본적으로, 도대체 '동일성'의 지속 자체가 영원한 삶을 의미하는 것일까 아니면 영원한 죽음을 의미하는 것일까? 아무런 변화도 겪지 않는 순수 동일성이 영원히 지속된다면,

은 두 가지 대조적이면서도 상보적인 방향을 띠게 된다. 생명의 미시적 보편 문법에 대한 물리-화학적 탐구와 다채롭기 이를 데 없는 생명체들에 대한 박물학적 탐구.[14]

　유전자의 존재는 생물학에서 극히 중요하다. 유전자는 단지 물질인 것만이 아니다. 나아가 에너지인 것만도 아니다. 그것은 무엇인가를 '의미'하는 존재이다. 그것은, 거칠게 말한다면, "눈을 푸르게 하라", "머리카락을 곱슬머리로 하라" 같은 어떤 명령의 개념을 함축한다. 생'명(命)'이라는 말의 뉘앙스는 이제 유전자 개념과 오버랩된다. 이 생물학적 의미를 '정보'라 부름으로써 이제 컴퓨터를 중심으로 하는 정보과학과 유전자를 중심으로 하는 생명과학이 만나게 된다.[15] 이제 생명체는 '프로그램'의 개념을 통해 이해된다. 과거와는 전혀 다른 생명관이 도래한 것이다. 그러나 유전자의 보다 정교한 메

그것은 영원히 산다는 것인가 아니면 영원히 죽어 있다는 것인가? 바로 이 얄궂은 문제가 플라톤으로 하여금 그의 이데아 개념을 (거기에 '생명'을 부여해서) 변형시키지 않을 수 없었던 까닭이다(『동일성과 차이생성』, 3장).

14) 나카무라 게이코는 이 새로운 박물학을 '생명지(生命誌)'라 일컬으면서 이렇게 말한다. "과학이 보편, 분석, 환원, 객관, 논리를 종지로 한다면, 그것에 다양, 전체, 주관, 직관, 관계, 역사성 등을 부가한 것으로서 '誌'가 필요하다." 다음을 보라. 中村桂子, 『自己創出する生命』, 哲學書房, 1993.

15) 'Cyberorganism' 즉 '사이보그' 개념이 이로부터 성립한다. 생명체는 정보의 집적체로 이해된다. 따라서 컴퓨터를 이용한 사이보그의 제작, (《공각기동대》의 기본 가설인) 사이보그와 컴퓨터의 직접 접속, … 과 같은 새로운 유형의 사유들이 등장하게 된다. 물론 이것은 생명체라는 다면적 존재를 어떤 한 면으로 극단적으로 밀어붙여 이해한 결과이다. 그러나 이런 식의 직관들이 우리 시대의 '문화적 코드들' 중 하나임은 분명하다. 이런 코드에 있어, 이제 개체는 정보의 바다에서 일정한 정보들이 마름질됨으로써 성립하는 '모나드'로서 이해된다(이 문제는 『기술과 운명』의 〈공각기동대〉 부분에서 다루었다).

* 『시간의 지도리에 서서』(그린비, 2022), 2부로 수록됨.

커니즘이 해명되려면 DNA가 발견되어야 했다.

유전자는 일정한 의미=정보를 함축하는 물질이다. 유전자는 어떻게 '정보'를 나르는가? 두 가지 생각이 가능하다. 1) 유전자라는 물질에는 정보라는 또 다른 존재가 깃들어 있다. 2) 유전자를 구성하는 물질의 일정한 운동 자체가 정보이다. DNA의 발견은 후자의 손을 들어 주었다(그러나 전자의 명제가 함축하는 바가 소멸되지는 않는다). 우리는 DNA와 유전자의 관계에서 생명세계를 이해할 기본적인 존재론적 구도를 읽어낼 수 있다.

DNA(디옥시리보핵산)는 생명체를 구성하는 '실체=물질'이다. 염색체를 파내려 가면 선형의 DNA가 마치 긴 실타래가 둥글게 말려 있듯이 복잡하게 꼬여 있음을 발견할 수 있다. DNA의 개념은 계속 논의되어 왔으나 1953년 왓슨과 크릭이 그 구체적 형태를 발견함으로써 하나의 획을 긋게 되었다. DNA는 인산(燐酸)과 데옥시리보스가 길게 축을 이루고 그 축에 네 종류의 염기 ── 아데닌(A), 구아닌(G), 시토신(C), 티민(T) ── 가 몸에서 팔을 내밀듯이 붙어 있는 구조 두 개가 새끼를 꼴 때처럼 이중나선을 형성한 것이다. 축은 일정한 상항(常項)을 형성하기 때문에 유전의 열쇠를 쥐고 있는 것은 염기들이다(나선의 한 바퀴가 3.4나노미터인데, 한 세포의 DNA를 길게 늘이면 2미터에 달하니, 선형이 얼마나 길게 계속되는지 알 수 있다). 염기들은 수소결합을 하고 있기 때문에 쉽게 붙고 또 떨어진다. 결합의 이런 성격이 DNA 복제 과정을 원활하게 해 준다. 아데닌은 반드시 티민과, 구아닌은 반드시 시토신과 결합한다. 따라서 한 축의 염기가 정해지면 다른 축의 염기는 자동적으로 정해진다. 이런 질서가 복제를 가능하게 한다.

　DNA는 단백질을 합성함으로써 생명체를 구축하고,[16] 또 스스로 복제됨으로써 자손을 낳을 수 있게 한다. 체세포 분열의 경우, 이중나선이 풀어지면서 각각의 축이 분리되고, 분리된 두 개의 축에 그것과 상보적인 다른 두 개의 축이 형성된다. 이 과정을 통해 염색체가 복제되고 거시적으로는 세포가 분열하게 된다. 생식세포 분열의 경우 감수분열이 이루어진다. 염색체는 절반으로 나누어지고, 나누어진 남성의 염색체와 여성의 염색체가 만나 자손이 형성된다. 거시적으로 형성되는 이 논리는 미시적으로는 DNA의 똑같은 논리에 의해 뒷받침된다.

　DNA의 발견은 여러 가지 중요한 측면들을 함축한다. 첫째, 모든 생명체가 DNA 메커니즘에 입각해 활동한다는 점이 밝혀짐으로써 세포의 수준에서 더 내려가 생명의 보편적 문법을 발견하게 되었

---

16) 단백질 합성은 RNA(리보핵산)의 도움을 받아 이루어진다. mRNA(메신저 RNA)는 DNA를 '전사(轉寫)'한다(이때 DNA의 T=티민은 RNA의 경우에는 우라실=U로 바뀐다). 부조(浮彫)를 뜨듯이 mRNA는 DNA의 상보적 전사를 만들어낸다. 이 mRNA는 리보솜으로 가며, 거기에서 tRNA(트랜스퍼 RNA)에 의해 다시 전사된다. 두 번 전사되기 때문에 원래의 DNA의 정보가 그대로 재현된다. 이 과정은 소조(塑造)의 과정을 연상시킨다. 각각의 tRNA의 끝에는 아미노산이 붙어 있고, DNA가 전사됨에 따라 자연스럽게 아미노산이 합성된다. 이때 세 개의 염기('코돈')에 하나의 아미노산이 대응되어 합성된다(예컨대 GCU, GCC, GCA, GCG는 알라닌을 합성시키고, AAU, AAC는 아스파라긴을, GGU, GGC, GGA, GGG는 글리신을 합성한다. 하나의 아미노산을 합성하는 코돈이 꼭 하나인 것은 아니다. 왜 꼭 세 개의 염기가 하나의 아미노산을 "의미하는지"는 아직 밝혀지지 않은 난해한 문제다). 이 과정을 가리켜 유전정보가 단백질로 '번역'된다고 말한다. 20종류에 달하는 아미노산이 다양하게 조합됨으로써 여러 종류의 단백질이 합성된다(선형적으로 형성된 단백질은 계속 주름 접힘으로써 3차원의 신체를 만들어 나간다).

다. 자크 모노가 말했듯이, "대장균에게서 참인 것은 코끼리에게서도 참이다." 둘째, DNA에서 RNA로 그리고 단백질로 가는, 마치 고속도로와도 같은 '센트럴 도그마' —— 정보의 흐름, 정보 전달의 경로 —— 가 발견됨으로써 생물학은 연역적 설명의 수준에 도달하게 되었고, '엄밀 과학'의 수준에 도달하게 되었다(그러나 센트럴 도그마는 어디까지나 '도그마'이다). 셋째, 생명세계가 언어적인 구조를 띠고 있다는 사실이 발견되면서(정보, 번역, '메신저' RNA 등등) 생명과학을 구조주의적으로 해석할 수 있게 되었다. 의미가 없는 DNA가 특정하게 배열됨으로써 일정한 의미를 함축하는 유전자로 화하는 것은 "의미란 그 자체로서는 의미가 없는 요소들의 조합에서 생겨난다"는 레비-스트로스의 말을 상기케 한다. 그리고 이런 과정은 정보과학, 시스템공학, 인공지능 등등과 맞물리면서 세계 전체를 정보로서 해석하려는 태도를 낳았다("태초에 비트가 있었다").

그러나 어느 하나를 알면 그로부터 모든 것을 연역할 수 있다는, '아르키메데스의 점'='아르케'를 찾았다는 (담론사에서 늘 되풀이되어 온) 이런 생각은 곧 무너지게 된다. 하나의 DNA는 그것을 포함하는 전체의 논리에 입각해서만 온전하게 이해된다는 생각이 대두하게 된다. 이것은 요소들을 전제하고 그 조합으로 현상을 설명했던 자연과학이 요소들은 체계/구조 내에서 그것들의 '차이의 놀이'를 통해서 의미를 부여받는다는 구조주의적 논리를 발견했음을 뜻한다. 대장균에 대해 안 것이 코끼리에 대해 안 것은 **아니다**. 이런 과정을 통해 '게놈'이라는 또 하나의 핵심적인 개념이 등장하게 된다. 상염색체 22개와 성염색체 2개로 구성된 24개의 염색체(의 DNA들)

의 전체 '지도'를 그려야 인간 신체 하나하나의 메커니즘들 또는 현상들의 의미를 읽어낼 수 있다는 것이 발견된 것이다. 이로부터 유전자 지도(=게놈)를 그리려는 시도가 1980년대 중반부터 이어져 오늘날에는 상당한 수준에 이르렀다. DNA와 게놈의 연구는 이제 생명체의 메커니즘들을 고도로 엄밀한 수준에서 해명할 수 있게 해 준 것이다.

게놈의 발견은 단지 DNA 또는 유전자의 집합을 발견한 것이 아니다. 거꾸로 게놈의 층위에서 볼 때 비로소 DNA나 유전자의 의미가 분명해진다. 그것은 마치 미토콘드리아, 리보솜, 세포핵 등등이 발견된 후에 비로소 세포라는 것이 발견된 상황에 비유할 수 있다. 미토콘드리아 등등이 세포보다 더 미시 층위를 형성하고 있음에도 생명체의 기본 단위를 세포로 보듯이, DNA나 유전자가 게놈보다 더 미시적인 단위를 형성하고는 있지만 오늘날 생명체를 분석하는 기본적인 단위는 게놈인 것이다.

바이스만은 "자연선택은 외관상 성인 유기체의 성질들에만 작용하는 것처럼 보인다. 그러나 사실 그것은 생식세포 속에 숨겨져 있는 배열들에 작용하는 것이다"라는 유명한 말을 남겼다(『유전에 관하여』). 자연선택의 대상은 무엇인가? 거꾸로 말해 **진화의 주체는 무엇인가? 무엇이 진화하는 것인가?** 종의 진화인가, 개체군의 진화인가, 아니면 개체들의 진화인가? 본질철학을 전제했던 고전 시대의 '진화론'은 종의 진화를 논했다. 우발성의 사유가 도래한 이래, 다윈은 개체군들에 대한 통계학적 사유를 통해서 진화를 논했다. 그러나 상식적으로 볼 때 죽고 사는 것은 개체들이다. 진화의 도정에서 살아남거나 소멸되는 주체들은 결국 개체들인 것이다. 그러나 바이스만에게 진화의 주체는 개체들의 성질이 아니라(개체들"의 성질"이라 한 점이 흥미롭다) "생식세포 속에 숨겨져 있는 배열들"이다. 바이스만이 이렇게 표현했던 것은 그 후 염색체로서, 유전자로서, DNA로서, 그리고 게놈으로서 밝혀지게 된다. 그래서 바이스만의 생각을 오늘날의 언어로 표현할 수 있다: "진화의 주체는 염색체, 유전자, DNA, 게놈이다." 이 네 개념들 중 어느 것을 취하는가는 중요한 문제이다. 리처드 도킨스는 그중 유전자를 취해서 "진화의 주체는 유전자"라고 말하는 대표적인 인물이다. 이런 생각의 흐름이 우리의 주적을 형성한다고 할 수 있다.

바이스만식의 사유는, 그것이 인간이라는 존재를 예외로 하지 않는 한에서, 실존주의적 사유와 정확히 대척점에 있다. 실존주의는 그 어떤 것으로도 대체할 수 없는 개체성(더 정확히는 개인성), 결코 완벽하게 물상화(物象化)·'객관화'될 수 없는 주체성, 자연주의적으로 파악할 수 없는 의식의 초월성에 시선을 맞춘다. 그러나 이 주체성은 전통 철학이 뜻하는 비물질적 실체로서의 영혼이 아니다. 그것은 지향성을 가진 대자적(對自的) 존재이자, 오로지 행위 그 자체로서만 '실증'되는 비물체적인, 역동적인 존재(사르트르의 '무')이다. 바이스만의 사유가 생식세포의 항구적인 동일성(그러나 이 동일성은 후에 염색체, 유전자, '시스트론', DNA 등등으로 점차 미세화된다)에 기반한 플라톤적 본질주의(그러나 유물론적 본질주의!)를 보여 준다면, 실존주의는 살아서 생활하는 대자적 존재로서의 인간의 고유성에 기반한 행위의 철학이다. 두 종류의 사유는 오늘날 대척점에 서서 상이한 인간관을 보여 준다. 그러나 우선 생명과학 자체의 맥락에서 환원주의를 검토할 필요가 있다. 환원주의에는 여러 형태가 존재하며 획일화할 수 없다. 그러나 여기에서는 개별 사상들 사이의 차이를 다루지는 않을 것이며 인간을 자연으로 환원시키고자 하는 시도들이 만날 수밖에 없는 가장 기본적인 문제점들만을 지적할 것이다.

첫째 인과의 문제가 있다. 현대 생물학에서의 인과는 입자들 사이에서 성립하는 운동인만이 아니라 그것과 구분되는 독특한 인과를 포함한다. 그것은 '정보의 이전'이라는 인과이다. 정보의 이전은 물질들을 특정한 방식으로 조직하게 하는 '전언'의 이전이다. 전언은 센트럴 도그마를 통해서 일방향으로 번역되어 간다. 그러나 이 과정이 제대로 작동하려면 단백질 효소의 매개가 필수적이다. 그래서 닭이 먼저냐 달걀이 먼저냐 식의 문제가 등장한다. 현재의 우주 진화를 일단 받아들인다면 단백질 합성을 뒤에 놓아야 할 것이다. 그러나 이 때문에 일방향적 인과를 고집한다면 그것은 '발생적 오류'의 전형이 된다. 생명체 내의 많은 작용들은 상호작용들이다. DNA가 세포를 만들지만 DNA는 세포 내에서만 작동한다(박테리아 같은 특수한 경우도 있다). 또, 생명체에서의 반응은 일방향이 아니라 원형을 이룬다. '회로들'의 존재가 생명체를 특징짓는다. 생명체에 특징적인 인과는 순환적 인과인 것이다. DNA나 유전자를 설명의 출발점으로 놓는 것이 하나의 방법이 될 수 있다. 그러나 이것들을 아르키메데스의 점으로 삼는 것은 생명체의 특성을 파악하지 못한, 낡은 인과론, 낡은 실체주의에의 집착일 뿐이다.

구연산 회로, 오르니친 회로 등등 생명체 내에서의 화학반응들은 회로를 구성한다. 회로들의 존재가 한 생명체의 동일성을 구성한다. 생명체의 동일성이 특별히 유전자에게 있는 것은 아니다. 유전자가 우주의 진화에서 가장 오래 지속되어 온 존재라는 의미에서 그것을 생명체의 동일성(의 주체)으로 보는 것[17]은 단순한 사고의 산물이다. 생명체의 동일성의 핵심은 소멸하지 않고 오래 존속하는 데 있지 않다(만일 그렇게 볼 경우 왜 꼭 유전자인가? 그보다 더 하위 단위들이 더 오래 존속하지 않겠는가?). 생명체는 시간이 불러오는 차이생성에 단순 복종하지 않는 존재, 자신의 동일성을 변화시켜 끊임없이 **메타동일성**을 만들어 가는 존재이다.[18] 생명의 동일성은 자기차이성(différence avec soi)을 내포하는 역동적 동일성이며, 시간 속에서의 동일성이 아니라 시간을 머금어 가는 메타동일성이다. 생명체의 본질은 유전자나 또는 다른 어떤 물질들에 있는 것이 아니라 물질들의 새로운 조직화를 통해서 **새로운 동일성** ── 시간이 도래시키는 차이들과 화해하는 동일성 ── 을 만들어 가는 **능력** 자체에 있는 것이다. 이것이 '조직화의 도안'의 보다 심층적인=현대적인 의미이며 생명체의 '본질'을 이야기할 수 있는 유일한 방식이다. 존재론적 분절에 따라 상대적일 수밖에 없는, 특정한 층위의 물질 조각을 생명의 본질로 보는 것은 오래전에 낡은 것이 되어버린 사고를 복권시키는 것에

---

17) 예컨대 리처드 도킨스, 『이기적 유전자』, 홍영남 옮김, 을유문화사, 1993, 63쪽 이하를 보라.
18) 이런 메타동일성은 대사와 순환에서만이 아니라 오토포이에시스, 면역, 유전, 발생, 진화 등 모든 측면에서 확인된다. 생명체에서의 (메타)동일성의 역할에 대해서는 池田淸彦, 『生命の形式』(哲學書房, 2002) 1장을 보라.

불과하다.[19]

생명체는 물질로 되어 있지만 생명과학이 물질과학으로 환원되는 것은 아니다. 마찬가지로 인간과학은 생명과학으로 환원되지 않는다. 자콥은 "인간과 사회에 대한 연구가 생물학으로 환원될 수 없다 해도, 생물학이 물리학을 초월할 수 없듯이 인간과학도 생물학을 초월할 수는 없는 것"이라 했다.[20] 그러나 인간과학은 생물학을 초월했을 때에만 그리고 오직 그때에만 성립한다. 물리과학과 생물과학 사이의 거리와 인간과학과 생물학 사이의 거리는 한강의 폭과 태평양의 폭만큼이나 다르다. 자연과 문화 사이에는 의미라는 심연이 가로놓여 있는 것이다. 물리학과 생물학은 서로 많이 다르지만 자연을 다룬다. 그러나 인간과학은 문화를 다룬다. 문화는 의미라는 문턱을 넘어 존재하는, 기호들의 논리에 의해 지배되는, 정신적 가치와 정치적 맥락에 의해 영위되는 영역이다. 인간이 왜 늙는가를 해명해 주는 메커니즘과 인생에서 '노년(老年)'이 뜻하는 바에 대해 이해하게 해 주는 의미는 전혀 다른 것이다. 특정 유전자의 꼬리가 짧아지는 메커니즘을 밝히는 행위와 키케로의 『노년에 관하여』를 읽는 것 사이에

---

19) 도킨스는 유전자야말로 지금까지 가장 오래 존속하는 데 '성공'한 존재이기 때문에 생명의 근원이라고 말한다. 그러나 생명체에 '성공'이 과연 시간의 지속에 의해 평가되어야 하는가? 자식을 많이 남긴 인간이 위대한 업적을 남긴 인간보다 더 '성공'한 인생인가? 참으로 우스꽝스러운 생각이다. 설사 생명체 일반에 대해 말한다 해도, 더 오래 생존해 온 곤충이 다른 동물들보다 더 '성공'했다고 말할 수 있는가? 관점에 따라서는, 생명계에서의 '성공'이란 차라리 더 고등한 동식물로서 새로운 차이를 만들어낼 수 있었을 때 성립하는 것이 아닐까? 얼마나 살았느냐와 어떻게 살았느냐, 어느 것이 '성공'의 기준일까?

20) 프랑수아 자콥, 『생명의 논리』, 이정우 옮김, 민음사, 1994, 465쪽.

는 분명 어떤 연결고리가 있겠지만, 그 연결고리를 정확히 이해하기
위해서도 우선 그 각각을 정확히 이해해야 하는 것이다. 생명과학과
인간과학은 **분리되어** 있지도 않고 **융합되어** 있지도 않다. **분절되어 있**
을 뿐이다. 중요한 것은 인간의 두 차원을 분리하는 것도 어느 한 차
원을 다른 한 차원으로 환원시키는 것도 아니다. 그 각각의 이해를
전제하고서 둘의 경계선을 정확히 이해해 전체상을 그리는 것이 중
요하다.[21] 존재론적 층차와 그 총체적 관계를 분명히 하는 것이 중요
한 것이다.

　유전자 환원주의의 문제점은 개체를 유전자의 '탈 것' 정도로
격하시킨다는 점에 있다. 그러나 유전자는 보다 큰 지도, 즉 게놈의
지도 안에서만 그 정확한 의미를 가진다. 한 책의 한 장이 책 전체의
논의 줄거리를 참조했을 때 분명한 의미를 가지는 것과 같다. 게놈
은 한 개체의 생물학적 동일성이다. 유전자가 게놈의 요소를 이룬다
는 것은 개체를 유전자로 해체할 수 없음을 보여 준다. 한 개체를 구
성하는 요소들은 유기적 전체를 이룬다(그러나 개체들은 유기적 전체

---

21) 그러나 그 경계선을 날카롭게 고착시킬 필요는 없다. 생명차원은 문화차원에 이미 들어와
있고, 문화차원은 생명차원에 이미 들어가 있다. 문화의 차원은 생명차원과 구분됨에도 많
은 부분 얽혀 있다(예컨대 사랑, 결혼, 섹스의 뒤얽힘). 문화차원, 즉 사유, 기호체계, 실험장
치 등등은 물질세계 이해의 선험적 조건들을 형성한다. 우리가 자연에 대해 인식하는 것은
결국 우리의 문화를 가지고서 이해하는 것이다(인식론적 반성의 결여로 이 사실을 이해하
지 못할 때 나이브한 객관주의에 빠지게 된다). 유물론적 일원론에 기반하면서도 지질적(地
質的), 유전적, 언어적 '층들(layers)'이 얽히면서 만들어져 가는 역사에 대한 흥미로운 고찰
에 관해서는 다음을 보라. Manuel de Landa, *A Thousand Years of Nonlinear History*, Swerve
Editions, 2000. 그러나 저자도 두 번째 층과 세 번째 층 사이의 거리를 충분히 감안하지 않
고 있다.

를 이루지 않는다). 유기적 전체를 이룸으로써 열역학 제2법칙에 대항하는 것, 여기에 생명의 본질이 있다. 다양한 '조절 단백질들'을 통한 전체의 유기성 유지가 생명체=개체의 동일성을 보장해 준다. 개체는 여러 방식으로 설명될 수 있지만, 여러 방식의 분절들을 허용하지만, 그럼에도 개체의 유기성을 떠나 그런 분절들이 성립하는 것은 아니다. 유전자가 개체를 결정하는 것이 아니다. **개체 전체의 유기성을 전제할 때 유전자의 활동이 비로소 이해되는 것이다.** 다른 분절들의 경우도 마찬가지이다.

그러나 더 본질적인 문제는 생명체의 본질을 생명체 내부의 구조/기능으로만 생각하는 방식 자체에 있다. 생명체의 삶은 관계 속에 있다. 모든 것이 관계를 통해 이루어진다. 하나의 생명체는 가족, 지역, 먹이사슬, 지리적-기상학적 환경을 비롯한 무수한 타자들과 관계 맺는다. 관계 속에 있지 않은 존재를 우리는 상상할 수 없다. 하나의 개체는 관계 속에서 변해 간다. 어떤 **타자와 부딪치는가**에 따라 삶은 변해 간다. 그러나 모든 관계는 근본적인 수준에서 **외부적이다** (데이비드 흄의 천재적인 통찰의 핵심은 바로 이것이었다). 모든 만남과 헤어짐은 우연적이다. 극히 넓은 견지에서, 스토아적-스피노자적 견지에서 본다면 세계 자체는 내재적이다. 모든 만남과 헤어짐은 내재적 세계 안에서 벌어진다. 그런 점에서 내면적이다. 그러나 개체의 수준에서 모든 부딪침은 외면적이다. 부딪침을 각 개체에 내면화할 경우 우리는 완벽하게 결정론적 세계를 그리게 된다. 라이프니츠의 모나드론이 그렇다. 모든 개체들은 그 내부적 조건들을 가지고 태어난다. 그러나 외부적 만남들을 통해 변해 간다. 관계의 외부성은 유전자이든 다른 무엇이든 개체 내부의 규정성들을 초월한다. 물론 관계의 외부성 역시 일정한 규칙성 내에서 움직이기 마련이다. 그러나 거기에는 늘 우연과 일탈, 예측 불가능성이 끼어들기 마련이다. 생물학을 과도하게 확장하려는 시도들은 관계의 외부성을 진지하게 고려할 때 좌절하게 된다.

이것은 인간의 경우에는 더욱 그렇다. 인간의 만남과 헤어짐은 우연적이다. 그렇기에 아름답다. 관계의 외부성이 우리의 삶을 창조적으로 만든다. 물론 삶에서의 만남과 헤어짐은 외부적 규칙성들(관계를 내부화하는 규칙성들) 속에서 이루어진다. 같은 동네에 사는 아이들은 대개 같은 초등학교에서 만나게 된다. 우리의 삶은 코드화되어 있다. 그러나 첫째, 이 코드는 생물학적 코드가 아니다. 그것은 전혀 다른 차원의 코드, 문화적 코드, 정치-경제적 코드이다. 그것은 생물학적 논리와는 전혀 다른 논리를 통해 움직이는 **기호체제**이다. 둘째, 기호체제는 주어진 것이 아니라 만들어지는 것이다. 구조주의자들의 공헌은 우리 삶의 조건들, 기호체제들을 드러내 주었다는 점이지만, 그 한계는 그것들을 마치 자연과학의 법칙들과 같이 주어지는 것들로 인식하는 데 그쳤다는 것이다. 코드들은 권력과 욕망의 놀이에 의해 만들어지고 또 해체된다. 그것이 **역사**이다. 역사의 이해는 생물학이 아니라 역사학이 담당해야 할 몫이다. 셋째, 과학적 환원주의자들은 자연의 코드를 강조하지만 아이러니하게도 그 코드를 발견하기 위해 개념, 장치, 이론/가설, 제도 등은 인간이 만든 것들이라는 점이다. 코드를 발견하지만 그 발견의 조건들은 **문화적인 것**들이다. 스스로가 발견한 것으로 스스로를 환원시키는 것은 역운(逆

運) ── 인식론적 역운 ── 의 전형을 보여 준다.

우리의 처음 문제로 돌아가서 결론을 내려 보자. 생명체는, 그중에서도 특히 인간은 개체들이다. 특정한 얼굴을 가진 개체들이다. 과학은 보편적 법칙성으로 그 개체들을 환원시킨다. 그 결과 개체들은 얼굴을 상실한 채 형상의 구현체가 되고, 함수의 값이 되고, 그래프의 점이 되고, 구조의 요소가 된다. 그러나 우리의 삶을 구성하는 것은 고유명사를 가진 개체들이다. 개인들이다. 개인들을 보편성으로 환원할 때 인간의 얼굴은 사라지고 삶은 표백된다. 모노나 도킨스 같은 사람들은 세계에는 디자인도 목적도 선악도 없다고 했다. 그러나 인간세계에서는 모든 것이 디자인이고, 모든 것이 목적이고, 모든 것이 선악이다. 인간세계는 특정한 얼굴과 이름을 가진 사람들의 세계이다. 그러나 현실세계는 세계-전체(현실세계와 비가시 차원을 포함하는 궁극의 세계)의 한 면일 뿐이다. 그 면을 절대화하는 것은 소박한 현상학이다. 그래서 세계-전체의 심층에 대한 다양한 담론들이 펼쳐진다. 그러나 그렇게 발견된 것이 무엇이든, 현실세계를 그것으로 환원해야 하는 것은 아니다. 단지 현실세계와 그렇게 발견된 세계 사이에 존재하는, 또 존재해야 할 관계를 설정해야 할 뿐이다. 양자(量子)들의 세계와 현실세계, 세포들의 세계와 현실세계, 가상세계와 현실세계, 이데아세계와 현실세계, …. 세계-전체의 새로운 면에 대한 인식은 그것이 현실세계와 적절한 관계를 맺을 때, 현실세계를 살아가는 개체들을 표백하는 것이 아니라 좀 더 잘 이해하는 담론으로서 기능할 때 비로소 의미를 가지는 것이다.

II. 확장된 개체인 이-것(haecceity)과
이것-되기로서의 주체-화

생물학적 형태를 띠는 환원주의의 각종 형태들과 그 한계들을 짚어
보면서 개체의 환원 불가능성, 즉 박물학적 '표'의 한 이름-자리로
도 세포를 비롯한 물질적 하위 단위들로도 환원할 수 없는 소진-불
가능성(in-exhausted-ness)을 강조했지만, 이것이 (상식적 의미에서의)
개체를 존재론적으로 특권화하는 것을 정당화해 주지는 못한다. 왜
일까?

개체의 특권화 불가능성의 이유는 얄궂게도 개체의 환원 불가
능성의 이유 자체 안에 함축되어 있다. 생물학사를 예로 해서 각종
형태의 환원주의를 비판하면서, 그 중요한 이유들 중 하나로 관계의
생성을 강조했었다. 그렇다면 어떤 결론이 나오는가? 모든 개체가
관계의 생성 속에서 움직인다는 것, 아니 사실 그러한 관계의 생성
자체가 그 개체를 가능케 한다는 것을 감안한다면, 개체의 실체화는
애초에 불가능하다는 것을 알 수 있다.

그러나 이는 우리를 논의의 원점으로 돌아가게 만든다. 개체가
다른 어떤 것으로도 환원될 수 없는 고유한 것인 동시에 관계의 운
동을 통해 계속 열려 가는 존재이기도 하다면, 그 개체성이란 도대체
어떻게 이해되어야 하는 것인가? 개체는 자체에 갇혀 있는 것도 타
자로 환원되는 것도 아니며, 다른 개체들과의 관계망을 형성함으로
써 확장된 개체/개별성의 한 요소로서 존재한다. 그러나 이 '요소'라
는 말은 개체가 확장된 개체의 부품일 뿐이라는 것을 의미하지 않는

다. 확장된 개체는 개체들을 환원하는 어떤 것이 아니다. 그렇기는커녕 자체를 구성하는 개체들을 떠나서는 존재할 수 없는 어떤 개별성이다. 결국 일차적/상식적 의미에서의 주체는 이차적/확장된/일반화된 개체에 속함으로써 개별성을 가질 수 있지만, 동시에 후자는 어디까지나 전자의 존재에 의존하는 개별성인 것이다. 이로써 우리는 우리가 처음 제시했던 테마로 되돌아가게 된다.

'singularity'와 'multiplicity'

이제 이 논의를 좀 더 상세히 전개하기 위해 우선 'singularity'와 'multiplicity' 개념 쌍을 생각해 보자.

　'singularity' 개념의 양적 의미와 질적 의미를 구분하는 것이 논의의 출발점이다. 양적 의미로서의 개별성 즉 단일성은 철학사에서 줄곧 논의되어 왔으며, 사유의 역사에 등장한 대표적인 개념-뿌리들 중 하나이다. 그러나 하나라는 개념에는 마술과도 같은 힘이 깃들어 있다. 어떤 여럿이든 그것을 하나로 보는 한에서는 하나이기 때문이다. 최초의 철학자들이 궁극적인 하나를 찾았던 것, 파르메니데스가 '일자'로써 자연철학을 막아버렸던 것, 일신교적 사유들이 단 하나의 신으로 귀착하고자 했던 것 등등, 사유의 역사에 등장한 많은 국면들이 이 하나 개념의 마술과 연관되어 있다. 이로부터 하나들의 등급을 매기는 방식들이 개발되었다(플라톤이 확립한 '분절 =articulation'은 그 효시를 이룬다). 한 층위에서의 어떤 여럿이 하나가 되고, 이 하나와 (같은 층위에서의) 다른 여럿이 다시 상위 층위에서의 하나로 간주된다. 이런 논리 없이는 거대한 조직, 예컨대 국가

조직 같은 것은 성립할 수 없다. 하나와 여럿의 위계가 즉 일반성과 특수성의 위계가 사물 분절의 '상식적인' 형식으로 자리 잡게 되었다. 우리 삶의 도처에서 우리는 이런 위계들을 확인하며, 이런 위계 없이는 사회는 잠시라도 작동하지를 못한다.

특수성들의 가장 아래에 가장 특수한 것 즉 개체가 자리 잡고 있고, 일반성의 가장 위에 가장 일반적인 것 즉 보편성이 자리 잡고 있다. 물론 이 개별성과 보편성조차도 상대적이다. 개체들도 그 하위 단위들의 조직체가 아닌가? 보편성도 결국 인간이라는 종에서의 보편성이 아닌가? 어쨌든 특수성들과 일반성들은 누층적으로 "매개됨으로써만"(헤겔) 전체를 형성한다. 이런 구조에 있어 개체는 최하위 특수성(아리스토텔레스에게서의 'infimae species')의 한 요소로서 이해된다. 요컨대 그것은 숱한 하나들 중에서 가장 작은 하나, 진정한 하나인 '단위'로서 존재한다. 이는 추상적인 하나, 수적 하나로서의 개체이다.

특수성들의 매개를 강조함으로써 유기적 전체의 사유를 전개한 근대 철학의 거장은 헤겔이다. 헤겔의 이런 사유체계에 반(反)해 개체의 개체성 즉 단독성 ─ 양적 단위로서의 개체가 아니라 질적 독자성으로서의 'singularity' ─ 을 구하려고 한 시도가 사상사를 꾸준히 관류해내려왔다. 사실 그러한 시도는 이미 칸트에게서 시작되었다. 칸트는 한 개인이 '세계시민'이 됨으로써 보편성에 참여할 수 있다고 보았다. 단독성을 구제하려는 이런 시도는 슈티르너, 키르케고르, 실존주의자들(특히 사르트르) 등에 의해 이어져 왔다. 이런 흐름에 있어 'singularity'는 더 이상 추상적인 하나, 수적 하나가 아니다.

그것은 질적 고유함으로서의 단독성/단독자이다. 칸트에서 사르트르에 이르는 이런 사유의 시도에서 우리는 개체를 자연적 틀(거시적인 계통학적인 틀 또는 미시적인 분자생물학적인 틀)로도 또 사회적 틀(헤겔에게서 그 전형을 볼 수 있는 '특수성들의 누층적 매개'라는 틀)로도 환원하지 않는 관점을 볼 수 있다.

그러나 이제 논의할 'singularity' 개념은 이런 전통과 다르다. 여러 번 이야기했듯이, 중요한 것은 전통적인/상식적인 개체/개인 개념으로의 회귀가 아니다. 우리의 'singularity'는 수적 단일성도 한 개인의 단독성도 아닌 '특이성'이다. 맥락에 따라 특이성은 '특이존재' 또는 이-것일 수도 있고, '특이점'일 수도 있다. 후자는 우리의 맥락에서의 개별성이고, 전자는 복잡계 과학과 연계되어 논의되는 임계점이다. 푸앵카레의 특이점 이론이 그 효시이며, 훗날 르네 톰에 의해 계승되었다. 그렇다면 확장된 의미에서의 개별성으로서의 이-것이란 무엇일까?

이-것으로서의 개별성은 수적 단위도 단독적인 개인도 아니며, 타자들이 서로 접속해서 형성해 가는 여럿-하나이다. 그것은 본래 이질적으로 존재하는 것들이 상호 접속함으로써 형성되는 역동적이고(접속 과정과 분리되지 않는다는 점에서) 입체적인(이질적인 것들의 종합을 통한 창발을 내포한다는 점에서) 개별성이다. 새롭게 생겨나는 커뮤니티는 이-것이다. 무기물과 유기물의 새로운 형태의 종합, 예컨대 사이보그도 이-것이다. 같은 실체들로 구성되지만 기존의 상이한 배치들을 배합해서 만들어내는 경우(건축에서 이런 예들을 볼 수 있다) 역시 이-것이다. 극히 다양한 형태의 '이-것'들을 생각할 수 있다. 자주 그렇듯이 삶은 개념보다 앞서 나아가고 있으며, 우리는 이미 이-것들을 만들어 가면서 살아가고 있다. 사실 언제나 그렇게 살아왔다. 이-것은 특별한 개별성이며, 존재론적인 콜라주의 결과이다. 나아가 그것은 결국 '사건'으로서 성립한다. 이-것의 성립은 그 자체 일종의 사건이기 때문이다. 이것은 개체이지만 단일성이 아니며(이미 독특한 복합체이므로) 또 단독자도 아니다(접속을 통해 늘 타자화를 겪어 나가는 역동적 존재이므로). 그것은 특이자이다. 이 특이자가 곧 이-것(haecceity)이다.[22]

이-것의 가장 두드러진 특징은 'singularity=multiplicity'라는 이 마법과도 같은 공식에 있다. 이는 '단일성'에 있어서는 성립하지 않는다. 수적 단일성과 복수성(다양한 층위에서의 특수성들)의 동일성은 모순이다. 또, 이는 '단독성'에 있어서도 성립하지 않는다. 단독성은 개별자가 특수성 속의 한 요소일 뿐이게 되는 상황을 극복하기 위해 등장했다. 이 사유에서 'singularity=multiplicity'는 단독성의 소멸에 다름 아니다. 앞에서 보았던 계통학적 표 속으로 용해되어버리는 개체들이 이런 경우이다. 그러나 '특이성'의 경우 이 공식은 핵심적인 역할을 한다. 이-것은 이질적인 것들의 접속을 통해 형성되는 '다양체'이다. 다양체는 여럿이지만 하나인 여럿 즉 '잠재적 복수성'이며, 수학적 다양체와 구분되는 질적 다양체이다. 결국 한 다양체는

---

22) 이 독자적인 의미에서의 개별성(확장된 개체)이 상식적인 의미에서의 개체의 위상을 폄하하지는 않는다. 왜냐하면 이런 접속 과정에서 주도적인 역할을 하는 존재, 즉 여럿-하나의 핵 역할을 하는 것은 역시 상식적인 의미에서의 개체이기 때문이다. 다양한 접속을 통해 확장된 개별자를 만들어 가는 주체성은 역시 기존의 개체에게서 두드러진다.

하나의 이-것이며, 한 이-것은 하나의 다양체이다. 이-것=다양체에 게서 하나와 여럿 사이의 형식적 대립관계는 해소된다.

'singularity=multiplicity'라 할 때, 이 하나와 여럿의 통합체에서 기초적인 것은 그 하나-됨의 양상이다. 때로 다양체는 매우 일시적 이며 일정 시간만 존속하다가 사라진다. 그러나 대부분의 다양체는 일시적이면서도 반복됨으로써 일정한 이름을 가진 **사건**이 되기도 한 다. 어떤 다양체들은 더욱 강한 응집력을 가진다. 기존의 개체는 다 양체가 아닌 것이 아니라(개체 역시 수많은 요소들의 총체이다) 응집 력이 매우 강한(사실상 가장 강한) 다양체임에 다름 아니다. 이 응집 력의 반대편에는 탈영토화가 작동하며, 탈영토화에 의해 차이화/타 자화와 응집력을 통한 동일자화의 밀고 당기는 힘이 한 다양체를 특 징짓는다. 또한 하나의 다양체는 그것의 **다질성**의 정도에 따라서, 즉 얼마나 많은 이질성들을 주름-접고 있는가에 따라서 그 성격을 달 리한다. 더 다질적일수록 추상적 다양체로부터 질적 다양체로 이행 한다. 한 다양체가 보다 다질적일수록 그것은 그만큼 더 (베르그송적 인 의미에서) 지속한다.[23)]

이-것으로서의 개체는 확장된 개체로서, 개체를 다른 어떤 것 으로 환원시키지도 않고 또 기존의 개체에 머무르지도 않는다. 이- 것은 기존의 개체를 핵으로 생성해 가는 확장된 개체 개념이다.

'이-것'-되기로서의 주체-화

이-것은 다양체로서의 개별자이며, 따라서 고정된 실체로서 존재하 지도 않지만 또한 하나-임이 결여된 추상적 생성도 아니다. 어떤 형태로든 하나-임이 결여된, 즉 어떤 형태의 분절도 없는 생성이란 '화이트 노이즈' 외에 아무것도 아닌 상태라 해야 할 것이다. 생성이란 항상 生(생)하면서 成(성)하는 것이다. 이-것은 이 생-성을 개념화해 주고 있다. 이제 짤막한 개념사적 고찰을 하면서 이 개념을 조금 더 다듬어 보자.

존재론사에 있어 우리의 문제의식이 발생한 바로 그 장소로 다시 가 보자. 개체와 형상을 놓고서 생겨난 아리스토텔레스의 고민이 바로 그 장소였다. 개체를 앞에 둔 아리스토텔레스의 망설임은 바로 개체란 그리스 철학의 기준에 있어 '인식'의 대상이 될 수 없다는 스승 플라톤의 말에 뿌리 두고 있다. 개체의 존재론적 위상에 대한 그의 확신과 그 인식론적 위상에 대한 망설임이 문제의 발단이 된다. 둔스 스코투스가 'haecceitas' 개념을 제시한 것은 이 망설임을 넘어 개체의 인식 가능성을 인정하기 위한 것이었다. 그에게 한 개체는 다른 것으로 환원되어야 할 것이 아니라 그 자체로서 인식해야 할 존재였다. 그에게 개체란 실체로도 부정으로도 실존으로도 양으로도 질료로도 환원 불가능한 것으로서, 오로지 "형상의 최종적인 규정"(스코투스주의자들의 표현대로 '이-것')을 통해서 인식할 수 있는 것이었다. 개체는 그에게 너무 헐거웠던 옷을 대폭 줄여서 비로소 몸에 꼭 맞는 옷을 입게 된 것이다. 이는 서구 존재론사에 있어 매우 중요한

---

23) 한 다양체가 다질적이면서도 동시에 높은 응집력을 가진다면, 그것은 그만큼 더 지속한다. 들뢰즈가 적절히 지적했듯이, 여기에서 '지속한다'는 것은 분할 불가능하다는 것이 아니라 분할할 경우 그만큼 본성상의 변화를 겪는다는 뜻이다.

인식론적 혁명이었다.[24]

그러나 둔스 스코투스가 구제하려 했던 개체 개념은 어디까지나 기존의 개체 개념이었다. '이-것'은 상식적인 개체, 우리가 흔히 손가락으로 '이(this)'라고 가리키는 그런 개체들이다. 이런 개체 개념을 넘어서기 위해서는 우선 그것을 해체하고(그것의 단단한 동일성을 일단 무너뜨리고), 다음에는 재조립할(새롭게 개체성을 정의할) 필요가 있었다. 이 철학사적 과제를 맡아 수행한 인물은 라이프니츠였다. 라이프니츠에게 모나드는 이중으로 이해된다. 우선 그것은 '빈위들'의 계열체이다. 빈위들이라는 논리적 원자들의 계열체인 한에서 개체는 우선은 그 단단한 동일성을 상실하게 된다. 개체란 빈위들의 하늘에서 신이 임의로 선별해 계열화함으로써 성립한 결과이다. 그러나 다른 한편 각각의 모나드는 오로지 '하나'일 때만 의미를 가진다. 라이프니츠가 종종 언급했듯이 "'하나'의 존재가 아닌 것은 하나의 '존재'가 아니"라면, 모나드 역시 오로지 '하나'일 때에만 진정한 '존재'(실재)일 수 있다. 빈위들은 원자들보다 아니 세포들보다 더 단단한 끈으로 연결되어 있다. 라이프니츠에게 개별성은 더 이상 '하나의 형상'이라는 단단한 덩어리를 근거로 하지 않는다. 그것은 빈위들의 조합을 통해 구성된다. 그러나 개별성은 경우에 따라서는 쪼개질 수도 있는 복합체가 아니다. 그것은 그 말 그대로 '모나드'이다.[25]

---

24) 이 문제에 관한 현대 학자들의 연구가 다음에 편집되어 있다. *Le problème de l'individuation*, éd. par P.-N. Mayaud, Vrin, 1991.
25) 다음을 참조하라. J. A. Cover & J. O'Leary-Hawthorne, *Substance and Individuation in Leibniz*, Cambridge University Press, 1999.

라이프니츠 자신은 이런 생각의 귀결을 끝까지 밀어붙이지 않았다. 그는 신학적 구도에 입각해 그런 가능성을 봉합해버렸다. 현재의 세계가 최선의 세계이며, 따라서 지금의/기존의 개체들과 다른 개체들 —— 신이 설계는 했지만 실현하지 않은 개체들 —— 은 '괴물들'이다. 하지만 신학의 너울을 벗어버린다면, 그래서 빈위들의 보다 자유로운 결합을 상상해 본다면, 모나드들은 기존의 개별성을 넘어 온갖 형태의 확장된 개별성들을 낳을 것이다. 이제 '괴물들'이 보다 일반적이고 기존의 개체들은 그 특수한 경우로서 자리 잡게 될 것이다. 빈위들의 하늘을 '정보의 바다'로 보고 그 바다에서의 일정한 정보 집적으로부터 생명체가 태어난다고 본다면, 지금의 구도는 〈공각기동대〉가 묘사하는 세계 —— "나는 정보의 바다 위에서 태어난 생명체다"라는 인형사의 말을 상기해 보자 —— 에 연결된다.[26] 물론 이것은 상상의 나래를 편 것이며, 실재는 라이프니츠의 봉합된 세계와 이런 극단적 상상의 세계 사이에서 생성해 간다고 할 것이다. 이렇게 신학의 너울을 제거한 라이프니츠주의는 개별성/개체를 사유함에 있어 중요한 한 문턱을 넘어서고 있다.

라이프니츠가 열어 놓은 길을 더 밀고 나아가 현대적 '이-것' 이론을 개척한 인물들, 우리 논의의 직접적 참조점이 되는 인물들은 질베르 시몽동, 들뢰즈와 가타리, 베르나르 스티글레르이다.[27] 이들에

---

26) 다음을 보라. 이정우, 『접힘과 펼쳐짐』, 그린비, 2011. 『시간의 지도리에 서서』, 그린비, 2022.

27) 다음 저작들을 보라. Gilbert Simondon, *L'individu et sa genèse physico-biologique*, Millon, 1995. Gilles Deleuze et Félix Guattari, *Mille plateaux*, Minuit, 1980. Bernard Stiegler, *La*

의해서 현대적 의미에서의 개체화론, 이-것론의 가닥이 잡히게 되었다.

시몽동은 기존의 개체화론이 질료형상설이나 원자론에 입각해 이루어졌으며, 두 경우 모두 개체를 가지고서 개체화를 설명한 것이지 개체화를 가지고서 개체를 설명한 것은 아님을 지적한다. 질료형상설의 경우 형상의 개별성이 전제된 채로 질료에의 구현을 통해 개체생성이 이루어진 것으로 보았고, 원자론의 경우 작은 개체들이 모여 큰 개체를 이루는 것으로 보았을 뿐이다. 두 경우 모두 '化'의 바탕 위에서 개체들이 생-성하는 과정을 제대로 포착하지는 못한다. 개체-화를 근거로 개체를 이해한다는 것은 곧 '준안정 (metastable)' 상태의 물질적 바탕이 차이생성/불안정(시몽동의 용어로 'disparation')을 극복하고서 개체화되는 과정에 주목하는 것이다. 이는 곧 계속 차이생성하는 물질적 바탕 위에서 어떤 동일성이 형성되는 과정이다. 이 동일성 형성이 곧 개체화의 과정이며, 이런 개체화의 과정은 생물학적 개체들의 생-성에서 가장 두드러지게 나타난다. 시몽동은 생물학적 과정만이 아니라 그 아래에서의 물리학적 과정, 그 위에서의 심리학적 과정 및 사회학적 과정까지 포용해 다층적이고 입체적인 논의를 전개함으로서 현대 개체화론의 기본 틀을 마련해 주었다. 이는 존재론적 문제의식과 구도를 통해 현대 학문을 종합하고 있는 빼어난 예이며, 현대 학문 수준의 개체화론은 시몽동에

---

technique et le temps, 3 vols., Galilée, 1998~2001.

서 그 실마리를 잡을 수 있다.

스티글레르는 시몽동이 매우 다층적인 논의를 통해 개체화를 보여 주고 있긴 하지만 결국 다분히 인간중심주의적인 태도를 견지하고 있음을 지적한다. 이는 곧 차이생성하는 물질을 마름질해 어떤 동일성을 구성해 가는 과정은 그 어떤 형태로든 주체성을 전제해야 함을 뜻한다(이 때문에 시몽동은 특히 기술적 과정들에 주목한다. 『기술적 대상들의 존재양식』). 그러나 스티글레르는 "기술이 인간을 발명하고, 인간이 기술을 발명한다"는 유명한 생각에 입각해, 기술에 있어 주체성과 객체성의 날카로운 이분법을 무너뜨린다.[28] 인간의 주체성은 극히 오랜 세월에 걸쳐 축적된 거대한 자연적 과정 위에 떠 있다. 주체성의 활동은 항상 '이미-거기에 있는 것(le déjà-là)' 위에서 이루어지며, 주체성은 '언제나-이미' 그 안에 들어 있는 자신을 발견하곤 한다. 바로 그렇기 때문에, 자연적 과정은 물론이고 기술적 과정 또한 객체를 겨냥하는 주체의 활동이 아니라 주체와 객체, 인간과 기술의 복잡한 얽힘 ── 데리다의 용어로 '차연' ── 을 통해 성립하는 것이다. 스티글레르의 논의는 주체성을 주체-화로 전환시킨 중요한 작업이지만, 인간 주체성 고유의 역할과 기존의 개체가 여전히 가지는 의미를 망각해버린다면 다시 한쪽으로(또 다른 형태의 환원주의로) 쏠릴 위험성을 안고 있다.

들뢰즈는 시몽동의 큰 영향 아래에서 평생에 걸쳐 개체화론을

---

28) 이런 그의 생각은 '행위자네트워크 이론'과 통한다. 브루노 라투르 외, 『인간·사물·동맹』, 홍성욱 엮음, 이음, 2010.

다듬어 갔다. 들뢰즈는 '잠재적인 것의 현실화'라는 그의 기본 틀에 입각해 개체화를 다루었고, 잠재성의 차원을 '특이성들의 구조'와 '강도의 생성'이라는 개념을 통해 정교하게 전개함으로써 현대 존재론의 한 정점을 이룩했다. 그러나 우리의 맥락에서 더 중요한 측면은 그가 '이-것' 개념의 함의를 자연철학/존재론의 측면에서만이 아니라 사회적-문화적 층위에서도 다양한 방식으로 이끌어냈다는 점에 있을 것이다. 이러한 전개에서 가장 핵심적인 것은 곧 일반성-특수성에서 보편성-특이성으로의 전환이다. 개체가 특수성들의 매개를 통해서 일반성으로 나아가는 구조로부터 보편성의 지평 위에서 다양한 이-것들의 생-성을 이해하는 것이 결정적으로 중요하다.[29] 시몽동과 스티글레르가 어느 정도 다루었고 들뢰즈가 보다 본격적으로 전개하기 시작한 이 사회적-문화적 논의를 특히 윤리학적 맥락에서 구체화해 나가는 것이 개체화론의 현 단계라고 할 수 있다.

이-것 개념의 이론적 배경을 간략하게 정리했거니와, 우리에게 '이-것' 개념은 우선 주체화의 문제에 연결되고, 다음으로는 이-것-되기의 윤리학에 연결된다. 이런 작업이 일정 정도 수행된 연후에는 구체적인 정치철학적이고 문화철학적인 논의로 나아갈 수 있다.

---

29) 가라타니 고진은 특수성-일반성이라는 헤겔적 틀과 보편성-개별성이라는 칸트의 틀을 논하면서 들뢰즈의 이런 생각을 언급하고 있다(『트랜스크리틱』, 송태욱 옮김, 한길사, 2005, 169쪽 이하). 그러나 들뢰즈의 '이-것'은 칸트적 개별성과는 판이한 것이다. 들뢰즈의 '이-것'은 양적 단일성/개별자를 뜻하지 않는다. 질적 독특성/단독자와는 통하지만, 고진이 언급하는 사유 갈래와는 다른 갈래에서의 개념이다. 지금 맥락에서의 'singularité'는 칸트 철학의 맥락에서 유래한 개념이 아니라 푸앵카레 수학의 맥락에서 유래한 개념이다.

주체-화는 'singularity=multiplicity'라는 우리의 공식에 입각했을 때 이-것-되기로서 이해된다. 이-것-되기는 다양체를 만들어 가는 과정 즉 특이존재를 만들어 가는 과정이며, 주체-화는 곧 기존의 개체를 그 중요한 요소로 포함하는 다양체-되기, 이-것-되기를 통해서 성립한다. 이런 의미에서의 주체-화는 기존의 주체 개념을 넘어서는 동시에 각종 형태의 환원주의 또한 넘어선다. 이-것-되기로서의 주체화는 기존의 주체가 가지는 단단한 동일성을 버리고 다양체를 만들어 가는 과정으로서의 개별-화, 주체-화를 사유하지만, 다른 한편으로는 다양체가 가지는 'singularity'의 성격과 각 다양체에서의 기존의 주체들의 역할 또한 사유하려 하기 때문이다. 주체는 주체-'화'를 겪는 존재로서 이해되어야 하지만, 동시에 그것이 '주체'-화라는 것 또한 잊지 말아야 한다. 이-것-되기로서의 주체화는 단단한 동일성도 아니고 얼굴 없는 생성도 아닌 것이다. 그때에만 우리는 역동적인 존재론과 구체적인 윤리학을 동시에 붙잡을 수 있다.

장애물들과 지표들

이-것-되기는 그 자체 윤리학적 성격을 함축한다. 이-것-되기에서는 존재론과 윤리학이 융합되어버린다.

왜 그럴까? 이-것이 되어 간다는 것은 곧 여러 이질적 존재들의 다양체를 만들어 감을 뜻한다. 따라서 그것은 이질적 존재들 사이의 갈등과 타협, 여럿 사이의 외부성과 하나로의 내부화를 둘러싼 각종 문제들을 함축하고 있다. 이-것-되기는 그 자체 일종의 실험, 자연과학적 실험이 아니라 **인생의 실험, 삶의 존재양식을 둘러싼 실험**이다. 윤리학이 사람과 사람 사이의 갈등과 화해를 다루는 학문이라면, 이-것-되기로서의 주체-화는 항상 윤리적인 문제가 아닐 수 없다. 여기에서는 우리가 어떤 존재로서 '존재할까'라는 존재론적 물음과 어떻게 '행위할까'라는 윤리학적 물음이 하나로 통합된다. 삶의 문제란 결국 어떤 다양체를 만들어 갈 것인가의 문제이다.

이-것-되기의 철학에서 가장 핵심적인 것은 과연 어떤 이-것/다양체/특이존재를 만들어 갈 것인가 하는 것이다. 그런 방향성이 구체적 지표로서 제시되지 않는다면, 모든 철학들이 그렇듯이 이-것-되기의 철학 역시 오용·남용·악용에서 자유롭지 못할 것이다. 사실 인간은 항상 이-것-되기를 행하면서 살아왔다. 삶이란 이-것-되기 이외의 것이 아니다. 그렇다면 이-것-되기의 철학적 틀만 제공하는 것으로는 사실상 무엇이든 쓸어담는 틀이 되어버릴 것이다. 우선 이-것-되기의 장애물들을 살펴보고, 그 방향성을 생각해 보자.

이-것-되기 즉 확장된 개체 되기의 가장 일차적인 장애물은 기존의 개체이다. 기존의 개체 개념에 가장 적절히 부합하는 것은 곧 생명체-개체이다. 생명체로서의 개체는 자체의 동일성 유지를 본능으로 하며, 따라서 스스로의 개체성에 집착한다. 인간의 경우 이는 아집(我執)으로 나타난다. 아집은 우리로 하여금 기존의 개체성으로서의 자신에 집착하게 만들며, 그로써 이-것-되기를 방해한다. 이 점에서 이-것-되기의 일차적 관건은 아집을 어떻게 넘어서느냐 하는 것이다. 이-것-되기의 아집 넘어서기는 불교의 그것과는 다르다. 불교는 아(我)의 개체성이란 사실상 그것을 가능케 한 숱한 조건들의 산물일 뿐이라는 점을 자각함으로써 그것에 대한 미망을 깨트리려 한다. 수레가 숱한 부품들의 결합체일 뿐이듯이(『잡아함경』, 45권), 자아는 오온(五蘊) 등 다양한 방식으로 파악되는 어떤 조건들의 결과일 뿐이다. 이는 매우 중요한 통찰이지만, 이-것-되기의 철학은 불교와 반대 방향을 취한다. 이-것-되기는 기존의 개체를 그 아래로 해체해 나가기보다는 오히려 그 위로 확대해 나감으로써 극복하고자 한다. 그것은 개체를 해체하기보다는 다양체에 속하게 함으로써, 다양체에서 일정한 역할을 행하게 함으로써 그 개체성을 극복한다. 이는 또한 하이데거적인 탈-주체의 철학과도 상반된다. 이 점에서 이-것-되기의 철학은 해체의 철학이 아니라 창조의 철학이다.

이-것-되기의 또 하나의 큰 장애물은 기표체제에 있다. 라캉이 '상징계'의 개념을 통해, 들뢰즈와 가타리가 '기호체제'의 개념을 통해 잘 보여 주었듯이, 우리의 삶은 철두철미 기표들의 장 속에서 이루어진다. 기표체제는 우리의 삶을 선험적으로 조직하고 있기에, 그 그물을 찢고서 새로운 이-것을 만들어내려는 노력을 하지 않는 한 좀체 변하지 않는다. 이 기표체제는 매우 다양한 맥락에서 형성되지만, 그 가장 큰 권력은 역시 국가라는 체제에 있다. 이 외에도 각종 형태의 권력적 장치들은 일반성-특수성의 체계를 구축함으로서 보편성-특이성의 면을 기표화한다. 이-것을 만들어 간다는 것은 이런 체제에서 볼 때 '괴물'이라 할 만한 것을 만들어 가는 것이며, 사실 우리는 이런 괴물들을 만들어 감으로써만 비로소 주체-화를 이루면서 살아갈 수 있다.

이-것-되기의 또 하나 큰 장애물은 자본주의에 있다. 그러나 자본주의와 이-것-되기의 관계는 묘하다. 자본주의는 이-것-되기와 이중적인 관련성을 가진다. 한편으로 자본주의는 이-것-되기의 환경을 이룬다. 왜일까? 바로 자본주의는 기존의 기표체제를 부수고서 끝없이 새로운 상품들을 만들어내는 것을 핵으로 하는 체제이기 때문이다. 근대에 들어와 본격화된 자본주의 생산체제는 슘페터가 지적했듯이 '이노베이션' 없이는 존속할 수 없다. 이노베이션 경쟁은 끝없는 발명을 요구하며, 오늘날 이-것-되기의 가장 강력한 추동력이 자본주의에 있다는 점은 분명하다. 그러나 다른 한편 자본주의는 모든 이-것-되기를 자본에 종속시킨다. 모든 상상과 창의력, 발명,… 등은 궁극적으로 자본을 증식시키는 한에서만 가치를 부여받는다. 학문과 예술조차도 자본의 그림자 아래에서 움직이고 있다. 이는 곧 이-것-되기를 행하는 행위로서의 노동은 필연적으로 자본에 종속되어버림을 뜻한다. 따라서 이-것-되기는 자본주의와 이중의 방식으로 대결한다. 한편으로 그것은 자본주의가 만들어내는 역동적인 환경을 단순 배척하거나 부정하기보다는 적극적으로 활용해야 할 환경으로 간주하며, 다른 한편으로 모든 것을 자본에 종속시키는 그 힘과 맞서 싸움으로써 자유와 해방을 추구한다. 오늘날의 이-것-되기는 무엇보다도 이런 두 측면이 복잡하게 교착되는 전선(戰線)에서 이루어지고 있다 하겠다.

오늘날의 이-것-되기에 있어 가장 기본적인 세 가지 방향을 짚어 보자. 이-것-되기는 내적으로는 자신의 기존 개체성 극복을 핵으로 하지만, 그 지향점은 곧 생명의 귀환에 있다. 생명의 귀환은 현대 사회를 특징짓는 '생명권력'과의 투쟁을 그 핵심으로 한다. 오늘날 생명권력은 푸코가 상세히 분석했던 훈육사회적인 것으로부터 '관리사회'적인 것으로 이행하고 있다. 이는 곧 생명권력의 핵심이 국가적 훈육에 있다기보다 자본주의적 관리에 있다는 것을 뜻한다(물론 전자가 끝나고 후자가 시작된 것은 아니다). 오늘날 생명은 자본의 이익을 위해 철저히 파헤쳐지고 있고, 또 조작되고 있다. 생명에 대한 이런 대상화는 곧 앞에서 우리가 논한 환원주의를 그 이론적 기반으로 한다. 환원주의를 논파하는 것이 절실한 것은 이 때문이다. 과학기술과 자본주의의 맹목적 폭주는 사실상 인류의 존망 자체를 위협하고 있다. 이-것-되기는 오늘날 철저히 개발·조작·유통·판매되고 있는 **생명**을 그 본래의 모습으로, 기(氣)의 약동으로 돌려놓기 위한 노력을 중심으로 전개되어야 할 것이다.

또 하나의 방향은 주체의 귀환이다. 이는 내적으로는 자신의 무의식에 각인되어 있는 기표체제와의 투쟁을 함축하지만, 외적으로는 사람들에게 가해지는 각종 기표체제와의 투쟁을 뜻한다. 이-것-되기로서의 주체-화는 특정 기표체제에 매몰되어 특정 주체로서 형성되는 삶의 과정에 대한 철학적 반성과 정치적 투쟁을 통해 다양체를 만들어 가는 실험이다. 이는 "한편으로는 파괴하고, 다른 한편으로는 구축하는" 이중의 과정이다. 여기에서 파괴란 주어지고 길들여지는 대로의 주체의 파괴이며, 구축이란 이-것-되기로서의 주체-화의 과정이다. 이런 주체-화해 가는 존재로서의 주체는 무위인이지만, 이는 '위'의 체계를 떠남을 뜻하지 않는다. '위'가 없는 주체라는 개념은 공허한 개념에 불과하며, 실재적인 것이 아니라 상상적인 것이다. 무위인은 '상징적 죽음'을 통과해 가면서 이-것으로 화해 가는 주체일 뿐, 상징계를 초월한 주체는 아닌 것이다. 주체-화는 결국 기존의 개별성들 또는 이미 기존의 것으로 화한 이-것들을 넘어 새로운 이-것들을 창조해 나가는 행위에 다름 아니며, 이것은 곧 기표체제와의 계속적인 투쟁을 함의한다.

마지막으로 이-것-되기로서의 주체화는 노동의 참된 의미를 추구하는 과정이기도 하다. 노동이란 무엇인가? 노동이란 기존의 개체인 내가 타자들과 상호 작용하면서 다양체를 만들어 가는 과정 이외의 것이 아니다. 결국 노동을 통해서 이-것들이 생성해 간다. 그러나 오늘날의 노동은 자본의 각종 포획장치들에 걸려 화폐의 증식을 지상 명제로 삼아 이루어지고 있다. 그런 과정을 통해 '노동'이라는 말의 뉘앙스는 자본의 무게를 떠받치면서 허덕이는 행위로서 왜곡되어 있다. 이-것-되기로서의 주체-화는 노동의 귀환을 통해서 그것을 다양체를 만들어 가는 창조적인 행위로 새롭게 자리매김하는 과정을 필수적으로 포함한다. 주체-화란 결국 내가 타인들과 더불어 어떻게 노동함으로써 다양체를 창조해 갈 것인가의 문제 이외의 것이 아닌 것이다. 오늘날 삶의 모든 것들이 자본주의의 그림자 속으로 들어가버린 상황에서 참된 노동으로서의 이-것-되기야말로 주체-화의 관건이라고 할 것이다.

* * *

인간으로 태어나 삶을 살아간다는 것은 좋든 싫든 어떤 주체가 되어 살아가야 함을 뜻한다. 그때 가장 중요한 것은 어떻게 자신의 사건을 살 것인가의 문제이다. 우리의 삶은 상당 부분 외부적 조건들에 의해 만들어지지만, 그러한 조건들로 온전히 환원되지 않는 우리 안의 생명/기는 항상 "너 자신의 사건을 살아라"라고 명령한다. 이론적인 환원주의들과 사회적인 포획장치들에 온전히 귀속되지 않는다는 것이 곧 나의 사건을 사는 것이다.

그러나 이것은 "나" 즉 기존의 개체성으로서의 나에 집착함으로써 가능한 것은 아니다. 그것은 존재론적으로 아예 불가능하기도 하거니와, 윤리적으로도 부정적인 결과를 낳는다. "나"를 타자들에로 개방해 타자들과 함께 다양체를 만들어 가는 것이 관건이다. 자신의 사건을 산다는 것은 결국 자신을 창조적인 이-것, 특이존재에 귀속시켜 감으로써 "나"의 주체성과 다양체의 객체성을 화해시켜 나가는 것이다. 이는 또한 "나는 내가 행하는 그것이다"라는 사르트르의 위대한 통찰을 탈-주체주의적으로 재사유하는 것이기도 하다.

여기에서 '창조적'이란 존재론적으로 새롭고 윤리적으로 좋음을 뜻한다. 그리고 윤리적으로 좋음이란 생명권력, 기호체제, 자본주의와의 투쟁을 통해 생명, 주체, 노동을 귀환시키는 행위임을 뜻한다. 이런 주체-'화'야말로 바로 자신의 사건을 사는 것이라고 할 수 있는 것이다.

내재적 가능세계론을 향해

아리스토텔레스는 그의 논리학 저작에서 '미래 우발성(future contingents)'이라는 양상에 대한 흥미로운 분석을 제시했다. "내일 해전(海戰)이 일어날 것이다" 같은 언표가 이 양상을 잘 나타내 준다.

아리스토텔레스의 핵심 문제는 이것이다: 미래 우발성에 모순율을 적용하면 어떤 일이 벌어질 것인가? 아닌 게 아니라, 메가라학파에 속했던 크로노스의 디오도로스는 실제 그렇게 한 바 있다. 그럴 경우, 해전은 필연적으로 일어나거나 필연적으로 일어나지 않을 것이다(결코 일어나지 않을 것이다). 한 경우가 참이면 다른 한 경우는 거짓이다. 하나의 가능성은 사실상 필연이고, 다른 하나의 가능성은 사실상 불가능성이다. 일반화해서 말한다면, 일어날 일은 100% 일어나고, 일어나지 않을 일은 0% 일어난다는 것이다. 이런 세계에서는 우연성이라는 양상이 의미를 상실한다. 아리스토텔레스는 우연성을 세계 탐구에 있어 제거할 수 없는 양상이라고 간주했다. 그는 이와 같이 말한다. "내일 해전은 일어나거나 일어나지 않는다. 그러나 그것이 내일 일어나는 경우도 일어나지 않는 경우도 모두 필연은 아니다. 다만 그것이 일어나거나 아니면 일어나지 않으리라는 것 자체는 필연이다."[1]

아리스토텔레스가 우연이라는 양상을 구하고자 한 것이 사실이지만, 그의 세계에서도 두 가능성들 중 하나는 결국 부정되어야 한다. 하지만, 두 세계가 동시에 현실화되는 경우란 불가능한 것이 사실이라 해도, 두 세계를 그 각각의 존재에 있어 긍정할 수 있는 길은 없는 것일까? 이것이 라이프니츠의 문제였고, 그는 이 문제를 풀기 위해서 그의 가능세계론을 제시했다.

I. (불)공가능성의 문제

모나드 개념의 근본적인 특성은 그것이 일종의 내적 복수성(multiplicité interne)이라는 점에 있다. 사실, 이 개념이 중요한 존재론적 개념으로서 최초로 등장한 것 자체가 모나드 개념을 통해서였다고 해야 할 것이다. 훗날 이 개념은 '다양체' 개념으로서 발전하기에 이른다. 나아가, 아낙사고라스의 사유에서와 마찬가지로, 라이프니츠의 실체는 하나('모나스')이지만 또한 동시에 질적인 복수성이

---

1) 아리스토텔레스, 『명제론』, IX, 19a30. 물론 현실화된 세계를, 그것이 일어난 이후에 필연적인 것으로 간주하는 경우도 있을 것이다. 그러나 베르그송이 지적했듯이, 이는 사후적 구성일 뿐이다.

다. 세 사람은 양적이고 외적인, 그리고 결과적으로 공간적이고 현실적인 복수성을 형성한다. 그러나 세 사람으로 구성된 커뮤니티는 질적이고 내적인 복수성을, 그리고 결과적으로 시간적이고 잠재적인 복수성을 형성한다.[2] 내적 복수성은 물질적 복수성이 아니다. 물질적 복수성은 물리적으로 분할 가능하며, 이 점에서 실체라 할 수 없기 때문이다. 모나드는 빈위들의 논리적 복수성으로서, 물리적으로 분할 가능한 것이 아니라 논리적으로 분석 가능하다. 카이사르의 모나드는 하나의 실체, 질적으로 주름-잡힌 복수성이며, 이 질들=빈위들("루비콘 강을 건너다", "폼페이우스와 전투를 치르다", "클레오파트라와 사랑에 빠지다", "브루투스에 의해 살해당하다" 등등)은 오직 논리적으로만 분석 가능하다. 모나드는 내적이고 질적인 존재이기 때문이다. 한마디로, 모나드는 내적이고 질적이며, 논리적으로 접혀-있는 복수성이다.

우리 논변의 맥락에 있어 모나드의 일차적인 특성은 그것이 하나의 **계열**이라는 점에 있다. 한 모나드의 완전개념, 즉 그것의 속성들의 총체는 단순히 빈위들의 모음이나 복합체가 아니라 어디까지나 빈위들의 선형적인 계열이다. 그리고 라이프니츠의 여러 원리들 중 연속성의 원리야말로 모나드의 선형성에 관련해 특별한 중요성을 띤다. 빈위들의 계열이 연속적이기 때문에, 한 모나드의 빈위들은

---

2) 현대 존재론의 한 초석이 된, 복수성의 이 두 종류의 구분은 베르그송의 『의식에 직접 주어진 것에 관한 시론』, 2장에서 정치하게 분석되었다. 라이프니츠와 베르그송 사이에서는 리만의 다양체 이론이 결정적인 역할을 했다.

무한하다. 하나의 모나드 자체는 유한하지만, 그 안에는 무한한 빈위들이 내포되어 있다. 이 점에서 우리는 모나드를 연속체로 간주할 수 있다. 이 점은 라이프니츠 자신이 바로 그 발명자인 무한소미분과 밀접하게 연관되어 있으며, 라이프니츠에게서 수학과 존재론은 동전의 양면과도 같은 관련성을 가진다. 모나드의 계열적인 성격은 수학에서의 선형적인 성격에 상응한다. 그리고 모나드의 계열이 연속적인 것과 마찬가지로, 수학적 선 또한 연속적이다(이때의 연속성에 대해서는 리하르트 데데킨트가 엄밀한 정의를 내린 바 있다). 나아가 수학적 선의 해석적 연속성이 무한을 함축하듯이, 빈위들의 연속체 또한 무한을 함축한다. 그러나 모나드 연속체와 수학적 선 연속체 사이의 차이는 전자가 질적인 연속체인 반면 후자는 양적인 연속체라는 점에 있다. 그래서 우리는 수학적 엄밀성을 존재론을 위한 모델로서 어느 단계까지는 사용할 수 있으나, 그 단계에 도달한 후에는 그것과 갈라져야 한다.

라이프니츠의 기이한 주장들 중 하나, 아마도 가장 기이한 주장은 관계의 내재성이다. 상식적으로 하나의 관계는, 예컨대 안토니우스와 클레오파트라의 관계는 외재적 즉 우연적이다. 그러나 라이프니츠에서 모든 관계는 하나의 모나드 안에 내속되어 있다. 다시 말해, 안토니우스 안에는 '클레오파트라를 사랑하다'라는 빈위가, 그리고 클레오파트라에게는 '안토니우스를 사랑하다'라는 빈위가 내속되어 있다. 두 모나드가 상관적인 빈위들을 가지는 것은 필연적인 것이다. 그렇지 않다면, 두 사람의 만남과 사랑은 설명되지 않는다. 그래서 라이프니츠에게서 관계(/지각/표상)는 한 모나드에 내재적이며, 그것과 상관적인 모든 모나드들에 있어서도 각각 상관적인 빈위들이 필연적으로 내재한다.[3] 빈위들의 이런 내재성은 각각의 상관적인 빈위들이 모두 함께 펼쳐짐을 함축한다('상호 표현'). 그리고 바로 이것이 "예정 조화" 같은 잘 알려진 주장들의 이론적인 배경이라고 할 수 있다. 이런 구조에 있어, 우리는 라이프니츠의 세계는 하나의 모나드-연속체는 그것의 모든 빈위들이 모든 상관적인 모나드들의 모든 상관적인 빈위들과 모든 곳에서 교차하는/함께-펼쳐지는 세계라고 할 수 있다. 결과적으로 그의 세계는 무한한 선들의 네트워크처럼 보인다. 무한한 이유는 한 모나드의 모든 빈위들이 다른 모나드들의 빈위들과 교차하기 때문이며, 이 다른 모나드들의 모든 빈위들 또한 다른 모나드들의 빈위들과 교차하기 때문이다. 만일 모든 종류의 계열들의 구조와 생성을 연구하는 작업을 '계열학'이라고 불러 본다면, 라이프니츠의 신은 기하학자가 아니라 계열학자이다.

계열학자로서의 신은 최적화의 원리 ── 최대의 다양성과 최대의 간명성을 동시에 추구하는 것 ── 에 따라 다양한, 사실상 무한한 세계들을 디자인했다. 그러한 디자인에 의해서 무한한 가능세계들이 도안되었다. 이 세계들은 서로 모순되지 않는다. 모든 세계가 가능하다. 다만 그것들은 동시에-가능하지는(com-possible) 않다. 하나

---

3) 잘 알려져 있듯이, 한 모나드의 완전개념은 그것에 내속해 있기 때문에 결국 그것의 '충족이유율'로서 기능하게 된다. 이 원리는 "한 모나드가 겪는 모든 일들의 이유는 그것에 내속해 있다"로 표현될 수 있다. 달리 말해, 존재론적으로는 "빈위들은 모나드에 내속한다(praedicatum inest subjectum)"로, 논리학적으로는 "모든 참된 명제들은 분석적이다"로 표현될 수 있다.

의 세계 내에서는 모든 모나드들이 공-가능하며, 이것이 바로 그것들이 같은 세계 내에 존재하는 이유이다. 가능세계들의 논리학은 '모순'의 논리학이 아니라 '불-공가능성'의 논리학이다. 그리고 이것이 곧 아리스토텔레스에 대한 라이프니츠의 응답이라고 할 수 있다. 그러나 도대체 신은 왜 그 많은 가능세계들 중에서 지금 이 세계를 현실화했을까? 잘 알려져 있듯이, 그 이유는 바로 신이 지금 이 세계야말로 최선의 세계라고 판단했기 때문이다. 그러나 우리의 눈에는 이 세계가 고통과 악으로 가득 차 있는 것으로 보인다. 라이프니츠에 따르면, 이는 신의 의지에 관련된 문제가 아니라 그의 권능에 관련된 문제이다. 신 또한 논리적 법칙들을 어길 수는 없기 때문이다. 그래서 이 세계의 비극들은 신의 나쁜 의지에서 온 것이 아니라 그의 권능의 제한, 최적화 작업의 한계에서 온 것이라고 보아야 한다. 다시 말해 최선의 계열화에는 한계가 있는 것이다. 이 점에서 볼테르의 라이프니츠 비판은 정곡을 찌르지 못했다고 해야 할 것이다.

가능세계들 사이에는 불연속이 개입하지만, 하나의 가능세계 내에서는 모든 것이 연속적이다. 물론 '하나의 가능세계'도 많은 불연속성을 담고 있다. 다만, 이 불연속성은 잘린/끊어진 점들이 아니라 단지 휘어진 또는 꺾인/접힌 점들이다. 수학적 맥락에서 말한다면, 이 점들은 도함수가 0인 점들, 2차 도함수의 부호가 바뀌는 점들, 또는 미분이 실패하는 점들이다. 이러한 불연속적 점들은 '특이성'들 또는 '특이점'들이라 불린다. 사실 특이성들이란 중요한 빈위들 이외의 것들이 아니다. 그것들은 모나드 연속체들이 합치하는(convenir) 교차로들이라 할 수 있다. 연속체들이 분기할(bifurquer) 경우, 그것들은 서로 다른 세계들로 발산한다. 창조주는 공가능성과 불-공가능성을 계열학적으로 계산함으로써 한 가능세계에서의 합치와 가능세계들 사이에서의 분기를 짠 것이다. 그리고 이 과정에서 특이성들은 극히 중요한 역할을 한다고 할 수 있다. 하나의 모나드를 구축하는 것은 하나의 수학적 선분을 채우는 것, 즉 자연수에서 출발해 마지막에는 무리수까지 채우는 과정과 같다. 창조주는 '카이사르와 만나다', '안토니우스를 만나다'를 포함해 클레오파트라의 핵심 특이점들을 만든 후 그 사이를 채워 나갔다고 할 수 있다. 그리고 모나드들의 네트워크를 짜는 작업은 지하철을 구축하는 것, 우선 환승역들을 정한 후 다른 역들을 만드는 과정과 유사하다. 이 경우 역시 특이성들의 지정과 공-가능성의 계산이 핵심적이며, 불-공가능할 경우에는 별도의 지하철을 만들어야 할 것이다. 창조주는 지금 이 세계 외에 브루투스가 카이사르를 죽이지 않은 세계, 카이사르가 키케로를 죽인 세계 등 수많은 세계들을 설계했던 것이다. 공가능성과 불-공가능성을 계열학적으로 계산하는 것이 핵심이다. 공가능성이 지배하는 하나의 가능세계 내에서는 모든 것이 연속적이고 서로를 표현한다.[4] 이 점에서 모든 모나드들은 세계 전체를 자신 안에 함축한

---

4) "이제 모든 창조된 사물들 각각에게서, 나아가 모든 사물들 사이에서 성립하는 이 연결 (liaison) 또는 대응(accommodement)이 각각의 단순실체들이 다른 모든 것들을 표현하는 관계들을 가지도록, 그리고 결과적으로 우주의 항구적인 살아 있는 거울이 되도록 만든다."(라이프니츠, 『모나드론』, §56) 다음 판본에서 인용했다. G. W. Leibniz, *Principes de la Nature et de la grâce fondés en raison et Principes de la Philosophie ou Monadologie*, PUF, 1954.

다. 즉, 접고 있다(im-pliquer).[5] 결과적으로 가능세계들에 대한 초월
적 이론에 있어, 한 세계 내의 모든 것은 연속적이고, 서로 수렴하고,
공-가능하고, 조화로우며, 또 상호-표현적이다. 그리고 불연속성,
발산, 불-공가능성, 불일치, 상호 배제성 등은 무한한 가능세계들 사
이에 위치한다.

II. 연속성과 불연속성: 특이성의 문제

라이프니츠는 철학과 수학을 상호 매개하면서 그의 사유를 전개했
다. 특히 그의 연속성의 존재론과 자신이 그 발명자인 무한소미분
(연속적 변화의 수학)은 서로 의미심장하게 조응한다. 때문에 내재적
가능세계론을 논하기 전에 라이프니츠 이후 수학의 역사에서 연속
성의 개념에 관련해 어떤 일이 일어났는가에 대해 일별하는 것이 좋
을 것이다. 이 절에서의 우리의 논변은 다음과 같은 과정을 밟는다.
1) 라이프니츠에서의 수학과 철학의 관계를 밝힌다. 2) 연속성에 관

---

5) 그러나 만일 하나의 모나드가 세계 전체를 함축한다면, 두 가지 물음이 생겨난다. 1) 그럴
경우 모든 모나드들이 동일한 것들이 될 것이다. 2) 그럴 경우 세계는 무한히 복제될 것이
다. 첫 번째 물음에 대해 라이프니츠는 그의 유명한 '관점'의 이론을 통해 답했다. 각 모나드
들이 세계 전체를 함축한다 해도, 각각의 '관점' 때문에 각각의 세계들은 모두 달라진다. 두
번째 물음에 관련해서는 다음 구절을 참조할 수 있다. "여러 방향에서 주시되는 하나의 도
시가 전혀 달리 보이고 관점에 따라 복수화되듯이, 무한한 단순 실체들이 존재함에 따라 그
만큼의 상이한 우주들이 존재하게 된다. 그렇지만 이 우주들은 결국 각 모나드의 상이한 관
점에 따른, 한 단일한 우주에 투사된 시점들일 뿐이다."(라이프니츠, 『모나드론』, §57)

련한 수학적 탐구의 과정을 파악한다. 3) 우리의 맥락에 있어, 수학에서의 개념적 변화가 가지는 의의를 명료화한다. 앞 절에서의 핵심 개념이 공가능성과 불-공가능성이었다면 이번 절에서의 그것은 특이성이다.

라이프니츠의 형이상학과 수학 사이를 잇는 핵심적인 고리들 중 하나는 연속성의 개념이다. 하나의 모나드가 연속체라는 것, 즉 절대적으로 연속적인 빈위들의 계열이라는 것은 하나의 수학적 선분이 절대적으로 연속이라는 것('해석적 연속성'), 연속체라는 것에 상응한다. 그리고 하나의 수적 동일성이 수렴하는 무한한 차이생성('무한급수')과 동일하다는 수학적 사실은 연속체에 대한 하나의 모델로서 기능할 수 있다.[6] 이런 종류의 연구를 개발하고 그것을 '해석학'이라는 본격적인 수학적 분야의 하나로서 진수시킨 인물은 레온하르트 오일러이다. 그러나 이 과정에서 연속성의 엄밀한 의미는 계속 문제가 되었다. 수학사의 한 갈래는 해석적 연속성에 대한 엄밀한 정의를 구하려는 노력들로 채워졌다. 그리고 이 과정에서 또한 불연속성의 엄밀한 의미도 드러날 수 있었다. 그리고 미리 앞당겨 말한다면, 이런 과정을 통해 얻어진 불연속의 개념을 가능세계들 사이가 아니라 이 유일한 현실세계 **안에** 놓을 경우 이는 내재적 가능세계론을 위한 수학적 모델의 역할을 할 수 있다.

---

6) 라이프니츠 자신에 의해 발견된 한 공식($1 - \frac{1}{3} + \frac{1}{5} - \frac{1}{7} + \frac{1}{9} - \cdots = \sum_{n=0}^{\infty} \frac{(-1)^n}{2n+1} = \frac{\pi}{4}$) —— '라이프니츠의 π 공식' —— 이 이 점을 잘 드러내 준다: 이와 같은 형태의 공식들은 수렴하는 무한 급수의 전형적인 예들 중 하나이며, 연속성, 무한, 수렴, 동일성과 차이생성 같은 개념들이 어떤 식으로 엮이는지를 잘 보여 준다.

라이프니츠는 연속성의 개념을 이렇게 정의했다: "한 주어진 계열의 (…) 두 점 사이의 차이[Δx]가 어떤 주어지는 양보다도 더 작도록 줄어들 수 있을 때, 결과하는 (…) 차이[Δy] 또한 반드시 주어지는 어떤 양보다도 작도록 줄어들어야 한다."[7] 이 정의는 수학사에 있어 해석적 연속성을 정의하려는 길고 긴 노력의 출발점이었다. 해석적 연속성을 정의하는 것은 무한급수에서의 수렴과 발산의 문제에 연관된다. 그리고 이는 결국 '극한'의 개념을 정의하는 문제였다. 라그랑주, 볼차노 등을 포함해 수학자들은 말썽 많은 '무한소' 개념을 제거함으로써 이러한 정의를 완성하고자 했다.

오늘날 이 문제에 대한 표준적인 해로 간주되는 것은 "극한의 (ε, δ)-정의"라 불린다. 무한급수에서의 수렴과 극한의 문제를 연구하면서 때때로 이러한 종류의 정의를 사용한 것은 오귀스탱 루이 코시였다. 그는 연속성을 이와 같이 정의했다: 독립변수 x의 무한히 작은 증가 α는 항상 종속변수 y의 무한히 작은 변화 $f(x+\alpha)$를 낳는다.[8] 그러나 표준적인 형태를 공식화한 것은, 리만을 거쳐, 바이어스트라스였다. 이 정의는 다음과 같다.[9] $f : D \to \mathrm{R}$을 부분집합 $D \subseteq \mathrm{R}$에서

---

7) Leibniz, *Philosophical Papers and Letters*, 2nd ed., by Loemker, Reidel, 1969, p. 351. 라이프니츠는 소멸해 가는 차이를 '무한소'라 불렀고, "dx"로 표시했다. 그리고 그가 무한소들의 비인 '미분비' 개념과 '함수' 개념을 도입했을 때 이 개념들의 의미가 오늘날의 의미와는 다소 다르기는 했지만, 수학적 과학들의 역사가 본격적으로 시작되었다고 할 수 있다. 그러나 라이프니츠의 이 개념들은 긴 논쟁의 대상이 된다.

8) Cauchy, *Cours d'Analyse de l'Ecole Royale Polytechnique* (1821), Kessinger Publishing, 2010, p. 34.

9) 여기에서는 《위키피디아》를 참조해 현대적 표기법으로 썼다. 수학적 맥락에서 볼 때, 극한에 대한 바이어스트라스의 정의는 성공적인 결과로 간주된다. 그러나 **생성존재론**의 관점에

정의된 함수라 하고, c를 D의 극한점, L을 실수라 하자. 그러면 "함수 f는 c에서 극한 L을 가진다"는 명제는 다음을 의미하는 것으로서 정의된다: 모든 $\varepsilon > 0$에 대해서 $\delta > 0$이 존재하며, $0 < |x - c| < \delta$를 만족시키는 D에서의 모든 x에 대해서 부등식 $|f(x) - L| < \varepsilon$이 성립한다. 우리는 이를 다음과 같이 공식화할 수 있다.

$$\lim_{x \to c} f(x) = L \Leftrightarrow (\forall \varepsilon > 0)(\exists \delta > 0)(\forall x \in D)(0 < |x-c| < \delta \Leftrightarrow |f(x)-L| < \varepsilon)$$

이 정의는 무한소의 개념을 명제논리학과 집합론의 개념들로 변환시키고 있다. 그러나 이 정의의 핵심적인 내용은 결국 라이프니츠의 것을 잇고 있음을 볼 수 있다.

해석적 연속성의 함수들에 있어 특이성들은 오로지 도함수가 0이거나 2차 도함수의 부호가 바뀌거나 미분이 불가능한 경우, 즉 무슨 일인가가 일어나지만 연속성은 유지되는 그런 점들에서만 나타난다. 때문에 본격적인 불연속성이 나타나는 경우들을 찾아내는 것이 중요하다. 이런 경우들은 라이프니츠의 연속적 세계로부터의 일탈을 뜻하기 때문이다. 이는 곧 단지 휘어지거나 꺾이거나 접힌 특이점들이 아니라 잘리거나 끊긴 특이점들을 찾아내는 문제라고 할 수 있다. 수학적 맥락에서 우리는 이러한 특이성들을 세 부류로 나눌

서 볼 때, 이 정의는 보다 역동적인 코시와 리만의 미분법에 비해 다소 정적인 것이라고 할 수 있다. 수학과 생성존재론은 "무한소(infinitésimal)" 개념에 관련해 상이한 입장을 취한다고 볼 수 있으며, 이 개념은 생성존재론에게는 매력적인 것이지만 수학에게는 개념적으로 엄밀하지 못하기에 피해야 할 것이라고 할 수 있다.

수 있다. 제거 가능한 특이성, 극점(pole), 그리고 본질적 특이성이 그 것들이다.

정칙(holomorphic) 함수에서 등장하는 제거 가능한 특이성은 하나의 함수가 그곳에서 불연속을 겪게 되는 단일한 점이다. 그러나 그 점의 이웃에서, 그 점을 제외한 함수 전체는 연속적인 행동을 보여 준다. $sinc(z) = \frac{sin(z)}{z}$ 같은 함수를 예로 들 수 있다. 보통 유리형 (meromorphic) 함수에서 나타나는 극점의 경우는 해당 함수가 갑자기 불연속을 겪으면서 무한이 출현하게 되는 특이성이다. $\frac{1}{z^n}$같은 함수를 예로 들 수 있다.[10] 마지막으로 본질적 특이성은 제거 가능한 특이성으로서도 극점으로서도 다룰 수 없는, "이상한 행동"을 보여 주는 특이성이다. 복잡계 과학에서의 '이상한 끌개'도 이 특이성의 한 종류로 볼 수 있다. 이런 특이성들의 발견은 수학 세계에서의 객관적인 불연속성들의 존재를 함축한다. 그리고 우리가 라이프니츠의 사유-선을 따라 사유하는 한, 이 사실은 존재론과도 무관하지 않다.

앙리 푸앵카레는 지금의 맥락에서 결정적인 인물이다. 극점들을 포함하는 유리형 함수에 대한 바이어스트라스의 이론을 확장해 본질적 특이성에 대한 실제적인/구체적인 연구들을 전개한 인물이 바로 그이기 때문이다. 여기에서 '특이성'의 개념은 양적인 단일성 즉 여럿 및 모두에 대비되는 하나를 뜻하는 것이 아니라, 질적인 특

---

10) 제거 가능한 불연속성과 극점 사이에 도약하는 불연속성(jump discontinuity)이 있다고 할 수 있다. "$x<1$에서는 $f(x)=x^2$, $x=0$에서는 0, $x>1$에서는 $2-(x-1)^2$" 같은 함수가 전형적인 예이다.

이성 즉 보통임과 대비되는 독특함(remarkableness)을 뜻한다. 우리는 이미 이런 특이성 개념을 라이프니츠에게서 보았다. 때문에 이 개념을 칸트와 헤겔의 맥락 ── 단일성-보편성이라는 칸트의 구도와 특수성-일반성이라는 헤겔의 구도 ── 에서 읽는 것은 심각한 오독이다. 그리고 이 특이성에 대한 푸앵카레의 이론은 시몽동, 로트만, 르네 톰, 들뢰즈 등으로 이어진다. 특이성/특이점에 대한 연구는 주로 미분방정식 분야에서 이루어져 왔다. 그리고 이러한 연구는 수학적 과학들에 직접적으로 응용될 수 있었다. 엄밀 과학의 많은 함수들이 미분방정식으로 표현되기 때문이다. 푸앵카레의 학위논문은 미분방정식들의 체계와 특이점들의 문제를 다루었다. 그리고 특이성 이론을 전개하는 과정에서 푸앵카레는 중요한 사실을 발견하게 된다. 방정식의 정확한 해를 얻지 못하는 경우에도, 우리는 그것들의 "질적인" 특성들을 밝혀낼 수 있다는 것이다. 다시 말해, 우리는 해들의 곡선들이 어떻게 행동할지를 알 수 있다는 것이다. 이런 종류의 탐구는 이후 "미분방정식의 질적 이론"으로 불리게 되었고, 오늘날에는 해석학의 한 분과를 형성하기에 이르렀다. 푸앵카레는 평면에서의 적분 곡선들의 궤적을 연구하면서 유명한 네 종류의 특이점들을 얻어냈다: 고개(/안장), 교차로(/초점), 중심, 매듭.[11]

---

11) 《위키피디아》의 '앙리 푸앵카레' 항목에서 그림들을 볼 수 있다. 들뢰즈는 "수학적 곡선, 물리적 사태, 심리적이고 도덕적인 인격을 특성화하는 특이점들"을 언급하면서, 구체적인 예로서 "고개(/안장), 매듭, 교차로(/초점), 중심, 그리고 웅점, 응결점, 비등점이며, 그리고 또한 기쁨과 슬픔, 건강과 병약, 희망과 절망"을 들고 있다. 수학적 곡선의 예로서 열거된 앞의 네 항이 푸앵카레의 네 특이점들이다(들뢰즈, 『의미의 논리』, 이정우 옮김, 한길사, 1999,

이런 수학적 과정들이 존재론으로 직접 적용될 수는 없다. 우리는 바디우가 존재론과 수학(이 경우 집합론)을 동일시한 것에는 동의할 수 없다. 그러나 철학(존재론)과 수학은 근본 개념들을 공유한다: 연속성, 특이성, 다양체, 무한, 차이(생성) 등등. 때문에 존재론은 이 공통의 개념들에 대한 수학적 사유를 매개할 수 있다. 그리고 반복해서 말하자면, 우리가 라이프니츠의 사유-선을 따라서 사유하는 한 이는 거의 필수적이라고까지 말할 수 있다.

III. 내재적 가능세계론을 향해: 타인의 문제

내재적 가능세계론을 가능케 하는 한 실마리, 또는 그것이 넘어야 할 최초의 문턱에는 타인의 문제가 있다. 우리는 들뢰즈의 투르니에론에서 이런 실마리를 발견할 수 있다.

우선 라이프니츠의 가능세계론과 들뢰즈(의 사유에 함축되어 있는 바)의 내재적 가능세계론을 비교해 볼 필요가 있다. 앞에서 보았듯이, 한 가능세계에서 특이성은 바로 모나드-연속체가 휘어지는/접히는 매듭의 역할을 한다. 잘린/끊어진 특이성들의 불연속성은 오로지 가능세계들 사이에서만 일어난다. 그러나 내재적 존재론을 지

9계열). 르네 톰은 급변론을 개척했고, 급변적 사건들을 위한 수학적 모델들을 보여 주는 다음 일곱 가지의 특이성들을 제시했다: 주름, 첨점, 제비꼬리, 나비, 쌍곡선 배꼽, 타원 배꼽, 포물선 배꼽(Thom, *Structural Stability and Morphogenesis*, Advanced Books Classics, Westview Press, 1994).

향하는 들뢰즈는, 불연속성에 대한 수학적 경험을 매개로, 유일한 가능세계로서의 지금 이 세계 내에 불연속성을 놓고자 한다. 이렇게 생각할 경우 한 가능세계에서의 연속성의 원리는 파기되며, 결과적으로 이 원리와 관련된 사항들(해석적 연속성, 공가능성, 상호 표현, 예정 조화 등)도 파기된다. 그리고 동시에 가능세계들의 복수성 또한 파기된다. 그 결과 도래하는 세계는 단일하지만 그 안에 불연속들을 내포하고 있는 하나의 세계이다. 세계(the World)는 때로는 수렴하고 때로는 발산하는, 때로는 공가능하지만 때로는 불공가능한 다양한 가능세계들을 내포하며, 다양한 형태의 특이성들을 내포한다. 이것이 내재적 가능세계론의 대체적인 이미지이다.

들뢰즈는 『차이와 반복』에서 '특이성' 개념을 다음과 같이 정의한다: "특이성이란, 다른 하나의 특이성을 만날 때까지, [그것이 속한] 계의 모든 보통 점들을 지나 뻗어가는 계열[/수열]의 출발점이다. 그리고 다시 이 다른 하나의 특이성은 그것에 수렴하거나 그것으로부터 발산하는 또 하나의 계열을 낳는다."[12] 앞 절의 해석학적 맥락에서 보았듯이, 특이성 이론에서는 두 종류의 특이성을, 수렴의 특이성과 발산의 특이성을 구분하는 것이 핵심이다. 수렴의 특이성들은 공가능한 모나드-연속체들의 교차로들에서 발견되며, 발산의 특이성들은 공가능성이 더 이상 유지되지 못하는 분기점들에서 발견된다. 전자는 휘어진/접힌 특이성들이고, 시간에 관련해 말한다면

---

12) 우리는 유사한 정의를 『의미의 논리』에서도 찾을 수 있다. "각각의 특이성은 다른 특이성에 접하기까지 일정한 방향으로 나아가는 한 계열의 출발점이다."(9계열)

'시간의 지도리들'이라 할 수 있다. 후자는 잘린/끊어진 특이성들이고, 시간에 관련해서는 서로 다른 세계들에서의 시간이다. 내재적 가능세계론에서는 전자도 또 후자도, 그리고 수렴하는 계열들도 발산하는 계열들도, 결국 공가능성만이 아니라 불-공가능성도 이 유일한 현실세계에 포함된다. 들뢰즈는 이 계열들과 특이성들을 연접, 통접, 이접의 논리학에 입각해 분석한 바 있다. 가장 중요한 존재론적 변화는 현실세계에 대한 그 바깥의 가능한 세계들이 유일한 세계로서의 이 세계 내의 잠재적인 세계들로 변환된다는 점에 있다. 이 유일 세계 내에서 한 현실세계에 대한 다른 세계들은 그것과 불-공가능한 세계들이 아니라 그것에 대해 잠재적인 세계들이다. 이것이 '내재면' 또는 '혼효면/공재면'의 의미이다. 결국 우리는 내재적 가능세계론을 다음과 같이 정의할 수 있다: 이 유일 세계에 있어, 한 현실적 세계와 다른 세계들(잠재적 세계)의 관계에 대한 이론. 물론 여기에서 현실세계와 잠재세계(들)의 분절은 상대적이다.

그러나 사실 여러 형태의 가능세계론이 있을 수 있다. 그리고이 가능한 다양한 이론들을 구별하는 일차적인 규준은 그것들이 어떤 세계를 현실세계로 가정하느냐에 있다. 가능한(이제는 잠재적인) 것과 현실적인 것은 상대적으로 규정될 수 있기 때문이다. 현실세계에 대한 존재론적 분절의 방식, 즉 한 세계의 단위를 분절하는 방식이 한 이론의 성격을 결정한다. 아마도 가장 근본적인 아니면 적어도 기초적인 분절은 한 개인(넓게는 개체)의 경험에 입각한 분절일 것이다. 고유명사를 가진 한 인격체의, 또는 보다 넓게는 한 개별적 존재의 경험의 선(line of experience)이 하나의 경험세계를 형성한다.[13] 그리고 이때 다른 주체들의 경험-선들이 가능세계들(잠재성 내에서의 가능세계들)이 될 것이다. 세 사람이 함께 술을 마시고 나서, 한 사람은 도서관으로, 다른 한 사람은 극장으로, 또 다른 한 사람은 집으로 돌아갔다. 그들은 세 연속체가 교차하는 특이점에서 하나의 현실세계를, 하나의 공-가능한 세계를 경험했다. 그러나 그 후 그들은 각자의 길(경험-선, 연속체)을 걸어갔고, 불-공가능한 세 현실세계를 구성했다. 그리고 한 사람이 경험하지 못한 다른 두 세계는 그에게는 두 가능세계라 할 수 있다. 이런 구조에 입각해 우리는 가능세계를 다음과 같이 정의할 수 있다: **한 주체에게 타인이란 어떤 가능세계(의 표현)이다.** 이것이 내재적 가능세계론의 한 구도, 아마도 가장 기본적인 구도라 할 수 있다.

들뢰즈는 이런 구도에 입각해 미셸 투르니에의 『방드르디』[14]를 독해한다. '다시 쓰기'라는 포스트모더니즘 문학의 기법을 잘 보여주는, 대니얼 디포의 『로빈슨 크루소』를 새롭게 쓴 이 소설에서 투르니에는 제국주의적 색조를 띤 디포의 작품을 반-제국주의적 함축들을 담은 소설로 변환시켰다. 들뢰즈는 이 소설을 독해하면서 '타인 없는 세상'에 대한 몇 가지 중요한 테마들을 전개했거니와,[15] 우리는

---

13) 이 존재론적 분절이 어떤 점에서 근본적, 아니면 적어도 기초적이라고 할 수 있는가? '경험'이라는 개념은 일차적으로는 **주체들**에 관련해서 쓸 수 있는 개념이기 때문이다. 아래에서 보겠지만, '주체' 개념은 라이프니츠의 '관점' 개념의 한계를 극복한 개념으로서 의미를 가진다고 할 수 있다.

14) 미셸 투르니에, 『방드르디, 태평양의 끝』, 김화영 옮김, 민음사, 2003.

15) 들뢰즈, 「미셸 투르니에와 타인 없는 세상」, 『의미의 논리』, '보론 4'

이 테마들을 참조해내재적 가능세계론을 위한 몇 가지 이론적 기초를 생각해 볼 수 있다.

'타인'이라 불리는 존재의 효과는 어떤 것인가? 역으로 말해, 그러한 존재의 부재가 가져오는 효과는 어떤 것인가? 타인은 "내가 지각하는 각 대상과 내가 생각하는 각 관념을 둘러싼 여백의 세계, 연결 고리들, 터"를 조직한다. 내가 지각하고 생각할 수 없는 대상들과 관념들은 나에게는 잠재성이다. 그리고 이 잠재성은 사실상 타인들의 대상들과 관념들로 채워져 있다. 타인들은 내가 잠재적으로만 지각하고 생각할 수 있는 나의 가능세계들이다. 물론 나 자신은 타인(들)의 한 가능세계이다. 이 가능세계들 또는 잠재성은 어떤 깊이를 형성하며, 이 깊이 없이는 나는 오직 존재의 표면만을 지각하고 생각할 수 있을 것이다. 내가 지각과 생각을 잠재성으로 확장할 수 있다면, 그리고 잠재성이 다름 아닌 타인들의 각 현실세계에 다름 아니라면, 이런 확장은 오로지 타인들 덕분에 가능하다고 할 수 있다. 내가 이 사실을 망각하고 나 자신의 가능세계에 집착한다면, 나는 지각과 생각을 확장할 수 없다. 결국 타인이란 나의 잠재적 지각-장으로서의 가능세계라 할 수 있다.

타인이란 주체의 어떤 대상이 아니다. 나아가 단지 또 다른 한 주체인 것도 아니다. 들뢰즈는 타인을 우선 다른 한 주체로서가 아니라 "지각장의 한 구조"로서 파악한다. 이 '구조'가 구체적 주체(들)로 채워져야 실제로 기능하는 것은 물론이지만, 들뢰즈는 이 주체(들) 이전에 우선 이 구조가 즉 대(大)타인(Autrui)이 선재하며 한 주체의 지각과 생각은 바로 이 대타인이라는 장을 전제해서 이루어진다고 보는 것이다. 타인을 한 개인이라기보다는 한 가능'세계'라고 할 수 있는 것은 바로 이런 이유에서이다. 이 장은 인지적 장이기만 한 것이 아니라 감응적 장이기도 하다. 감응은 특히 타인의 얼굴을 통해서, 전통 철학적 뉘앙스에서의 '표정(表情)'을 통해서 드러난다. 타인의 얼굴은 어떤 가능세계의 표현인 것이다. 타인의 얼굴(들)은 주체-연속체들의 교차, 특이성의 생성, 공가능성의 도래, 상호-현실적인 세계의 형성이 성립될 때면 언제나 나타나는 정동(情動)의 장을 형성한다. 우리의 내재적 가능세계론에서 일차적인 것은 지각주체와 지각질료 사이의 관계가 아니라, 타인의 현존과 부재에 따른 이 지각-장 자체의 현존과 부재이다. 즉, 한 주체의 지각과 생각, 그리고 (이미 행동을 함축하는)[16] 감응의 가능조건, 결국 잠재적 지각·생각·감응·행동의 장으로서의 타인의 현존과 부재인 것이다. 이렇게 내재적 가능세계론에서의 연속성과 불연속성의 문제, 즉 공가능과 불-공가능, 주체-계열들의 수렴과 발산, 특이성들의 생성과 분포 등을 주재하는 것은 결국 가능세계로서의 타인(들)이라고 할 수 있다.

내재적 가능세계론으로 나아갈 때, 라이프니츠의 존재론으로부터의 특히 중요한 일탈은 시간 개념과 관련된다. 라이프니츠에게 시간이란 '계기의 순서'이다. 그러나 모나드론에서의 계기란 결국 한 모나드 그리고 그것과 상관적인 모나드들의 함께-펼쳐짐일 뿐이며, 따라서 시간이란 이 계기들의 현실화의 순서에 붙는 지표 이상의 의

---

16) 베르그송은 지각, 감응, 행동이 별개의 것들로서 서로 관계 맺는 것이 아니라, 이미 서로가 서로를 함축하는, 한 전체의 세 얼굴임을 면밀하게 분석한 바 있다(『물질과 기억』, 1장).

미를 가지지 못한다. 내재적 가능세계론에서는 이런 아프리오리한 구조(예정조화)가 전제되지 않으며, 생성존재론과 경험주의에 기반하는 내재적 이론에서 시간은 핵심적인 역할을 한다. 여기에서 가능세계로서의 타인과의 관계는 원칙적으로 우연적인 것이다.[17] 그리고 우연성을 지배하는 원리가 곧 시간이기에, 타인과의 관계는 항상 마주침의 관계이다. 베르그송과 레비나스가 시간의 본질이 타자성의 출현에 있다고 본 것도 이런 이유에서이다. 시간, 타자성과 우연성, 타인과의 마주침이라는 구도는 내재적 가능세계론의 중핵에 위치한다. 타인과의 마주침은 주체와 대상의 관계가 아니다. 그것은 하나의 경험-선(기억)과 가능세계로서의 대타인(미래-장)이 교차하는 접점에서 파열하는 현재의 경험이라고 할 수 있다. 타인과의 만남은 주체와 대상의 만남이 아니며, 주체와 다른 주체의 만남일 뿐인 것도 아니다. 그것은 과거의 기억과 미래의 잠재성이 마주치는 접점에서의 만남 ── 과거의 기억 전체로서의 현실세계와 미래의 잠재성 전체로서의 가능세계를 서로 엇갈려 가지는 두 주체의 만남 ── 이라고 할 수 있다. 사람들 사이의 지각·생각·감응·행위는 바로 이 접점에서 파열한다고 할 수 있다.

주체와 타인의 만남은 이렇게 현실세계와 가능세계의 착종을 통해 이루어지거니와, 이런 마주침은 연속체들 ── 그러나 이제 모

---

17) 물론 우리는 이미 많은 것들이 구조화되어 있고 맥락에 따라 필연적인 과정을 띤 세계에서 살아가기 때문에, 이론상 우연적이라 할 마주침들은 실제에 있어서는 우연적이지 않을 수 있다.

나드-연속체들이 아니라 주체-연속체들 —— 의 교차, 여러 주체들이 함께 만들어내는 사건인 특이성들의 출현, 공가능성의 도래, 그리고 상호-현실적인(co-actual) 세계의 형성을 통해서 이루어진다. 이 네 가지는 동일한 사태의 네 측면이고, 내재적 가능세계론의 기초 사항이다. 이때 여러 주체들은 공통의 경험을 하게 되고, 공통의 세계 —— 공유되는 사건으로서의 세계 —— 를 이루게 된다. 그러나 이런 존재론적 조건이 형성되었다고 해서, 그러한 공통 경험의 윤리학적 조건이 마련되는 것은 아니다.

존재론적인 맥락에서 타인의 가능세계에 접했다고 해서 서로의 공통 체험을 이룰 수 있는 것이 아니라는 것, 어떤 종류의 윤리적 조건이 충족되어야만 상호-현실적인 세계가 형성될 수 있다는 것을 인상 깊게 보여 준 작품으로 아쿠타가와 류노스케의 「덤불 속」[18]을 들 수 있다. 이 단편소설은 공통 체험을 했으되, 그것에 대한 기억은 철저하게 불연속을 이루는 세계를 그리고 있다. 여기에서 타자들은 각자의 관점(주관적 관점이 아니라 각자의 존재함 자체가 필연적으로 가져오는 관점)의 불공가능성을 철저하게 밀어붙임으로써, 세 가지 현실세계와 여섯 가지 가능세계가 평행을 달리는 세계를 연출한다. 다조마루(도적)의 세계는 다음과 같은 시간-선을 그린다: 사무라이(남편)를 속임 → 격렬하게 저항하는 여인을 차지함 → 여인이 결투를 요구함 → 사무라이와 정당한 결투를 행해 이김 → 여자는 달아

---

18) 芥川龍之介, 「藪の中」.

남. 사무라이의 아내의 시간-선: 다조마루에게 욕보임 → 남편의 차가운 비웃음의 눈빛 → 죽여 달라 했지만 남편은 계속 노려봄 → 부지불식간에 남편을 죽임 → 자살하려 했지만 실패. 사무라이의 시간-선: 다조마루에게 욕보인 아내가 오히려 자신을 죽이라고 사주 → 다조마루가 아내를 내치고 자신을 풀어줌 → 아내의 단도로 자살함.

이 작품이 흥미로운 것은 세 갈래의 배타적인 가능세계들이 실제로는 단 하나의 사건으로 얽혀 있다는 점이다. 달리 말해 전지적 시점으로 본다면 하나의 현실세계였을 사건이 서로를 부정하는, 불-공가능한 세 가능세계로 분화되어 있으며, 각 주체는 각각의 가능세계를 자신의 현실세계로서 주장하고 있다는 점이다. 다조마루와 사무라이 그리고 사무라이의 아내는 분명 서로 관계를 맺었고 하나의 사건에 얽혀들었다. 그러나 똑같이 경험했던 그 하나의 사건이 세 사람 각각에게 세 갈래의 경험으로 갈라진다. 그로써 세 갈래의 경험, 각자의 현실세계는 세 갈래의 가능세계로서 분리되어버린다. 여기에서 '나의 가능세계로서의 타인'의 세계로 접근하려는 의지는 철저히 차단되어 있다. 이 이야기는 상호-현실적 세계의 성립은 존재론의 문제인 것만이 아니라 윤리학적 문제이기도 하다는 점을 잘 보여 주는 예이다.

IV. 내재적 가능세계론의 윤리학: 타자-되기

일반적으로 존재론(또는 인식론)과 윤리학은 서로 이질적인 분야들로서 다루어진다. 그러나 '존재'(와 '인식')의 문제와 '행위'의 문제는 서로 분리될 수 없다. 인식의 문제를 관점의 문제로서 파악한다면, 그리고 이 문제를 라이프니츠를 따라 인식론적 문제로서가 아니라 존재론적 문제로서 해석한다면, 그리고 또한 내 가능세계들로서의 타인들이라는 개념화를 통해 관점에 대한 라이프니츠의 개념화를 내재화한다면, 우리는 몇 가지 윤리학적 통찰들 ── 지금의 단계에서는 윤리학 기초론 ── 을 얻을 수 있다. 이런 기반 위에서 이하의 논의는 다음과 같은 물음들에 답하면서 전개된다. 첫째, 인식의 문제와 하나의 관점을 가진다는 것의 문제는 어떤 관련성을 가지는가? 둘째, 관점에 대한 라이프니츠의 개념화를 내재적 개념화로 변환시키고 그것을 가능세계로서의 타인이라는 개념화에 연결시킬 경우, 어떤 결과가 나올 것인가? 셋째, 관점에 대한 이 내재적 개념화는 어떤 윤리적 함축들을 담고 있는가?

인식이라는 행위가 특정한 관점을 전제한다는 것은 오늘날, 특히 니체 이후에는 거의 자명한 테제가 되다시피 했다. 그러나 철학의 역사를 살펴보면, 이는 매우 긴 과정을 통해서 형성된 생각이라고 보아야 한다. 이는 곧 전통 철학이 늘 인식 주체를 어떤 동일자, 보편적인 동일자로 전제해 왔기 때문이다. 역사학적/사회학적으로 말하면, 이는 곧 전통 철학들이 대개 어떤 특정한 언어권, 보다 넓게는 문명권이라는 지평을 전제한 채 이루어져 왔음을 뜻한다. 때로는 예컨대

"오랑캐"/"야만인" 같은 말들이 함축하듯이, 특정 지평 바깥의 타자들은 아예 사유의 지평 바깥으로 밀쳐내어졌다고 할 수 있다. '세계'라는 것의 지평이 전(全)지구적인 차원으로 확대되기 시작했을 즈음부터, 특히 서구와 비-서구의 관계에 대해 예민한 문제의식을 가지고 있었던 헤겔에서부터 비로소 '타자'의 문제가 본격적으로 논의되기 시작한 것도 이런 맥락에서 이해할 수 있다.[19] 헤겔이 칸트적 보편성('의식 일반')을 비판하면서, 특수성과 일반성의 층위들을 '매개'해야 함을 역설한 것도 이 문제를 의식해서였기 때문이다. 비록 그는 자신이 연 문을 스스로 닫아버렸지만.

이런 맥락에서만 본다면, 라이프니츠는 칸트 이후의 철학자라고 할 수 있다. 라이프니츠는 '관점'을 사유한 거의 최초의 철학자이다. 이미 언급했듯이, 그의 모나드론에는 다음 의문이 제기될 수 있다. 각각의 모나드가 세계 전체를 표현한다면, 그 모든 모나드들은 결국 똑같은 것이 될 것이다. 그럴 경우 '식별 불가능자 동일성'의 원리에 따라 세계에는 단 하나의 모나드만이 존재할 것이 아닌가? 더 정확히 말해, 단 하나의 모나드 이것이 바로 세계 자체가 되지 않겠는가? 이는 거의 파르메니데스의 일자에 가까운 세계이다. 라이프니츠의 사유는 아리스토텔레스 이상으로 '개체성'에 존재론적 우선성을 부여한 사유이다. 그에게서는 '철수성'이나 '뽀삐성' 같은 개념('완전개념')도 성립한다. 그러나 위와 같이 생각해 볼 경우, 이런 개체적 존재론은 무색해져버린다. 라이프니츠는 상호-표현의 이론과 개체성의 이론 앞에서 양자택일을 취하기보다 양자를 포괄할 수 있는 이론을 모색한다. 모든 모나드들은 우주 전체를 표현한다, 다만 각각의 '관점'에 따라서. 여기에서 변별의 기준은 '명석함'과 '판명함'이다. 따라서 이렇게 정식화할 수 있다. 모든 모나드들은 우주 전체를 각각의 관점에 따라서 명석·판명하게 표현한다.

라이프니츠의 관점 개념이 가지는 핵심적 특징은 그것이 인식론적 개념이 아니라 존재론적 개념이라는 점이다. 각각의 모나드들은 세계를 특정하게 표현함으로써 특정한 관점을 가지는 것이 아니다. 오히려 특정한 관점을 가지고 있기 때문에, 차라리 특정한 관점에 처(處)해 있기 때문에, 바로 그런 특정한 표현을 하는 것이다. 특정하게 인식하기 때문에 특정한 관점으로서 존재하는 것이 아니라, 특정한 관점으로서 존재하기 때문에 그렇게 특정하게 인식한다는 것이다. 그리고 이 특정함을 좌우하는 것은 바로 모나드의 신체이다. 각 모나드는 왜 전체의 일정 부분만을 표현하는가? 각 모나드가 바로 그런 신체를 가지고 있기 때문이다.

라이프니츠의 통찰을 받아들이면서 그것을 내재적 이론으로 변환할 경우 어떤 구도가 결과하는가? 즉, 각 모나드가 우주 전체를 표현한다는 테제를 버리고 그의 '관점' 개념만 취하면 어떤 결과가 나오는가? 모든 주체[20]는 자신의 현실세계, 그의 경험의 선에 입각해서

---

19) 물론 '타자' 개념은 철학의 역사 자체만큼이나 오래된 개념이며, 플라톤의 『파르메니데스』는 타자에 대한 걸출한 분석들을 담고 있다. 그러나 이때의 타자는 논리학적이고 존재론적 타자일 뿐, 현대적인 뉘앙스의 타자는 아니다.

20) 라이프니츠의 모나드는 신체를 함축하지 않는다. 그것은 개체가 아니라 개체의 설계도이다. 그리고 라이프니츠에게서 신체가 도대체 무엇이냐는 것 자체가 늘 문제가 되어 왔다. 또, 라이프니츠적 모나드 개념에서 현대적인 주체 개념으로 넘어가는 과정도 많은 이론적 고찰을 요구한다. 이 문제는 여기에서 다룰 수 없다.

타자들을 표상한다고 할 수 있다. 즉, 그의 현실세계가 그의 '관점'이 되며 그 관점에 입각해 타자들을 인지한다는 것이 된다. 그러나 주체가 자신의 관점을 변화시키려는, 그의 '존재'를 변화시키려는 노력이 없이는 타자의 세계는 그의 '가능'세계가 될 수 없다. 타자의 세계가 동일자의 '가능'세계가 되는 것은 양자 사이에서 현실세계와 가능세계의 고착성이 무너져야만 가능하다. 다시 말해, 관점이란 라이프니츠의 경우처럼 주어진 것이 아니고 따라서 주체들 사이의 관계 역시 설계된 것이 아니다. 가능세계란 불-공가능한 세계들이 아니라 공가능한 세계이지만, 그것이 공가능하기 위해서는 존재론적으로 주어진 것만으로는 불가능하며 반드시 주체의 노력이 전제되어야만 한다. 나의 현실세계와 타인의 가능세계의 고착된 경계는 각자의 관점을 변화시키려는 노력에 의해서만 무너지며, 그때에만 모든 현실세계들이 즉자적 동일성들로서만 존재하는 세계가 극복될 수 있다. 이것이 내재적 가능세계론이 요청하는 윤리학의 기초이다. 이때의 윤리학은 아직 "선하게 살기 위한", "좋은 관계를 맺기 위한" 담론이 아니다. 이 윤리학은 일상적인 의미에서의 윤리라는 것이 성립하기 위한, '관계'라는 것이 성립하기 위한 근본 전제로서의 윤리학(메타윤리학)이다. 각 동일자들의 즉자적 동일성들의 체계를 극복하는 것 자체가 이미 어떤 윤리를 전제한다는 점이 핵심이다.

가능세계로서의 타인이 성립한다 해도, 즉 윤리라는 것의 가능조건이 성립한다 해도, 물론 그 실질이 윤리적인 것은 아니다. 지금 논한 것은 윤리라는 것의 선험적 조건일 뿐이다. 이 조건 위에서 펼쳐지는 실제 윤리적 관계들은 다양하게 나타난다. 윤리적 관계의 유형들을 크게 다음 네 가지로 구분해 볼 수 있다.

우리는 서로 대조적인 윤리적 관계를 칸트와 아쿠타가와에게서 읽어낼 수 있다. 칸트의 윤리학은 호혜적 보편성의 윤리학이다. 칸트의 유명한 정언명법은 이렇게 말한다. "네가 행위할 때 그것을 또한 동시에 보편적인 준칙으로 삼고자 할 수 있는 그런 준칙에 따라 행위하라." 칸트가 추구하는 윤리/도덕은 개개인의 행위가 개인적 인욕(Neigung)을 극복하고 인류적 보편성에 입각한 것이 될 수 있도록 행위하라고 말한다. 그리고 이 보편성은 반드시 **호혜적 보편성**이어야 하기에, 여기에는 개개인의 상호 인식과 보편화에의 노력이 매개된다. 칸트는 단지 단일성에서 보편성으로 건너뛴 것이 아니라 그 사이에 이런 상호성과 노력을 매개시켰다고 할 수 있다. 그러나 이런 상호성과 노력의 가능조건은 그에게서는 적극적으로 탐구되지 않았다. 이것은 우리의 맥락에서 본다면, '타자'라는 개념이 함축하는 문제들이 다루어지지 않았음을 뜻한다. 칸트에게 도덕의 세계는 원래 인식의 타자, 즉 물 자체의 세계에서 성립하는 것이다. 그러나 칸트는 물 자체의 세계를 '목적의 왕국'을 비롯한 보편적 개념들로 개념화해 들어갔기에, 그 타자의 세계 자체 내에서 고투해야 할 타자 문제는 다룰 수 없었다. 이 점에서 그의 윤리학은 호혜적 보편성의 윤리학이다.

아쿠타가와의 「라쇼몽」은 칸트의 정언명법과는 반대 방향에서 말하고 있다. 칸트가 간단히 표현해서 "네 행위의 준칙이 보편적인 도덕준칙에 부합하도록 행위하라"고 했다면, 「라쇼몽」[21]의 주인공들은 그것과 대척을 이루는 원칙에 입각해 행위한다: 타인의 행위의 준칙이 도덕적인 것이 아니라면, 너 또한 타인에게 도덕적이지 않은 방식으로 행위하라. 정언명법과 대비되는 이 명법은 **갈등적 보편성의** 윤리라고 할 수 있다. 여기에서 인간과 인간은 서로 갈등하는 관계이지만, 그 갈등의 구조 자체는 보편적이라고 할 수 있다.[22] 아쿠타가와는 일반적인 가언명법("네가 시체의 머리를 뽑지 않는다면, 나는 네 옷을 강탈하지 않을 것이다")[23]을 거꾸로 말함으로써("네가 시체의 머리를 뽑을 수 있다면, 나 역시 네 옷을 강탈할 수 있다") 갈등적 보편성의 윤리적 구조를 말하고 있다.

칸트식 정언명법과 아쿠타가와 식의 갈등적 가언명법이 대각선을 이룬다면, 다른 하나의 대각선은 "네 행위의 준칙이 보편적인 법칙이 될 필요가 없도록 행위해도 좋다"와 "(타인이 아니라) 네 행위의 준칙이 보편적인 법칙이 되도록 하라"가 된다. 전자는 "네가 시체의 머리카락을 뽑지 않는다 해도, 나는 네 옷을 강탈할 것이다"라는 **이기적 비-보편성**을 뜻한다면, 후자는 "네가 설사 시체의 머리카락을 뽑더라도, 나는 네 옷을 강탈하지 않을 것이다"라는 **이타적 비-보편**

---

21) 芥川龍之介, 「羅生門」.

22) 논리적으로 볼 때, 칸트와 아쿠타가와가 정확히 모순적인 이야기를 하고 있지는 않다. 칸트는 가언명법이 아니라 정언명법을 말한 것이기 때문이다. 아쿠타가와의 명법은 말하자면 역(逆)가언명법이다. 그러나 윤리학적 내용에 초점을 맞출 경우, 아쿠타가와의 역-가언명법과 칸트의 정언명법이 선명한 대조를 이루고 있다고 볼 수 있다.

23) 엄밀하게 말한다면, 「라쇼몽」은 이자 관계가 아니라 삼자 관계로 되어 있다. 그러나 스피노자의 다음 정리를 참조한다면, 그리고 이 경우는 제3자가 살아 있는 사람이 아니라 시체라는 점을 접어 둔다면, 위와 같이 논해도 될 것이다. "우리 자신과 동류(同類)인 그러나 그에 대해 어떤 특정한 감정도 가진 바 없는 어떤 존재가 특정한 감정으로 변양되는 것을 표상할 때, 이 표상만으로도 우리는 그 감정과 유사한 감정으로 변양된다."(『에티카』, 3부, 정리 27)

성을 표현한다고 할 수 있다. 전자의 예로서는 "내가 천하를 버릴 수는 있어도, 천하가 나를 버리게 하지는 않을 것이다"라는 식의 생각을 들 수 있고(물론 이는 나관중의 창작이지만), 후자의 예로서는 '살신성인(殺身成仁)'이라든가 "네 원수를 사랑하라" 같은 숭고한 가치를 들 수 있다. 이 네 경우를 꼭짓점으로 하는 구도 — '윤리학의 사각형'이라 부를 수 있을 듯하다 — 가 사람과 사람의 관계를 구성하고 있다고 할 수 있다.

그러나 보편성을 전제하는 이론들에서 먼저 물어보아야 할 것은 '어떻게 내 행위를 보편화할 수 있을까?'가 아니라 '도대체 보편적인 것은 어떻게 가능하게 되는가?'이다. 보편성을 아프리오리하게 전제하는 이론은 타자들과의 마주침이라는 과정을 건너뛰고 있기 때문이다. 이 점에서 칸트와 아쿠타가와 사이에서 나타나는 대조는 현실에서는 극히 중요한 문제이지만 이론상으로는 이차적인 문제라고 해야 할 것이다. 비-보편성의 경우, 동일자의 일방적 관점으로 타자를 덮는 경우라고 할 수 있다. 하나는 미움으로 하나는 사랑으로 덮는다는 점에서 양자는 극단적으로 반대되는 관점이지만, 여기에서도 마찬가지로 이론상으로 이는 이차적인 문제이다. 문제는 양자의 경우 모두 동일자가 타자와의 마주침이라는 계기 없이 자신의 관점을 타자에게 투영한다는 점에 있다. 결국 위의 네 가지 윤리적 관점이 서로 이질적이고 가치론적으로 변별되지만, 이론상 모두 타자와의 마주침과 그에 상관적인 여러 문제들, 즉 내재적 가능세계론의 문제들을 결여하고 있다고 할 수 있다. 보다 긍정적인 형태로 말한다면, 이 네 가지 윤리적 입장은 그 기초로서 **타자와의 마주침**에 대한 논의를 필요로 한다고 할 수 있다.

내재적 가능세계론이 함축하는 윤리는 타자-되기를 그 기초로 한다. 타자와의 마주침이라는 존재론적 조건을 넘어 상호-현실적 세계라는 윤리적 조건을 채우려면 반드시 타자-되기가 요청되기 때문이다. 요컨대 윤리학의 출발점은 어떻게 상호-현실적인 세계를 이루는가에 있고(다른 모든 윤리적 문제들은 이 조건 위에서 성립한다), 이는 곧 어떻게 내 현실세계와 타인들이라는 가능세계들의 고착화를 무너뜨리고 타자-되기를 행하느냐에 있다. 주체들이 어떤 일정한 동일성을 갖춘 주체로서만 병존할 때, 윤리는 그 출발점을 찾을 수가 없다. 윤리는 앞에서 본 갈등적 보편성이나 이기적 비-보편성으로는 성립하지 않지만, 나아가 호혜적 보편성이나 이타적 비-보편성을 통해서만 성립하는 것도 아니다. 그 이전에 타인과의 마주침의 지점들에서 타자-되기를 통해 각 가능세계들이 상호-현실적 세계들로 이행해가야만 한다. 타자-되기는 자아와 타자 사이에 어떤 형태로든 연속성이 형성되고, 그 연속성("in-between")에 있어 자아(와 타자)의 변화가 이루어지는 것이다. 이것은 자아의 세계와 타자의 가능세계가 평행을 달리기보다, 하나의 공가능한 세계로 화하는 과정이라고 할 수 있다. 이는 타자의 윤리학이 아니라 타자-'되기'의 윤리학이다.

우리의 맥락에 일정한 시사를 던져 주는 작품으로서 〈타인의 삶〉[24]을 음미해 보자. 두 주인공의 세계(서로의 가능세계)가 어떤 지점들에서 하나의 공가능한 세계로 화하는지를 잘 보여 주는 영화이다. 동독의 극작가 드라이만과 그의 감시역을 맡은 비슬러는 서로 평행을 달리는 시간-선을 그린다. 그들에게 타인의 삶은 문자 그대로 자신의 가능세계일 뿐이다. 그러나 드라이만과 비슬러의 관계는 비대칭적이다. 드라이만에게 비슬러의 삶은 자신에게는 나타나지 않는 하나의 전적인 가능세계이다. 반면 도청을 통해 드라이만을 감시하는 비슬러에게 드라이만의 삶은 오로지 자신의 지각의 대상으로서만 나타나는, 오직 일방적인 관찰을 통해서만 공가능한 세계이다. 도청장치는 이들 사이의 비-대칭적인 특이성을 형성한다. 비슬러는 자신의 세계와는 판이한 드라이만의 세계에 점차 빠져들면서 타자-되기를 경험한다. 비슬러는 점차 다른 사람이 된다. 동독의 차가운 감시사회의 주역이었던 그는 정치적으로나 문화적으로나 자신의 세계와 대조적인 세계를 접하면서 점점 다른 존재가 되어 간다. 드라이만에게 비슬러의 세계는 여전히 자신의 세계 바깥에 존재하는 가능세계에 불과했지만, 비슬러에게 드라이만의 세계는 가능세계로부터 점차 현실세계로, 자신의 현실세계(가능세계)와 공가능한 가능세계로 화하기에 이른다. 훗날 드라이만은 자신이 도청당했다는 사실을 알게 되고, 한순간에 과거의 진실을 깨닫기에 이른다.[25] 이때 두 사람의 세계는 전체적으로 공가능한 하나의 세계로서 재구성된다. 처음에 비슬러에 의해 일방적으로 이루어지던 타자-되기는 드라이만의 깨달음을 통해 타자-되기의 순환성을 완성하고, 공가능한 세계가

---

24) *Das Leben der Anderen*, Regisseur Florian Henckel von Donnersmarck, Widermann & Berg Filmproduktion, 2006.

25) '진리' 개념은 여러 가지 방식으로 규정되어 왔지만, 이를 '실재의 귀환'으로 규정할 수 있다. 이정우, 『진보의 새로운 조건들』, 인간사랑, 2012.

그려지기에 이른다. 영화는 두 세계의 타자-되기를 통해 진실(은폐되었던 실재의 귀환)이 도래하는 과정을 잘 그리고 있다.

이 이야기는 강고한 동일성들의 경계가 어떻게 무너지고 그로부터 어떻게 새로운 관계가 도래하는가를 잘 보여 준다. 새로운 관계가 도래한다는 것은 곧 둘 또는 그 이상의 동일성, 즉 각각의 관점을 통해서 존립하는 둘 또는 그 이상의 가능세계들의 경계가 무너지면서 연속체들의 교차, 새로운 특이성의 출현, 공가능성의 도래, 상호-현실적인 세계가 이루어짐을 뜻한다. 이 과정은 사람과 사람 사이의 어떤 윤리적 관계 ── 좋은 관계이든 나쁜 관계이든 ── 가 성립하기 위한 핵심적인 선험적 조건이다. 앞에서 보았듯이, 보편성의 윤리 개념이나 일방적 윤리 개념은, 호혜적이든 갈등적이든 또는 이기적이든 이타적이든, 이런 선험적 조건을 충분히 다루고 있다고는 할 수 없다. 내재적 가능세계론은 윤리학의 이 기초를 새롭게 정초해 줄 존재론으로서 기능할 수 있다.

우연의 존재론에서 타자-되기의 윤리학으로

── 구키 슈조와 박홍규

철학적 우연론의 근저에 존재하는 문제는 실존의 우연성이다. 내가 여기에 존재한다는 이 우연성, 저 꽃이 하필이면 빨간색이라는 우연성, 인생을 피워 보지도 못한 아이들이 차가운 물 속에서 죽어 간 사건이 품고 있는 착잡한 우연성.

필연이란 한 존재자가 어떤 의미에서든 자신 안에 자신의 존재 근거를 내포하고 있는 것이다. 달리 말해, 그 존재자가 존재하는 이유, 나아가 바로 그렇게 존재해야 하는 이유가 그 자체에 내장되어 있는 것이다. 반면 우연은 존재와 비-존재의 경계면에서 등장한다. 나의 존재는 나의 비-존재, 나의 없음과 닿아 있고(con-tingent), 저 꽃은 빨간색의 비-존재, 빨간색이 아닌 다른 색임과 닿아 있으며, 저 깊은 바다가 아이들을 삼켜버린 사건은 그 사건의 비-존재, 그 사건의 일어나지-않음과 닿아 있다. 우연은 없음, 아님, 일어나지-않음 이라는 비-존재와, 즉 개체, 성질, 사건에서의 무의 존재와 맥을 같이 한다. 구키에게서 우연이 대표적인 형이상학적 문제인 것은 이 점과 관련이 깊다.

> 우연성에 있어 존재는 무에 직면하고 있다. 그런데 존재를 넘어 무
> 로 나아가는 것이, 형태를 넘어 형이상의 것에로 나아가는 것이 형
> 이상학의 핵심적 의미이다. 형이상학은 '참된 존재'를 문제로 함
> 에 틀림없지만, '참된 존재'는 '비-존재(mē on)'와의 관계에 있어
> 서만 근원적으로 문제를 형성하는 것이다. 형이상학이 문제로 하는
> 존재는 비-존재 즉 무에 둘러싸여 있는 존재이다.[1]

서구 전통 형이상학이 존재 바깥에서 그것과 대립하는 또는 존
재 사이사이에 끼어든 무를 제거하는 데 주안점을 두었다는 점을 염
두에 둔다면, 구키가 생각하는 형이상학은 오히려 무와 우연을 그 핵
으로 하는 '무론(meontology)', '우연론'이라고 할 수 있다.

우연은 존재의 안감에 깃들어 있는 무의 가능성이다. '무/비존
재'의 두 맥락을 구분할 필요가 있다. "ouk on"은 단적인 무를 뜻하
지만, "mē on"은 현존의 부정을 뜻한다. 따라서 플라톤이 지적했듯
이(『소피스테스』, 256d~e, 258e~259b) "to mē on"=비존재는 오히려
타자의 존재를 뜻한다("타자로서의 비존재"). 우리의 맥락에서 이 타
자성은 곧 '가능성'——지금의 맥락에서는 존재를 향하는 가능성이
아니라 무를 향하는 가능성——과 통한다. 나는 실존하지 않을 수도

---

1) 九鬼周造, 『偶然性の問題』, 岩波文庫, 2011, 13~14頁.

있었고, 저 꽃은 붉지 않을 수도 있었으며, 세월호의 비극은 일어나지 않았을 수도 있다. '존재의 우연성'의 배면은 곧 '비-존재의 가능성'이다. 존재는 이 무의 가능성을 자신의 안감으로 접으면서 성립한다. 존재론, 무론, 우연론은 이렇게 운명적으로 얽혀 있다.

여기에서 논의하고자 하는 것은 이 우연의 존재론이 어떻게 타자-되기의 윤리학으로 연결될 수 있을까 하는 것이다. 여기에서의 작업은 우연의 존재론을 구키 슈조와 박홍규의 사유를 매개해서 타자-되기의 윤리학으로 이어가는 것이다. 우리의 논의가 방만해지는 것을 막기 위해서, 논의의 장소를 이들의 논의 중에서 그리스 철학에 관련되는 부분에만 초점을 맞출 것이다. 구키 슈조의 우연론에서 '카타 쉼베베코스'에 대한 논의, 박홍규 형이상학에서의 '아페이론'에 대한 논의가 그것이다. 이 두 사유를 매개하면서 우리는 우연의 존재론을 음미해 볼 것이며, 이들이 명시적으로 논하지 않은 그 윤리적 함축을 끄집어낼 것이다. 그리고 이 윤리적 함축을 타자-되기의 윤리학에 연관시켜 개념화할 것이다.

I. 구키 슈조: 정언적 우연과 개체의 고유성

메난드로스가 나가세나에게 물었다. "세상 사람들이 공히 얼굴 생김새, 신체, 팔다리를 온전히 갖추고 있건만, 어찌하여 장수하는 자가 있으면 단명한 자도 있고, 병에 잘 걸리는 자가 있으면 잘 걸리지 않는 자도 있고, 가난한 자가 있으면 부자도 있고, 덕이 높은 자가 있으면 비루한 자도 있고, 아름다운 자가 있으면 추한 자도 있고, 신의 받는 자가 있으면 의심 받는 자도 있고, 현명한 자가 있으면 어리석은 자도 있습니까? 어째서 모두 같지 않습니까?"(『미린다 팡하 Milindapanha』)

'S는 P이다'의 형식에서 술어에 주어의 본질이 위치할 때, 이 명제는 동일성을 나타내는 명제이고 필연의 양상을 띤다. "공자는 인간이다", "삼각형은 세 각을 가진 다각형이다" 등의 명제들이 이런 경우들이다. 이 구도의 극단적인 경우는 'A is A' 형식의 동일성 명제이다. 술어에 비-본질이 위치할 때 그것은 우연성을 띤 명제가 된다. "맹자는 직하학궁에 있다", "인간은 지구에서 생겨났다" 같은 명제들이 이런 경우들이다. 술어에 들어오는 것들을 전통적으로 '우연한 존재[偶有]'라 부르는 것은 이 때문이다. 이 경우 동일자에게서는 타자와의 마주침이라는 사건이 일어나며, 동일자는 어떤 형태가 되었든 자신의 비-존재에 직면한다("맹자는 더 이상 직하학궁에 있지 않다", "인간은 β-별에서 생겨났다"). 아리스토텔레스에게서 술어적 존재방식이 우연의 양상을 띠는 것은 이 때문이다.[2] 사실 여기에서의 우연은 일상적으로는 우연으로 다가오지 않는다. 일상적 우연 개념

---

2) 술어적 존재방식이란 "어떤 것[주어]에 귀속되고 또 참으로서 언표될 수 있는 것이지만, 필연적으로(ex ananchēs) 그러한 것도 또 많은 경우에(hōs epi to poly) 그러한 것도 아닌" 술어의 성격을 가리킨다(『형이상학』, 1025a 15~21). 주어-술어의 논리학적 구조를 논한 것이 '카테고리'론이거니와, '정언적(categorical)'이라는 용어는 이런 맥락을 함축한다. 이하 우리 논의 전체가 그리스 존재론(과 논리학)을 중심으로 펼쳐지는 것도 이런 맥락에서이다.

은 기본적으로 가설적 우연, 그중에서도 특히 인과적 우연을 뜻하기 때문이다. 그러나 철학적으로는 가설적 우연만이 아니라 정언적 우연도 그리고 이접적 우연도 우연이다. 정언적 우연은 그리스적 사유, 특히 질료-형상의 구도와 연계되어 있으며, 구키는 이 구도에 입각해 정언적 우연에 대해 논한다.

일상적으로 하나의 주어에 붙는 술어들 중 본질을 제외한 모든 술어가 우연으로 간주되는 것은 아니다. 하나의 클로버가 "세 잎"이라는 것은 궁극적으로는 우연이지만, 누구도 그것을 우연으로 여기지는 않는다. 하지만 그것이 "네 잎"이라면, 그것은 우연으로서 받아들여진다. 따라서 모든 술어들을 '우유'라 부를 때의 존재론적 우연과 특정한 술어들을 '우연'이라 할 때의 보다 일상적 의미에서의 우연은 구분된다. 우연론의 실질적인 대상은 후자의 경우이다. 두 머리의 뱀(쌍두사)이 우연으로서 받아들여지는 것은 한 머리의 뱀은 필연으로서(당연한 것으로서) 받아들여짐을 함축한다. 정언적 우연은 일차적으로 한 주어에 붙는 술어가 일반적인 술어가 아닐 때 성립한다. 여기에서 '일반적이지 않다'는 것은 곧 그것이 해당 주어에 함축하는 본질적 내포 또는 준-본질적 내포(클로버에 있어서의 "세 잎이다" 같은 경우들)의 바깥에 존재함을 뜻한다. 구키는 이렇게 주-술 구조를 통해서 정언적 우연을 이해한다.

구키는 정언적 우연의 경우를 다섯 가지(크게는 세 가지)로 나누어 본다. 첫째는 '개념과 내포에서의 우연'으로서 한 개념-주어에 붙는 술어가 그것이 비-본질적 내포인 경우를 뜻한다. "정삼각형의 각 꼭짓점에서 마주보는 변에 내린 세 수직선은 한 점에서 만난다"(주-

술 구조로 쓰면 "정삼각형은 '각 꼭짓점에서 (…) 만나는' 도형이다"로 쓸 수 있을 것이다) 같은 경우가 이런 경우이다. 구키는 한 개념의 '구성적 내포'와 '가능적 내포'를 구분한다. 이는 본질적 내용과 비-본질적 내용에 해당한다. 결국 정언적 우연의 첫 번째 의미는 한 개념에 대해 가능적 내용, 우연적 내포가 함축하는 양상, 또는 논리학적으로 말해 이 개념을 주어로 해서 가능적 내용, 우연적 내포가 술어로 붙을 때 이 술어화가 함축하는 양상이라고 할 수 있다.[3]

다른 형태의 정언적 우연은 종합판단에서의, 특히 특칭판단에서의 우연이다. 종합판단에서의 우연은 곧 앞에서 언급한 '偶有'들이 띤 '카타 쉼베베코스'의 양상을 뜻한다. 분석판단은 동일성/동일률에(또는 칸트를 따르면 모순율에) 기초하며, 그 양상이 필연적이라는 점은 분명하다. 하지만 종합판단은 필연적으로 연결되지 않는 두 개념을 함께-놓는 것 즉 'con-tingency'의 성격을 띠며, 이 때문에 우연성의 양상을 띤다.[4] 칸트의 예로 해서, "모든 물체는 연장되어 있

---

3) 물론 구성적 내용과 가능적 내용의 경계선에 대해서 의견이 다를 수 있다. 예컨대 아리스토텔레스는 "내각의 합이 2직각"이라는 내포는 삼각형에 자체로서 속하지만 그것의 본질에 속하는 것은 아닌 것으로 보고, 이런 경우를 '자체로서의 우연(kath'auto symbebēkos)'이라 특화하고 있는데(때로 '본질적 속성'이라고 번역된다), 이 경우는 구성적 내포와 가능적 내포의 경계에 위치한 경우로 볼 수 있다.

나아가 경계선이 변해갈 수도 있다. 비-에우클레이데스 기하학의 등장에 따라 "내각의 합은 2직각"이라는 내포가 삼각형에 "자체로서 속한다"는 판단도 무너지기에 이른다. 하르트만은 "삼각형의 내각의 합은 180°이다"는 필연적인 것인 데 비해 "이 삼각형의 한 내각은 64°이다"는 우연적인 것이라고 말하고 있지만(최성철,『역사와 우연』, 길, 1916, 220쪽), 현대 기하학에서는 앞의 명제 역시 상위 층위에서 우연의 성격을 띤다고 할 수 있다.

4) "분석적 판단(긍정적)은 술어와 주어의 결합이 동일성에 의해 사유되는 것이지만, 종합적 판단이란 술어와 주어의 결합이 동일성 없이 사유되는 것"이다(『순수이성 비판』, B11/A7).

다"는 분석명제이지만 "모든 물체는 무게를 가진다"는 것은 종합명제이다. '연장되어-있음'은 물체를 분석해서 얻을 수 있는 개념이지만, '무게를-가짐'은 이런 분석적 동일성을 갖추고 있지 못하기 때문이다(물체 개념에는 무게를-가짐의 개념이 함축되어 있지 않다).[5] 하지만 이미 지적했듯이, 이런 우연성의 개념은 분석판단 이외의 모든 경우를 우연과 연관 짓고 있다는 점에서, 근본적이기는 하지만 구체적인 맥락에서의 우연성을 변별해 주지는 못한다.

우연성의 또 하나의 보다 실질적인 맥락은 종합판단에서 전칭판단과 특칭판단을 구별함으로써 도드라진다. 이 점은 '우연에 의한 환위'를 생각해 볼 때 특히 뚜렷이 나타난다. 곧, "모든 A는 B이다"에서 "어떤 B는 A이다"로의 환위이다. 그 반대, 즉 "어떤 A는 B이다"에서 "모든 B는 A이다"로의 환위는 우연을 내포하지 않는다. "어떤 인간은 황인종이다"에서 "모든 황인종은 인간이다"로의 환위를 예로 들 수 있다. 하지만 "모든 A는 B이다"에서 "어떤 B는 A이다"로의 환위는 필연적이지 않다. "모든 백인종은 인간이다"에서 "어떤 인간은 백인종이다"로의 환위에는 우연이 개입한다. 여기에서 특칭명제와 우연의 관련성이 분명히 드러난다. 그런데 여기에서 우연을 배제

---

5) 칸트의 이 예는 현대적 맥락에서 보면 적절하지 않을 수 있다. 현대 과학의 관점에서 보면, 아니 이미 뉴턴과 라이프니츠의 데카르트 비판의 맥락('res extensa'로부터 'force' 또는 'vis/potentia'로 이행하는 과정)에서 보면, '연장'보다는 오히려 '무게'(정확히는 질량)가 물체의 더 본질적인 속성이기 때문이다(힉스 입자조차도 음의 무게, 정확히는 음의 에너지를 가진다). 하지만 연장을 가지지 않는 물체를 상상하기 힘든 것도 사실이며, 또 이 문제가 칸트의 철학적 논점 자체를 훼손하는 것은 아니라고 해야 할 것이다. 칸트 자신 이 점을 의식해 『프롤레고메나』에서는 이 예를 "어떤 물체들은 무겁다"는 특칭 판단으로 바꾸었다.

해버림으로써 이 환위를 특칭명제가 아닌 전칭명제로 할 경우 "모든 인간은 백인종이다"가 되어, 이것은 곧 인종차별의 논리학적-존재론적 표현이 된다. 우연에 의한 환위를 특칭명제가 아닌 전칭명제로 해버릴 경우 즉 하나의 개념이 포함하는 여러 이질적 부분들 중 한 부분과 그 전체를 동일시할 때, 오류추리가 나오게 된다. 그리고 부분들 사이에 존재하는 우연성을 간과할 때 나타나는 이런 오류추리는 윤리적-정치적 문제점 또한 함축하게 된다.[6]

또 다른 경우는 삼단논법 제3격에서 결론으로서 새로운 특칭판단이 나타나는 경우이다. "모든 에티오피아인은 흑인이다. 모든 에티오피아인은 인간이다. 따라서 어떤 인간은 흑인이다."(다랍티) "모든 에티오피아인은 백인이 아니다. 모든 에티오피아인은 인간이다. 따라서 어떤 인간은 백인이 아니다."(펠랍톤) 이 논법들에서 결론으로서 특칭판단이 튀어나오는 것은 위에서와 마찬가지로 인간이라는 개념이 백인종, 흑인종, 황인종을 부분집합들로서 포함하며, 이 부분들에 관련된 특칭판단들은 '인간'과 각 '~종' 사이에 내재하는 우연성을 드러내고 있는 것이다. 요컨대 특칭판단에 내재하는 우연성은 바로 앞에서 논한 내포적 우연을 논리학적으로 표현하고 있다고 할 수 있다.

그러나 정언적 우연을 가장 구체적으로 드러내 주는 경우는 역시 어떤 개별자 또는 어떤 개별적 사실에서 나타나는 우연이다. 앞에

---

6) 구키는 우연의 문제를 그의 필생의 주제로 삼아 연구했는데, 그가 이 문제의식을 가지게 된 것은 1920년대 그의 유럽 유학 시절 경험했던 인종차별의 맥락에서 형성되었다고 한다.

서 든 네 잎 클로버라든가 쌍두사의 예가 이를 잘 보여 준다. 이것은 곧 일반적인 것에 대한 개별적인 것 또는 예외적인 것이 가지는 우연성이다. 클로버의 잎이 세 개라든가 뱀의 머리가 하나라든가 하는 것은 이 개념의 본질적 내포는 아니다. 즉 '카타 쉼베베코스'이다. 그러나 이 경우들은 모두 일반적인 경우를 형성하며, 이 일반성이 상식적 맥락에서 각 개념의 필연적 속성으로 간주된다. 그리고 이 일반성을 벗어나는 경우는 곧 우연으로서 받아들여진다. 구키는 이를 '고립적 사실'로서의 우연 또는 '예외'로서의 우연으로 논한다. 이런 의미에서의 우연이야말로 한 개체를 개체일 수 있도록 해 준다.

기계류가 인류를 정복해 개인들을 일정한 수의 범주들로 등질화(等質化)하는 SF적인 상황을 상상해 보자. A 범주에 속하는 개인들은 라이프니츠의 '식별 불가능자 동일성의 원리'(/'동일자 식별 불가능성의 원리')에 따라 동일한 것으로 간주된다. 이는 곧 에우클레이데스 기하학에서의 '합동'의 개념이 현실세계에서 작동하는 세계이다.[7] 이런 세계에는 개체들은 단지 $A_1, A_2, A_3, \cdots$ 로서만 존재할 것

---

7) 엄밀하게 말하면, 라이프니츠의 원리는 논리적인 공간, 예컨대 에우클레이데스 공간 같은 곳에서만 성립한다. 현실의 차원에서는, 설사 개체들의 관(貫)-시간적 동일성을 전제하는 경우라 해도, 현실의 공간에서 '두 식별 불가능자'라고 말하는 순간 어떤 식으로든 구분이 개입되기 때문이다. 두 사물이 똑같음을 발견하고서 양자가 동일하다고 말하겠지만, 이미 두 사물이 공간적으로 구분되어 있음을 전제하고 있는 것이다(따라서 이론적으로, 한 개체의 공간적 위치를 그것의 질적 규정성의 하나로 간주해야 하는가가 문제가 된다). '두 동일자'라고 말할 때에도, 진정 두 동일자라면 애초에 동일자가 될 수 없었을 것이다. 결국 이 원리는 우리가 어떤 것'들'을 구분할 수 있게 해 주는, 또는 어떤 똑같은 것'들'을 똑같은 것들로 인지하게 해 주는 논리라고 할 수 있다. 따라서 우리의 예에서도 개체들 사이에서의 공간적 구분만큼은 전제되고 있으며, 요점은 기계류가 그들을 똑같은 것들로, 보다 기계류다운

이다(1, 2, 3, …은 공간적 위치에서의 차이). 이 경우 개별적인 것은 사라지며, 그에 따라 고립적 사실 또는 예외로서의 우연 역시 의미를 상실하게 된다. 이런 세계에서 보편자 바깥에 따로 존재하는 개체는 그 보편자의 동일성을 위반하는 존재로서 간주될 것이다. 네 개의 잎을 가진 클로버가 발견되었을 때, 주어/개념의 본질을 벗어나버린 이(this) 클로버는 클로버 일반의 동일성을 뒤흔드는 것이다. 만일 클로버 개체들이 의식을 가지고 있다면 이 네 잎 클로버를 자신들의 정체성을 위협하는 낯선 존재, 나아가 위험한 존재로서 배척할 것이고, 결국 기계류는 이 클로버를 제거해버릴 것이다. 이런 점에서 범주화에 저항하는 고립적 사실 또는 예외의 우연적 양상은 윤리적-정치적 맥락을 띠게 된다. 즉, 이런 예외적 존재들은 대개 낯선 것들, 위험한 것들, 심지어 제거되어야 할 것들로서 간주되곤 하기 때문이다.[8]

이런 상황을 반대 방향에서 음미해 볼 때, 우리는 오히려 개체들은 본래 모두 다르며 일반성이란 추상작용에 불과하다고 말할 수 있다. '식별 불가능자 동일성의 원리'를 엄격하게 적용할 경우 완벽히

표현으로 해서 똑같은 '정보'로 구성되어 있는 것들로 간주(처리)한다는 점에 있다.

8) 진화론적 맥락에서 볼 경우 정상적인 존재와 예외적인 존재를 가르는 날카로운 선을 찾기는 쉽지 않다. 다윈은 종과 변종을 나아가 기형을 구별할 명확한 기준을 찾기 어렵다는 사실에서 진화의 실마리를 간파해 냈다(『종의 기원』, 송철용 옮김, 동서문화사, 2011, 2장). 차이 생성/변이는 단절적이지 않다. 나아가 들뢰즈가 지적하고 있듯이, "다윈 사유의 진정한 새로움은 개체적 차이를 수립한 점에 있을 것이다. (…) 자연선택은 하나의 본질적인 역할을 맡고 있거니와, 그것은 바로 차이를 분화시키는 것(différencier la différence)이다. 가장 멀리까지 분기된 것들이 살아남는다."(Deleuze, *Différence et répétition*, PUF, 1968, pp. 319~320) 그러나 지금 우리의 맥락에서 중요한 것은 이런 생물학적-존재론적 '사실'이 아니라, 우연을 바라보는 우리의 '시선'이다.

똑같은 잎사귀들도 완벽히 똑같은 빗방울들도 없을 것이다. 이는 곧 우리가 본질적 속성이라고 생각하는 것들은 본질적이기보다는 일반적이라는 점을 시사한다. 예컨대 하나의 사실은 일반성에 편입되어 있지 않은 상태인 한 우연의 양상을 띤 것으로 취급되곤 하거니와, 고전 역학의 체계 내에서는 하나의 생명체는 우연일 수밖에 없는 것이다.[9] 그러나 그 일반성은 결국 사실들의 터에 어떤 특정 관점을 투사해 그중 어떤 특정한 결을 떠낸 것에 불과하다. 에밀 부트루의 유명한 비유에 따르면, "법칙이란 사실들의 급류가 흐르는 물길이다. 사실들은 그 물길을 따라 흐른다. 하지만 애초에 그 물길을 만들어낸 것은 사실들이다."[10]

이런 관점에서 본다면, 일반자의 관점에서만 개체들을 보는 것은 근본적인 층위에서 '우연에 의한 오류'를 범하는 것이라고도 할 수 있다. 즉, 일반적인 것을 우연적인 것에까지 적용하는 또는 우연적인 것을 일반적인 것으로 둔갑시키는 오류를 범하는 것이다. '부분-외-부분'의 구조에 입각한 보편자-개별자의 구도에서는 개별자는 보편자의 한 예화(例化)에 불과하게 된다. 따라서 개별자들을 우연적 존재들로 볼 경우, 중요한 것은 보편자 실재론과 유명론의 대립이 아니라 개체들과 보편자들에 대한 집합론적 관점 자체가 된다. 보

---

9) 베르그송은 '질서와 무질서'에 대한 분석을 통해서 이 점을 지적하고 있다. "하나의 질서는 다른 질서에 대비되어 우연이며, 우리에게 우연으로 보인다. 시가 산문에 대비되어 우연적이고, 산문이 시에 대비되어 우연적이듯이."(Bergson, *L'Évolution créatrice*, PUF, 2018, p. 233)

10) Boutroux, *De la contingence des lois de la nature*, Félix Alcan, 1895, p. 39.

편자들은 열려야 하고, 어디까지나 잠정적인 것으로서 이해되어야 하는 것이다. 이때 개체들은 각각의 고유한 존재자들로서, '하이케이타스'로서 이해된다.[11]

이제 우리가 내걸었던 게사에 답할 때가 되었다. 메난드로스의 물음에 대해 나가세나는 "비유컨대 뭇 나무들이 과실을 맺지만, 신 것이 있으면 쓴 것도 있고, 매운 것이 있으면 단 것도 있다"고 답한다. 하지만 여기에서 대답은 물음과 다른 지평에 있지 않고 같은 지평에 있다. 비유는 해답이 아니다. 핵심은 메난드로스의 물음 자체가 이미 보편자들로부터 개별자들로 향하는 물음이라는 점이다. 이 방향을 바꾸어 이렇게 물어야 한다. "세상 사람들에는 장수하는 자가 있으면 단명한 자도 있고, 병에 잘 걸리는 자가 있으면 잘 걸리지 않는 자도 있고, 가난한 자가 있으면 부자도 있고, 덕이 높은 자가 있으면 비루한 자도 있고, 아름다운 자가 있으면 추한 자도 있고, 신의 받는 자가 있으면 의심받는 자도 있고, 현명한 자가 있으면 어리석은 자도 있는데, 왜 모두 똑같이 '인간'이라고 불리는 걸까요?" 이렇게 볼 때 분명하게 드러나는 점은 바로 메난드로스의 것과 같은 물음은 우연을 보편자의 하위 개념으로 포섭시키는 것이라는 점이다. 반

---

11) 이때의 하이케이타스는 둔스 스코투스의 그것이 아니며, 나아가 라이프니츠의 그것(각 개체들이 고유의 '완전개념'을 가지는, 개체적 본질들로서의 개체들=하이케이타스들)도 아니다. 시몽동은 개체를 '전(前) 개체적 실재'에서 그 '내적 환경'과 더불어 분화되어 나오는 것, 분화된 이후에도 여분의 에너지 포텐셜을 내장하고 있어 계속 변해 가는 것으로, 요컨대 '횡역(橫繹/transduction)'의 과정 속에 존재하는 것으로 이해한다(시몽동, 『형태와 정보 개념에 비추어 본 개체화』, 황수영 옮김, 그린비, 2017). 우리는 이런 한에서의 개체를 일반적인 의미의 '개체'가 아닌 '하이케이타스'로 이해할 수 있다.

대로 지금처럼 물음을 새롭게 던질 경우, 우연은 개별자들의 차이에 다름 아니며 차이 나는 모든 개체들에 항상 수반되는 것이라는 점이다.[12] 그리고 보편자란 이런 차이들을 솎아내고서 각각에게서 동일한 측면을 뽑아냄으로써 성립한다고 할 수 있다.

이렇게 생각할 경우, '카타 쉼베베코스'의 위상은, 이것이 띠고 있는 우연이라는 양상의 뉘앙스는 바뀐다. 그것은 일반성을 일탈하는 차이를 뜻한다기보다는 오히려 개별자들을 차이나게 만드는 근원적인 힘, 존재론적인 위상을 띤 차이생성 자체의 양상이다. 즉, 우연이란 세계 자체가 띠고 있는 힘의 양상이며, 이 힘에 의해 차이 나는 개별자들이 생성한다고 해야 한다. 이때 '우연'은 이런 세계의 힘의 차이생성 자체의 속성이 된다. 정언적 우연 개념 자체가 해소되어 버리는 것이다. 이때 우리가 물어야 할 것은 "왜 우연이 존재할까?" 가 아니라 오히려 우연을 본성으로 하는 이 세계에 "어떻게 동일성이 가능할까?"이다. 정언적 우연에 대한 구키의 이런 분석을 존재론적으로 뒷받침해 줄 이 물음에 대한 답을 우리는 박홍규의 아페이론학에서 찾을 수 있다. 우리는 이데아와 아페이론의 관계에 대한 박홍규의 존재론적 분석에 기반해 지금까지의 논의를 보다 심층에서 음미해 볼 수 있다.

---

12) 이 점을 구키는 "개별자는 논리에 대해 비공약성을 가지고 있다"고 표현한다(『偶然性の問題』, 46頁). 이는 곧 개별자들 사이에는 보편적인 하나로서 동일시할 수 없는 통약 불가능성이 존재한다는 점을 뜻한다.

II. 우연의 근원으로서의 아페이론

구키는 정언적 우연을 가언적 우연으로 정초하고, 가언적 우연을 이접적 우연으로 정초하면서 논의를 심화해 나갔다. 철학사적인 면에서도 아리스토텔레스, 라이프니츠, 셸링 등으로 나아가면서 깊이를 더하고 있다. 그러나 앞에서 언급했듯이, 이 글은 정언적 우연론 자체 내에서, 그리스 존재론의 맥락 내에서 논의를 심화시켜 나가고자한다. 이제 우리가 음미할 내용은 소은 박홍규의 아페이론학이다.

플라톤의 사유에서 아페이론은 여러 맥락을 띤다. 우리는 이를 물질성으로서의 아페이론, 유동성으로서의 아페이론, 연속성으로서의 아페이론으로 나아가면서 논할 것이다.[13] 우선 물질성으로서의 아페이론이 어떤 이유로 정언적 우연의 토대가 되는지, 지금까지 논했던 정언적 우연이 물질성과 어떤 연관성을 가지는지 살펴보자. 이는 『티마이오스』의 우주론을 살펴보고, 여기에서 아페이론으로서의 물질성이 정언적 우연의 근간이 되는 존재론적 구도를 밝혀내는 작업이다.

『티마이오스』는 이데아계, 코라, 조물주라는 삼자의 관련성을 해명함으로써 우주를 이해한다. 조물주는 이데아들의 '본(paradeigma)'을 떠서 그것을 코라(아페이론)에 구현한다. 조물주

---

13) 이하 전개되는 논의는 플라톤 대화편들에 대한 박홍규의 분석을 토대로 한다(『박홍규 전집』, 민음사, 2007). 『티마이오스』에 대한 논의는 1권, 158~177쪽 및 3권, 253~314쪽에서, 『파르메니데스』에 대한 논의는 4권, 172~213쪽에서, 그리고 『필레보스』에 대한 논의는 4권, 214~280쪽에서 볼 수 있다.

가 이데아의 동일성을 아페이론의 차이생성에 새기는 이 구도에서, 아페이론의 물질성에 새겨진 이데아들은 원래의 동일성을 유지하지 못한다. 물질-공간으로서의 아페이론은 **순수 차이가 생성하는 장**이기 때문이다. 아페이론의 차이생성은 이데아의 동일성을 무너뜨리고, 이데아들을 단지 '유사한' 존재들로서만 받아들인다. 이데아의 차원에서는 동일성들만이 존재한다. 이데아의 차원과 물질적 차원(현실세계) 사이에 존재하는, 따라서 동일성의 가능성이 성립하는 기하학적 차원에서만 해도 '합동'을 통해서 완벽한 동일성이 가능해진다. 그러나 물질을 터로 하는 세계에서는 이런 동일성이 불가능하다. 아페이론의 물질성이 아페이론의 성격을 띠기 때문이다. 각각의 이데아는 순수하다. 즉, 타자를 포함하지 않는다. 따라서 각 이데아는 100%의 자기동일성을 가지며 0%의 타자성을 내포한다. 이 세계는 절대적 차이로서의 존재와 무의 세계이며, 그 극한이 곧 파르메니데스의 세계이다. 이 존재와 무의 경계가 무너질 때 연속성이 도래하며, 이때 차이들은 그 고착성에서 풀려나와 생성하기 시작한다. 아페이론은 연속적 운동, 차이생성의 선험적 조건이다.

아페이론에 형상들이 새겨진 결과들, 현실에서 확인되는 형상들은 곧 '규정성'들이다. 우리는 규정성들을 통해 사물들을 인식하며, 언어적 맥락에서는 '술어들'이 곧 규정성들이다.[14] 주어는 규정성

---

14) 이 규정성들이 곧 '카타 쉼베베코스'들이다. "개별자는 한편으로는 이데아에 관여하지만, 다른 한편으로는 물질공간['코라']이라 해석되는 '비존재'에 기인한다. 그리고 우연성이란 이데아에의 관여가 비존재에 의해 불완전해지는 것을, 즉 원형과 모사 사이에 존재하는 간격을 의미한다. 아리스토텔레스는 이러한 종류의 우연성을 '쉼베베코스'라 불렀다."(『偶然

이 아니라 그것을 '띠고 있는', 규정성들이 그 위에서 성립하는 터/바탕이다. 이 점에서 주어와 술어들은 아페이론과 그것에 각인된 형상들의 구도와 동형이다. 규정성들은 논리적으로 서로를 부정하며 불연속을 형성한다. 그러나 그러한 부정과 불연속은 쉽게 안착하지 못한다. '곱슬머리'와 '직모'는 정확히 어디에서부터 구분되는 것일까? 붉은 머리카락과 검은 머리카락의 경계는 정확히 어디인가? 이런 문제가 야기되는 근본 원인은 규정성들이 현실에 구현된 형상들인 한, 그 아래에는 아페이론으로서의 물질성이 깔려 있기 때문이다. 클로버의 잎사귀가 셋이라는 것은 클로버라는 터 위에 주어진 형상이다. 그러나 클로버의 물질성/아페이론은 그 형상에 의해 완전히 제압되는 것이 아니라 (아페이론의 성격에 따라서) 생성한다. 이렇게 규정성들은 아페이론 위에서 성립하며, 아페이론의 운동에 의해 그 동일성이 흔들린다. 바로 이 흔들림이 규정성들의 질서/체계의 관점에서 볼 때 **우연으로서 나타난다.** 하이젠베르크의 원리에서도 볼 수 있듯이, 아페이론의 차이생성은 규정성들의 매끈한 동일성을 허락하지 않는 것이다. 따라서 플라톤의 구도에서 아페이론이 우주의 본질적인 차원인 한 우연 또한 우주를 구성하는 본질적인 차원이며, 우연이라는 양상은 단순한 우연이 아닌 것이다.

소은은 아페이론에 주안점을 두고 사유함으로써 플라톤을 베르

性の問題』, 25頁) 다시 말해, 규정성들/술어들에는 이미 아페이론이 함축되어 있으며, 때문에 우연성이 스며 들어가 있다고 볼 수 있다. 아리스토텔레스가 "질료가 우연의 원인"(『형이상학』, 1027a 13~15)이라고 말하는 것은 이 때문이다. 그리고 "우연이란 비존재에 가까운 것"(『형이상학』, 1026b 21)이라는 그의 말은 우리가 이 글의 모두에서 말한 것과 통한다.

그송에 연결시킨다. 이때 아페이론은 이데아를 받는 수용자가 아니라 애초에 '자발성(spontanéité)'을 갖춘 생명으로 화한다. 이렇게 생각된 아페이론은 말하자면 데미우르고스를 자체 내에 내장하고 있는 아페이론이다. 그리고 이데아 차원은 본래적으로 존재하는 것이 아니라 이 아페이론에서 생겨나는 것으로 (또는 아페이론 내에 잠재하는 것으로) 자리매김된다. 이 경우, 아페이론은 일원적 존재가 아니라 이원적 일원의 존재이다. 아페이론에는 플라톤의 원래 생각에서처럼 물질성이 깃들어 있는가 하면, 데미우르고스 즉 생명도 깃들어 있다. 이 두 차원은 서로 투쟁하며, 그로써 '생명과 물질의 투쟁'이 성립한다. 그리고 그 결과로서 형태들이, 생명체들이 생겨난다. 모든 생명체들은 생명과 물질이 투쟁한 결과들이다. 이때 생명도 물질도 연속적이다. 물질은 본래적인 분절선들을 갖추지 않은 것이기에 연속적이며, 생명은 '기억'을 본질로 하기에 연속적이다. 따라서 연속적인 물질과 연속적인 생명의 투쟁이 불연속적인 개체들을 낳는 구도가 된다. 따라서 개체들의 개체성은 본래적인 것이 아니며, 그로부터 추상한 보편자들은 더더욱 그렇다. 이렇게 생각할 경우, 존재론의 구도는 전복된다. 어떤 본질들, 보편자들, 동일성들을 출발점으로 삼아 개별자들을 사유하는 것이 아니라 생명과 물질의 투쟁이 낳은 형태들로서 개별자들을 이해하게 되는 것이다. 이 경우, 개별자들 각각은 불연속적이지만 개별자들 전체의 존재 양상은 연속적이다. 아페이론의 근거 위에서 이해된 개별자들은 동일성의 근거 위에서 이해된 개별자들처럼 선별적이고 불연속적이지 않다. 이 경우 우연이 먼저 오고 사후적인 정리를 통해서 질서와 동일성과 조화가 성립한다. 우리는 위에서 구키를 통해 도달했던 결론에 다시 도달하게 되는 것이다.

이 점은 『파르네니데스』에서도 확인할 수 있다. 『파르메니데스』에서 우리는 합리적 분석에 끝내 포섭되지 않는 잔여로서의 아페이론을 확인할 수 있다. 소은은 이 대화편을 독해하면서 '환원'과 '분석'을 구분한다. 환원은 모든 것을 특정한 원리(들)로 해소해버리는 것이지만, 분석은 모든 것을 그 차이가 드러나는 분절선들을 따라서 구분해 주는 것이기 때문이다. 자연철학자들로부터 플라톤으로의 이행은 바로 환원으로부터 분석으로의 이행이었다. 후기 자연철학자들이 이미 거대 동일성을 넘어 다원화를 시도했지만, 여전히 남아 있는 환원주의를 일소한 것은 플라톤이었다. 『파르메니데스』는 하나와 여럿의 치밀한 변증법적 사유를 펼친다. 그러나 플라톤이 추구한 것은 크고 작은 동일성들의 체계였다. 그리고 이 체계에 끝내 포섭되지 않는 잔여가 계속 나타난다. 이 나타남의 근거는 물론 아페이론이다. 현실세계는 아페이론이라는 유동성에 이데아들의 동일성이 새겨짐으로써 개체들이 생성하는 곳이다. 플라톤의 사유는 이 개체들 및 그것들에 따르는 존재들(개체들의 성질, 관계 등)을 다시 이데아 쪽으로 추상해 감으로써 '본래'의 이데아들을 찾아내는 과정이거니와(따라서 일반적으로 이해되고 있는 바와는 달리, 플라톤에게서 이데아계와 현실계는 어디까지나 연속적이다. '미메시스' 개념이 이 점을 함축한다), 이 과정이 충실히 이루어지기 위해서는 큰 동일성들만이 아니라 최대한 작은 동일성까지도 샅샅이 분석되어야 하는 것이다. 그러나 아무리 세세히 분석해도 끝내 분석을 벗어나버리는 잔여, 바로 이 잔여는 아페이론에서 유래하는 것이다.

아페이론 자체는 절대적인 차이생성이다. 이데아들이 구현되어 있는 아페이론은 유동적이지만 그 안에 분절선들을 내포하고 있는 차이생성이다. 이데아로의 추상은 바로 이 흔들리는 분절선들을 추상해내 동일성들로 고정시키는 작업이다. 플라톤에게서 '나눔(diairesis)'과 '변증법'이 그토록 중요한 이유가 여기에 있다. 그러나 눈길을 반대 방향에 줄 경우, 현실의 동일성들이 차이생성의 와류에 들어 있음으로써 흔들리는 것은 곧 아페이론 때문이다. 그리고 이런 흔들림이 분석의 끝에서 항상 어떤 잔여를 낳는 것이다.[15] 따라서 분석적 사유는 공간적 사유를 지향하게 되어 있다. 아페이론을 제거한 공간에서만 깔끔한 분석이 가능하기 때문이다. 역으로 말해, 아페이론은 우리가 공간적으로 추상해 놓은 세계와 현실세계를 동일시할 수 없도록 만드는 핵심적인 원리라고 할 수 있다.[16] 형상 위주로 사유

---

15) 이 점에서 본다면 원자론은 이 아페이론의 존재를 망각한 이론이다. 원자론에서 원자들이 완벽한 동일성을 가지려면 이런 떨림/흔들림으로부터 벗어나야 한다. 그러려면 공간은 완벽히 빈 기하학적 성격의 공간이 되어야 하며, 아페이론의 유동성을 빼버려야 한다. 바로 이것이 원자론의 구도, 즉 완벽한 동일성을 갖춘 원자들과 깔끔하게 텅 빈 공간으로서의 진공이라는 구도를 낳은 것이다. 앞에서 언급한 하이젠베르크의 원리가 무너뜨린 것이 바로 이런 구도이다.

16) 이 문제에 관련해 박홍규와 김상일의 사유는 서로 흥미롭게 통한다. 박홍규는 합리주의를 근간으로 하는 서구 존재론에 대한 치밀한 독해의 끝에서 아페이론을 끄집어낸다. 이로써 분석의 한계, 더 나아가 동일성의 한계를 드러내고, 이러한 분석을 토대로 생명의 비-결정성을 사유한다. 김상일은 문화(특히 한민족의 문화)의 근저에서 논리적-수학적 구조, 동일성을 읽어내고자 하지만, 그러한 분석의 끝에서 어떤 잔여 — 그의 용어로는 '여분' — 를 발견하게 된다. 그에게 대각선 논법이 그토록 중요한 것도 이런 맥락에서 이해할 수 있다. 최근에 음악의 영역에서, 김상일은 이 점을 '퓌타고라스 콤마'와 연관 지어 전개하고 있다 (『악학궤범 신연구』, 솔과학, 2019). 우리는 현대 한국 철학사의 핵심적인 사유-갈래들 중

할 때 아페이론에의 형상의 구현은 필히 우연을 낳게 되며, 분석 불가능한 잔여에 부딪치게 된다. 반면 아페이론 위주로 사유할 때 세계의 근저는 우연이며, 형상은 그 흐름에서 떠낸 어떤 동일성일 뿐이다. 물론 순수 아페이론에서 형상들이 나오지는 않는다. 이 때문에 아페이론에 역(逆)기능하는 원리가 요청되며, 바로 이것이 '생명'의 원리이다. 베르그송의 사유는 데미우르고스를 생명으로 삼아 그것을 아페이론에 집어넣었다고 할 수 있다. 거기에서 생명과 물질의 투쟁이 벌어지고, 형상들이란 바로 이 투쟁의 결과물들인 것이다. 그러나 이런 구도의 단초는 사실 플라톤 자신에게서 발견된다. 『파이드로스』에서의 "auto kinoun"의 원리는 바로 생명의 원리인 것이다. 플라톤의 이 "auto kinoun"은 다분히 동일자의 성격을 띠거니와, 이 원리에 비-결정성의 성격을 부여할 때 베르그송의 생명 개념이 된다. 이때 아페이론과 생명은 공히 우연의 성격을 띤, 그러나 서로 역-기능하는 두 힘이 된다. 그리고 양자의 투쟁 결과로서 동일성들이 산출된다. 박홍규의 이런 사유 구도에 입각할 때, 세계의 근저는 우연이 되며 이 우연의 터 위에서 비로소 동일성, 인과, 필연 등이 성립하게 되는 것이다.

아페이론의 성격으로 물질성과 유동성에 또한 연속성을 덧붙일 수 있다. 지금의 맥락에서 볼 때, 『필레보스』는 연속성으로서의 아페이론을 잘 보여 준다. 여기에서 문제의 출발점은 하나와 여럿이다.

_____

하나로서 박홍규, 김상일의 아페이론/잔여의 학을 생각해 볼 수 있을 것이다.

'하나'는 그 안에 아직 분석되지 않은 여럿을 담고 있다는 점에서 아페이론이다(『필레보스』, 16c~17a). '한국'이라는 하나는 그 안에 수많은 여럿을 포함하고 있다는 의미에서 아페이론이다. 이는 곧 한국이라는 하나는 일단 연속체이며, 이때의 연속체란 아직 여럿으로 분석되어 있지 않다는 의미에서의 연속체=아페이론임을 뜻한다. 아페이론 상태의 개념들을 놓고서 논쟁을 벌일 때, 흔히 혼란스러운 결과로 치닫는다. 예컨대 "예술은…"이라고 말할 때, 이 "예술"은 아직 분석의 여지가 매우 많이 남아 있는 아페이론-개념이기 때문이다. 따라서 중요한 것은 이런 아페이론들 ——『필레보스』의 맥락에서는 '쾌락'과 '지혜' —— 을 분석해서 더 이상 분석할 수 없는 '단일 이데아(mia idea)'로까지 내려가는 것이다(근대 철학에 와서 이 개념은 '단순 관념'으로 전환된다). 만일 더 이상 분석할 수 없는 단일 이데아들로 아페이론이 온전히 분석된다면, 그 순간 아페이론은 증발할 것이다. 그러나 이는 불가능하다. 다만 그 이유가 이번에는 물질성과 유동성보다는 연속성에 있다.

여기에서의 연속성은 양적 연속성이 아니라 질적 연속성이다. 아페이론을 '단일 이데아들'로 분석한다는 것은 양적 단위로 분석한다는 것이 아니라 질적 차이들로 분석한다는 것이다. 이 질적 차이들이 '질들'이다. 아페이론은 양적인 연속체가 아니라 바로 이 질들이 미분화되어 있는 장을 가리킨다. 그런데 이런 질적 분석들 —— 예컨대 인간-아페이론의 백인종, 황인종, 흑인종이라는 단일 이데아들=질들로의 분석 —— 은 대개의 경우 깔끔하게 떨어지지 않는다. 깔끔하게 떨어지는 것은 '부분-외-부분'의 성격을 띤 공간/외연의 경우 뿐이다.[17] 이렇게 분석되지 않고 남는 잔여는 양적 연속성의 경우 '잠재적 무한' —— 예컨대 실수의 연속성에서의 무리수들 —— 으로서 나타난다.[18] 그렇다면 질적 연속성은 어떨까? 아페이론에서의 질적 연속성은 같은 것이 하나도 나올 수 없는 곳이다. 그곳은 '방황하는 원인'이 지배하는 곳이며, 질들이 서로 "엉켜" 있는 곳이다. "거기에 동일성[형상]이 들어올 때 갈라"진다고 할 수 있다.[19] 동일성이 개입할 때 엉킨 질들이 풀어지면서 서로 차이 나는 질들이 성립한다. 그러나 그 아래에는 여전히 아페이론이 연속성을 이루고 있다. 정수가 분화되어 성립해도 그 아래에는 여전히 실수의 연속성이 존재하는 것과 마찬가지이다. 『티마이오스』가 물질성으로서의 아페이론을 개념화하고, 『파르메니데스』가 유동성으로서의 아페이론을 개념화한다면, 『필레보스』는 연속성으로서의 아페이론을 개념화하고 있는 것이다.

---

17) 이것이 근대 과학자들이 '제1 성질'과 '제2 성질'을 구분한 이유이다. 질적 차이를 하나씩 벗겨내어 질적 차이들이 무화되는 바로 그 극한에서 만나게 되는 것이 바로 **공간**이다. 수학적 물리학으로 대변되는 근대 과학이 개가를 올리는 곳이 바로 이 공간이고, 근대 과학에 대한 베르그송의 비판이 시작되는 곳이 바로 이런 공간 개념에서이다.

18) 분석해도 분석해도 끝나지 않는 극한 즉 아페이론은, 플라톤적 뉘앙스가 아니라 현대 철학적 뉘앙스 예컨대 들뢰즈적 뉘앙스로 해석할 경우, 곧 (양적 미분소들이 아니라) 질적 차이소들=미분소들(qualitative differentials)이 "우글거리는" 잠재성의 장이다. 이 장으로부터 (단순한 양적인 적분이 아니라) 질적인 적분을 통해서, 복잡계 과학의 언어로는 창발을 통해서, 새로운 층위의 보다 구체화된 질들이 생성되어 나온다. 이렇게 볼 때, 아페이론은 질들이 존재하지 않는 곳이 아니라 오히려 무한한 잠재적 질들의 총체로서 이해된다. 그리고 우리는 바로 질적 미분소들의 이 장을 동북아 철학에서의 '氣'로 이해해 볼 수도 있을 것이다. '기'로부터 '物'로의 생성은 무한한 질적 미분소들이 누층적인 적분을 통해 보다 구체적인/현실적인 질들로 생성해 오는 과정일 것이다. 이 구도는 같은 사태를 플라톤과 반대의 관점에서 본 것이다.

19) 박홍규, 「『필레보스』편 총정리」, 『전집』 IV, 244쪽.

그래서 아페이론은 결국 연속적이고 유동적인 물질성이라고 할 수 있다.

이제 구키 슈조의 정언적 우연에 대한 분석과 박홍규의 아페이론에 대한 분석을 연결해 볼 때, 우리는 정언적 우연의 존재론적 근거가 바로 아페이론임을 알 수 있다. 정언적 우연들은 기본적으로 어떤 동일성에서 벗어나는 것들이다. 이 우연들은 결국 동일성으로서의 형상의 틀을 벗어나는 물질성, 동일성의 정적 성격을 벗어나는 유동성, 그리고 불연속적 동일성들의 바깥을 형성하는 연속성에서 유래하는 것이다. 요컨대 우연이란 궁극적으로 모든 동일성들이 그 위에서 구축되는 아페이론에게서 유래한다고 할 수 있다. 이것은 곧 우연에 대한 부정의 방향에서의 분석으로부터 그 반대로 긍정의 방향으로 전환하는 것이기도 하다. 정언적 우연의 분석에서 동일성이 아닌 것으로 등장하는 아페이론이 오히려 세계의 근본 터('氣')인 것으로서 새롭게 파악되기에 이른 것이다. 이렇게 우리는 구키 슈조의 우연을 박홍규의 아페이론학의 토대 위에서 새롭게 정초할 수 있게 되었다.

정언적 우연에 대한 구키 슈조의 분석을 논하면서 보았듯이, 이 우연의 성격을 두드러지게 보여 주는 경우는 예외적인 개체들로서의 우연이다. 어떤 개체들이 우연적인 것으로 간주된다는 것은 이들이 자신들이 속하는 종의 일반성에서 벗어나 있기 때문이다. 즉, 이들은 어떤 동일성의 바깥에 존재하는 것들이다.

이 점을 박홍규의 관점에서 본다면, 이들은 형상들의 동일성을 벗어나 있는 존재들이다. 이것이 무엇을 뜻할까? 이는 곧 이들이 아페이론에 형상들이 구현될 때 형상들의 동일성을 받아들이지 못한 부분, 그 잔여에 위치하는 존재자들이라는 것을 뜻한다. 그러나 아페이론의 관점에서 본다면, 역으로 동일성들이란 아페이론의 성격을 그 안에 온전히 담을 수 없는 추상적 존재들이다. 아페이론은 무한한 존재자들을 허용하지만, 동일성들은 말 그대로 각각의 특정한 동일성에 입각해 타자들을 거른다. 때문에 아페이론의 관점에서 본다면, 예외적 존재들은 잔여가 아니라 동일성들에 포섭되지 않는 존재들일 뿐이다. 첫째 물질성의 맥락에서, 모든 개별자들은 각각의 **신체**를 가진다. 신체들은 순수한 차이들을 내포하며, 어떤 동일성의 틀에 온전히 복속되지 않는다. 신체적 고유성들을 접어놓았을 때에만 추상적 동일성들이 성립하는 것이다. 둘째 유동성의 경우, 각 개별자들은 유동적인 존재들이며 계속 **변해 가는 존재**이다. 그 유동성에서 어떤 측면들을 솎아 냈을 때에만 동일성에 복속한다. 셋째 연속성의 경우, 불연속적 동일성들은 연속성에서 (일정한 잔여를 남기고) 어떤 부분들을 떠냄으로써만 성립한다. 개별자들은 아페이론이 연속성을 머금고 있는 이-것의 어떤 '경우'들인 것이다. 근본은 아페이론이고 동일성들은 그 위에서 성립하는 것이다.

그러나 근대적인 학문 체계에서는 많은 분야들이 고전역학을 중심으로 하는 물리학적 패러다임을 받아들였고, 개별 과학인 물리학 패러다임이 존재론의 위상을 띠는 지경이 되어버린다. 이 때문에 (앞에서도 언급했듯이) 예컨대 생명체 특유의 현상들은 우연으로서 취급되었는데, 왜냐하면 결정론적 세계에서 그것을 일탈하는 현상들은 우연일 수밖에 없기 때문이다. 베르그송이 지적했듯이, 특정한 질서 개념이 확립되면 그것에 들어맞지 않은 것들은 무질서한 것들이 될 수밖에 없다. 이런 식의 생각은 고전역학처럼 강한 결정론을 전제하지 않는 담론들에서도 나타난다. 학문이란 보편자를 파악하는 것이라는 개념이 확고하게 자리를 잡고 있는 곳에서는, 개별자는 모두 보편자의 예화들이 될 수밖에 없는 것이다. 그리고 이 예화들 중 보편자의 전형에서 멀어진 것들은 일탈로서 간주된다. 근대적인 사유는 이렇게 결정론과 보편자 중심의 사유였고, 때문에 이 틀 안에 들어가지 않는 존재자들은 우연, 무질서, 예외, 일탈로만 취급되었던 것이다.

그러나 '카타 쉼베베코스'에서 나타나는 정언적 우연에 대한 구키의 분석과 그 존재론적 근거로서의 '아페이론'에 대한 박홍규의 분석을 통해 보았듯이, 차이생성을 출발점으로 할 때 논의는 전복된다. 물질성, 유동성, 연속성을 특징으로 하는 아페이론의 근거 위에서 비로소 동일성들이 마름질되어 나온다면, 그 동일성들의 '바깥'은 똑같이 아페이론으로부터, 전통 철학의 개념으로 한다면 기(氣)로부터 탄생한 것에 다름 아니다. 우리의 눈길을 이미 완성된 동일성들이 아니라 동일성들이 그로부터 형성되어 나온 잠재성으로서의 아페이론에 맞출 때, 개체들은 동일성의 단순한 예화들이 아니며 또 동일성에서 멀어졌다고 해서 일탈인 것도 아니다. 오히려 '카타 쉼베베코스'에서의 우연들은 심층적인 차이생성의 징표를 보여 주는 것들이라 할 것이다.

이와 같은 존재론적 전환은 심대한 윤리학적 함축을 띤다. 이 글의 모두에서 우리는 구키 슈조를 따라, 우연은 존재의 안감과도 같은 비-존재의 가능성에 다름 아님을 논했다. 우연의 실재성을 받아들이는 것은 곧 이 비-존재의 가능성을 받아들이는 것이다. 이 비-존재의 가능성은 어디에 뿌리 두는가? 바로 아페이론에 뿌리 둔다. 박홍규의 철학에서, 아페이론은 동일성이 그로부터 마름질되어 나오는 근본이다. 그렇다면 타자에 대한 동일자의 시점은 말하자면 '적반하장(賊反荷杖)'의 시선이라고 할 수 있다. 즉, 각 동일자들은 자체가 함축하는 마름질 바깥을 타자화하지만, 사실 동일자도 타자도 아페이론에 근간하는 것이며 다만 동일성 형성의 맥락에 따라 동일자와 타자로 화하는 것뿐이다. 따라서 이런 동일자와 타자의 체계를 그대로 고착화하는 것은 바로 그 근간에 존재하는 아페이론을 망각함으로써, 그 체계의 생성을 부정하는 것이라고 할 수 있다.

동일자와 타자의 체계로 구성되는 사회에서 타자들은 동일자의 시선을 통해 배제되거나 순치된다.[20] 동일자의 시선을 비판하면서 전개된 타자의 윤리학이 전개된 것은 이런 맥락에서 이해할 수 있다. 그러나 타자의 윤리학은 '동일자와 타자'의 구도에 입각해 있으며, 각각의 동일성 자체는 인정한다. "차이를 존중하라"는 것은 그 차이의 관계에 놓여 있는 동일성들을 기준으로 하는 생각이기 때문이다.

---

20) 오늘날 인공지능 프로그램을 구성할 때 나타나는 '편향'들, "알고리즘 편향"은 동일자의 시선을 잘 예시해 준다. 백인을 모델(동일자)로 해서 만들어진 프로그램들은 자연스럽게 백인들을 동일자로 놓고 "유색 인종들"을 타자로 놓는다. 미국 경찰이 사용하는 인공지능 컴퓨터 캄파스(Compas)의 예가 대표적이다(김효은, 『인공지능과 윤리』, 커뮤니케이션북스, 2019, 3장).

그러나 이런 구도에서는 일반적인 동일자들의 맥락에서 '잔여'의 위상을 점하는 존재자들에 대한 시선이 탈락되어버린다(앞에서 든 SF적인 상황은 바로 이 잔여의 차원이 존재하지 않는, 아니 존재할 경우 제거되어버리는 세계이다). 반면 박홍규의 아페이론학과 구키의 우연론에 기반할 때, 이 잔여들, 더 정확히 말해 (잔여가 실체적으로 정해져 있는 것이 아니므로) 동일자와 타자 그리고 잔여의 **생성**을 기반으로 하는 윤리학이 요청된다. 이것은 곧 타자의 윤리학이 아니라 타자-되기의 윤리학이다. 이는 곧 차이들이 아니라 차이들의 생성에 근간을 두는 윤리학이며, 타자를 위하는 철학이 아니라 동일자와 타자의 경계선 자체가 허물어지는 윤리학이다. 정언적 우연과 아페이론에 대한 분석은 우리를 타자-되기의 윤리학으로 이끈다.

도(道)의 지도리에 서다

── 장자와 사이짓기의 사유

"道라고 하는 것은 다른 데 있는 것이 아니라 바로 강물과 언덕의 중간 경계에 있지. (…) 불교에서는 그즈음(사이)에 임하는 것을 '붙지도 않고 떨어지지도 않았다'(不卽不離)고 말했다네. 해서 그 경계[際]에 잘 처신함은 오직 道를 아는 사람만이 능히 할 수 있으니, […]."

연암 박지원은 『열하일기』의 초입부에서 그의 동행인에게 이렇게 '경계'에 대해 설명한다. 조선과 청의 국경선에 서서 연암은 자신의 세계와 남의 세계의 사이, 바로 그 경계에서 도를 찾았다. 이것은 무슨 의미일까? 우리는 『장자(莊子)』의 중요한 한 구절을 분석하면서 그 의미를 음미해 볼 수 있다.

조선과 청 사이의 국경선은 곧 양자 사이에 존재하는 문을 열기도 하고 닫기도 할 수 있는 지도리(경첩)이다. '지도리' 개념은 다양한 맥락에서 음미할 수 있다. 그것은 매듭, 경계선, 교차로 등, 요컨대 특이점들이다. 그것은 '관(關)'으로서, 문의 여닫음을 가능케 함으로써 상이한 세계들을 가르면서 잇는다.

장자는 '도의 지도리', '도추(道樞)'에 서서 사유하고 살 것을 가르쳤다. 이 글의 전반부는 이 가르침의 의미를 해명한다. 후반부에서는 이 사유가 오늘날 어떻게 새롭게 이해될 수 있을지를 가능세계, 타자-되기, 사이짓기의 개념들을 통해서 재음미해 본다.

I. 장자와 '도추'의 사유

여기에서는 우선 「제물론」에서 도추 개념이 등장하는 맥락을 풀어 이해한다. 이어 '도의 지도리'를 논하는 해당 본문의 의미를 음미한다.

장자는 우선 사람통소, 땅통소, 하늘통소의 이미지를 활용해 논의 전체의 그림을 그려 준 후, 본격적인 논의에 들어가 삶의 힘겨움과 앎의 어려움에 대해 토로한다.

인생에 대한 장자의 서술은 그 어떤 저자들에서도 볼 수 없을 정도로 비탄조이다. 삶이란 끝없이 이어지는, 꿈속에서조차도 이어지는 수동적 변양의 과정이며("잠잘 때면 꿈들이 어지러이 얽히고 눈을 뜨면 온갖 것들이 몸에 부딪쳐 오니,…"), 변양과 맞물려 각종의 감응들("기쁨, 성남, 슬픔, 즐거움, 또 격정, 후회, 변심, 집착, 그리고 망동, 사치, 경솔, 교태")이 일어나는 과정이다. 또, 인생은 세상(타인들)과의 끝없는 갈등과 투쟁의 과정이며, 쇠약해지면서 늙어 가다가 결국 죽음에 이르는 허망한 과정이다.

인간은 자신의 인식 능력을 통해서 이런 현실을 타개해 나가고 자 하지만, 이 능력에는 명백한 한계가 있다("그만둘지어다. 그만둘지 어다. 이 짧은 인생에 이 모든 생겨남의 근원을 알려 하다니"). 삶은 힘 겹고 앎은 어렵다.

이런 상황을 타개해 나갈 실마리를 장자는 '성심(成心)'에서 찾 는다. 장자에게서 이 개념은 상반된 의미를 동시에 갖는다. 명가(名 家)의 '궤변'에 대해서 그것은 하늘이 우리에게 준 건전한 상식을 뜻 하지만, 도의 차원에 대해서는 넘어서야 할 상식에 불과하다. 성심은 그리스 철학에서의 '통념(doxa)'에 해당하며, 상식(과 양식)에 해당 한다. 도의 차원에는 이 성심을 뛰어넘는 경지로 나아가야만 다가갈 수 있다. 장자는 이런 사유의 부재가 당대 사상계의 혼란을 가져왔다 고 보았다. "참된 도는 작은 업적들에 파묻혔고, 참된 말은 영화에 파 묻혀버렸다."[1]

이런 상황을 넘어 도에 다가갈 수 있는 사유를 장자는 '이명(以 明)'이라고 부른다. 도는 어두운[玄] 것이다.[2] 우리는 어두운 도에 밝 음으로써 다가가야 한다. 그렇다면 이 밝음이란 무엇인가? 이 '이명'

---

1) 성현영(成玄英)의 소(疏)에서는 '榮華'를 "浮辯之辯 華美之言"으로 풀이했다. 『莊子集釋』, 郭慶藩撰, 中華書局, 2010.

2) "視之不見名曰夷, 聽之不聞名曰希, 搏之不得名曰微."(『道德經』, 十四) 도는 이렇게 아스라 하고 아마득하고 아리송한 것이다. 왕필은 다음과 같이 풀이한다. "모양도 없고 형태도 없 고, 소리도 없고 울림도 없으니, 하여 통하지 못하는 바가 없고 오가지 못하는 바가 없다. 무 엇인지 알 수가 없고, 나의 귀, 눈, 몸으로써는 이름 지을 수가 없다. 하여 따져 알 수가 없고, 혼연하여 하나를 이룬다." 다음에서 인용함. 王弼, 『王弼集校釋』, 樓宇烈 校釋, 華正書局, 民 國八十一年.

에 대한 설명이 곧 '도추'와 '양행(兩行)'이다. 밝음으로써 사유한다는 것은 도추와 양행으로써 사유하는 것이다. 장자는 도추에 대해 다음과 같이 논한다.

物無非彼 物無非是. 自彼則不見 自知則知之.[3] 故曰 "彼出於是 是亦因彼." 彼是 '方生之說'也. 雖然 方生方死 方死方生 方可方不可 方不可方可 因是因非 因非因是.──是以聖人不由 而照之于天. 亦因是也. 是亦彼也 彼亦是也. 彼亦一是非 此亦一是非. 果且有彼是乎哉 果且無彼是乎哉.──彼是莫得其偶 謂之道樞. 樞始得其環中 以應無窮. 是亦一無窮 非亦一無窮也. 故曰 莫若以明.

세상에 상대[彼]가 아닌 것이 없고, 자기[是]가 아닌 것이 없다. 상대를 상대로서만 주목해서는 [자기 자신도 상대에게는 상대라는 것을] 볼 수가 없고, 상대성을 분명히 인식했을 때라야 이를 볼 수 있다. 하여 이르기를 "상대는 자기로부터 나오고, 자기 역시 상대에게서 기인한다"고 했다. 이것이 곧 '彼是方生之說'이다. 하나 이런 생각은 결국 상대와 자기가 상대적으로 생(生)하고 사(死)하고, 상대적으로 가(可)하고 불가(不可)하며, 상대적으로 옳고 그르다는 생각

---

3) 진고응(陳鼓應)은 엄령봉(嚴靈峰)을 따라서 "物無非彼 物無非是. 自彼則不見 自知則知之"를 "物無非彼 物無非是. 自彼則不見 自是則知之"로 읽는다(『莊子今注今譯』, 商務印書館, 2020). 이 경우 문장의 대칭성이 정연해지고, 의미 또한 "스스로를 상대로 놓으면 자기를 볼 수가 없지만, 자기로 놓으면 자기를 알 수 있다"가 되어 보다 간명해진다. 그러나 이 경우 상대성의 긴장된 관계를 강조하는 장자의 굴곡진 논변이 다소 밋밋해지는 결과를 낳는다. 여기에서는 기존 판본대로 읽었다.

에 그친다. —— 그래서 성인은 이런 생각에 빠지지 않고, 그것을 하늘에 비추어 보는 것이다. 이는 상대성을 초월한 차원이다. 이 차원에서는 자기가 상대이고 상대가 자기일 뿐이며, 상대도 시비가 하나가 된 차원이고 자기도 시비가 하나가 된 차원인 것이다. 이 차원에서 과연 시비가 여전히 구분되겠는가, 구분되지 않겠는가. —— 상대와 자기가 분리되어 서로를 대(對)하지 않는 경우를 일컬어 '도의 지도리[道樞]'라고 부른다. 지도리가 그 환중(環中)을 얻을 시에 비로소 무궁에 응할 수 있으리니. 그로써 시(是)와 비(非)가 공히 하나의 무궁에 속할 뿐. 그래서 밝음으로써[以明] 사유할 수밖에 없다고 한 것이다.[4]

장자는 우선 '상대성'을 논의 주제로서 제시한다: "세상에 상대가 아닌 것이 없고, 자기가 아닌 것이 없다. 상대를 상대로서만 주목해서는 볼 수가 없고, 상대성을 분명히 인식했을 때라야 이를 볼 수 있다." 이는 곧 상대와 자기가 대대(待對)하는 형국에서 상대성이 성립함을 말한다. 대립이 있는 곳이라면 어디에서든 상대와 자기가 성립한다. 때로 장자는 상대성의 사상가로서 이해되지만, 그가 목표하는 것은 상대성을 넘어서는 것이다. 이는 곧 그가 명가의 사유에서 출발해 그것의 극복을 추구했음을 뜻한다.

상대성의 한 형태는 이율배반이다. 칸트의 유명한 네 가지 이율

---

4) 원문과 번역은 앞의 『莊子集釋』 및 다음 판본들을 참조했다. 『장자』, 안동림 옮김, 현암사, 1993. 『莊子』, 池田知久 全譯注, 講談社, 2014.

배반은 이 개념의 범례적인 형태를 제공한다(『순수이성 비판』, B432 이하). 이는 곧 자기와 상대가 대대하는 국면에서 성립한다. 이 경우 상대와 자기는 **평행**을 달린다. "상대를 상대로서만 주목해서는" 이 이율배반의 구조를 벗어날 수가 없다.

이 구조를 넘어서는 것이 곧 '피시방생지설'이다. 이 입장에 설 경우 자기와 상대는 단지 평행을 달리기보다는 서로가 서로에게로 귀착함으로써 **원환**을 그린다. 이는 곧 역설의 구조이다. 이율배반과 달리 역설은 순환의 구조를 띤다. "나는 거짓말한다"는 역설의 범례적인 형태를 제공한다. 거짓말하는 나는 참을 말하고 있고, 참을 말하는 나는 거짓말하고 있다. 같은 구도에서, "상대는 자기로부터 나오고, 자기 역시 상대에게서 기인한다"는 역설을 형성한다.

혜시의 '역물십사(歷物十事)'는, 마지막 언표("氾[汎]愛萬物, 天地一體也")를 제외한 모두가 이런 역설의 구조를 보여 준다. 이 역설들은 생략된 형태의 역설들이다. 예컨대 첫 번째 역설인 "지극히 커서 바깥이 없는 것을 일러 대일(大一)이라 하고, 지극히 작아 안이 없는 것을 일러 소일(小一)이라 한다"는 극대와 극소라는 '다름'이 공히 하나가 되기에 '같음'으로 귀착함을 말하고 있다. 따라서 다르면 같고 같으면 다르다는 역설의 구조를 드러낸다. 혜시의 아홉 개 언표들은 모두 단순한 "궤변"들이 아니라 이런 생략된 형태의 역설들이다. 『장자』에는 혜시가 다소 왜소화된 이미지로 등장하곤 하지만, 혜시의 역설들은 장자의 사유에 중요한 영향을 각인했다. 장자의 도론(道論)은 그 필수적인 매개인 명가적 역설을 디디고서 성립한다.

피시방생지설에 대한 장자의 비판은 "하나 이런 생각은 결국 상대와 자기가 상대적으로 생하고 사하고, 상대적으로 가하고 불가하며, 상대적으로 옳고 그르다는 생각에 그친다"는 것을 요점으로 한다. 요컨대 이 설은 상대주의에 그친다는 것이다. 이는 언급했듯이, 장자가 혜시적인 역설을 일차 받아들이되, 그 상대주의의 극복을 지향했음을 뜻한다. 장자에게 '하늘에 비추어 보는 것', '밝음으로써 사유하는 것'은 곧 명가적인 역설과 상대주의를 넘어 '도'에 다가서는 행위를 뜻한다.[5] 그렇게 다가가고자 하는 경지란 곧 "자기가 상대이고 상대가 자기일 뿐"인 차원이며, 여기에서는 "상대도 시비가 하나가 된 차원이고 자기도 시비가 하나가 된 차원"이다. 상대에게서도 나에게서도 시와 비가 하나가 되어버려, 자기-임과 자기-아님 사이의 그리고 상대-임과 상대-아님 사이의 **차이가 무화되어버린다**.[6]

해석의 난점이 도래하는 것은 바로 이 대목에서이다. 모든 차이

---

5) 후쿠나가 미쓰지는 '以明'을 "명명백백한 이치, 즉 모든 인간적 상대성을 초월한 천지자연의 절대적 진리에 입각하는 것을 이른다"고 풀이했으나(『장자 내편』, 정우봉·박상영 옮김, 문진, 2020, 79쪽), 이는 다소 과한 풀이이다. 『장자』에는 도를 희구하는 형이상학적 측면과 동시에 도에 대한 독단적인 논의를 비판하는 회의주의적 측면이 동시에 존재한다. 인간은 자신에게 주어진 현세계(現世界)의 조건에서 출발해 도를 추구할 수밖에 없으며, 편향된 시각에서 출발해 편향되지 않은 경지를 계속 추구해 나갈 수 있을 뿐이다. 이는 마치 우리가 자동차의 정중앙에서 운전할 수가 없고 왼쪽(일본, 영국 등에서는 오른쪽)에서 운전하면서 우리의 시각을 공간 전체에 조금씩 맞추어 가야 하는 것과도 같다.

6) 공손룡의 역설에 대한 장자의 대응인 "손가락을 가지고서 '손가락은 손가락이 아님'을 논하는 것은 손가락 아닌 것을 가지고서 '손가락은 손가락이 아님'을 논하는 것만 못하다"(以指喩指之非指 不若以非指喩指之非指也)는 구절 역시 마찬가지의 맥락에서 이해할 수 있다. 여기에서 "손가락 아닌 것"을 무엇으로 보느냐가 핵심이다. 세 가지의 해석, 즉 1) 손가락이 아닌 다른 어떤 개별자, 2) 손가락이 아닌 모든 것, 즉 손가락의 여집합, 3) 개별자가 아닌 것 즉 '도'의 차원에서 우리는 세 번째 해석을 취함으로써 피시방생지설의 경우와 정합적으로 해석할 수 있다.

가 무화되어버린 경지는 자연스럽게 '萬物齊同'의 경지로 이해될 수 있다. 하지만 이렇게 해석할 때 그다음 문단은 이해하기 곤란해진다.

상대와 자기가 분리되어 서로를 대(對)하지 않는 경우를 일컬어 '도의 지도리[道樞]'라고 부른다. 지도리가 그 환중(環中)을 얻을 시에 비로소 무궁에 응할 수 있으리니. 그로써 시(是)와 비(非)가 공히 하나의 무궁에 속할 뿐. 그래서 밝음으로써[以明] 사유할 수밖에 없다고 한 것이다.

'지도리[樞]'라는 개념에 주목할 경우, 위 구절은 만물제동을 뜻하는 것이 아니다. 적어도 이 경지가 모든 존재자들 사이의 차이가 무화되는 어떤 거대한 동일성을 뜻한다면, 그런 상황에서 '지도리'를 말할 수는 없다. 지도리는 존재자들을 분리하는 동시에 연결하고 있는 매듭이기 때문이다.

이 구절을 해석하기 위해 우리는 'contingency'(우연, 우발성)에 대한 소은 박홍규의 분석을 다소간 탈맥락화해 음미해 볼 필요가 있다. 원 A와 B가 점 P를 경계로 붙어 있는 경우를 생각해 보자. A, B의 어느 하나를 '자(自)'라 하고 다른 하나를 '타(他)'라 하자.

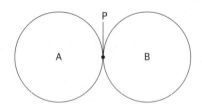

자와 타의 만남은 마주침이고, 이 마주침은 접점을 낳는다. 이는 곧 그림에서 P점이 형성되는 것을 뜻한다. 이때 P는 자에 속하는 것일까 타에 속하는 것일까? 자와 타, 어느 한쪽에 속한다면, 그때 다른 한쪽은 그 점을 잃어버리게 된다. 자와 타 모두에게 속한다면 자와 타는 하나가 되어버려 각각의 개체성은 사라져버린다. 어느 쪽에도 속하지 않는다면, 자와 타는 공히 그 점을 잃어버리게 되고 양자는 접하지 않은 것이 되어버린다.

　소은은 이 점 P는 현실성이 아니라 **가능성의 양상**을 띰을 지적한다.[7] 이 점은 A에 속하'면서' B에 속하는 것이 아니라, A에 속할 '수도' 있고 B에 속할 '수도' 있는 가능성의 점이다. 자와 타가 마주칠 때 그 접점은 현실성의 점이 아니라 자에도 타에도 속할 수 있는 가능성의 점이다. 반대의 방향에서 생각해 자와 타가 하나였다가 분리되는 경우라면,[8] 이 점은 바로 그 분리의 점, 이접(離接)이 일어나는 점 —— 간단히 '이접점(point of disjunction)'이라 하자 —— 이다. 결국

---

7) "P가 일정한 형태로 움직이면 A[의 한 부분]가 될 수 있단 얘기고, P가 또 일정한 형태로 움직이면 B[의 한 부분]가 될 수 있단 얘기지."(박홍규, 『베르그송의 『창조적 진화』 강독』, 민음사, 2007, 245쪽)

8) 이것은 곧 개별자들로부터 도로 가는 방향이 아니라 도로부터 개별자들로 가는 방향이다. 장자는 도가 이지러져[虧] 다양한 물(物)들이 생겨난 것으로 파악한다. 그리고 묻는다. "그렇다면 과연 도 자체에 이런 퇴락[成與虧]이 내재해 있다고 해야 할까, 아니면 도 자체에 내재해 있는 것이 아니라고 해야 할까?"(果且有成與虧乎哉 果且無成與虧乎哉) 그리고 도 자체에 퇴락이 내재해 있었다고 본다. 도가 이지러지는 그 곳곳의 매듭들이 도의 지도리들이다. 역의 방향으로 보아, 이 지도리들이 하나씩 녹아버릴 때 도의 만물제동으로 나아갈 수 있다. 그러나 현실을 살아가는 우리가 할 수 있는 것은 바로 지도리에 서서 사유하는 것이다. 도에서 만물이 갈라져 나올 때 통과했고 또 만물이 도로 융화되어 갈 때 통과해야 하는 그 특이점들에 서서.

이 점은 자도 아니고 타도 아니지만 자가 될 수도 있고 타가 될 수도 있는 점이다. 바로 이런 점이 '도의 지도리'인 것이다.

"상대와 자기가 분리되어 서로를 대(對)하지 않는 경우"가 도의 지도리라 했다. 상대와 자기가 분리되어 있을 때 서로를 대하지 않을 수는 없다. 자기와 상대가 서로 관련 맺으면서도 서로를 대하지 않을 수 있는 유일한 경우는, 바로 도의 지도리에 서서 자기도 타자도 가능성일 뿐인 상황에 서는 것이다. 이때 상대와 자기가 분리되어 서로를 대하지 않는 경우가 성립한다.

이어 장자는 말한다. "지도리가 그 환중(環中)을 얻을 시에 비로소 무궁에 응할 수 있으리니." 이 구절을 해석하기 위해서는 '無窮' 개념에 대한 오해에 빠지지 말아야 한다. '무궁' 개념을 "지도리의 중심에 있으면서 현묘한 극치를 통달하여 일정한 틀이 없는 것에 따라 움직이는 것"(곽상)이라든가, "모든 대립과 모순을 초월한 절대의 일(一)에 입각하여 천변만화하는 현상의 세계에 자유자재로 응하는 것"(후쿠나가 미츠지)이라든가, 생명이나 만물의 중심점을 잡아쥐어 "시간을 벗어나든 세간에 들어가든 '이응무궁(以應無窮)', 무궁에 응할 수" 있다든가[9] 하는 식으로 해석하는 것을 경계해야 하는 것이다. 이런 해석들은 바로 위 인용 구절을 만물제동의 경지로 해석한 데에서 유래한다.

자와 타가 서로를 '대'할 때, 그래서 한쪽이 '시'이면 다른 한쪽

---

9) 남회근, 『장자 강의』, 송찬문 옮김, 마하연, 2015.

은 '비'일 때 단적인 상대주의가 성립한다. 그리고 자와 타가 서로 자신이 '시'임을 주장할 때, 양자는 옴짝달싹할 수 없는 대립에 처한다. 이 상황이 '궁(窮)'이다. 이 상황을 타개할 수 있는 것은 자와 타가 각각의 현실성으로써 배타적인 '시'임을 주장하는 것이 아니라, 자일 수도 있고 타일 수도 있는 가능성의 점에 서 보는 것이다.[10] 그래서 '무궁'은 어떤 엄청난 경지를 뜻하는 것이 아니라, 꽉 막혀 어찌할 도리가 없는 상황을 벗어남을 뜻할 뿐이다.

　　문이 닫혀 있을 때 우리는 자신이 처해 있는 동일성에서 벗어날 수 없다. 문의 안과 바깥은 각각의 동일성을 유지하면서 정적으로 병치될 수밖에 없다. 문을 열어야만 안과 바깥은 통(通)하게 되며, 타자들 사이에 연속성이 가능해진다. 이 문의 엶을 가능하게 하는 것이 지도리=경첩이다. 지도리는 두 문을 묶어 주고 있는 매듭이다. 지도리가 없으면 두 문짝을 이을 수가 없다. 두 문짝이 지도리로 매듭지어 있을 때, 그 문을 여닫을 수 있다. 지도리는 다자들 사이에서 그들의 연속성과 불연속성을 좌우하는 매듭이다. 도의 지도리는 도가 훼손됨으로써, 기가 분화됨으로써 다자들이 생성할 때 그 다자들을 분절해 준(articulate) 매듭들이다. 타자와 타자는 바로 이 도의 지도리들을 통해서 분절되어 있다. 타자와 타자가 서로를 '대'할 때 각자는 동일성을 유지한 채 병치, 대립할 수밖에 없다. 이 '궁'의 상태를 벗어나 '무궁'의 상태로 가려면 지도리를 돌려 문을 열어야 한다. "상대

---

10) 물론 꼭 '점'일 필요는 없다. 맥락에 따라 면일 수도, 입체일 수도, …일 수도 있다.

와 자기가 분리되어 서로를 대(對)하지 않는 경우를 일컬어 '도의 지도리[道樞]'라고 부른다"는 말은 이런 뜻이다.

"지도리가 그 환중(環中)을 얻을 시에 비로소 무궁에 응할 수 있으리니"라 했거니와, "樞始得其環中 以應無窮"에서 '始'의 뉘앙스에 주목할 필요가 있다. 이 문장은 지도리가 환중을 얻었기에, 이제 그 어떤 것에도 응할 수 있다는 것을 뜻하지 않는다. 그것은 지도리가 환중을 얻을 때 **비로소** 무궁에 응할 **수가 있음**을 뜻한다. '무궁'에 응한다는 것은 자와 타가 가능성의 양상에서 서로에게 열려 있기 때문에, 자에도 타에도 공히 응할 수 있음을 뜻한다.[11]

자와 타는 이때, 즉 지도리가 양자의 한가운데에서 문을 열 때 비로소 서로가 통(通)하여 전체로서는 하나인 상황에 들어설 수 있는 것이다. 이것은 불가능을 뚫고서 어떤 가능성이 탄생하는 것, 맥락에 따라서는 우연이 불가능의 아성을 깨고 터져 나오는 것을 함축한다. 우연에 대한 박홍규의 논의가 우리의 맥락에 큰 도움을 준 것은 우연이 아니다.

그리고 이를 일반화할 경우, 세계의 모든 매듭들, 모든 지도리들이 열리는 그런 경지에서 우리는 **비로소** '만물제동'을 말할 수 있다. 사실 지도리들이 모두 열린 경지가 어떤 것인지 우리 인간으로서는 알기가 힘들다. '만물제동'을 너무 쉽게 말하면 곤란하다.

---

11) "어떤 것에도 응할 수 있다"고 번역할 경우, 무궁 즉 '어떤 것에도'는 '무수히 많은 것에도'가 아니라 '자에도 타에도, 시에도 비에도'를 뜻하는 것으로 이해되어야 한다.

II. 가능세계들과 타자-되기

이제 장자의 이 사유를 보다 현대적인 형태로 새롭게 개념화해 보자. 우선 가능세계론과 타자-되기를 논한 후, 도추에 대한 논의로 다시 돌아갈 것이다.

1. 내재적 가능세계론

라이프니츠의 가능세계론은 현대에 들어와 양상논리학을 매개해 새로운 생명을 얻기에 이른다. 여기에서 논할 가능세계론은 이 흐름을 이으면서도 그것을 벗어나 새로운 단계의 가능세계론으로서 제시된 '내재적 가능세계론'이다. 문제의 초점은 "현실세계"를 어떻게 규정하느냐에 있다.

첫 번째 패러다임은 현실세계를 가장 크게 잡는 경우이다. 여기에서 '현실세계'는 곧 우리가 '세계 전체'라고 생각하는, (다중우주 등 가설적인 차원들까지 포함해) 실재하는 세계 전체가 된다. 라이프니츠의 개념을 활용한다면, 우리 자신을 비롯해 우리와 공가능한 (compossible) 모든 것들로 구성된 세계가 곧 현실세계이다. 그렇다면 가능세계들은 곧 실재하지 않는 세계들로, 우리 자신과 공가능하지 않은 세계들로 이해할 수 있다. 관우가 조조를 떠나 유비에게 되돌아가지 않은 세계, 정도전이 이방원을 죽이고 정치권력을 이어간 세계, 박치우가 김일성에 의해 죽임을 당한 세계 같은 세계들은 현실세계가 아니라 가능세계들이다. 라이프니츠에게서 이 가능세계들은 신이 설계했으나 시공하지 않은 세계이다. 현대적인 감각으로 본다면, 이 세계들은 곧 '상상적인' 또는 '허구적인' 세계들이다.

　데이비드 루이스는 이 상상적인 세계들도 실재한다고 주장함으로써 파문을 일으켰다. 그는 현실세계를 "우리를 한 부분으로서 포함하는 세계"로 정의한다.[12] 그리고 가능세계들 또한 우리의 현실세계와 동등한 자격으로 실재함을 주장했다. 우리의 현실세계는 단지 다른 세계들, 무수한 가능세계들 가운데 한 세계일 뿐이라는 것이다. 현실세계의 특수성은 그것이 바로 우리가 살고 있는 세계라는 점에 있을 뿐이다. 루이스의 세계는 가능한 모든 것은 실재하는 세계, 최대한의 세계이다. 그러나 많은 가능세계론자들은 이런 생각을 다각도로 비판했다. 예컨대 가능세계의 개념에 긍정적인 스톨네이커도 실재론에는 부정적이다. 그는 루이스의 이론을 네 부분으로 분석한다. a. "일이 그렇게 되었을 수도 있었던 방식들"로서의 가능세계들은 존재한다. b. 다른 가능세계들은 이 현실세계와 같은 종류의 사물들이다. "나 그리고 나를 둘러싼 모든 것들"이다. c. '현실적'이라는 형용사에 대한 지표적 설명[13]은 올바른 분석이다. d. 가능세계들을 그리로 환원할 수 있는 더 기본적인 어떤 것은 존재하지 않는다. 그리고 이 부분들 중 a와 c는 긍정하지만, b는 부정한다(d에 대해서는 복잡한 논의가 필요하다).[14]

---

12) David Lewis, *On the Plurality of Worlds*, Blackwell, 1986, p. 5.
13) 지표적 설명이란 '현실적'이라는 형용어를 '나' 또는 '여기', '지금'처럼 지표적(indexical)인 것으로 보는 생각이다. 지시(reference)에 있어 그것은 발화의 상황에, 즉 그 발화가 일어나는 세계에 의존한다.
14) Robert Stalnaker, *Inquiry*, The MIT Press, 1984, p. 45.

간단하게 언급했거니와, 가능세계론의 존재론을 둘러싼 다양한 논의들이 전개되어 왔다. 그러나 거의 대부분의 논의들은 현실세계를 위에서 언급한 형태로서 가장 큰 범위로 규정하고 있다는 점에서는 동일하다. 루이스의 입장으로까지 가지 않는다 해도, 이런 현실세계 개념에서는 우리가 그 존재조차 모르는 은하계의 어떤 별도, 아마존 강에서 헤엄치고 있는 어떤 벌레도, 지구 깊숙이 존재하는 어떤 암석도 모두 (그것들이 우리가 아는 세계와 공가능한 이상) '현실적인' 존재들이다. 내재적 가능세계론은 이와 달리 현실세계를 보다 다원적이고 상대적인 방식으로 규정한다.

두 번째 패러다임은 현실세계와 가능세계라는 이분법이 아니라 현실세계, 잠재세계, 가능세계의 삼분법을 구사한다. 이 경우 '잠재적인 것'과 '가능적인 것'은 구분된다. 그리고 첫 번째 패러다임에서의 현실세계는 현실세계와 잠재세계로 구분된다. 예컨대 첫 번째 패러다임에서 '퇴계 이황이 존재하는 세계'나 '2030년 한국의 최고령자'가 존재하는 세계는 (지금까지 우리가 알고 있던 퇴계에 대한 모든 정보가 거짓임이 판명된다거나, 2030년에는 한국이라는 국가가 없어질 것이라는 식의 극단적인 가정을 하지 않는 이상) 바로 이 현실세계이다. 그러나 두 번째 패러다임에서는 이황이라는 철학자, 2030년 한국의 최고령자는 현실적인 존재가 아니다. 그들은 잠재적인 존재자이다. 가능적인 것은 상상적인 것이다. 잠재적인 것은 상상적인 것은 아니지만 현실적인 것도 아니다. 잠재적인 것은 현실적인(actual) 것은 아니지만 실재적인(real) 것으로서, 가능세계들과 현실세계의 중간에 위치한다. 아리스토텔레스에서 들뢰즈에 이르기까지 '가능태/

잠재태'를 사유해 온 철학자들이 이런 유형에 속한다. 내재적 가능세계론은 첫 번째 패러다임에 대한 두 번째 패러다임의 적절함은 인정하지만, 역시 이보다 더 다원적이고 상대적인 길로 나아간다.

　세 번째 패러다임이 내재적 가능세계론으로서, 여기에서 현실세계는 두 번째 패러다임에서보다 더 잘게 나누어질 수 있는 것으로서 파악된다. 이 패러다임에 입각하면, 현실세계, 잠재세계, 가능세계의 삼분법도 너무 추상적이다. 가장 구체적인 맥락에서 현실세계는 한 주체가 직접 경험하는 세계이다. 한 주체에게 **현전해 있는** 세계가 그의 현실세계이다. 그러나 한 주체의 경험은 스냅사진과 같은 것이 아니라 시간에 따라 그려지는 경험-선(線)을 그린다. 이렇게 시간에 따라 그려지는 한 주체의 경험-선이 가장 구체적인 의미에서의 '현실세계'라 할 수 있다. 이 현실세계 개념에 따르면, 한 주체가 한 번도 직접 본 적이 없는 아프리카의 어떤 소녀, 써본 적이 없는 프랑스의 어떤 화장품, 가 본 적이 없는 울릉도의 어떤 바위는 '현실세계'가 아니다.[15] 하물며 "듣도 보도 못한" 것들, 예컨대 아마존의 강을 헤엄치는 어떤 벌레나, 지구 중심부에 존재하는 어떤 암석이나, 태양계를 떠도는 어떤 소행성은 이 주체에게 전혀 '현실세계'가 아니다. 현실세계는 한 주체에게 현전하는 세계, 더 넓게 볼 경우 (간접적인 정보들을 통해서 접하는 경우들까지 포함하는) **현존하는** 세계다.

---

15) 여기에서 간접적인 체험을 '현실적인 것'에 포함시키느냐의 여부가 문제가 될 수 있다. 책이나 그림, TV 등등에서 보고 들은 것은 현실적인 것인가? 아프리카의 소녀나 프랑스의 화장품이나 울릉도의 바위는 간접적으로 경험한 것들일 수 있기 때문이다.

이 세 번째 패러다임에서 중요한 점은 이 패러다임이 '현실세계'를 어떤 한 종류로서 못 박지 않는다는 점이다. 내재적 가능세계론의 핵심은 현실세계를 개인적 주체의 경험-선으로까지 끌어내려야 한다는 점에 있기보다는, 이 가장 좁은/구체적인 현실세계로부터 첫 번째 패러다임이 상정하는 가장 큰 범위에서의 현실세계까지 현실세계를 **상대적으로** 규정할 수 있다는 점에 있다. 앞에서 내재적 가능세계론이 현실세계를 "보다 다원적이고 상대적인 방식으로 규정"한다고 했던 것은 이런 의미에서였다.[16) 이렇게 볼 때, 각 맥락에서의 현실세계에는 각각에 해당하는 가능세계들이 설정된다. 한 개인의 현실세계에 대해서는 다른 모든 사람들의 경험-선들이 가능세계로서 설정된다. 한 국가의 현실세계에 대해서는 다른 모든 국가들이 가능세계들로서 설정된다. 내재적 가능세계론은 앞의 두 유형의 가능세계론들을 부정하는 것이 아니라, 그것들을 자체의 **어떤 경우들로서** (바슐라르의 뉘앙스에서) **포괄한다.** 달리 말해, 내재적 가능세계론은 기존의 가능세계론들을 (수학적 뉘앙스에서) **일반화한다.**

그런데 이런 일반화는 철학적으로 의미심장한 한 가지 귀결을

---

16) 심지어 우리는 여의도의 한 개미의 현실세계, 어떤 로봇 R의 현실세계, 나아가 제주도의 한 야자나무의 현실세계를 생각할 수도 있다. 내재적 가능세계론은 외연의 맥락에서는 첫 번째, 두 번째 패러다임에 대해 현실세계 개념을 더 세분해서 생각하지만, 내포적인 맥락에서는 오히려 기존 이론에 비해 더 확장된 세계들을 다룬다고 할 수 있다. 기존의 가능세계론은 외연상으로는 극히 풍부하지만(특히 루이스의 경우), 내포상으로는 오히려 매우 빈약한 이론들이기 때문이다. 이 논의는 야콥 폰 윅스퀼의 사유를 한 기초로 하며(『동물들의 세계와 인간의 세계』, 정지은 옮김, 도서출판b, 2012), 오늘날 전개되고 있는 '에일리언 현상학'과도 일맥상통한다(레비 브라이언트, 『존재의 지도』, 김효진 옮김, 갈무리, 2020).

낳는다. 기존의 두 패러다임과 달리 세 번째 패러다임에서 현실세계는 각 맥락에 따라 보다 구체적으로 규정되기에, 거기에는 항상 '타자'의 존재가 등장하게 된다. 철수의 현실세계가 아닌 다른 가능세계들은 사실상 철수의 타인들의 현실세계들이다. 중국인들의 세계, 일본인들의 세계는 한국인들의 현실세계에 대해서 가능세계들이다. 내재적 가능세계론의 다원성과 상대성은 필히 타자(들)의 존재를 요청하는 것이다. 이는 중요한 점을 함축한다. 내재적 가능세계론이 다원적이고 상대적인 가능세계론이라 해서 그것이 보편성을 방기하는 것은 아니라는 점이다. 그러나 이 사유에서의 보편성은 앞의 두 패러다임에서처럼 추상적으로 주어지는 것이 아니다. 그것은 타자들이 **서로 보완적으로** 살아가는 현실세계들(이자 가능세계들)을 모두 포용하는 지평에서 비로소 성립한다. 다시 말해, 다원적이고 상대적인 현실세계들/가능세계들의 총화가 보편적 지평인 것이다. 그러나 누구도 세계-전체 바깥에 서서 이 총화/전제를 굽어볼 수는 없다. 따라서 보편성이란 단순히 '주어지는' 것이 아니다. 각자의 현실세계와 타자들의 가능세계들이 그 다원성과 상대성을 깨닫고 그 한계들을 타파해 나감으로써 **형성되어 가는** 것이다. 이는 곧 내재적 가능세계론이 처음부터 존재론적 성격만이 아니라 윤리학적 성격을 띤다는 점을 의미한다.

앞의 두 패러다임과는 달리 내재적 가능세계론의 구도에서, 한 세계는 반드시 어떤 특정한 주체의 세계로 이해된다. 앞의 두 패러다임에서 현실세계는 추상적 방식으로 주어지기 때문에, 그 현실세계가 도대체 **누구의** 세계인가라는 문제가 제기되지 않는다. 반면 내재적 가능세계론에서 하나의 '세계'란 반드시 한 주체(집단적 주체까지 포함해서)에 대해서의 세계이다. 한 현실세계는 철수의 세계이거나, 중국인의 세계이거나, 여성의 세계이거나, […] 반드시 어떤 특정한 주체의 세계인 것이다. 그런데 한 주체가 자신의 동일성을 강고하게 유지할 때,[17] 그는(/그 집단은) 자신의 현실세계만을 살아가게 된다. 그러나 관계맺음을 통한 생성이란 삶의 근본 구도이기에, 한 주체는 자신의 현실세계를 넘어 타자들의 가능세계들과 어떤 식으로든 관계 맺게 된다. 한 주체가 타자와 관계-맺음으로써 생성해 가는 것을 '타자-되기'라 할 수 있다. 이렇게 본다면 한 주체가 타자들의 가능세계들과 관계-맺어 나가는 것은 곧 타자-되기의 과정이라고 할 수 있다. 이때의 타자-되기는 결국 남의 세계, 즉 나의 세계가 아닌 가능세계들과 어떻게 긍정적으로 관계 맺을 수 있는가의 문제이다.

2. 타자-되기

이제 이런 구도를 염두에 두고서 우리의 본래 논의로 돌아가 보자. 장자가 제시한 상황은 세상에 상대가 아닌 것이 없고 자기가 아닌 것이 없는 상황이었다. 이는 곧 누구나 자기이거나 상대로서 존재함을 말한다. 우리 모두는 **상대적으로** 자기에게는 자기이며 상대=타인에게는 상대이다. 지금의 맥락에서 이를 가능세계론의 언어로 말한다

---

17) 생성존재론의 관점에서 보면, 이는 애초에 불가능하다. 생명의 본질은 차이생성(differentiation)에, 즉 타자들과의 관계를 통해서 끝없이 변해-감에 있으며, 따라서 차이생성을 겪지 않는 존재란 이미 죽은 존재이기 때문이다.

면, 누구나 자신의 현실세계를 살아가며 자신의 세계가 아닌 세계들은 상대/타인의 세계들임을 뜻한다. 한 주체 ── 지금의 맥락에서는 한 개인 ── 의 현실세계는 그 주체의 경험-선을 따라서 성립한다. 수업 후 철수는 도서관으로 영희는 운동장으로 갔을 때, 둘의 현실세계는 갈라진다. 철수에게 운동장에서의 영희의 경험은 가능세계이고, 영희에게 도서관에서의 철수의 경험은 가능세계이다. 1945년에 한국은 해방이라는 현실세계를 경험하게 되고, 일본은 패망이라는 현실세계를 경험하게 된다. 패망한 세계는 한국의 가능세계이고, 해방된 세계는 일본의 가능세계이다. 세계는 이런 현실세계들과 가능세계들의 상대적인 분포의 총체이고, 역사란 각 지도리에서의 이 세계들의 갈라짐의 총체이다.

전통 철학자들은 보편성에 대해 다소 안이하게 생각했다. 지구적 안목이 형성되기 전에는 지리적 한계가 보편성 개념의 구성을 안이하게 만들었다. 근대적 세계의 도래 이후에는 헤게모니를 장악한 지역에서 자의적인 보편성을 휘둘렀다(오늘날의 '글로벌 스탠더드'는 이 흐름의 연장선상에서 형성된 것이다). 보편성은 단순히 **주어진** 것이 아니다. 그것은 각 현실세계와 가능세계들을 가르는 경계선들을 허물고 타자-되기를 행함으로써 조금씩 **형성되는** 것이다. 장자에게서의 보편성은 인간을 넘어서는 도의 차원에서 성립하며, '만물제동'은 그러한 경지를 가리킨다. 그러나 만물제동은 갖가지 형태의 경계선들이 모두 허물어진 극한에서나 의미를 가지는 개념이다(물론 그러한 개념을 인간이 사유할 수 있다는 것은 매우 중요한 사실이지만). 장자는 이런 경계-허물기, 타자-되기의 출발점을 바로 '자'와 '타'라는 세포적인 상황에서 포착한다. 도의 보편성으로 향하기 위해서는 가장 기초적인 이 자-타 사이의 경계선부터 허물어야 한다.

장자가 '피시방생지설'을 출발점으로 한 것은 이 설이 곧 이 상황을 정확하게 개념화해 주었기 때문이다. "상대를 상대로서만 주목해서는 [자기 자신도 상대에게는 상대라는 것을] 볼 수가 없고, 상대성을 분명히 인식했을 때라야 이를 볼 수 있다. 하여 이르기를 '상대는 자기로부터 나오고, 자기 역시 상대에게서 기인한다'고 했다." 한 주체는 자신의 경험-선을 따라 형성되는 현실세계를 살아가며, 자신의 이 세계만을 긍정할 때 타인의 세계 역시 (단지 가능세계들인 것이 아니라) 그에게는 현실세계라는 것을 보지 못한다. 나의 가능세계가 타자의 현실세계이며, 나의 현실세계가 타자의 가능세계임을 직시해야만 상대성이라는 진실에 눈뜰 수 있는 것이다. 그래서 각자가 자기의 현실세계만을 긍정할 때, 타자에게는 그것이 가능세계임을 깨닫지 못한다. 철수가 자신이 도서관에 간 세계만을 긍정할 때, 운동장으로 간 영희에게는 그것이 하나의 가능세계일 뿐임을 깨닫지 못하는 것이다. 가능세계들의 상대성을 분명하게 인식할 때에만 자신의 세계와 타인의 세계가 상대적으로 현실세계이자 가능세계라는 사실을 깨닫게 되는 것이다. 철수의 현실세계가 현실일 수 있는 것은 그것이 영희에게는 가능세계이기 때문이며, 그 역도 마찬가지이다. 나는 남이 가능적으로만 살 수 있는 생(生)을 살고 있기에, 그것이 나의 현실세계인 것이다. 그래서 "상대는 자기로부터 나오고, 자기 역시 상대에게서 기인한다"고 한 것이다.

"하나 이런 생각은 결국 상대와 자기가 상대적으로 생하고 사하고, 상대적으로 가하고 불가하며, 상대적으로 옳고 그르다는 생각에 그친다." 이렇게 각자의 현실세계가 타인들의 가능세계이며, 각자의 가능세계들이 타인들에게는 각각의 현실세계라는 것을 긍정하는 데에서 멈춘다면, 우리는 모든 가능세계들의 상대성을 긍정하는 것에 그치게 된다. 그럴 경우, 자기는 죽고 타인은 살거나 타인은 죽고 자신은 사는 상대성, 상대에게 가능한 것이 나에게 불가능하고 나에게 가능한 것이 상대에게는 불가능한 상대성, 그리고 지금 맥락에서는 특히 자기가 옳으면 상대는 그르고 상대가 옳으면 나는 그른 상대성의 확인에 그치게 되는 것이다. 이럴 경우 세계는 각각이 자신의 현실세계를 살아가는 동일자들이 병치된(juxtaposed) 곳 이외의 것이 아니게 된다. 이런 구도에서는 타자-되기가 어렵게 되며, 진정한 도의 추구는 불가능하게 된다. 장자는 명가의 피시방생지설을 이런 상대주의로 파악하고 있다.

그러나 여기에서 시간을 개입시켜 생각해 보면, 이런 병치된 세계는 도의 추구라는 관점에서 볼 때 한계를 띤다. 아니 그 이전에 사실 가능하지 않은 상황이다. 한 주체의 현실세계는 어떤 주어진 동일자가 아니다. 그것은 '오늘은 어떤 옷을 입을까' 같은 작은 지도리에서 '어떤 직업을 선택할 것인가'와 같은 큰 지도리에 이르기까지, 크고 작은 시간의 지도리에서 **선택함으로써**, 게다가 예정에 없던 수많은 사건들과 **마주침으로써**, 한 마디 한 마디가 이어져 이루어지는 경험-선에 의해 성립한다. '하나의 현실세계'라는 개념은 한 주체의 그때까지의 과거를 통해 규정된다(과거가 하나의 동일자로서 성립하는가 자체가 만만찮은 문제이기니와). 한 주체의 현실세계가 어떤 것'일까'는 미래의 가능세계들과의 마주침이 어떻게 전개될 것인가에 따라 달라지게 되며, 매 순간의 현재 우리는 시간의 지도리에서의 선택을 통해 자신의 현실세계를 '만들어' 가고 있는 것이다. 세계는 단지 여러 현실세계들이 병치되고 있는 곳이 아니라, 숱한 시간의 지도리들에서 현실세계들과 가능세계들의 구도/전체가 계속 생성되어 가는 곳이다. 각각의 현실세계가 형성되어 갈 때마다 세계 내에서의 현실성들과 가능성들의 분포 전체가 계속 바뀌어 간다.

자신의 현실세계에 갇히기보다(사실 생은 마주침의 연속이므로, 이것 자체가 불가능하기도 하거니와) 타자-되기를 통해서 도에 가까이 가기 위해서는 세계의 이런 생성 전체와 함께해야 한다. "그래서 성인은 이런 생각에 빠지지 않고, 그것을 하늘에 비추어 보는 것이다. 이는 상대성을 초월한 차원이다." 성인은 상대주의에 빠지기보다 세계의 이런 분포 및 그것의 생성 전체를 하늘에 비추어 본다. 여기에서 성인은 도를 추구하는 인물이고, 하늘은 도의 경지를 뜻한다. 그러나 누구도 세계 바깥으로 나아가 세계의 이런 생성 전체를 굽어볼 수는 없다. 논리적으로만 따진다면, 도를 추구하는 사람이 처음부터 도약해서 도의 경지에 비추어 볼 수는 없다. 때문에『장자』에는 도의 추구와 동시에 그것에 대한 회의적인 시선이 계속 교차적으로 등장한다. 장자는 매우 조심스러운 태도로 생(生) 전체에 대한 직관을 추구했다고 할 수 있다. 그리고 상대성을 초월한 차원, 즉 내 현실세계만이 아니라 가능세계들 전체를(나의 현실세계가 남의 가능세계일 뿐이라는 점에 대한 깨달음까지 포함해서) 직관한 차원에서는 "자기가 상대이고 상대가 자기일 뿐이며, 상대도 시비가 하나가 된 차원이고 자기도 시비가 하나가 된"다고 본 것이다. 보다 가능한 방식으로 표현한다면, "자기가 상대일 수도 있고 상대가 자기일 수도 있을 뿐이며, 상대도 시와 비의 가능성을 동시에 가지고 자기 또한 시와 비의 가능성을 동시에 가지게 된다"고 표현할 수 있다. 도의 경지에서 보면, 철수의 길과 영희의 길이 바뀔 수 있고 옳은 자와 그른 자가 서로 바뀔 수 있는 것이다. 그런 차원에서는 시비의 구분이 무의미해진다.

도의 지도리란 어디인가? "상대와 자기가 분리되어 서로를 대(對)하지 않는 경우"이다. 가능세계들이 갈라지는 곳, 누군가의 현실세계가 누군가의 가능세계가 되고 또 그 역도 성립하는 곳, 마주침과 선택이 이루어지는 곳, 각자의 현실세계가 계속 새롭게 모습을 갖추어 가고 가능세계들 전체의 배치가 생성하는 곳, 타자-되기가 이루어질 수 있는 곳, 바로 그곳이 도의 지도리이다. 상대와 자기가 서로의 현실세계를 진실로 주장하면서 병치되기를 그치는 곳, 서로를 대하지 않는 '곳', 그곳이 바로 도의 지도리이다. 서로가 단지 병치하고 있을 때 궁(窮)에 처하게 된다. 이런 경우 타자-되기는 불가능하다. 오로지 도의 지도리에 섰을 때, 자기와 상대의 한가운데에 섰을 때, "지도리가 그 환중을 얻을 시에" 비로소 이 궁함이 깨어지고 타자-되기가 이루어질 수 있다. 그때 비로소 우리는 궁함을 깨치고 무궁의 경지에 응하기 시작할 수 있다. 모든 "시(是)와 비(非)가 공히 하나의 무궁에 속할 뿐"이라는 사실을 깨닫기 시작할 수 있는 것이다. 이것이 바로 "밝음으로써 사유"하는 것이다.

* * *

장자의 도추 개념을 가능세계론과 타자-되기의 개념을 통해서 현대적으로 해석해 보았다. 내재적 가능세계론의 타자-되기 개념은 사실 존재론적 의미만이 아니라 윤리학적 의미를 띤다. 이 사유를 추동하는 일차적인 힘은 오히려 윤리적인 것이라고 하겠다. 내재적 가능세계론은, 도의 지도리의 사유는 '타자-되기의 윤리학'을 지향한다. 지도리에 서는 것, 나의 현실세계와 타자들의 가능세계의 경계선에 서는 것이 곧 타자-되기의 시작, "오상아(吾喪我)"의 시작이기 때문이다.

도의 지도리들은 도가 세계로 이지러질 때("成與虧") 그 매듭=특이성의 역할을 하는 곳들이다. 우리는 이 도의 지도리들에 서서 사유함으로써 다시 도로 찾아갈 수 있고 타자-되기의 윤리학을 행할 수 있다. 사실 우리의 해석 구조에서는 오히려 타자-되기의 윤리학을 행함으로써 도를 찾아갈 수 있다고 해야 할 것이다. 우리는 이렇게 도의 지도리에 서서 사유하기를 '사이짓기(betweening)'로써 개념화할 수 있다.[18] 우리는 장자의 사유를 사이짓기의 사유로써 계승해

---

18) 이를 간단한 경우, 예컨대 안과 바깥이라는 두 항의 경우에 놓고서 보면, 보다 분명하게 볼 수 있다. 소크라테스는 다이몬이 자기 내면에서 "정치에 참여하지 말라"고 했기 때문에 자기는 정치에 참여하지 않는다고 이야기하면서도, 끊임없이 정치에 관심을 가지면서 알키비아데스 같은 사람을 좋은 정치인으로 만들기 위한 교육에 힘쓴다. 결국 소크라테스는 정치의 안과 바깥의 경계에 서 있는 사람이다. 경계에 서 있기 때문에 정치를 비판할 수 있고, 동시에 좋은 정치인을 만들기 위해 젊은이들을 가르칠 수 있는 것이다. 그 경계는 안도 아니고 바깥도 아니다. 안, 바깥이라는 유가 아니다. 그러나 박홍규의 해석에서 보았듯이, 그것은

나갈 수 있을 것이다.

_____

단순한 무가 아니라 안과 바깥을 보듬은 잠재성으로서의 무이다.

2부

아이온의 시간에서 시간의 직접적 이미지로

시간의 문제를 객관주의적 방식 또는 자연과학적 방식으로 접근하는 것과 주관주의적 방식 또는 현상학적 방식으로 접근하는 것 사이에는 큰 간극이 있다. 들뢰즈가 『차이와 반복』 2장에서 전개하는 시간론은 얼핏 현상학적 접근으로 보인다. 그러나 들뢰즈의 접근은 베르그송의 그것을 잇는 생명철학적 접근이라고 보아야 한다. 들뢰즈가 주목하는 차원은 의식의 차원도 아니고 물질의 차원도 아니다. 물리적 차원에서는 시간의 외연('공간화된 시간')과 양적 비교('측정된 시간')가 있을 뿐 '수축'의 개념은 없다. 대조적으로 인간 의식의 차원에서는 시간의 수축은 기본적이고 중요하다. 그리고 시간의 수축이 시간의 종합을 가능하게 해 준다. 이 개념화는 현상학적 탐구를 통해 철학적 해명의 수준에 도달했다. 그러나 들뢰즈는 의식 차원에서의 능동적 종합이 아니라 그 아래에서의 수동적 종합을 다룬다. 이 '수동적 종합' 개념은 후설에 의해 제시되었고, 들뢰즈는 그것을 무의식 차원으로, 나아가 궁극적으로는 생명의 차원으로까지 심화시켰다.

수축 개념은 어떤 식으로든 반복의 개념을 함축한다. 반복이 존재하지 않는 세계는 시간의 조각들 사이에 어떤 연속성도 성립하지 않는 세계이다. 시간에서의 반복은 시간-조각들 사이의 연속성 —— 그러나 앞으로 보겠지만 지속과는 다른 성격의 연속성 —— 을 함축한다. 이 연속성을 가능케 하는 바탕은 생명, 더 고급하게는 정신이다. 그리고 이로써 반복은 '대자적 반복'이 된다. 즉자적 반복들이 성립한다 해도, 시간의 종합이 전제되지 않는다면 반복들 사이에서 대자적 관계가 성립하지는 못할 것이다. 시간의 종합을 통해서 현재는 과거에 의해 근거지어지고, 다시 과거는 미래에 의해 근거지어지고 또 극복된다. 이때 우리는 시간의 세 가지 종합의 전체 구조를 파악할 수 있게 되며, 이로써 크로노스의 시간을 개념화할 수 있게 될 것이다.

그러나 우리 논의의 핵심은 오히려 아이온의 시간이 이 크로노스의 시간과 어떻게 대비되는가에 있다. 우선 시간의 세 가지 종합을 논함으로써 크로노스의 시간 개념을 정리하고, 이 시간 개념과의 대비를 통해 아이온의 시간 개념을 논한다. 아이온의 시간 개념을 분명히 함으로써 우리는 들뢰즈 영화론에서의 시간의 직접적 이미지 개념이 이 아이온의 시간과 어떻게 연관되는지를 밝혀낼 수 있다.

I. 크로노스와 아이온

시간의 세 가지 종합은 두 축, 즉 '현재-과거-미래'로 구성되는 축과

'능동적-수동적'으로 구성되는 축으로 구성된다. 현재의 능동적 종합은 지각(또는 직관)으로서 성립한다. 그러나 그러한 지각(x)의 '토대(foundation)'는 dx로서의 '살아 있는 현재'이다. 시간의 조각으로서의 지각의 시간은 흐르는 시간이라는 토대 위에서 성립한다. 이 살아 있는 현재는 수동적 종합의 시간이다. 이 현재의 주체는 능동적 주체가 아니라 '애벌레-주체'이며, 능동적 주체는 애벌레-주체들의 통합을 통해서 성립한다. 그리고 몸에 밴 수동적 종합은 습관('하비투스')으로서 우리의 몸과 무의식에 정착된다. 이 과정은 반복적인 차이생성에서 미세한 차이들을 "뽑아냄으로써" 성립한다(DR, 96).[1] 반복은 정신의 작용, 흄적인 뉘앙스에서의 이미지작용 = 관념들의 작용에 의해 포착되는 차이들을 통해서만 지각되지만, 반복이 정확히 동정(同定)되는 것은 바로 그 차이들이 뽑아내질 때이다. 그리고 이때 주체는 습관을 살아가는 주체이다. 그러나 시간이 '흐르기' 위해서는, 그리고 시간의 종합이 이루어지기 위해서는 살아 있는 현재만으로는 부족하다. 만일 시간에 현재만이 존재한다면 시간은 흐를 수 없다. 현재의 시간이 흐르기 위해서는 그러한 흐름을 가능케 하는 조건이 존재해야 한다. 이 조건은 차이들을 뽑아냄으로써 동일성을 구성하는 조건이 아니라 차이들을 "포함함으로써" 그 차이들을 보존하는 한편, 그 차이들을 통해서 현재를 흐르게 하는 조건이다. 모든 '지금'들이 연속적인 차이생성을 내포하게 만드는 이 조건, 다시

---

1) DR = Gilles Deleuze, *Différence et répétition*, PUF, 1968.

말해 현재가 흐르도록 해 주는 조건이란 곧 과거라는 차원이다.

과거의 능동적 종합은 기억으로서 나타난다. 그러나 기억의 시간이 흄에게서처럼 단지 희미해진 현재의 시간에 불과하다면, 그것은 현재 시간의 흐름의 조건으로서 기능하지 못할 것이다. 과거가 현재의 흐름의 조건이려면 그것은 현재의 흐름과 항상 함께하는 무엇이어야 한다. 아니 어떤 면에서 그것은 현재보다 그것의 조건으로서 먼저 존재해야 한다. 이 기억은 능동적 기억 즉 의지적인 기억이 아니라 '비-의지적 기억'이며, 능동적 기억 이전에 존재하는 수동적 기억, 그것의 선험적 조건으로서의 순수기억이다(MM, 155~159).[2] 순수기억은 현실성으로서 실존하는 즉 외존(外存)하는(exist) 기억이 아니라 잠재성으로서 내존(內存)하는(insist) 기억이며, 의식적인 기억이 아니라 무의식 차원에서 잠존(潛存)하는(subsist) 기억이다.

이런 상황은 베르그송과 들뢰즈의 네 가지 역설을 낳는다(DR, 110~112). 우선 시간이 흐르기 위해서 현재는 매 순간 '동시에' 과거가 되어야 한다. 그래야만 시간이 흐르기 때문이다. 그래서 과거는 이미 흘러가버린 현재들이고, 현재들은 매 순간 과거로 사라지는 것이 아니다. 시간의 이미지는 수평적인 것이 아니라 수직적인 것이다. 즉, 현재와 과거는 수평적으로 병존(竝存)하고 있는 것이 아니라 수직적으로 '공존하고' 있다. 이러한 공존은 베르그송의 유명한 원뿔 모양으로 표상된다(MM, 167~170). 현재가 꼭짓점이라면 과거는 그

---

2) MM=Henri Bergson, *Matière et mémoire*, PUF, 1939.

아래에 존재하는 원뿔 전체이다. 사실 과거는 현재와 공존할 뿐만 아니라 현재보다 먼저 있어야 한다. 먼저 현재가 있고 난 후에 그것이 과거가 되는 것이 아니다. 이 과정이 가능하기 위해서도 과거는 현재가 흐를 수 있는 조건으로서 '선재해야' 한다. 그러나 이 선재는 수평 구도에서 과거가 현재 앞에 있음을 뜻하지 않는다. 이것은 현재가 있고 나서 그것이 과거가 된다는 생각을 거꾸로 말한 것에 불과하다. 그것은 수직의 구도에서 현재의 가능조건으로서의 과거가 선재함을 뜻한다. 여기에서의 기억은 주체가 능동적으로 떠올리는 특정 기억이 아니다. 그것은 현재에서의 흐름을 그리고 과거에서의 포함과 상기를 가능케 하는 선험적 조건으로서의 '순수과거'이다. 이 순수과거는 기억의 활동을 가능케 하는 '근거(fondement)'이다. 마지막으로 과거는 다양한 수축의 정도에 따라서 그 자체를(과거 전체를) 반복한다. 한편으로 그것은 현재와 상관적인 '특정한' 수축의 정도에서 반복되지만, 다른 한편으로는 과거 '전체'(생명 전체, 정신 전체)를 반복하고 있기도 하다. 현재는 매번 과거의 다른 결과 상관적으로 성립하지만 동시에 과거 전체의 자기 반복과 상관적으로 성립한다.

왜 이런 역설들이 나오는가? 시간이 **접혀 있기** 때문에, 다시 말해 현재와 과거가 **주름**을 형성하고 있기 때문이다. 현재의 현실성과 과거의 잠재성이 시간의 주름을 형성하고 있으며, 그런 한에서 역설들은 불가피하다.

현재와 과거는 원뿔의 꼭짓점과 몸통을 이루면서, 서로 순환적으로 관계 맺는 원의 이미지를 그린다. 그러나 비결정성을 함축하는 미래의 역할을 빠트리지 않으려면 이 원은 어디에선가 열려야 하며, 이 터진 곳을 통해서 미래의 시간이 현재로 흘러 들어와야(거꾸로 말해 현재가 미래로 나아가야) 한다(DR, 119~120). 베르그송에게서는 과거 자체가 비-결정론적으로 이해되지만, 더 근본적인 비-결정성은 미래로부터 온다. 그리고 이미 논했듯이, 이 두 비-결정성은 서로 맞물려 있다(EC, 16; C-1, 18~22).[3] 모든 사물들이 내포하는 이런 비-결정성을 사유하는 것은 곧 사물들의 '이념'들을, 그러나 플라톤과는 다른 방식으로 사유할 것을 요청한다. 들뢰즈의 이념은 한 사물의 이상태가 아니라 그 사물이 만들어낼 수 있는 자기차이성의 극한치(열린 극한치)이다(DR, 319~320). 이념 즉 잠재성은 한 사물의 아래에 존속하는 과거로서만이 아니라 계속 새롭게 생성해 가는 그것의 미래로서도 파악되어야 한다. 이는 곧 사물들의 근원은 '근거'를 넘어 '탈-근거'의 성격을 가지는 미-규정성이라는 것을 뜻한다. 그러나 들뢰즈의 미-규정성은 단순한 카오스가 아니다. 그것은 규정 가능성을 내장한 카오스모스이다. 현실성으로서의 규정성과 잠재성으로서의 미-규정성 사이에는 규정 가능성이 작동한다. 그리고 규정의 과정은 세계의 선험적 조건으로서 무한히 접혀 있다(DR, 221 이하). 이것은 복잡계과학의 언어로는 '창발'의 설명에 해당한다.[4]

---

3) EC = Bergson, *L'Évolution créatrice*, PUF, 1941. C-1 = Deleuze, *Cinéma 1: image-mouvement*, Ed. de Minuit, 1983.

4) 칸트에게서 미-규정성은 이념의 특징이며, 규정된 것은 경험의 내용들이다. 그리고 규정 가능성은 미규정성에서 규정성으로 향해 가는 이념의 잠재력이다. 들뢰즈에게서 미-규정성은 잠재성의 차이생성적 성격이며, 규정성은 현실성이다. 그리고 규정 가능성은 $\frac{dy}{dx}$('relation'이 아닌 'rapport')라는 형식이다. 들뢰즈의 사유는 칸트의 선험철학을 차이생성(수학적으로는 무한소미분)의 존재론으로 변환시키고 있다.

과거는 현재를 정초했지만, 미래는 과거를 탈-근거화한다. 미래로 말미암아 과거는 창고에 저장한 물품처럼 결정된 무엇이 아니라 그 자체 계속 생성하는 것이 된다(과거는 현재와 상관적으로 생성하지만, 현재의 생성 그 자체가 미래와 상관적이라는 점에서, 과거와 미래는 연결되어 있다). 이는 순수과거가 현재와 과거의 순환적 구도에 사로잡힌 것이 되지 않기 위해서는 이 구도가 열려야 하고, 비결정성을 이해하려면 미래가 고려되어야 함을 뜻한다. 그때 우리는 시간의 열려-있음과 비결정성을 확보할 수 있다. 이는 곧 현재와 과거의 순환이라는 구도에 어떤 절대적인 차이가 도입되어야 함을 뜻한다. 그렇지 않을 경우 현재는 순수과거의 선험적 작동에 묶여 있게 되며, 순수과거는 현재와의 원환적 구도에 사로잡히게 된다. 순수과거는 표상적인 현재와 대조적으로 비-표상적인 것이어야 하지만, 현재에 묶여 있고 현재에서 실마리를 잡아 이해할 수밖에 없는 것으로 머무는 한에서 현재의 표상성을 벗어나지 못하게 된다. 이는 시간의 주름이 베르그송의 원뿔을 넘어서는 보다 복잡한 구도를 띠어야 함을 뜻한다.

현재와 과거에 있어서도 그랬듯이, 미래에 있어서도 능동적 종합과 수동적 종합을 구분해야 한다. 미래의 능동적 종합은 기대이다. 기대는 능동적 주체가 미래로 던지는 반복과 차이의 그물이다. 그렇다면 미래에서의 수동적 종합은 무엇인가? 첫 번째 종합에서의 수동적 종합이 습관이고 두 번째 종합에서의 수동적 종합이 순수기억이었다면, 세 번째 종합에서의 수동적 종합은 영원회귀이다. 영원회귀는 미래 시간이 띠는 몇 가지 특징으로부터 성립한다. 미래의 본질적인 의미는 절대적 차이의 도래에 있다. 선재하는 어떤 동일성으로 더 이상 회수될 수 없는 유일무이한 차이로서의 절대적 차이, 베르그송적 뉘앙스에서의 '새로움'의 생성이 미래를 비-결정론적인 것으로 만든다(PM, 101~102).[5] 때문에 미래에 이르러 시간은 원환적 이미지를 벗어난다. 일정한 수 즉 주기에 입각해 반복되는 천문학적 시간이 원환적 시간의 전형적 이미지라면, 미래의 시간은 절대적 차이들의 생성이 만들어내는 순서(절대적 순서)가 이어지는 직선, 절대적 차이가 새겨지기 이전에는 아무런 내용이 들어 있지 않은 "순수하고 텅 빈 시간"으로서의 직선이다. 이는 똑바른 선이라는 시각적 이미지에서가 아니라 순서에 의해서만 그려질, 무한의 저편으로 이어질 어떤 선이라는 이미지에서의 직선이다. 이 미래의 종합에서는 시간의 정초나 근거가 무너지고 '탈-근거'가 작동한다. 원환의 시작점=끝점은 더 이상 '='(등치/등가)이기를 그치고 어긋나버린다. 이 시간의 지도리에서 전과 후는 합치하지 않는다. 시간이 경첩에서 빠지면서 절대적 차이가 생성한다. 그러나 미래가 오로지 절대적 차이들, 탈-근거의 시간만은 아니다. 미래에서도 반복은 작동하며, 결국 미래는 절대적 차이들의 생성의 와중에서 일정 측면들이 반복되는, 달리 말해 반복의 외관에서 항상 차이가 생성해 나오는 영원회귀의 성격을 띤다고 할 수 있다.

　지금까지 논한 시간이 크로노스의 시간이라면, 들뢰즈에게는

---

5) PM = Bergson, *La pensée et le mouvant*, PUF, 1939.

이와 대조적인 또 하나의 시간이 존재한다. 아이온의 시간이 그것이다. 우리는 이 시간을 지금까지 논해 온 크로노스의 시간과 대비시킴으로써 이해할 수 있다. 크로노스와 아이온의 구분은 들뢰즈 시간론의 핵심이며, 이 아이온의 시간의 개념화는 우리에게 오즈 야스지로의 영화(와 도겐의 선불교)에서 나타나는 시간론을 조명할 수 있는 관점, 존재론적 구도를 줄 것이다.

크로노스가 사물들의 시간이라면, 아이온은 사건들의 시간이다. 크로노스의 특성은 그 외연, 더 정확히는 지속에 있다. 지속은 연속적이다. 이 특성은 우리가 '현재'의 정확한 외연을 정할 수 없다는 사실에서 특히 잘 드러난다. 지속은 또한 운동하는 연속성이다. 그래서 크로노스는 흐르는 시간이며, 무한히 연장되는 시간이다. 시간의 간격들은 러시아 인형에서처럼 쟁여져 있다. 그러나 (본래 스토아철학에서 영원을 뜻했던) 아이온은 지속이 없는 시간이다. 물론 현실 차원에서 아이온의 시간 즉 사건들의 시간은 시간 간격을 갖는다. 여기에서 우리는 두 종류의 사건을 구분해야 한다. 사물들에 구현된 그래서 '사태'를 형성하는 사건과 사건 자체 또는 순수사건(eventum tantum)을(LS, 78~79).[6] 순수사건들은 아이온의 시간에 잠존하며, 문법적으로는 부정법에 상응한다. 그것들이 현실성에 구현될 경우 이 현실화된 사건들은 일반적으로 짧은 시간을 가지지만, 그 짧은 시간에서 유의미한 무엇인가가 발생한다. 들뢰즈와 가타리는 이를 '비

---

6) LS=Deleuze, *Logique du sens*, Ed. de Minuit, 1969.

물체적 변환'이라고 부른다(MP, 102~103).[7] 홈런은 한 경기의 결과를 순식간에 바꾸어 놓는다. 이런 점에서 사물들의 시간과 사건들의 시간은 전적으로 다르다. 우리는 한 사태로부터 하나의 '사건'을 그것(사태)에 관련되는 사물들로부터 분명하게 구분해낼 수 있다. 한 강의는 단지 몇 시간만 진행되며, 강의가 끝나는 순간 '강의'라는 사건은 사라져버린다. 교실도 강사도 학생들도 또 의자, 책상 등도 모두 그대로이다(미시적인 변화를 접어 둔다면), 그러나 강의 자체는 더 이상 존재하지 않는다. 그러나 '강의'라는 사건은 그 다음 주에 반복될 것이다. 사물들은 연속적으로 지속되지만, 사건들은 단속적으로 반복된다.

크로노스의 시간이 수평으로 흐르는 시간이라면, 아이온의 시간은 이 흐름의 어딘가에서 수직으로 솟아오르는 시간이다. 하나의 사건에서 중요한 것은 그것의 외연(지속)이 아니라 그 사건이 발생한 날짜이다. '날짜'라는 개념은 크로노스와 아이온의 교차점에서 성립한다. 그러나 한 '사건' — "무슨 일인가가 일어났다"는 것 — 이란 어떤 기준에서 '하나의' 사건이 되는 것일까? 생각해 보면, 크로노스의 모든 현재들은 곧 사건의 시간들이다. 크로노스는 차이생성의 시간이며, 원칙적으로 생기하는 모든 차이들은 사건들이다. 모든 현재에는 그 어떤 일이 일어난다. 하다못해 공기의 이동이라도 말이다. 그러나 모든 차이생성이 사건인 이런 상황에서는 사건이라는 개

---

7) MP=Gilles Deleuze et Félix Guattari, *Mille plateaux*, Ed. de Minuit, 1980.

넘이 아무런 의미를 가질 수 없다. 그렇다면 어떻게 '하나의 사건'을 개별화할 수 있을까? 『사건의 철학』에서 논했거니와, 하나의 사건은 항상 그것보다 작은 사건들을 그것의 배경으로 밀어냄으로서 '하나의' 사건으로서 개별화된다. 사건 E는 다른 사건들 $e_1, e_2, e_3, \cdots$ 를 그것의 배경으로 밀어 누르면서 하나의 사건으로서 솟아오른다. 그리고 이런 상대성은 사건 성립의 모든 층위들에서 작동한다(이를 사건 성립에서의 '상대성 원리'라 불렀다). 이로부터 아이온의 시간과 크로노스의 시간은 동떨어진 두 시간이 아니라는 결론을 얻을 수 있다. 크로노스의 시간이 수평으로 흐르는 차이생성의 시간이라면, 아이온의 시간은 수직으로 솟아올라 개별화될 수 있는 차이들의 시간이다.

그러나 크로노스와 아이온의 관계는 간단하지 않다. 앞에서 설명했듯이, 양자 사이에는 본질적인 존재론적 차이가 있다. 같은 이름(예컨대 '홈런')을 가진 사건들의 반복이라는 현상은 크로노스와 아이온을 연결하는 매듭이다. 크로노스가 지속에 있어 연속되는, 즉 흐르는 현실적 사건들의 시간이라면, 아이온은 잠재적 차원에서 잠존하는 혹은 내존하는, 이 사건들의 순수사건의 시간이다. 아이온의 시간이란 지속되는 시간이 아니라 반복되는 시간이기에, 사건은 연속적으로 흐르기보다 단속적으로 반복한다.

이것들[사건들]은 (…) 살아 있는 현재가 아니라 부정법들에 관련된다. 즉, 사건들은 한계 지어지지 않은 아이온, 과거와 미래로 무한히 나뉘며 현재를 끊임없이 벗어나버리는(esquiver le présent) 생성이다. 그래서 결국 시간은 서로를 배제하면서도 상보적인 두 방식으로 파악된다. 그 한 방식은 작용을 가하고 받는 물체들 속에서 살아 있는 전적인 현재이며, 다른 한 방식은 (물체들 및 그것들의 작용을 가함/받음에서 유래하는) 비-물체적인 효과들 속에서 과거와 미래로 무한히 나뉠 수 있는 심급이다. 오직 현재만이 시간 속에서 실존하며, 과거와 미래를 모으고 흡수한다. 그러나 과거와 미래는 시간 속에서 단지 내존할 수 있을 뿐이며 각각의 현재를 무한히 나눈다. 문제가 되는 것은 계기하는 세 차원이 아니라 시간에 대한 동시적인 두 독해[크로노스와 아이온]인 것이다(LS, 14).

이 차원은 가능한 모든 사건들의 시간으로 구성된 아이온=영원, "Eventum tantum"이다(LS, 210). 그러나 스토아학파의 'fatum'과 같은 총체성과는 달리 들뢰즈의 아이온은 결정론적으로 이해되지는 않는다. 아이온의 시간론은 비-베르그송적 나아가 반-베르그송적 시간론이지만, 베르그송주의자로서 들뢰즈는 순수사건들 자체도 창생론(創生論)적으로 이해한다. '날다'라는 사건은 실제 나는 존재가 "발명"(베르그송)되기 이전에는 실존하지 않았을 뿐만 아니라 잠존하지도 않았다(EC, 164~166). 잠재적 사건들의 차원 역시 열린 것으로서 이해되어야 한다.

크로노스의 시간은 사물들의 시간이기에 자연법칙에 의해 움직이며 능동·수동의 관계를 통해서 움직인다. 아이온의 시간은 사건들의 시간이기에 사건의 논리에 의해서 움직이며 사건들에 고유한 비-물질적 관계들을 통해서 움직인다. 순수사건의 시간이 사물들의 시간과 교차할 때 비-물체적 변환이 야기된다. 그러나 하나의 사건은 사실상 그것만으로는 의미가 없으며, 다른 사건들 사이의 관계를 통해서, 특정한 사건-계열에 삽입됨으로써 의미를 가질 수 있다. 하나의 사건은 사건들의 계열, 보다 넓게는 계열들이 형성하고 있는 장의 어느 곳에서 특이성으로서 기입되며, 그러한 기입을 통해서 구체적인 의미를 가지게 된다. 사건의 장은 이런 특이성의 개입을 통해서 역동적으로 생성한다(LS, 72~73). 특이성은 아이온에서의 사건이 크로노스에서의 사물과 교차하는 점, 어떤 특정한 사태에서 출현한다. 하나의 사건이 발생할 때마다(각 순수사건들의 '지금'), 과거도 또 미래도 모두 재배치된다. 그러나 부정법의 시간인 아이온 자체, 즉 사건 자체들의 시간은 변하지 않고 잠존한다.

요컨대 아이온의 시간은 접힌 시간이 아니라 펼쳐진 시간이다. 아이온의 시간은 현재·과거·미래가 접히면서 지속하는 시간이 아니라, 잠재성의 차원에 펼쳐져 있으면서 반복되는 시간이다. 그래서 아이온은 "살았다", "살 것이다", "살아야 한다", "살 수 있다" 등의 시간이 아니라 '살다'의 시간이다. 이 시간은 물질성과 함께하는 현실의 시간이 아니라 물질을 넘어서는 이념적인 세계의 시간이다. 봄·여름·가을·겨울의 구체적 흐름은 크로노스의 시간을 통해 이루어지지만, 사계의 흐름의 순환적 형식 자체는 이념적인 것을 통해, 아이온의 시간을 통해 이루어지는 것이다. 아이온의 시간 전체는 바로 잠재적 사건들, 이념적 사건들 —— 말하자면 사건-이데아들의 총체(열린 총체) —— 로 구성된 차원이다. 그것은 플라톤적이면서도 또한 반-플라톤적이기도 한 차원이다. 그리고 이 차원은 어떤 초월적 차원에 존재하는 것이 아니다. 사건들의 차원은 물질적 차원과 언어적/문화적 차원 사이에 존재한다(LS, 140~142). 흐르는 시간이 아니지만, 아이온의 시간은 삶의 한가운데에서 표현되는 시간인 것이다.

지금까지 우리는 크로노스의 시간과 아이온의 시간을, 즉 흐르는 시간과 솟아오르는 시간, 사물들의 시간과 사건들의 시간, 지금-현재들 주위로 쟁여지는 시간과 현재·과거·미래의 구분이 사라지는 펼쳐진 시간을 구분했다. 앞에서 크로노스와 아이온의 교차를 논했듯이, 우리는 이 두 축을 플라톤이 『정치가』(277d~; 308c~310a)에서 추천한 방식을 따라서 씨줄과 날줄의 방식으로 배치할 수 있다. 이제 우리는 이상의 논변 구도에 입각해서 오즈의 영화들을 읽을 수 있다.

II. 시간의 직접적 이미지들

베르그송의 시간론은 설명의 편의를 위해서가 아니라면 시간의 이미지화를 거부한다. 이미지란 어떤 형태로든 시간을 공간화하는 측면을 내포하기 때문이다. 그러나 들뢰즈는 『시네마』에서 '시간의 이미지'를 논한다. 예술은 형상화될 수 없는 것을 나름의 방식으로 형상화하며, 플로티노스의 말처럼 우리에게 이념의 형상화를 제공한다(『엔네아데스』, V, §8). 『시네마』는 본래 이미지화될 수 없는 시간이 영화라는 매체를 통해서 이미지화되는 방식에 초점을 맞춘다. 들뢰즈의 논의에 있어, '시간의 간접적 이미지'에서 '시간의 직접적 이미지'로 이행하는 대목에서 오즈 야스지로의 작품들은 중요한 역할을 맡는다.[8) 오즈의 영화들은 시간을 직접적으로 현시하는 '견자(le voyant)'의 작품들이다.

오즈 영화들의 독창성은 우선 그 미학적 측면에 있다.[9) 자주 지적되어 왔듯이 그의 영화들은 공간이라는 면에서, 더 정확히는 장소라는 면에서 독특하다. 오즈는 카메라를 매우 낮게 위치시키면서도 앵글을 위로 잡지 않는다. 그 시선은 위에서 굽어보는 새의 시선[鳥瞰]도 아니지만 그렇다고 아래에서 올려보는 벌레의 시선도 아니다. 사물들과 인물들은 아주 작지도 않고 아주 크지도 않다. 그것은 시선 없는 시선이며, 이는 그의 영화를 일종의 다큐멘터리처럼 보이게 만든다. 특정 주체의 시선을 거부하는 그의 영화는 '주체성'들이 소멸해 가는 장을 보여 준다. 그렇다고 이 시선이 객관적 지각 즉 "모든 이미지들이 그 모든 표면들 위에서 그리고 그 모든 부분들에 있어 서로에 상관적으로 변이하는"(C-1, 111), 사물들에 내재하는 지각인 것은 아니다. 오즈 영화들에서의 지각은 "액체적 지각"이나 "기체적 지각"으로 나아가지 않는다. 그것은 "반(半)-주관적 이미지"(장 미트리), "카메라의 눈"(더스 패서스), "자유간접화법"(파솔리니) 등과 비교될 수 있지만, 그 어느 것과도 정확히 일치하지는 않는다. 이 점

---

8) 시간의 간접적 이미지는 운동이미지들(지각이미지, 행동이미지, 감응이미지)의 조합으로부터 생겨난다. 그러나 시간의 직접적 이미지는 운동이미지들의 조합에서 파생하기보다 그 조합 너머의 '면' ── 베르그송적 맥락에서는 지속으로서의 전체 ── 을 존재론적으로 발견하고 예술적으로 조성함으로써 드러나는 '대자적 시간이미지'이다(C-1, 101).
9) 오즈의 영화들은 적지 않은 변모를 겪었으나, 우리의 맥락에서는 주로 (노다 코고와 함께 작업한) 〈만춘(晩春)〉(1949) 이래의 작품들을 논한다.

에서 오즈의 지각-이미지는 유니크하다.

오즈의 화면은 보는 이들과 보이는 이들을 같은 공간에 놓는 효과를 발한다. 화면은 안정된 장소 설정을 통해 고정되며, 관객들은 마치 특정한 장소에 앉아서 연극을 보는 듯한, 나아가 그들 자신이 장면의 일부로 느껴지는 듯한 상황이 된다. 오즈 영화는 이런 불연속적인 장면들의 계열로써 구성된다('몽타주-컷'). 그가 리-프레이밍을 거부하는 것도 바로 이런 장소 우선의 사유가 배경에 놓여 있다고 하겠다. 또 유명한 "교차하지 않는 시선", '탈-접속'은 오즈에게서 장소란 주체와 주체가 형성하는 인간적 공간이 아니라 그러한 공간이 그 안에서 성립하는 심층적 장소임을 잘 보여 준다. 그 장소는 현상적으로는 일본 특유의 장소('바쇼')이지만, 더 넓게는 인생 그 자체를 구성하는 장소이다. 그의 영화들에 끝없이 등장하는 집 또는 직장, 식당 등의 실내는 개별적 장소들임을 넘어 인생의 선험적 조건으로서의 장소들이라 할 수 있다.[10] 이 장소들은 바로 그곳에서 무엇인가가 현실화될 수 있는 공간("espace quelconque")이다. 이 잠재공간은 전-개체적이고 비-인칭적인 공간이라 할 수 있으며, "가능성의

---

10) 이 선험적 장소는 잠재적 공간이라고도 할 수 있다. 잠재공간의 사유는 현실적인 것과 상상적인 것의 존재론적 경계를 무너뜨리고 '식별-불가능하게-되기'의 지대를 만들어내는 것과도 관련된다(C-2, 72~73). 『차이와 반복』에서 상상적인 것의 존재론적 위상을 격하했던 들뢰즈는 『시네마』에서는 바뀐 시각을 보여 준다. 이는 전자가 잠재세계를 객관적으로 **발견해내는** 과학적 작업과 상관적이라면, 후자는 잠재세계를 상상적으로 **조성해내는** 예술적 작업과 상관적이기 때문이다. 조성(composition)은 발견 못지않게 객관적인 작업이지만, 거기에서 개별 작가의 상상이 얽힌다는 점에서 순수 발견과 구분된다. C-2=Deleuze, *Cinéma II: image-temps*, Ed. de Minuit, 1986.

순수한 장소로서 파악되는 잠재적 통접의 공간"이다. 그러한 공간의 "불안정성, 다질성, 그리고 연계의 부재가 결국 드러내 주는 것은 모든 현실화, 모든 규정에 선행하는 조건들로서 실재하는 잠세성들 또는 특이성들의 풍부함이다"(C-1, 155). 이 잠재공간은 안토니오니의 그것 즉 잔여공간과 다르다. 안토니오니의 잔여공간은 사건들의 흔적을 담고 있는 텅 빈 공간이지만, 오즈의 공간은 사건들의 잠재성으로 채워져 있는 공간이며 그 안에서 모든 사건들이 현실화되는 공간이다. 유명한 "필로우 숏"은 장소 사유에서의 그의 이런 유니크함을 결정적으로 만들어 준다. 필로우 숏들이야말로 그곳에서 인생이 펼쳐져 왔고 펼쳐지고 있으며 또 펼쳐질 선험적 장소들을 드러내 준다.[11]

오즈 영화에서의 장소의 이런 의의가 자주 논의되었던 점에 비해 상대적으로 시간의 역할은 그다지 조명되지 못했다. 우리는 오즈의 영화들을 '시간의 직접적 이미지들'에 대한 실험으로서 읽을 수 있다. 시간의 간접적 이미지는 운동이미지에서 따라 나오는 시간이미지를 드러낸다. 여기에서 '감각-운동 도식'은 운동이미지(특히 행

---

11) 두 종류의 필로우 숏을 구분할 수 있다. 하나는 장소 자체를 드러내는 것이며, 다른 하나는 특정한 사물(예컨대 〈만춘〉의 꽃병)을 드러내는 것이다. 후자의 경우는 특정 사물 자체가 하나의 선험적 장소로서 나타나며, 마치 그 장소가 인생을 바라보고 있는 듯한 효과를 연출한다. 들뢰즈에 따르면, "빈 공간이 무엇보다도 가능한 내용(un contenu possible)의 부재에 의해 가치를 머금는다면, 정물은 스스로에 의해 감싸인 또는 그 고유의 용기(容器)가 된 대상들의 현존과 조성에 의해 정의된다. [···] 내부이든 외부이든 빈 공간들이 순수하게 광학적(이고 음향적)인 상황들을 구성한다면, 정물들은 그것들의 이면, 상관항[충만함]이다"(C-2, 27).

동이미지)가 구성되는 일차적인 중심이 되며, 시간은 이 도식의 테두리를 넘어가지 못한다. 네오레알리스모, 누벨바그 등의 흐름은 감각-운동 도식에서 벗어나는 새로운 '기호들'을 창조해내었고,[12] 이로부터 시간의 직접적 이미지를 "볼 수 있는" 가능성이 열렸다. 그러나 오즈의 직접적 이미지는 개별 기호들의 창조를 넘어서서, 어떤 근본적인, 궁극적으로는 단 하나인 기호를 창조해내었다고 할 수 있다. 그것은 '인생'이라는 것 자체의 직접적 이미지로서의 시간 이미지이다. 잠재공간과 유비적으로 말한다면, 그는 곧 잠재시간(temps quelconque)의 이미지를 창조해낸 것이다. 오즈에게 시간의 직접적 이미지란 잠재시간의 이미지이다. 이 잠재시간이란 곧 잠재적 사건들의 시간이며, 우리는 이 시간을 아이온의 시간으로 볼 수 있다. 이 가설은 오즈가 행한 시간의 개념화와 표현을 읽어낼 수 있는 열쇠를 제공해 줄 것이다.

아이온의 시간은 어떻게 표현되는가? 대부분의 영화는 특정한 사건을 그린다. 반면 오즈 영화에서는 특별한 사건이 거의 부재한다. 오즈에게서 굳이 그런 사건을 찾는다면 그것은 결혼일 것이다. 그러나 〈만춘〉이라든가 〈맥추(麥秋)〉(1951), 〈피안화(彼岸花)〉(1958) 등이 잘 보여 주듯이 결혼식은 아예 등장하지도 않는다. 어째서일까? 그가 묘사하려는 것은 '인생' 그 자체이기 때문이다. 그의 영화는 특정한 현실적 사건의 크로노스가 아니라 인생 전체의 아이온을 그린

---

12) '기호'는 그 조성의 관점에서든 또는 그 발생/형성 또는 심지어 소멸의 관점에서든, '이미지'의 한 유형을 나타내는 특수한 이미지이다(C-1, 102).

다. 물론 그의 영화들, 특히 〈만춘〉, 〈맥추〉를 비롯해 계절명을 제목으로 가지는 영화들은 크로노스의 일정한 시간대를 그린다. 또, 어떤 면에서는 특정한 특이점으로서의 크로노스를, 예컨대 〈피안화〉에서의 딸의 춘분과 아빠의 추분을 그리고 있기도 하다. 그러나 오즈의 모든 영화들은 결국 단 한 편의 영화이다. 그가 반복적으로 그리고자 한 것은 인생 자체이며, 바로 그렇기 때문에 개개의 영화들에는 특별한 사건도 없고 특별한 인물도 없다. 오즈 영화에서의 사건들은 모두 인생을 채우는 가장 기초적이고 일상적인 사건들이다. 그리고 오즈 영화에서의 주인공들은 '인생'이라는 심층적 극본에서의 각각의 배역을 살아가는 존재들이다. 이렇게 본다면 그의 영화들에서 왜 각각의 배우들은 늘 비슷한 배역들을 맡는지(마치 현실의 배우가 영화 속으로 그대로 들어온 듯이), 왜 서로 다른 영화들에서 똑같은 배우들이 똑같은 배역(세 친구, 어머니와 아들 등)을 맡는지, 한 영화에서 약혼하는 사이로 나왔던 배역들이 다른 영화에서는 그대로 부부로 나오는지, 왜 심지어는 똑같은 이름의 주인공-배우가 비슷한 배역으로서 반복되는지('노리코 삼부작')를 알 수 있다.

그렇다면 '인생'이란 무엇인가? 아이온의 시간은 어떤 잠재적 사건들로 구성되어 있는가? 그것은 곧 '生老病死'이다. 오즈에게서는 많은 영화들이 결혼을 둘러싸고 전개된다. 남과 여의 만남, 여기에서 모든 것이 시작된다. 아버지와 헤어지기 싫어 눈물짓는 딸에게, 견디기 힘든 외로움을 느끼면서도 그녀를 속여서라도 시집보내려는 아버지는 말한다. "내 삶은 이제 끝이지만, 너희들은 이제 시작이란다. (…) 그것이 인간사의 순리(順理)라는 것이지."(〈만춘〉) 한 인생의 끝과 또 한 인생의 시작이 이어지는 생명의 원환은 크로노스 속에서 전개되지만 결국 아이온의 차원을, 아이온의 잠재적 사건들을 드러낸다. 인생은 봄, 여름, 가을, 겨울로 흘러가면서 크로노스의 시간을 살지만, 이 흐름의 형식 자체는 아이온의 시간인 것이다. '인생'이라는 이 시간을 따라 살면서 사람들 사이의 관계는 잠시 흐트러지기도 한다. 아내의 오해가 결혼생활을 힘들게 만들기도 하고(〈오차즈케의 맛〉, 1952), 딸의 만족스럽지 못한 결혼에 아버지의 마음이 상하기도 하고(〈피안화〉), 한 여인이 그의 남자로부터 버림을 받기도 한다(〈부초〉, 1959). 그러나 그들은 이내 평형을 되찾는다(C-2, 24~26). 그래서 부부간의 갈등은 이내 오차즈케의 향기 속에서 흩어져버리고, 마음에 차지 않는 곳에 딸을 보내고 속상해하던 아버지는 결국 딸의 신혼집을 향해 기차를 타고, 애인에게 내쳐졌던 여인은 다시 그의 사랑을 되찾는다. 그리고 삶은 계속된다. 크로노스의 시간 속에서 흘러가면서, 아이온의 시간을 드러내면서.

한평생을 함께 살아온 남편과 아내가 보릿가을 시기의 어느 날 오후 공원의 햇빛을 즐기고 있다. 남편은 말한다. "세월이 참 빨라. 코이치는 결혼해 아이들이 있고, 노리코는 이제 결혼할 거고. 지금이 우리에게는 가장 행복한 시간인 거지." 행복은 높이 솟아오르는 사건들을 통해서가 아니라 마치 강물이 흘러가듯 이어지는 잔잔한 사건들을 통해 다가온다. 라이프니츠의 세계가 그렇듯이 오즈의 세계에서도, 사람들이 도약, 분산, 불일치라 믿는 모든 것들은 사실 일상적인 질서들에 따라 일정한 방식으로 조성되고 수렴되는 계열들로 이루어진 바다의 표면에서 일렁이는 파도들일 뿐이다. 모든 존재자들은 각자의 지속을 살아가고 이 지속-갈래들은 대자연의 위대한 지속을 구성해 가는 갈래들일 뿐이다. 이 갈래들은 때로 교차하고 섞이고 부딪쳐 불협화음을 이루지만 이 모두는 결국 대자연의 위대한 지속의 품으로 다시 해소되어 잔잔해지기 마련이다.[13] 오즈에게서 모든 유(有)들과 그 변전(變轉)들은, 이름 대신 오직 '무(無)'라는 한 글자만 새겨져 있는 그의 무덤이 시사하듯이, 어머니-무의 품에서 나와 그곳으로 돌아갈 자식들일 뿐이다.

'무'로서의 대자연은 모든 '유'들을 품어 주지만, 그것의 유들= 부분들에게 삶은 유한하고 소란스럽다. '인생' 그것은 사람들 사이의 관계이고, 숱한 가능세계들 = 타인들[14] 사이에서 만들어지는 '세상의 모든 얼굴'이다. 무는 절대적이지만, 유들은 상대적인 관계를 맺는다. 끈이 떨어진 풍선이 하늘 높이 올라간다. 그 풍선을 눈으로 좇으면서 남편은 말한다. "어딘가에서 한 아이가 울고 있겠군." 화창한 날 하늘 높이 올라가는 끈 떨어진 풍선이 노부부에게 추억 어린 광

---

13) 이 맥락에서 오즈의 사유는, 아니 차라리 그것에 대한 들뢰즈의 해석은 왕필의 존재론에 가깝다. 여기에서 무(無)는 문자 그대로의 의미에서의 무가 아니라 사물들이 그곳에서 나와 그곳으로 돌아가는 하나의 장소, 장자의 허(虛)이다. 그것은 플라톤의 구도로 말해 이데아들과 데미우르고스를 제외한 코라와도 같다. 그러나 궁극적으로 오즈의 무는 선불교의 공(空)에 가장 가깝다.

14) "내가 대상의 숨겨진 쪽을 보기 위해 돌아가면 나는 대상 뒤에서 타인을 만나게 되고, 타인의 봄과 나의 봄이 합쳐질 때 대상의 총체적 봄이 달성될 것이다. 그리고 내가 볼 수 없는 내 등 뒤의 대상들은 타인이 [그것들을] 볼 수 있음으로 해서 하나의 세계를 형성하며, 나는 그것들을 감지할 수 있다. 그리고 나에 대한 이 깊이(…)를 나는 타인을 위한 **가능한 여백**, 대상들이 그 안에서 (다른 깊이의 관점에서) 배열되고 정돈되는 크기로서 본다. 요컨대 타인은 세계 안에서의 여백들과 전이들을 확보해 준다."(LS, 355)

경을 선사하지만, 다른 어떤 곳에서는 풍선을 놓친 아이가 울고 있을 것이다. 이렇게 사람들은 늘 내재적 가능세계들의 접면에서 살아간다. 그리고 유사한 접면에서 유사한 사건들이 반복된다. 남편은 아내에게 묻는다. "코이치가 풍선을 놓치고 울던 것 기억나?" 그 어느 날 코이치가 울고 있었을 때, 다른 어떤 노부부는 끈 떨어진 풍선을 보면서 유사한 정담을 나누었을 것이다. 각각의 가능세계들, 경험-선(experience-line)으로서의 하나의 내재적 가능세계('하나의 삶')는 각각의 크로노스에 따라 흘러가지만, 각각의 시간의 주름을 동반하면서 공통의 지속에 참여하고 있다. 그리고 크로노스의 계열들이 교차하는 그곳에서 사건들의 시간, 아이온의 시간이 표현되고 있다. 끈 떨어진 풍선의 시간이 노부부의 시간과 울고 있는 아이의 시간과 공류(共流)하면서 '인생'의 한 단면, 한 접면을 이루고, 거기에서 현실적 사건들의 크로노스와 잠재적 사건들의 아이온이 교차한다.

죽음 또한 예외가 아니다. 어머니의 죽음은 자식들의 아픈 눈물과 더불어 다가오지만, 그 눈물은 결국 대지 위에, 나무, 항구, 배, 탑, 지붕, 철길, … 위에 내리는 비처럼 자연적이고 일상적인 것이다. 아내를 눈물로 보내면서 밤을 샌 남편은 해가 뜰 녘의 바다를 바라보면서, 며느리에게 조용히 말한다. "참으로 고운 새벽이구나. 혹시나 어제처럼 많이 더울까 걱정했는데."(〈동경 이야기〉, 1953) 죽음과 고운 새벽도 대자연이 품고 있는 아이온의 시간에 새겨져 있으며, 크로노스의 시간 속에서 잔잔하게 펼쳐진다. 인간세는 물론 그렇게 아름답지만은 않다. 개별자들/유한자들로서의 사람들은 "다들 그렇게 변해 가기" 마련이다. 그러나 그런 변화도 또 죽음도 외로움도 인생-

아이온의 자연스러운 국면들이다. 그래서 화장터 굴뚝에서 피어오르는 연기를 본 이웃의 한 부부는 말한다. "하지만 새로운 생이 계속 이어져 죽음을 대체하니, 그저 자연스러운 것이죠."(〈고하야가와 가(家)의 가을〉, 1961) 아이온의 삶은 크로노스의 한가운데에서 펼쳐진다.

오즈에게서 아이온의 시간은 정물들을 통해서 표현된다. 정물은 죽어 있는 사물, 크로노스의 시간 속에서 흐르지 않는 사물이지만, 바로 그렇기 때문에 아이온의 시간을 탁월하게 표현한다. 그것은 '무' 또는 '공'의 이미지이며, 아무-것도-아닌-것인 동시에 모든 것이다. 크로노스 안에서는 아무-것도-아닌 것이고, 아이온의 시간에서는 모든-것이다. 그것은 "le temps quelconque"를 표현하는 시간의 직접적 이미지이다. 들뢰즈는 이렇게 말한다.

<만춘>의 꽃병은 딸의 엷은 미소와 젖어 드는 눈물 사이에 삽입된다. 거기에 생성이, 변화, 이행이 존재한다. 그러나 변화하는 것의 형식, 이 형식 자체는 변화하지 않고 이행하지 않는다. 그것은 시간, 직접적으로 현시된 시간, "순수 상태의 시간의 조각" 즉 시간의 직접적 이미지로서, 변화하는 것에 변화를 가능케 하는 부동의 형식을 부여한다. 낮으로 변화하는 밤 또는 밤으로 변화하는 낮은 빛이 약해지면서 또는 강해지면서 떨어지는 그곳 즉 정물로서 나타난다(<그 밤의 아내>, <변덕>). 정물은 시간이다. 왜인가? 변화하는 모든 것은 시간 속에서 변하지만, 시간 자체는 변하지 않기 때문이다. 시간 자체가 변한다면, 그것은 어떤 다른 시간 속에서일 것이다. 그리

고 이런 관계는 무한히 계속된다. 영화적 이미지가 사진에 가장 가까이 설 그때 그것은 또한 가장 뚜렷하게 사진과 구분된다. 오즈의 정물들은 지속한다, 즉 어떤 지속을, 꽃병의 10초를 가진다. 꽃병의 이 지속은 바로 변화하는 상태들의 계기를 통과하면서 잔존하는 것의 표상이다. 벽에 기대어 놓인 부동의 자전거 또한 지속할 수 있다, 즉 움직이는 것의 부동의 형식을 나타낸다(<부초>). 자전거, 꽃병, 정물들은 시간의 순수하고 직접적인 이미지들이다. 이 각각은 매번, 시간 속에서 변화해 가는 이런저런 조건들하에서, 시간이다. 시간은 충만한 것, 즉 변화에 의해 채워지는 변하지 않는 형식이다. 시간이란 바로 "고유한 의미에서의 사건들의 시각적 온축(la réserve visuelle des événements dans leur justesse)"이다(C-2, 27~28).

변화는 크로노스의 시간 속에서 이루어지지만, 그 변화에 매듭을 주는 순수사건은 잠재성의 차원에 온축되어 있다. 이 온축은 꽃병이나 자전거 같은 사물들을 통해서, 시간의 직접적 이미지로서 표현된다. 순수사건들은 아이온의 시간에 잠존하며, 오즈의 정물들은 이 차원을 표현한다. 여기에 오즈의 유니크함이 있다. 인용된 구절에서 들뢰즈는 이 점을 지적하고 있다.

하지만 오즈의 영화들에서 모든 것은 현실적이고 평등하다. 오즈의 유일한 영화, 유일한 테마는 현실적인 인생 그 자체이다. 그에게 인생이란 이 세계 내에 나타나는 것, 그 순수사건들을 표현하면서 나타나는 것이다. '관점'이란 것이 라이프니츠나 니체에게서처럼 인식론적인 것이기보다는 존재론적인 것이라면, 오즈의 영화가 늘 '일상적인 것들'을 다루고 있음은 그가 일상적인 것들에 관심을 주고 있기 때문이 아니라 그에게 존재, 인생이란 곧 일상적인 것들에 다름 아니기 때문이라 해야 할 것이다. 그의 영화들에서 아이온의 시간은 현실차원과 공-외연적인 방식으로 밝게 빛나고 있는 시간이다. 그러나 이 차원은 오즈의 영화들에서 특별한 위치를 점한다. 오즈는 크로노스의 시간과 아이온의 시간을 등질적으로 표현하지 않기 때문이다. 아이온의 시간의 자리는 정물들의 장면이다. 이 장면들을 통해 그는 아이온의 시간을 직접적으로 표현한다. 정물들, 즉 사물들로서가 아니라 순수사건들로서의 정물들이 시간의 직접적 이미지라는 것은 바로 이런 점을 뜻한다. 정물들의 시간은 "순수 상태의 시간의 조각", 아이온의 시간이다. 그리고 들뢰즈가 제안하고 있듯이, 우리는 도겐의 선불교에서 바로 이런 종류의 시간 개념을 발견할 수 있다.

'영원의 지금'

── 도겐과 니시다 기타로

I. '이 지금[而今]': 도겐과 시절인연의 시간

도겐(道元)의 『정법안장(正法眼藏)』은 일본 불교사에서 높은 사유의 경지에 도달한 명저이며, 어떤 사람들은 이 책을 일본어로 저술된 최고의 저작으로 꼽기도 한다. 『정법안장』은 매우 방대한 내용을 담고 있거니와, 여기에서는 우리의 맥락에 맞추어 그의 존재론과 시간론만을 읽어내고자 한다.

도겐에게 세계를 이루고 있는 제법＝제현상('다르마')은 실체들도 아니고 단순한 무도 아니다. "색즉시공"의 진리에 따라 현현하고 있으며, 실체가 아니지만 또한 무도 아니다.[1] 도겐 사유는 현실성

---

1) "부처님의 나타나심[現成]은 궁극적인 실상이며, 실상은 제법이며, 제법은 있는 그대로의 '相'이며, 있는 그대로의 '性'이며, 있는 그대로의 '身'이며, 있는 그대로의 '心'이다. 있는 그대로의 세계이고, 있는 그대로의 운우(雲雨)이며, 있는 그대로의 행주좌와(行住坐臥)이며, 있는 그대로의 우희동정(憂喜動靜)이며, 있는 그대로의 주장불자(拄杖佛子)이며, 있는 그

에 대한 강한 긍정에 기초하고 있다. 세계는 거대한 환(幻)이 아니다. 이 세계는 불성('붓다-다투')의 현현이며, 바로 그 때문에 모든 현상들이 나타나 있는 것이다(「불성」). 물론 어떤 현상이든 거기에는 자성(自性)이란 없다. 그러나 자기동일성의 무가 단지 사물들의 무는 아니다. 모든 것들은 이 색즉시공의 진리에 따라, 즉 사물들이란 실체들이 아니라 공(空)의 현성(現成)이라는 진리에 따라 존재=생성한다. 이런 깨달음('보디') 위에서라면, 모든 것들은 존재하는 것이며 인간적 삶 또한 부정될 이유가 없다. 인간적 삶은 그 자체로서 의미를 가진다. 존재론적 진리와 인간적 삶은 서로 모순되지 않는다(「현성공안」). 물론 자성의 부정이라는 불교적 진리가 견지되는 한에서. 세계의 실재성과 인간적 삶의 고유한 의미를 긍정하는 것은 동북아 불교의 일반적인 특징이거니와, 우리는 도겐에게서도 이런 정향을 발견할 수 있다.

이런 맥락에서 도겐은 "一切衆生悉有佛性 如來常住 無有變易"(『대반열반경』, 「사자후보살품」)을 새롭게 해석한다. 석가세존의 이 말은 "모든 존재에게는 불성이 있으니, 붓다는 늘 존재할 뿐 변하는 것이 아닐지니"로 이해되어 왔다. 인간의 해탈('모크샤') '가능성'

대로의 염화파안(拈花破顔)이다. 있는 그대로의 사법수기(嗣法授記)이며, 있는 그대로의 참학변도(參學辨道)이며, 있는 그대로의 송조죽절(松操竹節)이다./ 석가모니불이 말씀하시기를, '오로지 붓다와 붓다만이 제법실상의 진리를 온전히 드러내나니. 이른바 제법이란 있는 그대로의 상, 성이요, 있는 그대로의 '體'요, '力'이요, '作'이요, '因'이요, '緣'이요, '果'요, '報'요, 있는 그대로의 본말구경(本末究竟) 등이라.'"(『정법안장』, 「제법실상」) 이하 소제목만 명기함. 『정법안장』의 판본으로는 다음을 사용함. 道元, 『正法眼藏』, 水野弥穂子 校注, 全4冊, 岩波文庫, 2012. 『正法眼藏』, 增谷文雄 全譯注, 全4卷, 講談社, 2016.

에 대한 세존의 응답으로 이해된 것이다. 그래서 신란은 이를 "一切 衆生は悉く佛性を有する"로 번역했다(『교행신증』). 삼계가 모두 나 자신이고 모든 중생은 내 자식이라는 붓다의 말은 여래장 개념의 초석이 되었고, 천태종의 근간이 되었다("本來本法性 天然自性身"). 그러나 도겐은 이를 "중생은 모두 불성을 안고 있다"가 아니라 "모든 것은 중생이고 실유이고 불성이다"로 이해한다. '실유'는 '모두 ~을 가진다'가 아니라 '모든 존재(=중생)'로 이해된다. 그리고 도겐에게 는 이 실유가 그 자체로서 공안이다. 그에게 보다 특징적인 것은 그가 현성하고 있는 것들 자체가 모두 공안이라고 생각한다는 점이다. 그에게 공안은 선철들의 언어를 통해서가 아니라 실상으로서의 제법/제현상 자체를 통해서 주어진다.

때문에 도겐에게 중요한 것은 세계를 주체에게 가져와 표상하는 것이 아니라 오히려 주체가 세계 속에서 스스로가 존재하는 모습을 발견하는 것이다. 도겐은 주체가 물이 달을 비추듯이 대상을 인식할 수 있다고 보지 않는다. 달리 말해, 근대 철학에서 말하는 '표상'을 인정하지 않는다. 이는 한편으로 인식론적 '반영'을 거부하는 것이기도 하며, 다른 한편 하이데거 식으로 말해 세계를 주체 앞에 불러-세워 '대상'화하는 것을 비판하는 것이기도 하다. 불교적 진리를 발견한다는 것은 세계가 위대한 물음들(공안들) 자체라는 것 그리고 바로 이를 발견하는 것이 해탈이고 구원이라는 점을 이해하는 데에 있다. 배가 움직이기 때문에 해안이 움직이는 듯이 보일 뿐, 해안이 움직이는 것이 아니다. 이 점에서 도겐의 사유는 탈-근대의 사유와 조응한다. 도겐에게서 공안으로서의 세계 안에서 스스로의 진상을 발견하는 것은 그 자체가 깨달음이고 해탈이다. "불도를 배운다 함은 자기를 배우는 것이다. 자기를 배운다 함은 자기를 잊는 것이다. 자기를 잊는다 함은 만법(萬法)에서 [자기를] 밝혀내는[証] 것이다. 만법에서 밝혀낸다 함은 자기의 신심(身心) 및 타기(他己)[타자의 자기]의 신심을 탈락시키는 것이다. [⋯] 깨달음을 얻는 것은 물속에 달이 사는 것과도 같다. 이때 달은 젖지 않으며, 물은 깨지지 않는다."(「현성공안」)[2] 깨닫는다는 것은 주어진 과제를 푸는 것이 아니라, 현성하는 세계 자체에서 붓다의 빛남을 깨닫는 것이다. 자연을 대상으로서 구성하려 해서는 안 되며, 자연과 만나는 그 순간에 우리의 마음이 바뀌어야 하는 것이다.

이런 경지에서는 모든 존재자들 하나하나는 그 전존재에 있어 [全機] 빛난다.[3] 도겐의 이런 세계는 그의 시간론과 떼어서 생각할 수 없다. 이하의 논의를 위해 들뢰즈를 따라서 크로노스의 시간과 아

---

2) 여기에서 '신심탈락'은 속박을 푸는 것이 아니라 본래 어떤 속박도 없었음을 깨닫는 것을 뜻한다. 이는 곧 증(證/証) 위에서 수(修)를 추구하는 것이다. 도겐의 핵심적인 문제들 중 하나는 "사람에게 본래 주어진 것으로서의 불성이 갖추어져 있다면, 깨달음이나 수행 등은 어째서 필요한 것일까?"(『道元禪師行狀建撕記』)에 있었다(최현민, 『불성론 연구』, 운주사, 2011, 222쪽 이하). 도겐에게서 중요한 것은 일상화되고 상대화된 자아를 깨어나게 하는 것이며, 따라서 수행이 필요하게 된다. 깨달아 나가는 것이 아니라 깨달음이 주어진 상태에서 수행을 통해 그 주어짐을 깨닫는 것이다.

3) 이는 "존재의 진리는 존재가 현성하는 것(das Wesende des Seins)"이라는 하이데거의 사유와 비교해 볼 만하다. "존재의 현성이란 존재사물을 그때그때마다 바로 그것으로 밝히는 존재의 진리, 현전사물을 그 스스로 현전시키는 현전성, 즉 존재사물을 闡明하는 존재의 진리의 現發을 말하는 것이다. 그러므로 무가 존재로서 현성한다는 말은 無에서 ── 일체의 대상적 파악을 放下한, 脫自的 存在(Existenz)의 허심탄회의 脫自(Ek)에서 ── 존재사물을 그때그때마다 그 자신으로 밝히는 존재현전성이 일어나는 것을 뜻하는 것이다."(고형곤, 『禪의 세계』, 동국대학교출판부, 2005, 94쪽)

이온의 시간을 구분할 필요가 있다. 크로노스는 물체들의 시간이며 살아 있는 현재를 통해서 흘러가는 시간이며, 아이온은 사건들의 시간이며 시간을 과거와 미래로 쪼개는 흐르지 않는 시간이다.[4]

첫째, 크로노스의 시간은 흐르는 시간이고 아이온의 시간은 흐르지 않는 시간이다. 크로노스는 현재가 과거로 계속 흘러가고 미래가 현재로 계속 흘러오는 시간이다. 반면 아이온의 시간은 현재·과거·미래의 차이가 무화되는, 흐르지 않는 시간이다. 둘째, 크로노스가 사물들의 시간이라면, 아이온은 사건들의 시간이다. 크로노스는 강물, 새, 사람의 시간이며, 아이온은 '흐르다', '날다', '바라보다'의 시간이다. 셋째, 크로노스가 지속하는 시간이라면, 아이온은 반복되는 시간이다. 사물들은 연속적으로 지속되지만, 사건들은 단속적으로 반복된다. 크로노스의 특성은 그 외연, 더 정확히는 지속에 있다. 사물들은 지속한다. 그러나 (본래 스토아철학에서 영원을 뜻했던) 아이온은 지속이 없는 시간이며, 대신 반복하는 시간이다. 그래서 강의에서는 '강의하다'라는 사건이 실현되는 아이온의 시간과 강의에 참

---

4) "이것들[사건들]은 […] 살아 있는 현재가 아니라 부정법들에 관련된다. 즉, 사건들은 한 계기지어지지 않은 아이온, 과거와 미래로 무한히 나뉘며 현재를 끊임없이 벗어나버리는 (esquiver le présent) 생성이다. 그래서 결국 시간은 서로를 배제하면서도 상보적인 두 방식으로 파악된다. 그 한 방식은 작용을 가하고 받는 물체들 속에서 살아 있는 전적인 현재이며 [크로노스의 시간], 다른 한 방식은 (물체들 및 그것들의 작용을 가함/받음에서 유래하는) 비-물체적인 효과들 속에서 과거와 미래로 무한히 나뉠 수 있는 심급이다[아이온의 시간]. 오직 현재만이 시간 속에서 실존하며, 과거와 미래를 모으고 흡수한다. 그러나 과거와 미래는 시간 속에서 단지 내존할 수 있을 뿐이며 각각의 현재를 무한히 나눈다. 문제가 되는 것은 계기하는 세 차원들이 아니라 시간에 대한 동시적인 두 독해인 것이다(들뢰즈, 『의미의 논리』, 이정우 옮김, 한길사, 1999, 50~51쪽).

여하는 모든 사람들, 사물들의 일정한 지속인 크로노스의 시간이 교차한다고 할 수 있다. 강의가 끝나도 강사의 시간, 청자의 시간, 의자, 책상 등의 시간은 지속되지만, 강의라는 사건의 시간 그 자체는 사라진다. 그러나 '강의하다'라는 사건은 소멸하는 것이 아니라 아이온의 시간에 잠존한다. 그리고 그다음 날 또는 그다음 주에 강의가 다시 이루어질 때 다른 크로노스의 시간과 교차하면서 실존한다/현실화된다. 이렇게 사물의 지속하는 시간과 사건의 반복하는 시간은 구분된다.

도겐에게 존재('유')와 시간('시')은 동일시된다. 시간은 뉴턴에게서처럼 존재보다 앞서는 어떤 틀도 아니고, 또 라이프니츠에게서처럼 존재에서 파생되는 것도 아니다. "'시'는 곧 '유'이고, '유'는 모두 '시'이다."(「유시」) 도겐에 있어 존재한다는 것은 시간 안에서 존재하는 것이 아니라 시간으로서 존재하는 것이다. 기존의(주로 서구의) 시간 개념들 특히 베르그송, 후설, 제임스 등에 의해 확립된 '흐르는 시간'의 개념과 매우 이질적인, 존재와 시간을 동일시하는 도겐의 이런 독특한 생각은 여러 가지 존재론적 결과를 가져온다. 도겐은 그 전존재에 있어 빛나는 존재자들을 크로노스(흐르는 시간, 사물의 시간, 지속의 시간)의 질서와 그에 따른 인과적 질서 속에 있다고 보지 않는다. "땔나무가 재가 되면 다시 땔나무가 되지는 않는다. 그러나 이를 보고서 재는 후이고 땔나무는 전이라고 생각하면 안 된다. 반드시 알아야 할 것은 땔나무는 땔나무로서 현성하는 것이며(薪は薪の法位[5]に住して) 전이 있고 후가 있다는 것이다. 전후가 있다 해도, 그것들은 잘려 있다.[6] 재는 재로서 현성하며[재는 재의 법위에 존

재하며], 그 또한 후가 있고 전이 있[지만 그것들은 잘려 있]다." 크로 노스의 관점에서 볼 때 전과 후는 실존한다. 그러나 도겐에게서 땔나 무는 전이든 후이든 땔나무 이외의 것이 아니며, 재는 전이든 후이든 재 이외의 것이 아니다. 그것들은 시간적으로 연속적이지만 인과적 으로 불연속적이다. 아이온의 시간(흐르지 않는 시간, 사건의 시간, 반 복의 시간)에서 땔나무는 땔나무-시간이며 재는 재-시간이다. 사물 들은, 아니 차라리 사건들은 변하지 않는다, 다만 각 사물이 곧 각 시 간이라는 조건하에서. 이 점에서 도겐의 세계는 크로노스보다는 아 이온에 가깝다. 도겐의 세계에서 사물들은 사건들이며, 그것들의 순 수한 측면들이 아이온의 시간을 구성한다.

    도겐적인 아이온의 시간은 현실 저편에 존재하는 시간이 아니 라 현실에 드러나 있는 시간이다. 『열반경』에서는 "시절이 도래하 면, 불성이 현전하리라"고 했으나, "一切衆生悉有佛性"의 해석에서 와 마찬가지로 도겐은 이 구절의 가능성의 양상을 현실성의 양상으 로 전환시킨다. '시절인연'[7]은 가능조건이 아니라 현실성이다. 시절

---

5) 법='다르마'로서의 존재방식. 『법화경』, 「방편품」.

6) 크로노스의 관점에서 보면 전후는 존재한다. 그러나 지금의 예에서 도겐은 전에는(땔나무 일 때에는) 땔나무일 뿐이며, 후에는(재일 때에는) 재일 뿐이라고 본다. "마찬가지로 사람 이 죽으면 다시 살아나지는 못한다. 이를 보고 생이 사가 된다고 말할 수 없는 것은 불법이 정한 이치이다. [모든 현상들은 '공'이기에] 이 때문에 사가 생이 된다고도 하지 않는다.[不 生] 사가 생이 되지 않는 것은 법륜(法輪)에 의해 정해진 불전(佛轉)이다. 때문에 생이 사가 된다고도 하지 않는다. [不滅] 생도 어떤 시의 위[一時の位]이며, 사도 어떤 시의 위이다. 겨 울과 봄이 그렇듯이. 겨울이 봄이 된다고는 생각하지 않고, 봄이 여름이 된다고는 말하지 않 는 법이다"(「현성공안」).

7) 도겐에게서 시절(時節)의 개념은 크로노스의 한 부분을 뜻하지 않는다. 그것은 크로노스의

인연이 도래'하면' 불성이 현전하는 것이 아니다. 우리는 언제나-이미 시절인연 속에서 살아간다. 그리고 불성은 언제나-이미 현존한다, 아니 차라리 빛난다(이로써 "如來常住無有變易"의 의미도 달라진다). 이는 구원의 가능성이 닫혀버린 말법시대에 대한 그의 대처이기도 했다. 가능성의 양상의 극복은 곧 크로노스의 시간으로부터 아이온의 시간으로의 전환을 요청한다. 시간은 더 이상 주름-잡혀 있고 흐르고 도래/파열하는 것이 아니다. 그것은 펼쳐져 있고 실존하며 빛난다. 그렇다면 어디에 펼쳐져 있는가? 모든 시절인연에 펼쳐져 있다.[8] 평생을 함께 한 노부부가 따스한 공원에 앉아 지난 일을 회상한다. 하늘에는 끈 떨어진 풍선이 날아간다. 어디에선가는 한 아이가 울고 있다. 그 옛날 노부부의 아들이 같은 상황에서 울고 있었듯이.[9] 여기에서 시간은 흐르는 것이 아니다. 시간은 이 각각의 존재자들에, 이 존재자들의 시절인연에 머금어져 있다. 베르그송이라면 상이한 지속의 리듬들의 시절인연에서 크로노스의 시간이 '지속'한다

여러 시간-계열들의 매듭[節]이다. 그것은 일정 길이의 시간이 아니라 시간의 갈래들이 교차하는 어떤 순간을 뜻한다. 이 매듭/순간에서 아이온의 한 사건-이데아(또는 몇몇 사건-이데아들)가 표현된다. 그리고 시절인연(hetu-pratyaya)은 이 매듭에서의 인연을 뜻한다.

8) 이 시절인연들은 들뢰즈적 뉘앙스에서의 사건들이며, 이 사건들의 차원은 곧 잠재성, 즉 현실/사물들의 표면의 차원이다. 들뢰즈의 '잠재성' 개념은 두 가지 맥락을 띤다. 『차이의 반복』을 중심으로 하는 '심층의 철학'의 맥락에서는 현실성의 아래에 존재=생성하는 물질을 뜻하지만, 『의미의 논리』를 중심으로 하는 '표면의 철학'의 맥락에서는 현실성의 표면에서 존재=생성하는 '사건들'을 뜻한다. 여기에서의 잠재성은 후자의 맥락에서의 잠재성이며, 오히려 도겐의 현실성에 근접한다.

9) 오즈 야스지로(감독), 〈맥추(麥秋)〉(1951)의 한 장면. 이하 인용되는 영화들도 모두 오즈 야스지로의 영화들임. 오즈의 영화들이야말로 도겐적인 아이온의 시간을 가장 잘 표현하고 있는 영화들로 볼 수 있을 것이다.

고 할 것이다. 그러나 도겐은 모든 시절인연은 순수사건들의 시간인 아이온의 시간을 '머금고 있다'고 할 것이다.

　도겐에게 유일한 시간은 '지금'이다. 그러나 이 지금은 크로노스의 한 부분으로서의 지금이 아니다. 그것은 모든 시절인연에 머금어져 있는 **아이온의 지금**이다. 영원의 지금(永遠の今)인 것이다. 잠든 아버지를 보면서 눈물짓는 딸(〈만춘〉, 1949), 어머니/아내의 죽음을 맞이하는 가족(〈동경 이야기〉, 1953), 못마땅한 시집을 보낸 딸의 집으로 떠나는 기차역의 아버지(〈피안화〉, 1958), 똑같은 파이프를 만지작거리고 있는 세 친구(〈가을 햇살〉, 1960), … 모든 시절인연은 바로 이런 '이 지금[而今]'이다. 우리 모두는 '이 지금'들을 살아간다. 그리고 그 모든 '이 지금'들에 불성은 현전한다.[10] 불도를 따르는 한 사람이 t_1에 산에 오르고 t_2에 강을 건넌 후 지금은 궁전에 머물러 있는 상황을 생각해 보자. 그는 산의 시간과 강의 시간이 이미 지나갔다고 생각할 것이다. 그러나 이것은 피상적인 생각이다. 모든 존재들, 모든 이 순간들은 공의 실현이다. 우리의 참된 존재는 흐르는 시간 속에 있는 것이 아니라 모든 시절인연들을 포용하지만 그것들로 환원되지는 않는 공의 무-시간의 시간 속에 있는 것이다.[11] 그리고 우리는 '이 지금'이라는 시간이 아이온의 시간에 속함을 이해할 수 있다. 우리는 아이온의 시간으로서의 '이 지금'들을 살고 있는 것이다.

---

10) 하지만 여기에는 핵심적인 전제가 있다. 도겐의 이 모든 논변들은 우리가 불도(佛道)를 닦고 있다는 것을 전제하고 있다.

11) 賴住光子, 『道元』, NHK出版, 2005, 104~105頁.

(…) 범부의 견해는 '유시'라는 말을 들으면 이렇게 생각한다. 어느 때는 삼두팔비의 아수라이고, 어느 때는 장육팔척[의 불상]이라고. 예컨대 강을 건너고 산을 넘어가는 것과 같다고. 지금도 그 산하는 존재하지만 자신은 그곳을 이미 지나왔고 지금은 좋은 저택에 살고 있으니, 이제 산하와 자신은 하늘과 땅만큼이나 떨어져 있다고.

하지만 이것이 사태의 전부가 아니다. 산을 넘고 강을 건넜을 '시'에 자신이 존재했었기에 자신에게는 그 '시'가 존재했다. 그때 자신은 존재했고, '시'는 [자신의 존재에게서] 떠난 적이 없다. '시'가 가고-옴의 相이 아니기에 산에 오를 때의 '시'는 존재-시간[有時]의 이-지금[而今]이다. '시'가 가고-옴의 상을 가진다 해도, 자신에게는 유시의 이금이 있고 이것이 유시이다. 이 산을 넘고 강을 건너는 '시'는 지금 좋은 저택에서 살고 있는 '시'를 삼켜버리지도 않고 뱉어내지도 않는다.

삼두팔비의 아수라는 어제의 '시'이고, 장육팔척의 불상은 오늘의 '시'라고들 말한다. '어제, 오늘'이라는 말은 이런 식으로 사용되고 있거니와, 이 '어제, 오늘'이라는 事理는 단지 이 산 가운데로 뚫고 들어가 천봉 만봉을 굽어보는 것일 뿐 어딘가로 가버린 것이 아니다. 삼두팔비의 아수라도 즉 어느 때[유시] 우리가 겪은 것이며, 저쪽에서는 지나가버린 것처럼 보여도 [우리에게는] 이 지금이다. 장육팔척의 불상 또한 어느 때 우리가 겪은 것이며, 저쪽에서는 지나가버린 것처럼 보여도 [우리에게는] 이 지금이다.

하여 소나무도 '시'이며, 대나무도 '시'이다(…)(「유시」).

도겐의 이 시간 개념은 곧 오즈가 묘사한 정물들("필로우 숏")의 아이온의 시간에서 그 예술적 표현을 볼 수 있다. 자전거나 꽃병, 소나무, 대나무는 모든 시절인연들을 머금으면서 전기현성(全機現成)하고 있다. 이 전기현성의 '시'는 곧 "변화하는 것의 형식", 그 자체는 변화하지 않는 시간, 즉 아이온의 시간이다.[12] 각 시간은 곧 전기현성하는 모든 시절인연들을 머금고 있는 '이 지금'이다. 이 지금은 곧 '영원의 지금'이다.

II. 수평의 시간과 수직의 시간

맥락에 따라서 우리는 크로노스의 시간을 수평적 시간으로, 아이온의 시간을 수직의 시간으로 개념화할 수 있다. 우리는 도겐의 시간을 아이온의 시간으로 특징지었거니와, 니시다의 시간론은 이 수평축과 수직축을 교차시키고 있는 보다 입체적인 시간론을 보여 준다. 그리고 니시다 사유의 정점에서 우리는 '영원의 지금'의 개념을 다시 발견할 수 있다. 니시다 자신이 의식했든 하지 않았든, 일본 전통 철학의 한 정점인 도겐으로부터 일본 현대 철학의 태두인 니시다로 이어지는 어떤 사유의 끈을 읽어낼 수 있는 것이다.

　니시다의 사유는 '순수 경험'에 대한 논의에서 시작한다. 여기

---

12) 들뢰즈는 아이온을 표현하고 있는 이런 이미지들을 '시간의 직접적 이미지'들로서 개념화했다. 들뢰즈, 『시네마 2』, 이정하 옮김, 시각과언어, 2005, 33쪽 이하.

에서 '순수'는 경험을 하나의 전체로서 봄을 뜻한다. 그것은 경험을 예컨대 경험 주체와 경험 대상으로(나아가 경험 주체를 마음, 몸, 뇌 등으로) 분석해 보는 것이 아니라 그러한 모든 분석 이전의 경험 자체를 뜻한다. 이 점은 "개인이 있어 경험이 있는 것이 아니라 경험이 있어 개인이 있는 것이다. 개인적 경험이란 경험에 있어 한정된 것이며 경험의 특수한 작은 범위[영역]에 불과하다"는 말에 단적으로 나타나 있다.[13] 이미 헤겔이 경험 주체의 동일성에서 출발하는 사유를 비판·극복했지만,[14] 그의 논리 역시 주-객 이원 구도에 입각해 전개되었다. 니시다는 이런 구분 이전의 '순수' 경험, 경험 자체를 역설한다. 이 점에서 니시다의 사유는 현상학에 가깝다. 노에시스와 노에마의 운명적인 결합이라는 구도에서 전개되는 후설의 사유, 나아가 특히 주와 객이 겹쳐 있는 '신체-주체', '체험된 세계'에 입각해 사유를 전개한 메를로-퐁티 사유와의 근접성이 두드러진다(그래서인지 유럽 철학계에서는 니시다 철학을 주로 현상학으로서 다룬다).[15] 그

---

13) 西田幾多郎,『善の研究』, 岩波文庫, 2013, 40頁. 한글본으로는 니시다 기타로,『善의 연구』(서석연 옮김, 범우사, 2001)가 있다. 이하 본문에 서명과 면수만을 명기함.

14) 헤겔,『정신현상학』, 임석진 옮김, 한길사, 2005, 217~219쪽.

15) 예컨대 메를로-퐁티는 대상이 존재하고 주체가 그것을 본다거나 주체가 보기 때문에 대상이 존재한다는 식으로 또는 대상과 주체가 존재하고 양자 사이에 일치가 성립한다는 식으로 생각하기보다, 보는 것과 보이는 것이 서로 가역적인 차원 —— 살(chair) —— 이야말로 실재라고 본다. "인간의 신체가 존재하는 것은 보는 행위와 보여지는 것, 만지는 행위와 만져지는 것, 하나의 눈과 또 다른 눈, 한 손과 또 다른 손 사이에서 일종의 혼합이 일어나는 때이다."(메를로-퐁티,「눈과 마음」,『현상학과 예술』, 오병남 옮김, 서광사, 1983, 293쪽) 야마가타 요리히로는 이 점에 관련해 니시다와 메를로-퐁티를 비교하고 있다(山形頼洋·三島正明,『西田哲學の二つの風光』, 萌書房, 2009, 144~150頁).

러나 니시다의 사유로부터 볼 때 현상학은 역시 칸트의 선험적 주체, 더 멀리로는 데카르트의 코기토라는 근대 유럽의 주체철학/의식철학의 연장선상에서 전개된 사유이다. '전반성적 코기토' 개념은 이런 맥락을 압축적으로 담고 있다. 그러나 니시다는 처음부터 서구 근대 철학의 주-객 이원론을 탈피해야 한다는 문제의식에서 출발했다고 할 수 있다.

니시다에게서는 주체와 대상이 만나 경험이 형성되는 것이 아니다. 오히려 경험이라는 전체로부터 주체와 대상이 마름질 ── 니시다의 주요 용어로 표현하면 '한정(限定)' ── 되어 나오는 것이다. 니시다의 이런 생각은 베르그송의 지각론과 상통한다. 베르그송에게서 어떤 대상을 지각하는 것은 그 대상에 무엇인가를 더하는 행위가 아니라 반대로 그 대상의 주위를 빼는 행위이다.[16] 이는 곧 경험 전체에서 대상과 그것을 지각하는 주체가 한정되어 마름질되어 나오는 것을 뜻한다. 내가 장미의 향기를 맡을 때, 나와 장미, 향기가 하나의 경험-총체를 이루었던 것이며 그 총체로부터 나, 장미, 향기가 한정되어 분리되어 나온다고 할 수 있다. 이 점에서 니시다의 사유는 근

---

16) 베르그송, 『물질과 기억』, 박종원 옮김, 아카넷, 2009, 74~75쪽. 베르그송과 니시다의 사유는 원자론적 사유와 대조적이다. 원자론이 일정한 물질적 부분들을 설정하고 그것들의 조합이 전체를 구성한다고 본다면, 이들은 전체가 부분들로 한정(베르그송의 용어로 '분화')된다고 본다. 개체들 사이의 상호 한정은 그 후에 성립한다고 할 수 있다. 그러나 스피노자에게까지 소급할 수 있는 이 존재론은 '전체'를 진정한 전체가 아니라 어떤 특정한 부분 ── 예컨대 국가 ── 으로 잡을 때, 쉽게 유기체적 전체주의로 빠질 수 있다. 베르그송은 '절대 차이(화)', '열림' 등의 개념을 통해, 목적론 비판 등을 통해 이런 함정에서 빠져나왔다고 할 수 있다. 니시다의 경우 후기 철학에서 '죽음', '타자' 등에 대한 논의를 통해 새로운 경지로 나아갔지만, 그의 정치철학과 역사철학에서는 이 함정을 온전히 빠져나오지 못했다.

대적 환원주의의 사유와 대척적이다. 근대 철학자들이 '제1 성질들'과 '제2 성질들'을 구분한 것은 바로 경험에서 직접적인/체험적인 것들을 빼버리고 본질적인 것들을 밝혀내기 위한 것이었다. 니시다는 반대로 분석적 사유, 나아가 환원주의 사유를 비판하면서 '경험'의 직접성과 총체성의 회복을 꾀한다. 이 점에서 그의 사유는 근대적 환원주의를 극복하려 했던 베르그송, 후설, 제임스 등의 사유와 궤를 같이했다고 할 수 있다.[17]

하지만 니시다의 이 논변에 대해 다음과 같은 반론이 가능하다. 만일 순수 경험이 주객 분리 이전의 총체라면, 그것을 어떻게 '경험'이라고 할 수 있을까? 그것은 그저 미분화된 얼굴 없는 어떤 것일 뿐이 아닌가? 그러나 니시다가 말한 순수 경험에서 주와 객, 나아가 경험의 여러 요소들이 구분되어 있지 않은 것은 아니다. 다만 그것들은 '상호 침투'하고 있으며, 외적인 여럿으로 분할할 수 없는 하나의 장을 이루고 있다고 할 수 있다. 이 장을 명확히 분석했을 때, 잠재적으로 또는 점선으로 구분되어 있던 경험 요소들이 현실적으로 또는 실선으로 명확히 분석된다고 할 수 있다. "의미 또는 판단 가운데에 나타나는 것은 원(原)경험으로부터 추상된 그것의 일부이며, 그 내용에서는 역으로 그것[원-경험]보다 더 빈약한 것이다."(『선의 연구』, 24~25) 이 점에서 니시다가 생각한 순수 경험은 베르그송의 '질적

17) 니시다가 말하는 '순수 경험'은 특히 제임스가 그의 '근본적 경험주의'에 입각해 논한 "pure experience"를 이은 것으로 보인다. 니시다는 젊은 시절부터 제임스를 숙독했고 그로부터 큰 영향을 받았다.

다양체' 개념을 함축하고 있다고 할 수 있다.[18] 질적 다양체 예컨대 세 사람으로 구성된 커뮤니티는 양적 다수성 예컨대 세 사람에서처럼 등질적이고(셋인 한에서 각 사람들은 동일한 존재들로 간주된다), 현실적이고(여기에서 '셋'은 현실적으로 펼쳐져 있다), 외적/공간적인 (세 사람은 외적으로/공간적으로 분리되어 있다) 다수성이 아니다. 그것은 다질적이고(세 사람은 모두 차이 나는 존재들로 간주된다), 잠재적이고(커뮤니티 내에서의 상호 작용을 통해서 그 커뮤니티는 앞으로 펼쳐질 현실성들을 보듬고 있는 잠재성을 띠게 된다), 내적/시간적인 (커뮤니티는 세 사람으로 '접혀 있고', 시간의 흐름에 따라 잠재성에서 현실성으로 움직인다) 다수성, 즉 다양체이다. 질적 다양체는 분리되어 있는 여럿도 아니고 여럿을 완전히 포획하고 있는 하나도 아니다. 그것은 하나와 여럿이 다질적이고 역동적이며 열린 방식으로 혼효해 있는 존재이다. 우리는 질적 다양체 개념을 통해 니시다의 논변을 보충할 수 있다.

그러나 시간론의 측면에서 볼 경우, 이 시기 니시다의 사유는 잠재성 개념을 토대로 하는 시간 일반이 아니라 어디까지나 현재에 초점을 맞춘다. '순수 경험'의 시간은 어디까지나 현재이다. 순수 경험의 순수함의 정도는 현재의 생생함의 정도에 비례한다고도 할 수 있을 것이다. 하지만 크로노스의 시간은 흐르는 시간이다. 이 시간에서

---

18) 베르그송은 그의 첫 저서(『의식에 직접 주어진 것들에 관한 시론』)에서 리만의 다양체 개념을 이어 '질적 다양체' 개념을 창안했다. 이 개념은 들뢰즈의 '잠재적 다양체'로 이어지며, 다시 들뢰즈와 가타리의 실천철학적인 다양체론으로 이어진다.

현재는 특정한 외연으로 고정되지 못하는 비-한정적(indefinite) 성격을 띤다.[19] 그것은 어딘가에서 끊을 수 없는 시간이고 원칙적으로 과거와 미래로 무한히 확장될 수 있는 시간이다. 실제 『선의 연구』에서 니시다는 이런 맥락에서 실재에 대한 형이상학을 전개한다. 그는 "우주 만상(萬象)의 근저"에 있는 "유일의 통일력" 같은 형이상학적 실체를 사유하기도 했으며, 이러한 실재의 근저가 곧 신이라고 보았다. 하지만 서로 대조되는 것으로 보이는, 순수 경험의 현상학과 동북아적 성격의 이런 내재적 생명철학/형이상학은 어떻게 조화될 수 있을까? 다음 구절에서 답을 찾을 수 있다. "그렇다면 우리의 직접 경험의 사실에 있어 어떻게 신의 존재를 구할 수 있을까? 시간과 공간의 틀에 속박되어 있는 작은 우리의 가슴속에서도 무한의 힘이 살고 있다. 즉, 무한한 실재의 통일력이 살고 있으며, 우리는 이 힘을 지니고 있기에 학문을 통해 우주의 진리를 찾을 수 있고 예술을 통해 실재의 진의(眞意)를 드러낼 수 있다. 자기 마음 근저에서 우주를 구성하는 실재의 근본을 알 수 있으니, 즉 신의 면목(面目)을 파악할 수 있다. 사람의 마음의 무한자재(無限自在)의 활동이 즉각적으로[直

---

19) 크로노스의 시간에서 비-한정적이며 무한한 현재'들'(오늘, 이번 달, 올해, …)은 러시아 인형에서처럼 서로 쟁여져 있다. 원칙적으로 현재는 최대의 시간, 들뢰즈가 "우주적인 살아 있는 현재"라고 부른 것일 수도 있다. 반면 아이온은 외연을 가지지 않는 시간, '먹었다', '먹고 있다', '먹을 것이다' 등의 시간이 아니라 '먹다'라는 부정법의 시간이다. 이 아이온의 시간은 수평으로 흐르는 크로노스를 분할하면서 수직으로 솟아오른다. 크로노스가 지속하는 시간이라면 아이온은 반복되는 시간이며, 때문에 크로노스에 대해선 '얼마 동안(how long)?'이라고 물을 수 있지만 (크로노스와 교차한) 아이온에 대해서는 '언제(when)?'라고 물을 수 있다.

に] 신이라는 이 존재를 증명하는 것이다."(『선의 연구』, 131) 시간적 측면에서 본다면, 이는 들뢰즈가 말한 "우주적인 살아 있는 현재"에서의 순수 경험이라고 할 수 있을 것이다.

하지만 이 논변에는 현재라는 시간의 비-한정적 성격에 입각해 논의가 무한으로 비약해버리는 난점이 내포되어 있다. 현재의 비-한정성을 타고서 어떤 심리적 부분으로부터 우주적 전체로 도약하고 있는 것이다. 이는 곧 니시다의 논변에서 현실성과 잠재성의 구분이 부재함과 관련되며, 현실성에의 집중이 어느 순간 잠재성 전체의 통관(通觀)으로 도약하고 있는 것이다. 그러나 니시다 쪽에 서서 말할 경우, 문제의 핵심은 잠재성 전체의 통관이 아니라 사람의 마음과 "무한한 실재의 통일력"이 연속을 이룬다는 점 그리고 바로 이런 연속성이 학문과 예술의 가능조건이 된다는 점에 있다고 해야 한다. 니시다는 평생에 걸쳐 이런 입장을 포기하지 않았다. 하지만 이런 입장을 포괄적인 통찰로서만 제시한 점에 문제점을 느낀 니시다는 자신의 논점을 보다 분명히 하기 위해, 주객 미분의 구도, 현재의 비-한정성, 순수 경험의 사유와 형이상학적 사변의 착종의 성격을 띤 이 초기 사유에 일정한 '한정'(경험의 자기한정)을 도입함으로써 '자각'의 사유로 나아간다.

니시다의 자각 개념은 자각하는 주체에게서 시작하지 않는다. 그것은 '내면적인 깨달음'의 개념과 다르다. 니시다의 자각은 순수 경험에서 벗어나는 것이 아니라, 어디까지나 순수 경험의 장 안에서 그것을 경험하는 자아가 뚜렷해지는 과정을 뜻한다. 이 점에서 니시다의 자각은 순수 경험의 '지각'이 '반성'으로 이어지는 사건, 더 정확히는 지각과 반성이 겹치는 곳에서 일어나는 사건이다. 이것은 곧 순수 경험이 함축하는 '생명'의 차원에 어떤 '논리'를 부여하는 것이기도 하다.[20] 이는 곧 순수 경험의 미분화된 장에서 자기가 분화되어 나오는 것이지만, 이것이 순수 경험이 애초에 극복하고자 했던 단순한 주객 분리로의 회귀는 아니어야 한다. 자각은 순수 경험을 떠나지 않으면서도 그것에 대해 자기의식을 가지는 것이며, 현재의 비-한정성을 따라 무한으로 미끄러지는 대신 자기한정을 통해 지각과 반성을 겹쳐서 가지는 것이다. 그리고 이런 반성을 거쳐 다시 순수 경험으로 회귀하는 것이 지적 직관이며, 이로써 자각의 차원에서의 순수 경험이 완성된다.[21] 니시다의 지적 직관은 베르그송에서와 같은 생명의 직관이고 이것은 곧 자각을 가지고서 무한을 사는 것과도 같다.[22]

---

20) "생명의 약동과 로고스 추구, 이 양자를 고려하여 니시다 철학을 '생성즉본질, 본질즉생성'의 철학이라고 부를 수 있다. [⋯] 매 순간의 경험마다 '자기가 자기 안에서 자기를 본다'라는 구절이 적용되면, 그 순간은 자기내용의 순간이 된다. 따라서 논리의 형성작용은 외부의 것을 내 것으로 만드는 작업이고, 논리의 반복으로 얻어지는 형성작용은 곧 자기형성이다."(허우성, 『근대 일본의 두 얼굴: 니시다 철학』, 문학과 지성사, 2000, 120쪽)

21) 니시다의 자각론은 헤겔의 변증법이나 선불교에서의 "山是山 水是水"의 구도에 가깝다. 니시다는 자각론의 단계에 이르러 1) 이전의 감각/지각 차원에서의 순수 경험을 '직접 경험' 개념으로 특화한 후, 2) 의식의 분화·발전의 단계, 즉 반성적 사유의 수준을 매개해, 다시 3) 의식의 궁극적 통일이라는 순수 경험의 최종 단계로의 회귀를 논한다. 이는 지적 직관의 단계이다. 이 단계에서 순수 경험은 신 ── 이후의 개념으로는 절대무의 장소 ── 에 대한 지적 직관에 이른다. 니시다는 이로써 직접적 경험과 지적 반성, 안과 바깥 등등 대립자들이 통일된다고, 마음의 근저에서 신과 만나는 경지가 성립한다고 보았다. 니시다는 이 자각론을 평생에 걸쳐 다듬게 되며, 절대무의 장소에 대한 이론을 거쳐 『일반자의 자각적 체계』와 『무의 자각적 한정』에 이르러 '절대무의 자각'으로 완성된다.

22) 이 점은 베르그송의 '순수기억'의 개념과 비교된다. 그것은 지각이나 감각이라는 현재화된

시간론의 맥락에서 볼 때, 이것은 곧 차이생성의 비-한정적 흐름에 어떤 정지가 개입하는 것이라고 할 수 있다. 달리 말해, 수평적인 시간-흐름에 일정한 마디가 새겨지고 특이성이 도입되는 것이다. 우리는 이를 베르그송적 지속에 바슐라르적 순간이 보완되는 것으로 해석해 볼 수 있다. 바슐라르는 '흐름'을 핵심으로 하는 베르그송적 지속을 '순간'의 시간으로써 보완하고자 했다. 베르그송에 따르면 순간이란 지속에서 어떤 한 순간을 추상해 그것을 수학적 점으로 표시한 것에 지나지 않는다. 이와 대조적으로 바슐라르는 참된 시간은 "무슨 일인가가 일어나는" 사건의 순간들이며 지속이란 이 순간들을 이어붙인 것에 불과함을 역설한다. 지속의 직관은 순간의 직관을 통해 보완되어야 하는 것이다.[23] 전자가 지속의 흐름에 사건들을 포함시켜 이해하는 것이라면, 후자는 사건들의 연쇄가 지속을 형성하는 시간론이라 할 수 있다. 이렇게 수평적 지속에 수직적 순간을 보완할 경우, 우리는 크로노스와 아이온의 교차로서 이해되는 시간 개념에 근접하게 된다. 이 구도를 니시다에 보다 고유한 방식으로 논할 경우, 이런 과정은 시간의 비-한정적이고 일방적인 흐름에 자각의 순간을 도입하는 것이다. 이 자각의 순간은 곧 "자기가 자기 안에서 자기를 비춘다"는 말로 표현된다. 이는 자기 바깥에 자기에 대한 어떤 표상을 만드는 것이 아니라, 반성적 사유를 거쳐서 궁극적으로

장면에 의거하기보다는 그 배후에 상정된 흐름(流れ) 전체 즉 지속을 직관하는 것이며, 들뢰즈가 말하는 '부감(survol)'을 통해 잠재적인 전체를 직관하는 것이다.

23) 바슐라르, 『순간의 미학』, 이가림 옮김, 영언문화사, 2002, 38~39쪽.

는 자기의 근저에서 자기를 비추는 것이라고 할 수 있다. 이것이 자각의 참의미이다.

도겐에게서 우리는 대나무의 시간과 소나무의 시간, '이 지금'이라는 시절인연의 시간을 보았다. 그리고 도겐의 시간론을 아이온의 시간이라는 맥락에서 읽어냈다. 이에 비해 니시다의 시간론은 수평축과 수직축을 교차해서 이루어진다고 할 수 있다. 직접 경험의 맥락에서 등장하는 비-한정적인 흐르는 시간과 자각의 맥락에서 등장하는 수직으로 솟아오르는 깨달음의 시간. 이 시간을 우리는 크로노스와 아이온이 교차하는 시간론으로 이해할 수 있다. 이 점에서 니시다의 시간론은 도겐의 그것보다 입체적이다. 그러나 니시다에게서도 결국 핵심적인 것은 이 교차점에서 성립하는 시간, 사건의 시간인 '영원의 지금'이다. 이 시간은 곧 자각의 시간이다.[24] 그리고 앞에서 도겐의 '영원의 지금'이 "우리가 불도(佛道)를 닦고 있다는 것을 전제"한 시간이라는 점을 지적했듯이, 여기에서의 니시다의 '영원의 지금' 역시 우리가 자각의 수준에 있음을 전제한다.

---

24) "자기가 자기 자신을 아는 곳 거기에 현재[영원의 지금]가 있고, 현재가 현재 자신을 한정하는 곳 거기에 자기가 있다. [⋯] 우리가 시간[크로노스의 시간]에 있어 존재하는 것이 아니라 시간[아이온의 시간]이 우리에게 있어 존재하는 것이다."(西田幾多郞, 「永遠の今の自己限定」, 『西田幾多郞キ─ワ─ド論集』, 書肆心水, 2007, 370~371頁) 대나무의 시간이 있고 소나무의 시간이 있듯이. 이하 이 저작은 『키워드 논집』, 370~371'과 같은 식으로 인용한다.

III. 절대무의 장소에서 절대무의 자각으로

이제 니시다의 '영원의 지금' 개념을 좀 더 살펴보아야 하거니와, 이 논의를 위해서는 그 전에 자각론 이후 전개된 니시다 사유의 추이를 간략하게나마 정리할 필요가 있다.

자각론의 귀결을 "자기의 근저에서 자기를 비추는 것"으로 파악하는 니시다에게는 이 근저가 정확히 무엇인지를 밝혀내야 할 존재론적 과제가 도래하게 된다. 니시다는 이 근저를 '장소'라는 개념으로 구체화한다. 니시다의 고유한 문제의식이 자각의 개념에서 뚜렷하게 개념화되었다면, 이 자각 개념을 존재론적으로 밑받침하는 결정적인 일보는 장소론에서 달성된다.

현상학이 "모든 의식은 ~에 대한 의식"임을 강조한다면, 니시다는 "모든 의식은 ~에 있어서의(~に於いて) 의식"임을 역설한다. 장소는 자각이 그것'에 있어서' 이루어지는 기반이다. 『선의 연구』와 『자각에 있어서의 직관과 반성』에서 등장했던 실재에 대한 언급들이 『움직이는 것에서 보는 것으로』에 이르러 장소 개념으로 보다 분명하게 개념화되고 있다. 니시다는 그 단초에 관련해 다음과 같이 말한다. "존재한다는 것은 반드시 무엇인가에 있어서 성립한다. 그렇지 않다면 존재한다는 것과 존재하지 않는다는 것의 구별은 가능하지 않을 것이다. 논리적으로는 관계의 항들과 관계 자체를 구별할 수 있으며, 관계를 통일시키는 것과 관계가 그곳에 있어 존재하는 곳을 구별하는 것도 가능하다. […] 아(我)와 비아(非我)에 대해 생각할 수 있는 이상, 아와 비아의 대립을 안에 포용하고(包み), 이른바 의식현

상을 [자체] 안에서 성립시키는 것이 존재해야만 한다."[25]

　이런 장소론의 전개는 그의 사유를 일종의 심리주의로 비판한 학자들에 대한 응답의 성격을 띠고 있지만, 그렇다고 그가 이전 입장을 버린 것은 아니다. 오히려 그의 장소론은 그의 자각론을 보완하기 위해 구성된 것이라 보아야 할 것이다. 자기를 버림으로써 보다 참된 자기를 얻는다는 불교적 발상에 입각한 사상적 발전이라고 할 수 있다. 앞에서 인용했듯이, 도겐은 "불도를 배운다 함은 자기를 배우는 것이다. 자기를 배운다 함은 자기를 잊는 것이다. 자기를 잊는다 함은 만법(萬法)에서 [자기를] 밝혀내는[証] 것이다"라 했다. 이런 지적 직관의 차원에서 '장소'가 나타난다. 도겐과 마찬가지로 니시다는 칸트적인 구성주의를 비판한다.[26] 의식이 대상을 구성하는 것이 아니라, 의식과 대상(아와 비아)을 포용하는 장소에서 의식과 대상을 비추어 보아야 하는 것이다. "깨달음을 얻는 것은 물속에 달이 사는 것과도 같다. 이때 달은 젖지 않으며, 물은 깨지지 않는다."

　니시다에게 장소는 크게는 세 층위를 가진다. 1) 첫 번째의 장소는 '유(有)의 장소'이다. 이것은 일상적 의미에서의 장소, 사물과 사

---

25) 니시다, 「場所」, 『키워드 논집』, 426.
26) 이는 『움직이는 것에서 보는 것으로』의 도입부에 잘 나타나 있다. 예컨대 "[칸트에서처럼] 구성작용에 대해 주어진다고 하는 데에는 단지 재료[인식질료]로서 주어진다고 생각하는 것도 가능할 것이다. 이러한 경우 주어진 것은 우연적이게 되고 형식과 재료는 서로 외적인 것으로 생각되어, 재료는 형식작용에 대해 전적으로 수동적이 되지 않을 수가 없다"는 지적을 들 수 있다. 이럴 때 직접적으로 주어진 것으로서의 경험, 즉 경험의 내용은 그 핵심을 잃어버리게 된다(西田幾多郎, 「直接に與えられるもの」, 『西田幾多郎哲學論集 III』, 岩波文庫, 2016, 40頁 以下). 이 논집 시리즈는 이하 『철학 논집 I』과 같이 약하고 쪽수를 병기한다.

물이 관계 맺는 장소이다. 또는 현상계(과학적 사유의 대상들의 차원)에서 논의되는 장소이며, 패러데이의 '장'은 그 좋은 예이다. 2) 두 번째 층위의 장소는 '대립적 무(無)의 장소'이다. 이는 의식과 대상이 관계 맺는 장소이다. 이는 곧 자아와 비아가 함께 형성하는 장소이기도 하다. 이는 인식론적 장소라고도 할 수 있으며, 니시다는 때로 '의식야(意識野)'라는 현상학적 표현을 쓰기도 한다. 대상들 자체의 장소가 아니라 그 대상들을 사유하는 마음이 그것들을 포용하는 장소라고 할 수 있다. 3) 세 번째 궁극적인 장소는 '절대무의 장소'이다. 절대무의 장소는 의식야가 무한히 확대된 것이며, 무와 유의 대립이 해소되는 절대무의 차원이다. 그것은 일체의 것을 자기 자신의 그림자로서 자기 안에서 비추는 "진정한 무의 장소", "자기 안에서 자기의 그림자를 비추는 것, 자기 자신을 비추는 거울이라고 할 만한 것"이다. 역으로 말해 모든 존재자들은 절대무의 장소의 한정을 통해서 성립한다. 감정, 의지 등등 모든 것이 이 절대무의 장소로부터 성립한다. 그것은 모든 특수자들을 가능케 하는 일반자이다.[27] 만물은 절

---

27) 이때의 일반자는 중세 서구에서의 보편자처럼 외연적/추상적 존재가 아니라 내포적/심층적 존재이다. 니시다에서의 이 세 장소는 단순 병치관계가 아니라 1), 2), 3)으로 가면서 보다 심층적인 차원이 되는 구도를 띤다. 다나베 하지메는 이렇게 절대무까지 수직으로 내려가는 니시다 철학의 구도를 비판하면서, 그것을 거꾸로 보면 모든 것이 일자로부터 유출 ── 니시다의 개념으로 하면 '자기한정' ── 되는 플로티노스의 신비주의와 같은 것임을 지적한다. 그리고 이럴 경우 철학은 초역사적인/종교적인 것이 되어버리고 역사적 맥락에 착점하는 철학은 설 자리가 없어진다는 비판을 제시한다(田辺元, 「西田先生の教えを仰ぐ」, 『田辺元全集』, 第4巻, 筑摩書房, 1963, 311頁). 니시다는 다나베의 이 비판에 응해 '행위적 직관'을 중심으로 하는 그의 말년의 사유를 전개한다.

대무의 장소의 자기한정을 통해서 성립한다.[28]

　여기에서 '절대무의 장소'라 할 때 이 '무' 개념을 어떻게 이해할
것인가? 니시다의 사유에서 유란 형태가 있는 것이고 무란 형태가
없는 것이다. 서구 철학의 맥락에서와는 달리, 동양적인 형이상학 개
념은 곧 무에 대한 사유를 뜻한다.[29] 그러나 무는 서양 철학에서처럼
단지 형태의 결여를 뜻하는 것이 아니라, 오히려 모든 형태들의 근원
을 뜻한다. 그것은 토마스 아퀴나스의 신 존재 증명에서와 같은 궁극
의 점이 아니라 오히려 모든 것을 포용하는 '도(道)'와 같은 것이다.[30]

---

28) 니시다에게 있어, "개별자[個物]는 일반자의 한정으로서 생각된다."(「辨證法的一般者と
　　しての世界」, 『철학 논집 II』, 46) 이 사유 구도는 니시다 특유의 '술어의 논리'와 연계된다.
　　니시다는 아리스토텔레스에서의 '기체(基體/hypokeimenon)'를 주어에서가 아니라 술어
　　에서, 정확히 말해 술어들의 면('술어면')에서 찾는다. 니시다에게서 "판단은 일반적인 것
　　의 자기한정에 의해 성립하는 것"이거니와(西田幾多郎, 「論理と生命」, 『西田幾多郎生命論
　　集』, 書肆心水, 2007, 134頁)*, 이 일반적인 것(절대무의 장소)은 곧 가능한 모든 술어들의
　　총체가 잠존하는(subsist) 장으로 해석할 수 있다. 니시다에게서는 한 주어가 여러 술어들을
　　거느린다기보다는 여러 술어들이 한 주어에게서 한정된다고 할 수 있고, 한 주체가 무수한
　　사건들을 겪는 것이라기보다는 그 사건들이 그 주체에게서 발생한다고도 할 수 있다.
　　* 이 논집은 이하 『생명 논집』으로 약하고 쪽수를 병기한다.
29) 구키 슈조는 "형이상학은 '참된 존재(to ontōs on)'를 문제로 하고 있음에 틀림없다. 그러나
　　'참된 존재'는 '비존재(mē on)'와의 관계에서만 근원적으로 문제를 형성하는 것"이라고 말
　　한다(九鬼周造, 『偶然性の問題』, 岩波文庫, 2015, 13~14頁). 구키는 형이상학을 '존재'론이
　　아니라 '무'론(meontology)이라고 말한다.
30) 이 점은 『움직이는 것에서 보는 것』의 서문에 잘 나타나 있다. "형상(形相)을 존재로 간주하
　　고 형성(形成)을 선으로 간주하는 서양 문화의 현란한 발전에는 숭상할 만한 것, 배울 만한
　　것이 많다는 것은 말할 필요도 없겠지만, 수천 년 넘게 우리의 조상을 품어 온 동양 문화의
　　근저에는 형태 없는 것의 형태를 보고 소리 없는 것의 소리를 듣는다고 할 수 있을 생각이
　　깔려 있는 것은 아닐까. 우리의 마음은 바로 이러한 것을 끊임없이 찾아왔고, 나는 이러한
　　요구에 철학적 근거를 부여해 보고 싶다고 생각한다." 여기에서 "형태 없는 것의 형태를 보
　　고 소리 없는 것의 소리를 듣는다"고 한 것은 노자의 '도', '무', '현(玄)'의 사유에 입각한 것
　　으로 볼 수 있다. "무릇 사물이 생겨나고 공이 이루어지는 까닭은 무형에서 시작되고 무명

니시다적 뉘앙스에서의 이 도는 생명이라고도 할 수 있다. 니시다 형이상학의 핵심인 생명이란 "모순의 자기동일"을 그 핵심 논리로 한다. 니시다에게서 생은 사와 대립하지만, 더 궁극적인 생명은 생과 사를 포용한다.[31] 이는 앞에서 언급한, 절대무의 장소가 아와 비아를, 대상과 의식을 포용하는 차원인 것과 같은 맥락이라고 할 수 있다. 니시다가 생각한 이 실재의 궁극적 성격은 '절대모순적 자기동일'로서 파악된다.

니시다에게서 대립자들은 헤겔 식으로 지양되는 것이 아니라 그것들 자체로서 동일시된다. 이 점에서 그의 실재는 대립자들이 화해를 이루는 경지이다. 이 때문에 그는 헤겔의 모순을 상대적 모순(지양되어야 할 모순)으로 파악하면서 그 자신의 모순을 절대적 모순으로 개념화한 것이다. 그의 사유의 핵심은 바로 이 절대모순의 '자기동일'에 있다. 그러나 이 동일시란 양자가 단순히 같음을 뜻하지 않는다. 그것은 양자가 서로 타자'인' 것이 아니라 타자가 '되는' 것이다. 예컨대 하나와 여럿은 단순 대립하거나 어떤 제3의 것으로 지양되는 것이 아니다. 하나는 스스로를 부정하고 여럿이 되며, 여럿 역시 스스로를 부정하고 하나가 된다. 하지만 이 되기는 상호적이기 때문에('자기동일'이라는 표현에 주목), 궁극적으로 하나는 여럿을 통해 진정한 하나가 되고 여럿은 하나를 통해 진정한 여럿이 된다고 할

에서 유래한다. 하여 무형·무명의 존재야말로 만물의 주종인 것이다(夫物之所以生 功之所以成 必生乎無形 由乎無名. 無形無名者 萬物之宗也)."(王弼,「老子指略」,『王弼集校釋』, 樓宇烈 校釋, 華正書局, 民國 81, 155頁)
31) 니시다,「論理と生命」,『생명 논집』, 85.

수 있다. 이는 앞에서 언급했듯이 자기를 부정함으로써 오히려 참자기를 찾는다는 불교적 사유에 충실한 것이라고도 할 수 있고, 또 지금의 맥락에 초점을 맞출 경우 노자의 사유와 상통한다.[32]

니시다의 후기 철학에 자주 등장하는 '~즉(卽)~'이라는 표현도 이런 맥락에서 이해할 수 있다. 존재즉생성/생성즉존재라든가 일즉다/다즉일, 현상즉실재/실재즉현실, 유즉무/무즉유 등의 표현은 곧 절대모순적 자기동일의 구조를 함축한다. 존재와 생성을 예로 든다면, 서로 모순되는 존재와 생성이 동일이라는 것, 그러나 정적인 동일이 아니라 서로가 서로에게로 화하고 그 결과 양자가 공히 역동적 자기동일의 성격을 띤다는 것, 나아가 이 상호 순환의 구조 자체, 그 전체가 자기동일의 성격을 띤다는 것이다. 니시다의 '~즉~'이라는 표현에는 이런 절대모순의 자기동일이라는 논리/존재론이 함축되어 있다. 앞에서 장소가 생과 사, 아와 비아 등을 포용하는 곳이라 했거니와, 나아가 장소에서는 바로 이 '즉'의 존재론, 절대모순적 자기동일의 존재론이 성립한다고 할 수 있다. 그리고 이것이 바로 '포용'의 의미이다.

니시다의 사유는 이 절대무의 장소에서 보다 탄탄한("객관적인") 토대를 가지게 되었다고 할 수 있다. 하지만 달리 보면, 그의 평생의 주제인 자각이라는 주게는 이 절대무의 장소라는 바다에 녹아

---

32) "있음과 없음은 서로를 낳으며, 어려움과 쉬움은 서로를 이루어 주며, 깊과 짧음은 서로를 모양지어 주며, 높음과 낮음은 서로를 채워 주며, 겹소리와 홑소리는 서로를 보듬어 주며, 앞과 뒤는 서로를 따른다(有無之相生也 難易之相成也 長短之相形也 高下之相盈也 音聲之相和也 先後之相隨也)."(『노자』, 죽간본, 갑본, 9장, 최재목 역주, 을유문화사, 2012)

버려 다소 희미해진 것이 사실이다. 주체와 객체의 밀고 당김은 모든 철학자들에게서 볼 수 있는 근본 문제이거니와, 절대무의 장소에 이른 니시다의 철학은 객체의 차원을 보강한 대신 주체의 차원이 다소 약해졌다고 할 수 있다. 니시다 자신 바로 이 점을 깨닫고 다시 그의 자각론을 향하게 되며, 이로써 '절대무의 장소'로부터 '절대무의 자각'으로의 이행이 이루어진다. 절대무를 발견한 후, 이제 그의 사유는 '장소'로부터 (그의 사유의 원점인) '자각'으로 다시 돌아간다고 할 수 있다.

사실 애초에 니시다의 절대무의 장소는 마음의 바깥에 있는 것이 아니라 오히려 그 근저에 있는 개념이었다. 절대무의 자각은 바로 이 절대무의 장소를 깨닫는 것, 우리의 근저가 바로 이 장소라는 것을 깨닫는 것이다. 이것은 바로 우리가 앞에서 언급했던 "사람의 마음과 '무한한 실재의 통일력'이 연속을 이룬다"는 생각 그리고 바로 이런 연속성이 학문과 예술의 가능조건이 된다는 생각을 되찾은 것이기도 하다. 스피노자가 말한 '신에 대한 사랑'을 연상시키는 대목이다.

이런 이유에서, 순수 경험에서 출발한 니시다의 사유가 절대모순적 자기동일의 차원, 절대무의 차원에 도달한 것은 자기를 부정한 것이라기보다는 오히려, 앞에서도 언급했듯이, 자기를 부정함으로써 참된 자기를 깨닫는다는 불교적 실천의 성격을 띤다고 할 수 있다. 이는 자기가 자기의 근저, 근저의 근저에서 타자를 발견하고 타자가 된다는 것이지만, 그 타자는 어떤 초월적인 타자, 자신과 불연속적인 타자도 아니고 또 정신분석학에서 말하는 것과 같은 어두운 타자도 아니다. 그 타자는 다름 아닌 자기 자신, 바로 자신의 참자기이다.[33] 이 점에서 니시다의 사유는 '동양적' 전통에 충실하다. 자체로서 본격적으로 논의해 봐야 할 문제이거니와, 니시다의 사유는 흔히 불교적 맥락에서 논의되지만 또한 불교적인 비움의 철학보다는 성리학적인 충만의 철학에 더 가까운 면도 존재한다(이 맥락은 '공' 개념과 '절대무' 개념의 비교를 요청한다). 그러나 불교적 맥락에서 보든 성리학적 맥락에서 보든, 그의 학문은 검증과 논증으로 이루어진 현대적/서양적 학문 개념보다는 깨달음의 노력을 필요로 하는 동북아 전통에 충실하다고 할 수 있다. 그가 '지성(至誠)'을 강조하는 것도 이 때문이다. 『무의 자각적 한정』의 서문에서 말하고 있듯이, 그의 사유는 "논리로부터 자각을 보는 것이 아니라 자각으로부터 논리를 보는 것"이다.

IV. '영원의 지금': 도겐과 니시다

처음에 우리는 도겐의 사유에서 흐르지 않는 시간, 영원의 지금, 아

---

33) 니시다 사유의 이런 성격은 그의 사유 초기에 이미 나타나 있다. "사물이 나를 움직였다고 해도 좋고 내가 사물을 움직였다고 해도 좋다. 셋슈(雪舟)가 자연을 그렸다고 해도 좋고 자연이 셋슈를 통해서 자기를 그렸다고 해도 좋다. 원래 사물과 나의 구별이 있는 것이 아니다. 객관세계가 자기의 반영이라고 말할 수 있듯이 자기는 객관세계의 반영이다. 내가 보는 세계를 떠나 나란 없다. 천지동근 만물일체(天地同根萬物一體)이다."(『선의 연구』, 205) 그의 사유의 전개는 다소 직관적이고 선언적으로 제시했던 이런 생각을 점차 정교화해 간 과정이다.

이온의 시간을 읽어냈다. 그 후 니시다의 자각의 사유를 논하면서 흐르는 시간과 정지의 시간, 지속의 직관과 순간의 직관을 상보적으로 파악할 필요를 언급했다. 그 결과 도겐의 시간론이 아이온의 시간에 방점을 찍는 반면, 니시다의 시간론은 수평적 크로노스의 시간(사물의 시간)과 수직적 아이온의 시간(사건의 시간)을 교차시키고 있다는 점, 그러나 방점은 후자에 찍힌다는 점을 지적했다. 이제 우리가 해야 할 일은 이제까지의 시간론을 이어, 니시다 사유가 도달한 경지인 절대무의 자각과 상관적인 시간론은 어떤 것인가를 밝히는 일이다. 그리고 이는 곧 니시다의 '영원의 지금'의 개념을 더 구체적으로 살펴보는 일이다.

니시다는 앞에서 언급했던 다나베의 비판을 의식하면서, 그의 전기 철학에서 도달했던 절대무의 장소라는 경지를 실천철학의 방향으로 꺾어 발전시킨다. 그의 철학이 '아나바시스'에 그치지 않고 '카타바시스'로 나아간 데에는 다나베를 비롯해 미키 기요시, 도사카 준 등 다른 철학자들의 비판이 큰 역할을 했다고 할 수 있다. 이제 니시다는 절대무가 행위에 스며들게 하고 지금·여기의 현장에 현전케 함으로써 그의 이론적 궁지를 타파해 간다. 다나베 자신은 니시다의 수직적 사유를 비판하면서 '종의 논리'를 중심으로 하는 수평적 사유, 매개의 사유를 전개했지만,[34] 니시다는 그의 사유 구도를 포기하

---

34) 여기에서 '종'은 헤겔의 특수자(das Besondere)에 해당하며 '매개' 역시 헤겔적 개념이다(田辺元, 『種の論理』, 岩波文庫, 2010, 159頁 이하). 다나베는 개체와 유 사이에 종=특수자를 매개하는 사유를 전개했으며, 매개자로서의 신체, 언어, 민족 등을 강조하는 사유를 펼쳤다.

지 않으면서 (개체와 유 사이를 종으로써 매개하는 사유가 아니라) 개체와 절대무를 직접 잇는 사유를 전개했다. 개체의 근저에는 나아가 (다나베가 말한 것 같은) 매개자들의 근저에는 근본적 생명이 내재해 있으며, 이 '비합리적인 것'[35]에 닿아 다시 그 경지를 지금·여기에서 실현해야 하는 것이다. 그의 평생의 주제인 자각이 여기에서 다시 새로운 모습으로 등장하는 것을 볼 수 있다. 그리고 이런 흐름에서 죽음, 타자, 영원 등 초월적인 차원들이 단지 절대무의 장소에서 삶, 자기, 지금과 화해하는 데에 그치지 않고, 현실성으로 올라와 삶, 자기, 지금과 함께 논의되는 장면이 등장하게 된다.

그가 이론적 사유에서 도달했던 절대무의 장소라는 개념은 정적이고 공간적인 성격이 강했으나(앞에서 언급한 바슐라르적인 순간의 직관과 연관된다), 이제 이 국면에 이르러 행위, 표현, '포이에시스' 등과 같은 실천철학적 차원이 보완되기에 이른다. 이에 따라 그의 시간론 역시 보완되어야 했다. 우리의 핵심 주제인 '영원의 지금'은 바로 이런 맥락에서 논의된다. 영원과 지금이 절대무의 장소에서 절대모순적 자기동일을 통해 화해하는 데 그치지 않고, 현실의 지금으로 영원이 올라와서 양자가 겹쳐지는 장면, 크로노스와 아이온이 겹쳐

---

35) 니시다는 『무의 자각적 한정』을 "실재라고 할 수 있는 것이라면 그 근저에 틀림없이 비합리적이라고 생각되는 것이 존재해야 한다. 단지 합리적이기만 한 것은 실재가 아니다"라는 말로 시작하고 있다. 이때의 '비합리적인 것'은 당대 프랑스 철학계에서 베르그송과 연관해서 자주 사용된 "l'irrationel"을 염두에 둔 표현으로 보인다. 이 개념은 법칙이나 언어, 수, 기호, 도표 등등 그 어떤 표상 방법으로도 완전히 소진되지 않는 지속/생명을 가리키는 개념으로 사용되었다.

지는 장면을 목도하게 되는 것이다.

니시다는 영원의 지금에 대해 "무한의 과거와 무한의 미래가 현재의 한 점에서 소멸한다"고 말한다. 모든 시간을 한정하는 절대적 현재가 절대무의 자각적 한정이다.[36) 이 절대적 현재는 언제라도 무한의 과거, 무한의 미래를 현재의 한 점에 자각적으로 응축시키는 '영원의 지금'이다. 니시다에게서 절대적 현재란 바로 영원의 지금의 자기한정인 것이다.

순간을 직선적인 시간의 한 점이라고 생각하면 안 된다. 플라톤이 이미 순간은 시간 바깥에 존재한다고 생각했듯이, 시간은 불연속의 연속으로서 성립하는 것이다.[37) 시간은 다(多)와 일(一)의 모순적 자기동일로서 성립한다고 할 수 있다. [⋯] 이 때문에 다의 일, 일의 다로서 현재의 모순적 자기동일로부터 시간이 성립한다고 했던 것이다. 현재가 현재 자신을 한정함으로써 시간이 성립한다고 한 것도 이 때문이다. 시간의 순간에 있어 영원에 닿는다(触れる)고 하는 것은 순간이 순간으로서 진정한 순간이 되면 될수록 그것은 절대모순적 자기동일의 개물적(個物的) '다'로서 절대의 모순적 자기동일인 영원의 현재의 순간이 된다는 것에 다름 아니다. 시간이 영원의 지

---

36) "현재가 현재 자신을 한정하는 바 거기에 자기가 존재하며, 자기가 자기 자신을 한정하는 바 거기에 현재가 존재한다."(니시다, 「永遠の今の自己限定」, 『키워드 논집』, 373)
37) 순간을 한 점으로 생각하는 것에 대한 비판은 베르그송을 잇고 있다. 하지만 니시다는 베르그송적 연속성을 강조하기보다는 오히려 "시간[지속] 바깥에 존재하는" 순간 ─ 도겐의 '而今' ─ 의 불연속성을 우선 강조하고 그 순간들의 계열로서 지속을 파악하고 있다.

금(永遠の今)의 자기한정으로서 성립한다고 하는 것은 이러한 생각을 거꾸로 말한 것에 다름 아니다(「絶對矛盾的自己同一」, 『철학 논집 III』, 9~10).

절대무의 장소에서의 시간은 가능한 모든 무한한 시간을 포용하는 시간이라고 할 수 있다. 그것은 잠재성 —— 베르그송의 순수기억 개념이 함축하는 과거 전체만이 아니라 미래 전체까지도 포괄하는 잠재성 —— 의 시간이며, 잠존하는 모든 것들의 시간이다. 이 무한의 시간은 현재와 동떨어진 시간이 아니라 현재 아래에서 수직적으로 잠존하는 시간 전체이다. 니시다의 사유가 수직으로 내려갈 때 현실성과 현재는 장대한 잠재성과 무한한 시간을 포용하는 절대무의 장소에서 용해되어버리는 경향이 있다. 반면 '영원의 지금'의 사유에서는 반대로 한없이 수평으로 넓혀지던 잠재성과 무한 시간이 수직으로 솟아올라 현실성과 현재로 응축된다. 이 현재가 단 하나의 특정한 현재는 아니다. 그런 현재는 크로노스의 특정한 시간에서만 상상할 수 있다. 이 현재는 모든 아이온의 현재들이다. 시절인연이 이루어지는 모든 순간들이 영원의 지금이라고 할 수 있는 것이다. 이 각 현재, 영원의 지금들은 절대모순의 자기동일의 구조를 띤다. 때문에 위 인용문은 다음과 같이 이어진다.

현재에 있어 과거는 이미 지나간 것이면서 아직 사라져버린 것이 아니며, 미래는 아직 오지 않은 것이면서 이미 나타나 있다고 하는 것은, 추상적이고 논리적으로 생각할 때처럼, 단지 과거와 미래가 결합한다든가 하나가 된다든가 하는 것이 아니다. ['~즉~'의 구도에 따라] 상호 부정적으로 하나가 된다고 하는 것이다. 과거와 미래가 상호 부정적으로 하나인 바[과거즉미래 미래즉과거]가 현재이며, 과거와 미래의 대립은 현재의 모순적 자기동일에 입각해 있는 것이다. 그리고 현재가 모순적 자기동일이기 때문에 과거와 미래는 다즉일 일즉다의 모순적 자기동일이 되고, 시간적 공간이 됨으로써, 거기에서 하나의 형태가 결정되며 시간이 지양(止揚)된다고 해야 하는 것이다. 거기에서 시간의 현재가 영원의 지금의 자기한정이 되고, 그로써 우리는 시간을 넘어선 영원한 것에 닿을 수 있다고 생각한다.

영원의 지금의 시간은 이제 절대무의 장소의 시간이 아니라 절대무의 자각의 시간이다. 그것은 절대무의 자각적 한정이며, 그것이 곧 영원의 지금의 자각적 한정이다. 이때의 현재는 크로노스의 현재가 아니다. 이 현재의 고유한 차원은 사건의 시간, 곧 아이온의 시간에 속하며, 현실의 사건에서 크로노스의 한 조각("구체적인 현재")과 교차한다. 때문에 이 현재는 부정법의 시간이 현실화되는 모든 곳에서의 각 현재이다. 강의를 하는 매 순간이 곧 '강의를 하다'의 아이온의 지금이며, 니시다의 맥락에서는 영원의 지금이다.

이런 아이온의 시간, 영원의 지금, 즉 절대무의 자각적 한정이 이루어지는 시간이야말로 도겐이 말하는 시절인연의 시간, '而今'의 시간이 아닐까. 도겐의 시간론이 깨달음의 순간을 개념화하고 있다면, 니시다의 시간론은 자각의 시간을 개념화하고 있다. 이론적 맥락에서 니시다의 시간론은 도겐의 시간론에 비해 보다 입체적이고 정교화된 형태를 띠지만, 양자가 지향한 경지는 같은 곳이라고 할 수 있을 것이다.

가토 슈이치는 일본인들의 시간론을 '현재'를 중시하는 점에서 찾아냈다. "과거는 물에 흘려보낸다", 그리고 "내일에는 내일의 바람이 분다." 가토는 일본어의 구조를 다각도로 분석하면서 일본어에 미래의 사건에만 관계하는 조동사는 없다는 것, 그리고 어떤 면에서는 과거의 사건에만 관계하는 조동사도 없다는 점을 지적하면서, 이 점과 관련해 일본 문화를 비판적으로 성찰한다.[38] 현재 중심의 이런 시간론은 아이온적인 성격의 시간조차 각 현재에 나타나 있는 것으로 보았던 도겐이나 순수 경험의 현재주의에서 사유를 시작해 절대적 현재에서의 자각에서 그 열매를 맺은 니시다의 경우에서도 확인된다. 그러나 이 철학자들은 이 현재주의를 즉물적으로 주장한 것이 아니라 거기에 깊은 사유를 매개해 하나의 철학사상으로 승화시킬 수 있었다. 그 승화의 결정체가 바로 '영원의 지금' 개념이다. 그리고 이 개념은 니시다 이후에도 일본 현대 철학사에 긴 여운을 남기고 있다.[39] 이 점에서 이 시간론에 '일본적 시간론'이라는 일반적인 표현

---

38) 가토 슈이치,『일본 문화의 시간과 공간』, 박인순 옮김, 작은이야기, 2010, 56~57쪽.
39) 히가키 타츠야는 이런 관점에서 니시다와 그 이후 철학자들의 관련성을 해명하고 있다(檜垣立哉,『日本哲學原論序說』, 人文書院, 2015). 특히 정신의학자 기무라 빈의 '인트라 페스툼' 개념이라든가, '계면(界面)'으로서의 현재에 대한 구키 슈조의 사유, 오모리 쇼조의 유명한 테제인 "시간은 흐르지 않는다" 등, 우리는 여러 철학자들에게서 이런 흐름을 확인할

을 붙여도 좋을 듯하다(물론 이것이 이 시간론이 꼭 일본만의 특유의 것이라는 점을 함축하지는 않는다).

보다 대중적인 문화의 차원에서도 이 점은 확인된다. 어느 한순간 꿈과도 같이 만발했다가 다시 한순간 허무하게 져버리는 사쿠라, 지루하게 뜸을 들이다가 어느 한순간 전광석화와도 같이 싱겁게 끝나버리는 스모, 단 한 합에 결판이 나버리는 사무라이들의 결투 등등. 그러나 영원의 지금이라는 이런 생각은 현대사에 긴 비극적 그림자를 남기기도 했다. 가미카제 같은 극단의 행위에는 그들이 의식했든 하지 않았든 영원의 지금의 시간론이 머금어져 있는 것을 부정할 수 없지 않을까.[40] 어떤 개념, 사유도 마찬가지이겠지만, '영원의 지금'의 시간론도 삶 속에서 활용된 맥락에 따라 그 의미와 역할은 크게 진동한다. 그리고 이 진동하는 의미와 역할은 앞으로 전개될 역사에서도 계속될 것이다. 이 점에서 이 시간론의 구조에 대한 존재론적 해명과 역사적/비판적 이해는 작지 않은 중요성을 내포한다.

수 있다.

[40] 다나베 하지메는 니시다의 시간론을 비판했으면서도 그 자신 그 시간론에 물들어 있었다고 볼 수 있다. 그는 학생들을 열렬히 종용해서 전쟁터로 내보내곤 했다("악마의 교토대 강의"). 물론 여기에는 그의 종의 논리도 깔려 있었다(佐藤優, 『學生を戰地へ送るには』, 新潮社, 2017).

"시간은 흐르지 않는다"

── 오모리 쇼조의 경우

시간은 흔히 흐르는 것으로 표상된다. "세월은 강물처럼 흘러간다" 거나 "시간의 화살" 같은 표현들이 이를 잘 보여 준다. 하지만 오모리 쇼조는 "시간은 흐르지 않는다"고 말한다. 그가 이렇게 말하는 이유는 어디에 있을까? 이를 해명하기 위해 그의 생각을 시간은 흐른다는 생각과 대비해 보자.

하지만 그 전에 시간 자체가 존재하지 않는다는 생각도 있다. 그래서 시간의 실재 여부와 그 흐름의 여부에 관련해, 1) 시간은 실재하지 않는다, 2) 시간은 실재하며, 그것은 흐른다, 3) 시간은 실재하며, 그것은 흐르지 않는다는 세 갈래의 생각이 존재한다. 이 글은 우선 시간은 존재하지 않는다는 생각을 검토한다. 두 번째로는 시간은 존재하며 흐른다는 생각을 검토한다. 그 후에 시간은 흐르지 않는다는 생각을 분석한다. 마지막으로 세 종류의 시간론을 비교해 보면서 그 핵심적인 차이를 밝혀내고, 또 앞으로 논구할 만한 문제들을 생각해 본다.

구체적으로 논의는 다음과 같이 전개된다. 우선 시간은 존재하지 않는다고 주장한 대표적인 인물들 중 한 사람인 맥타가트의 시간론을 논할 것이며, 이 시간론을 비판적으로 분석해 시간은 실재한다는 점을 밝힌다. 다음으로는 시간이 존재하며 흐른다는 주장에서 이 '흐른다'는 말이 무엇을 뜻하는지를 베르그송의 사유에 입각해서 해명한다. 셋째, 오모리 쇼조가 왜 시간은 흐르지 않는다고 했는지를 논한다. 마지막으로 이 세 시간론을 비교함으로써 그 핵심적인 존재론적 차이를 드러내고, 앞으로 계속 논구해 볼 만한 문제를 밝힌다.

I. 시간은 실재하지 않는다

맥타가트는 그의 유명한 논문[1]에서 '시간의 비실재성'을 논증하고자 한다. 그의 논증은 귀류법을 사용하고 있으며, 시간이 실재한다는 주장이 모순을 내포함을 증명하고자 한다.

1. 그는 만일 시간이 실재한다면, 다음 두 유형이 가능하다고 보았다. 첫째, 하나의 사건은 다른 사건보다 이전이거나 이후이다. 이전과 이후에 의해 시간 개념이 규정된다. 둘째, 하나의 사건은 현재에 일어나고 있거나 과거에 일어났거나 미래에 일어날 것이다. 현재, 과거, 미래라는 시간 양상에 의해 시간 개념이 규정된다. 맥타가트는

---

1) John McTaggart, "The Unreality of Time", *The Nature of Existence*, vol. 2, ed. by C. D. Broad, Cambridge Univ. Press, 1927, pp. 9~31.

이전과 이후가 실재한다고 보는 전자의 생각을 'B 계열'로, 현재와 과거와 미래가(적어도 현재가) 실재한다고 보는 후자의 생각을 'A 계열'로 부른다.

2. 우선 B 계열 시간론이 모순을 배태함을 논증해야 할 것이다. 그러나 맥타가트는 이 시간론의 모순을 논증하기보다는 그것이 시간론으로서는 결함을 가짐을 논증한다. 다시 말해, 만일 시간이 실재한다면, 그 시간은 B 계열 시간보다는 A 계열의 시간이리라는 것이다.

맥타가트에 따르면 B 계열 시간론이 만족스럽지 못한 것은 그것이 변화를 설명할 수 없다는 점에 있다. 사건 E_1이 사건 E_2의 이전 또는 이후라고 할 때, 여기에는 현재, 과거, 미래에서의 변화가 포함되지 않으며, 단지 두 사건 사이의 고정된 관계만이 존재한다. 하나의 시간이 아직 일어나지 않은 미래의 사건에서 현재 일어나고 있는 현재의 사건으로 그리고 다시 이미 일어난 과거의 사건으로 '흘러가는' 과정[2]이 포함되어 있지 않은 것이다. 오로지 두 사건 사이의 이전-이후의 고정된 관계만이 존재한다.[3] A 계열의 시간이 존재해야

---

2) 이 과정은 또한 진리값의 변화 과정이기도 하다. "박치우는 1949년 태백산 전투에서 죽었다"라는 명제는 1948년에는 위이지만 1950년에는 진이다. 그러나 B 계열에서는 진릿값의 변화가 없다. 태백산 전투와 박치우의 죽음이 동시라면(B 계열에는 이전, 이후와 더불어 동시도 포함된다), 이 동시성의 진릿값은 영원히 변하지 않는다.

3) 그러나 어떤 것을 다른 어떤 것의 이전/이후라고 할 수 있는 것은 이전 시간과 이후 시간을 연속적으로 경험함으로써 그 시간을 종합할 수 있는 주체에게서만 성립한다. 그렇지 않을 경우 이전과 이후의 연속성이 끊어지고 이전-이후라는 개념 자체가 성립하지 못한다. 또, 만일 시간의 일방향적 흐름('시간의 화살')을 전제하지 않으면, 어떤 사건이 이전이고 어떤 사건이 이후인지 확정할 수 있을까? 비가 내려 땅이 젖는 간단하고 명백한 경우조차도 지시—

변화가 변화로서 파악될 수 있다. 그래서 사실상 B 계열은 그 가능성만을 생각해 본 것이고, 실제 논의 대상은 A 계열이다.[4]

3. 만일 A 계열 시간이 모순을 불러온다면, 결국 시간은 존재하지 않는다는 결론이 나온다. 이 논증 과정에서 그는 다음 두 명제를 제시하고 양자가 모순임을 주장한다.

a) 모든 사건은 현재, 과거, 미래 중 하나의 시제를 가진다. 어떤 사건도 하나 이상의 시제를 가질 수 없다. 요컨대 현재, 과거, 미래는 **동시적일 수 없다.**

b) 하나의 사건은 현재, 과거, 미래를 모두 가질 수 있다.

현재, 과거, 미래는 상호 배타적이다. 그러나 하나의 사건은 아직 일어나지 않았을 때에는 미래이고, 일어나고 있을 때에는 현재이고, 이미 일어났을 때에는 과거이다. 결국 두 명제는 모순을 야기한다. 따라서 현재, 과거, 미래의 시간의 흐름에 기반한 A 계열 시간 역시 실재하지 않는다. 이것이 맥타가트 논증의 핵심이다.

그러나 양자가 모순인지는 의문이다. a)는 현재, 과거, 미래가 **동**

틀이 되는 시간의 방향 그리고 주체에 의한 시간의 종합이 전제되지 않으면, 어떤 사건이 먼저인지 확정할 수가 없다. 이렇게 본다면, B 계열 시간론에 대한 논의 자체가 A 계열 시간론을 암묵적으로 전제하지 않으면 성립하지 않는다고 보아야 한다.

4) 버트런드 러셀처럼 B 계열이 더 기초적인 시간이라고 본 인물도 있고, 또 논의의 단위를 '사건'이 아니라 '사물'로 봐야 한다는 또는 '사태'로 봐야 한다는 논자들도 있지만, 여기에서는 상론하지 못한다.

시적일 수 없음을 말하고, b)는 하나의 사건이 순차적으로 미래, 현재, 과거를 가질 수 있음을 말하고 있기 때문이다. 하나의 사건이 동시에 일어날 것이고, 일어나고 있고, 일어났을 수는 없다. 그러나 그것이 일어날 것이었다가 일어나고 있다가 일어났을 수는 있는 것이다.

맥타가트는 이 반론을 예상하면서 다음과 같이 재반론한다. '일 것이다', '이다', '이었다'는 시제가 없는 '이다'로 바꿔 이해할 수 있다. 다른 각도에서, 이는 진리값이 변하는 시제적 명제들을 진리값이 고정되는 탈-시제적 명제로 변환해서 쓸 수 있음을 말한다. 그리고 이때 'is'는 시제를 띤 'is'가 아니라 'S is P'에서의 계사 'is'로 바뀐다.

a) 'x는 y였다' → 과거 어느 시점에 'x는 y이다.'
b) 'x는 y일 것이다' → 미래 어느 시점에서 'x는 y이다.'
c) 'x는 y이다' → 현재 시점에 'x는 y이다.'

이렇게 바꾸어 쓸 때, 한 사건 E는 "현재에는 현재'이고', 미래의 어느 시점에는 과거'이며', 과거의 어느 시점에는 미래'이다'"라고 할 수 있다. 시제가 바뀌어도 E는 항상 E'인' 것이다. 그렇다면 모순은 사라지지 않는다. 하나의 사건이 동시에 과거, 현재, 미래일 수 없는데도, 이렇게 변환해 보면 순차적으로가 아니라 동시적으로 과거, 현재, 미래를 가질 수 있다. 그래서 결국 앞의 a), b)로 되돌아가 모순이 확인된다. 위의 변환 가능성이 모순을 확증해 준다. 시간은 실재하지 않는 것이다.

4. 그러나 맥타가트의 논증은 자체 내에 모순을 내포한다. 맥타

가트는 B 계열 이론이 변화를 설명하지 못하며, A 계열 이론이 시간론의 기초임을 논증했다. 그리고 A 계열 이론 역시 모순을 내포함을 논증했다. 그러나 우리는 위의 논증에서 A 계열의 모순을 논증하면서 B 계열 이론(무시제적 '이다'의 개념)을 다시 도입했음을 확인할 수 있다. 그는 B 계열의 한계를 논증하면서 A 계열을 도입했고, A 계열의 모순을 논증하면서 B 계열을 도입한 것이다. 맥타가트의 논증은 귀류법으로서, 이는 하나의 주장("시간이 실재한다")이 모순을 내포함을 보임으로써 그것을 논파하는 구조이다. 그러나 그 논파의 과정 자체 내에 모순, 적어도 순환논법이 내재한다면 그 전체 논증은 성립할 수 없다. 따라서 맥타가트의 귀류법 논증에 다시 귀류법을 적용할 경우, 시간은 실재한다고 결론 내릴 수 있다.

II. 시간은 실재하며 흐른다

이제 다음으로 논할 시간론은 맥타가트가 A 계열 시간을 논하면서 설정했던 a)를 부정하고 b)를 긍정하는 시간론이다. 이에 따르면 현재, 과거, 미래는 동시적일 수 있다. 하나의 사건은 현재, 과거, 미래를 모두 가질 수 있다. 따라서 a)와 b)는 모순적이지 않고, 같은 것을 말하고 있다. 세 시제가 서로 구분되면서도 동시적일 수 있는 경우는 하나밖에 없다. 세 시제가 서로 수직으로 중첩되어 있는 경우이다. 현재의 아래에는(또는 아래와 위에는) 과거와 미래가 **주름** 잡혀 있다. 이를 '시간의 주름(fold of time)'이라 부를 수 있다. 베르그송의 시간론이 이 구조를 띠고 있다.[5] 그리고 핵심적인 것은 베르그송은 바로 이런 구도에 입각해서 시간은 '흐른다'고 생각한다는 점이다.

현재, 과거, 미래가 중첩되어 있는 시간의 주름이라는 구조는 역설들을 생겨나게 한다. 베르그송은 시간의 주름이 역설을 불러일으키기에 그것이 오류라고 보지 않는다. 바로 그 역설이 시간의 본성을 드러내 준다고 본다. 시간이란 본성적으로 역설적인 존재인 것이다.[6]

1. 동시성의 역설. 이 역설은 현재가 과거보다 먼저 오고, 지금-현재는 시간이 흘러 과거가 된다는 생각과 역설을 이룬다. 베르그송은 과거는 이미 흘러가버린 현재들이고 현재들은 매 순간 과거로 사라진다는 생각을 거부한다. 이런 구도에서는, 흄이 그렇게 생각했듯이 과거는 희미해진 현재에 불과하고 현재들은 매 순간 과거로 사라져 퇴색해버린다.[7] 베르그송에게 현재와 과거는 동시적이다. 현재는 매 순간 동시에 과거이다. 만일 현재와 과거가 동시적이지 않다면 시간은 흐를 수 없다. 왜인가? 과거가 지금-현재를 과거로서(언젠가의-현재로서) 구성하기 위해 그것을 기다려야만 한다면, 현재는 그 기다리는 시간 때문에 과거로 이행하지 못하고, 멈추어 있어야 하

---

5) 베르그송의 시간론은 주로 현재와 과거에 초점이 맞추어져 있다. 미래까지 포함해 논의한 다면 논의 구도는 훨씬 복잡해질 것이다. 여기에서는 잠정적으로 베르그송의 논의가 미래까지도 포함하고 있는 것으로 다룰 것이며, 본격적인 논의는 다른 지면에서 하고자 한다.

6) 이 논의 구도는 주로 『물질과 기억』, 3장에 등장한다. 들뢰즈는 이 시간의 주름의 역설들을 네 가지로 명료하게 정리해 주었다(DR, 110~114).

7) "기억이 최근의 것일수록 그 관념도 더욱 명료하다."(데이비드 흄, 『오성에 관하여』, 이준호 옮김, 서광사, 1994, 105쪽)

기 때문이다. 현재는 과거로 흘러가지 못하고 시간의 정거장에서 과거가 자리를 마련할 때까지 기다려야 한다. 또, 이럴 경우 언젠가 지금-현재가 될 미래의 시간들(아직-미래들)은 기다리고 있는 현재 때문에 현재로 이행해 올 수가 없을 것이다. 현재가 과거로 **흘러가기** 위해서는 과거와 현재가 **동시적이어야** 한다. 시간이 '흘러간다'는 것이 뜻하는 바는 현재가 동시에 과거라는 사실 이외의 것이 아니다.

2. 공존의 역설. 이 역설은 현재와 과거는 이전-이후의 관계이며, 공존할 수 없다는 생각과 역설을 이룬다. 동시성의 역설에 입각하면, 과거의 모든 순간들은 사실 현재와 동시적이다. 과거는 현재와 공존한다. 과거는 수평적으로 흘러가버리는 것이 아니라 수직적으로 축적된다. 유명한 원뿔 도식이 말해 주듯이(MM, 167~170), 현재와 과거는 수평적으로 병존(竝存)하고 있는 것이 아니라 **수직적으로** 공존하고 있다. 수평적 공존으로 이해할 경우, 일찍이 아리스토텔레스가 지적했듯이 이 테제는 이해하기 힘든 것이 된다(『자연학』, 218a 26~30). 현재가 꼭짓점이라면 과거는 그 아래에 존재하는 원뿔 전체이다. 과거는 흘러가버린다기보다는 오히려 현재와 미래까지 함축하는 시간 전체이다. 원뿔의 꼭짓점은 과거와 현재가 동시적이게 되는 곳인 동시에 현재와 미래가 동시적이게 되는 곳이기도 하다. 그래서 시간은 흐른다고 할 수 있다. 과거는 시간의 한 차원이 아니라 오히려 세 차원의 종합태이다. 과거는 시간의 가능근거인 잠재성으로서, 지금-현재들과 공존하며, 사라지는 것이 아니라 시간 종합의 터로서 지속되는 것이다. 과거는 현재와 공존하면서 시간의 흐름을 가능케 한다.

3. 선재(先在)의 역설. 이 역설은 과거란 현재가 존재하고 그것이 흘러가야만 비로소 생겨나는 것이라는 생각에 대한 역설이다. 현재와 과거가 동시적이라면, 그리고 그것이 시간이 흐르는 조건이라면, 이 과정이 가능하기 위해서는 과거가 그런 흐름의 조건으로서 선재해야 한다. 물론 여기에서 선재는 과거가 현재보다 먼저라는 것을 뜻하지 않는다. 과거가 현재의 **가능조건으로서** 존재한다는 뜻이다. 이 과거는 "한 번도 현재였었던(était) 적이 없는 과거"이다. 즉, 그것이 언젠가는 현재였었다고 말할 수가 없는 과거이다. 이 과거는 현재가 있은 후 과거가 된 그런 과거가 아니기 때문이다. 오히려 현재가 과거가 되는 과정을 가능케 하는 조건으로서 선재하는 과거이다.[8) 그리고 이 과거는 자체로써 보존되면서도 스스로의 수축의 끝에서 현재와 공존하고 있다. 이 점에서 이 선재의 역설이 앞의 두 역설을 완성한다.

4. 잠재적 공존의 역설. 이 역설은 시간은 흘러가버리기 때문에 시간들은 서로 공존할 수 없다는 생각에 대한 역설이다.[9) 시간이 수평으로 흘러가 흩어지는 것이 아니라 수직으로 축적되어 잠재성을 형성하며, 원뿔로서의 잠재성 전체는 **무수한 층위** ── 각 층위는 이완과 수축의 고유한 정도를 띤다 ── 에서 스스로와 공존한다. 과거는 공존의 총체이고, 이 총체는 상이한 이완과 수축의 정도를 띤 시간들

---

8) 이 과거를 베르그송은 '순수 과거'라 부르고, 이 개념을 '정신' 개념의 해명을 위한 실마리로 삼고 있다(MM, 74).
9) 시간은 흔히 연속체로 표상되거니와, 여기에서 시간'들'이라 한 것은 결국 사건들을 뜻한다. 사건들이 시간을 분절하기 때문이다.

(기억들)이 층층이 주름 잡혀 있다. 그리고 각 층위는 시간 생성의 매 순간――과거-현재가 동시적인 매 순간――마다 잠재성 전체를 함축하면서 그 전체와 함께 반복된다. 베르그송은 이를 "우리의 심리적 삶의 무수한 반복들"이라 표현한다(MM, 181). 순수기억과 현재(원뿔의 밑변과 꼭짓점) 사이에서의 순환적 생성을 통해[10] 지속하는 시간(연속적이고 다질적이고 창조적인 시간)이 흐른다.

베르그송은 시간은 실재하며 흐른다고 보았다. 그러나 그의 시간론의 핵심은 (흔히 강물의 흐름에 비유되는) 수평으로 흐르는 시간에 있기보다는, 오히려 그런 흐름을 가능케 하는 수직으로 잠재하는 과거/기억 전체이다. 이 시간의 주름은 여러 역설들을 배태하지만, 베르그송은 바로 이런 역설적 구조가 시간의 본성이라고 보았다. 현재와 과거는 수평적으로 떨어져 있는 것이 아니라 수직 구조에서 동시적으로 공존한다. 과거가 선재하기 때문에 현재와 과거는 동시적이고 또 공존하는 것이다. 그리고 바로 그렇기 때문에 시간은 흐른다. 이 과거 전체, 잠재성의 시간은 현재가 도래할 때마다 스스로를 반복하면서, 그 안에 내포된 무한한 기억의 층위들이 함께 울리는 것이다. 베르그송에서의 '시간의 흐름'은 이런 의미에서 이해되어야 한다.

---

10) 이에 관련한 상세한 논의로서 김재희, 『베르그손의 잠재적 무의식』(그린비, 2010), 128쪽 이하를 참조하라. 순수 과거와 현재는 순환적 관계에 있으며, 들뢰즈는 이를 원환의 이미지로 설명한다. 현재는 순수 과거에 의해 근거지어지지만 역으로 현재가 없다면 순수 과거는 허깨비 같은 것이 되어버린다. 히가키 다쓰야도 강조하듯이, "순수 과거는 바로 정신적이고 수직적인 반복으로서, 물질적이고 수평적인 반복인 현재와 '순환'하고 있다."(『순간과 영원』, 이규원 옮김, 그린비, 2021, 58쪽)

III. 시간은 실재하며 흐르지 않는다

맥타가트가 시간은 실재하지 않는다고 보았고 베르그송은 시간이 실재하며 흐른다고 보았다면, 시간은 실재하지만 흐르지는 않는다고 본 인물들도 있다. 오모리 쇼조는 그 대표적인 인물들 중 한 사람이다. 오모리의 논변을 맥타가트, 베르그송과 비교하면서 살펴보자.

오모리는 '현재'라는 수수께끼, 그리고 "시간은 흐른다"라는 상식(오류)을, '시간과 운동의 연동'[11] 개념을 비판적으로 고찰함으로써 타파하고자 또는 해체하고자 한다. 오모리의 핵심적인 논변은 과거·미래와 현재는 존재론적으로 전혀 성격이 다른 두 개념임을 증명하는 것이다. 시간은 과거와 미래만을 포함하는, 운동과 무관한 **시간 순서의 좌표**이며, 운동이란 현재 경험에 고유한 현상이다. 시간은 현재를 포함하지 않는다. 현재는 운동으로 차 있으며 시간과는 무관하다. 현재, 과거, 미래를 어떤 하나의 틀에 짜 넣는 것이 오류의 출발점이다. 이로부터 "시간은 흐른다"라는 착각이 생겨나는 것이다.

1. 과거·미래와 현재의 존재론적 차이

시간에 대한 기초적인 표상은 과거, 현재, 미래를 이전과 이후의 관계로서 선형적으로 잇는 것이다. 이는 시간의 흐름은 하나의 기하학

---

11) 시간을 "이전과 이후에 관련해서의 운동의 수"로 본 아리스토텔레스의 고전적 정식화가 대표적이다(『자연학』, 219b 1~2).

적 선으로 표상하는 것이다.[12] 그러나 오모리가 볼 때, 과거, 현재, 미래를 이렇게 하나의 틀——그 틀이 어떤 틀이건——에 공히 속하는 것들로서 파악할 때, 심각한 오류가 발생한다. 우리는 A 사건이 B 사건보다 먼저라거나 B 사건이 A 사건보다 나중이라고 말한다. 마치 이런 순서가 객관적으로 존재하는 듯이 말한다. 그러나 이 말은 우리가 A 사건보다 B 사건을 먼저, B 사건보다 A 사건을 나중에 경험했다는 것을 뜻할 뿐이다. 무엇인가가 존재한다/일어났다는 것은 우리가 그것을 경험했다는 것에 다름 아니다. 경험은 현재에 이루어진다. 지금 우리는 걷거나 말하거나 책을 읽는다. 그런데 우리가 경험을 시간적으로 정리해 거기에 시간 지표를 붙일 때면, 그 경험은 이미 현재 이루어지고 있는 경험이 아니라 지나간 과거의 경험이다. 시간 지표로써 동정(同定)되는 과거와 우리가 어떤 경험을 하고 있는 지금-현재는 존재론적으로 전혀 다른 차원이다.

오모리에게 과거의 일은 흄에게서처럼 희미해진 현재의 일도 아니고 베르그송에게서처럼 잠재성의 차원에 축적되는 것도 아니다. 우리가 과거를 상기할 때 우리가 경험했던 바로 그때의 현재를 다시 불러오는 것이 아니다. 작년에 물에 빠졌던 일을 상기한다고 내 몸이 젖지는 않으며, 어제 마셨던 맛있는 커피를 상기한다고 내 입에 커피 향이 도는 것이 아니다. 상기되는 것은 어떤 실재(もの)가 아니

---

12) 이 관점은 칸트에 의해 명확하게 정식화되었다(『순수이성 비판』, B46~47/A31~B49/A33). 이런 식의 공간화된 시간 표상은 여러 면에서 달라지기는 했지만 지금도 상식과 과학에서 사용하는 방식이다.

다. 그것은 단지 "작년에 물에 빠진 적이 있다", "어제 커피 참 맛있었다"와 같이 언어로 구성되는 것(こと)에 불과하다. 언어로 구성할 때 그것에 해당하는 어떤 이미지가 함께 재생되는 것은 사실이지만, 오모리는 이 재생물이 그때 그 경험을 실제 되살리는 것은 아니라고 본다. 상기의 경험은 지각경험이나 행동경험과는 전혀 다른 **언어적 경험**인 것이다.

> 어떤 현재의 경험이 과거형의 언어적 명제로서 경험되는 것, 이것이 상기의 경험이다. 그 과거형의 언어적 명제는 현재 경험의 재생이나 재현이라는 되풀이가 아니기 때문에, 나로서는 처음 경험하는 것이다. 상기에 있어 우리는 과거를 과거형의 명제로서 처음 경험하는 것이다. 예컨대 꿈의 상기는 전날 밤 침대에서 본 꿈을 다시 보는 것이라는 상식과는 반대로, 아침에 눈을 뜬 후 과거형의 이야기를 만들어내 처음으로 경험하는 것이라고 생각해야 한다. 요컨대 지각과 행동의 현재 경험과 그것의 상기를 명확히 구분해서 생각해야 하는 것이다.[13]

과거 명제들을 이전과 이후의 순서에 따라 늘어놓는 곳이 곧 앞에서 언급한 '시간순서의 좌표'이다. 상기와 대칭적으로 예기(豫期)에 관련해서는 미래의 시간순서의 좌표가 존재한다. 이 경우 예기되

---

13) 大森莊藏, 『時間は流れず』, 靑土社, 1996, 83頁.

는 경험이 언어로만 언표될 수 있는 것이라는 점은 보다 분명하다. 결국 과거와 미래는 시간순서의 좌표축에 존재하며, 현재와는 달리 경험 자체가 아니라 어디까지나 언어로써 구성된 차원으로서 존재한다.

2. 동적인 현재와 정적인 과거·미래

이 과거-미래의 시간축에 현재를 정위(定位)할 경우, 그 현재는 이미 과거형의 언어적 명제로서 존재하는 것이다. 그러나 지금-현재는 아직 좌표에 정위되지 않았다는 점에서, 정위할 경우 그렇게 정위하고 있는 행위 자체의 차원이라는 점에서 지나간-현재들이나 도래할-현재들과는 다르다.

그런데 이 지금-현재가 결국 정위될 경우, 그것은 이전의 모든 지나간-현재들 '이후'로서 정위된다. 마찬가지로 이 지금-현재가 정위될 경우, 그것은 이후의 모든 도래할-현재들 '이전'으로서 정위된다. 지금-현재는 시간축에 있어 과거 부분의 끝점이자 미래 부분의 시작점이다. 이렇게 정위된 현재를 오모리는 '경계현재'라고 부른다. 과거, 현재, 미래를 하나의 시간축에 정위할 경우, 이렇게 현재는 과거와 미래를 갈라놓은 어떤 경계점으로 정위된다. 그래서 문법에서 시제를 설명하면서 또는 물리적 시간을 설명하면서, 우리는 시간을 표시하는 선 위에 한 점을 찍으면서 "여기를 현재라고 해 봅시다"라고 말한다.

그러나 오모리가 볼 때 이것은 전혀 이질적인 두 차원을 자의적으로 섞어 놓는 것이다. 현재는 이 시간순서의 좌표에 간단히 포함시킬 수 없는 별도의 것이기 때문이다. 현재라는 시간의 난점들 중 하나는 그 시간 폭이 얼마인가 하는 것이다. 얼마 동안이 현재인가는 임의로 정하지 않는 한 정할 수가 없으며 가변적이다. 임의로 정하기에 따라서는 끝없이 짧게 할 수 있으며, 그 극한을 흔히 '순간'이라고 한다. 현재는 이렇게 가변적이며, 우리가 생생한 체험을 하는 살아 있는 현재는 시간순서의 어느 점으로 상정할 수 있는 차원이 아니다. 이 생생하게 살아 움직이는 현재를 정적인 시간순서의 좌표에 억지로 앉힘으로써 '경계현재'와 같은 기이한 개념이 성립했던 것이다.[14]

시간순서의 좌표에는 운동이 없다. 거기에 존재하는 것은 이미 언어적 명제들로써 과거화되고 미래화된 경험들 사이에서의 순서 비교일 뿐이다. 그래서 오모리의 시간 개념은 맥타가트의 B 계열에 가깝다. 그러나 현재는 지각운동과 신체운동으로 충만해 있다.[15] 이런 이유 때문에 시간순서의 좌표에서의 과거·미래와 생명으로 차 있는 현재는 단적으로 구분되어야 한다.

---

14) 오모리는 '아킬레우스와 거북' 같은 역설 또한 이런 무리한 조작에서 유래한 것으로 해석한다. 여기에서도 역시 과거·미래의 시간축과 현재 경험이라는 이질적인 차원들을 하나의 틀에 뭉뚱그려 넣는 데에서 역설이 유래한다는 것이다. 1) 현재 경험은 생생한 운동이지만, 2) 궤적으로서 기하학화된 시간에는 이미 운동은 존재하지 않는다. 후자에서의 현재는 생생한 현재가 아니라 '경계현재'인 것이다. 오모리의 비판은 베르그송의 것과 거의 같은데, 이는 양자가 공히 생생한 운동성과 그것의 기하학적 표상 사이에 존재하는 근본적인 존재론적 차이를 부각시키고 있기 때문이다. 하지만 이 비판 아래에 깔려 있는 양자의 시간론은 이미 보았듯이 상이하다. 오모리는 운동과 그것의 기하학적 표상에 대해 『時間と存在』(青土社, 1994), 79쪽 이하에서 상론한다.
15) 오모리는 '지각'과 '행동'을 중심으로 현재를 파악하지만 여기에 '감응/정동(affection)'도 포함되어야 할 것이다. 그리고 베르그송이 지적했듯이(『물질과 기억』, 1장), 지각, 감응, 행동은 분리되어 있기보다 경험의 세 차원으로서 함께 움직인다.

3. 시간은 흐르지 않는다

이상의 논점들을 토대로 오모리는 "시간은 흐른다"는 테제를 정면으로 비판한다. 그에 따르면, 그런 테제는 원래는 운동과 무관한 시간축에 운동으로 충만한 현재 경험을 앉힘으로써 생겨난 것이다.

> 현재가 시간의 경과에 따라 과거가 된다는 것 자체는 경험적으로 전적으로 옳은 것이다. 하지만 이로부터 현재는 과거로 조금씩 이동해 간다는 것은 잘못된 생각이다. 바로 이런 생각으로부터 시간은 흐른다는 오해가 생겨나는 것이다.
> 현재가 이윽고 과거가 된다는 것은 정확히 무엇을 뜻하는 것일까? 그것이 실은 과거가 되고 있는 것은 과거가 된 '언젠가의 현재'라는 자명한 사실의 단순한 반면(反面)이 아닐까. 확실히 과거는 이런 의미에서 보면 '언젠가의 현재' 이외의 것이 아니다. 이로부터 지금 살아 있는 이 현재도 이윽고 '언젠가의 현재'로서 과거가 된다는 것, 단지 이것뿐이다. 문제는 이런 단순한 사실을 오해해 지금-현재가 '언젠가의 현재'로 이동한다고 또는 운동한다고 생각해버리는 데에 있다.[16]

이런 비판은 미래로부터 현재로의 운동이라는 생각에도 가할 수 있다. 우리는 내일의 한일전 경기를 예기할 수 있지만, 사실 그 예

---

16) 大森莊藏, 『時間は流れず』, 89~90頁.

기의 내용은 과거의 한일전일 뿐이다. 그럼에도 우리는 그 미래의 경기가 움직여 현재로 오고 있다고 생각한다. 그러나 미래 → 현재 → 과거로 흐르는 시간이란 존재하지 않는다. 이런 이유로 '시간의 흐름'이라는 착각이 사라지면 '시간의 방향'이라는 착각도 사라진다. 기하학적 선에서 한 점이 어떤 한 방향으로 흘러가는 이미지는 파기되어야 하는 것이다.[17]

　　하지만 지금까지의 논의에도 불구하고, 시간의 흐름을 부정하기 힘든 이유가 있다. 그것은 우리가 지금-현재에 어떤 체험을 할 때 생생하게 느끼는 "시간이 경과하고 있다"는 느낌이다. 학회에서 우리는 시간이 경과하는 것을 느끼고, 발표 내용이 바뀔 때마다 느낌은 계속 바뀌어 간다. 우리는 이 느낌을 '시간의 흐름'으로서 느낀다. 그러나 오모리는 이 느낌은 사실상 경험의 내용이 계속 바뀌어 가는 것을 느끼는 것일 뿐 시간"이" 움직이는 것을 느끼는 것은 아님을 강조한다. 베르그송에게서는 경험의 내용이 계속 바뀌어 갈 때 그 바뀌어-감에 연속성을 부여하는 것이 다름 아닌 '시간의 종합'이고, 이 시간의 종합은 시간의 흐름을 내포한다. 그러나 오모리에게 이것은 착각이며, 경험 내용의 흐름은 있어도 시간"의" 흐름은 없다.[18] 시간

---

17) 시간-선 위에서의 점-운동이라는 이 생각에는 심각한 모순이 깃들게 된다. 기하학적 선에 운동을 얹고자 할 때 생겨나는 모순이다. 기하학적 선에서 점과 위치는 동일하다. 점 X가 위치 A에서 B로 '이동'했을 때, A=B라는 모순이 생겨나는 것이다. 오모리는 이 '점 운동의 역리'에 대해 『時間と存在』, 80쪽 이하에서 상세한 논변을 전개한다.

18) 오모리에게 시간"이" 흘러간다거나 시간"의" 흐름이라고 말하는 것은, 즉 시간이 어떤 하나의 'entity'인 듯이 말하는 것은 그저 포괄적 명사(umbrella word)일 뿐인 것을 하나의 개별적 존재자로서 실체화하는 것이다.

은 흐르지 않으며 단지 시간순서의 좌표 위에 좌표화될 뿐이다.

요컨대 "시간은 흐른다"는 착각은 결국 현재 경험과 '경계현재'의 혼동에 기인한다. 경계현재는 시간순서의 축(좌표)의 한 점일 뿐이다. 그리고 이 축에는 운동성이란 존재하지 않는다. 그림 A와 그림 B가 보여 주듯이,[19] 시간-축에서의 경계현재와 현재 경험은 다른 것이며, 현재 경험을 시간순서로써 파악하면 그때 만들어지는 것은 바로 언어로 제작된 시간-축이다.

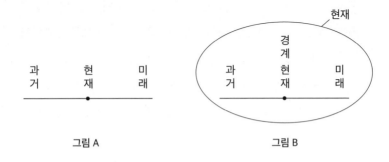

그림 A   그림 B

그림 A는 시간순서의 좌표축이며, 그림 B는 현재 경험이 시간순서의 좌표로 변환되는 것을 보여 준다. 현재 경험은 이렇게 시간-축으로 변환되거니와, 두 차원은 분명하게 구분된다. 경계현재와 현재 경험이 다른 것임을 알 수 있다. 결국 오모리에게서는 현재에는 운동성은 있지만 시간이 없으며, 그것이 시간으로 변환될 경우 이미 언어

---

19) 大森莊藏, 『時間は流れず』, 100頁.

로 구성된 시간순서의 좌표만이 있을 뿐 운동성은 없다. 결국 시간은 흐르지 않는다.

IV. 흐르는 시간과 흐르지 않는 시간

맥타가트, 베르그송, 오모리의 시간론을 1) 시간은 실재하는가 2) 시간은 흐르는가, 이 두 물음에 입각해 논했다. 1)에 대해서는 시간은 실재한다는 결론을 내렸다. 이제 이 결론 부분에서는 세 시간론의 연관성을 짚어 보면서, 특히 흐르는 시간과 흐르지 않는 시간에 대해 논한다. 이 문제에 대해 확고한 결론을 내리기 위해서는 상당히 많은 논의들이 더 필요하다. 여기에서는 일단 두 시간론을 공히 인정하면서, 그 사이에서 배태되는 문제들을 정리하는 데에 초점을 맞추고자 한다.

　1. 오모리 시간론의 요체는 운동으로 차 있는 현재와 운동 없는 과거·미래의 시간순서의 좌표 사이에 존재론적 선을 그은 데에 있다. 이는 얼핏 A 계열과 B 계열을 구분한 맥타가트의 구도를 연상시킨다. 그러나 양자의 구도는 다르다. A 계열은 시간이 미래에서 현재로 그리고 과거로 '흐르는' 상식적인 시간론을 의미하며, 맥타가트는 이 시간론이 모순을 내포하기에 오류로 귀결됨을 논증하고자 했다. 반면 오모리의 경우 흐름은 (현재가 아니라) 현재의 경험에만 존재한다. 이 경험이 시간으로 지표화될 경우 그것은 운동이 없는 시간순서의 좌표에 기입된다. 이 점에서 맥타가트의 A 계열과 오모리의 현재

경험은 상이하다. 아울러, 맥타가트의 B 계열과 오모리의 시간순서의 좌표도 얼핏 유사한 듯하나 크게 다르다. 맥타가트의 경우 B 계열은 사고 가능하기는 하지만 시간론으로서는 실격이라면, 오모리의 경우는 시간이란 오로지 시간순서의 좌표로서만 존재하기 때문이다. 양자 모두에게서 흐르는 시간이란 존재하지 않지만, 그것에 대한 논거는 다르다. 그리고 양자 모두에게서 흐르지 않는 시간이 논의되지만, 맥타가트에게서 그런 시간은 애초에 시간으로서의 자격을 상실하는 반면 오모리의 경우 시간은 바로 그런 흐르지 않는 것으로만 존재한다. 양자의 시간론은 유사한 듯하지만 엇갈린다.

2. 베르그송과 오모리 사이에는 중요한 공통점이 있다. 그것은 곧 생생한 체험의 차원을 중시하면서, 그것을 언어화 또는 기하학화했을 때 그 생생함이 사라진다고 생각한다는 점이다. 바로 이런 공통점 때문에 제논의 역리에 대한 접근이라든가 공간화된 시간의 한계에 대한 비판이 양자에게서 공통으로 나타난다. 사실 철학사적 논의보다는 논변적인 논의를 강조하는 오모리에게서 베르그송은 드물게 그 이름이 언급되는 철학자들 중 한 사람이다. 또, 양자가 공히 버클리를 주요 참조점들 중 하나로 삼고 있다는 사실도 시사적이다.

그러나 오모리의 시간론은 베르그송과 통하면서도 다르다. 양자가 공히 살아 있는 경험, 생명으로 차 있는 시간을 기하학적 선으로 환원해 취급하는 것을 존재론적으로 비판했지만, 베르그송이 과거·미래를 잠재성의 양상으로 그리고 현재를 현실성의 양상으로 파악하면서 전체적으로는 시간의 세 차원을 통일적으로 사유했다면, 오모리는 과거·미래는 시간순서의 좌표로서 그리고 특히 언어적으로 구성된 것으로서 파악하면서도 현재만큼은 생명으로 가득 찬 운동성으로 구분해서 사유했다. 베르그송에게서 현재, 과거, 미래는 통일된 시간의 세 차원이며 잠재성과 현실성의 구도에 입각해 생생하게 흘러가는 시간이라면, 오모리에게서 운동성은 오로지 현재의 경험에만 속하고 과거와 미래에는 속하지 않으며 현재 경험은 흘러가도 시간은 흐르지 않는다. 시간으로서 정위되면 그것은 이미 고정되는 것이다.

오모리의 버클리주의는 '나타남의 일원론(立ち現れの一元論)'이라 불린다. 초기 오모리는 지각적인 나타남만을 인정했지만, 후기로 가면서 점차 직접 지각되지는 않는("思い的") 나타남까지도 인정하게 된다. 그러나 이렇게 되면서 두 가지의 어려운 문제가 발생하는데, 하나는 '과거'의 문제이고 또 하나는 '타아(他我)'의 문제이다. 후기 오모리 사유가 이 두 문제에 집중되는 것은 이 때문이다.[20] 그런데 바로 이 지점에서 오모리는 베르그송주의에 수렴할 수 있었다. 즉, 이전 사유에서 결여되어 있던 심층의 차원, 잠재성의 차원으로 갈 수 있었다. 그러나 오모리는 다른 길을 택했고, 이 지점에서 베르그송과 오모리는 갈라진다. 버클리주의자의 면모를 끝내버리지 않았던 오

---

20) 矢野茂樹, 『大森莊藏―哲学の見本』, 講談社, 2007, 5章. 후기 오모리는 "과거가 어찌 그리 생생한가?"라는 물음을 화두로 삼아 그의 시간론을 전개했다(中島義道, 『生き生きした過去』, 河出書房新社, 2014). 야노 시게키가 후기 오모리 사유를 '나타남의 일원론'과 연속적으로 보는 데 비해, 나카지마 요시미치는 이 일원론이 붕괴하면서 후기 사유가 전개되었다고 본다. 두 해석의 비교로는 다음을 보라. 檜垣立哉, 『日本哲学原論序説』, 人文書院, 2015, 9章.

모리에게는 베르그송에게서처럼 '실존'하지는(exister) 않지만 '잠존'한다는(subsister) 양상이 인정되지 않는다. 베르그송에게 과거는 실존하지 않지만 실재한다. 그러나 오모리에게 과거는 실존하지 않을 뿐만 아니라 실재하지도 않는다.

오모리에게서 이 잠재성의 차원을 대신하는 것은 언어이다. 그에게 과거와 미래는 실재가 아니라 어디까지나 언어적으로 구성된 차원이다.

> 언어 이전의 과거 경험이 있다 해도 그것은 형태를 갖추지 못한 막연한 부정형(不定形)의 경험이다. (…) 그것이 확정된 형태를 갖춘 과거형의 경험이 되기 위해서는 반드시 언어화되어야 한다. 그리고 언어화된 과거형의 경험이 되는 것, 그것이 상기인 것이다. 역으로 말하면, 상기됨으로써, 언어적으로 상기됨으로써 과거형의 경험이 되는 것이며 구성되는[制作される] 것이다.[21]

오모리에게서는 과거의 경험이 존재하고 그것이 언어화되는 것이 아니다. 상기된 경험이 있고 그것이 언어로 표현되는 것이 아니다. 과거는 이미 사라져 존재하지 않는다. 오히려 언어적으로 구성됨으로써 상기가 성립하는 것이다. 과거를 이야기로 구성함으로써 비로소 과거의 상기가 성립하는 것이다. 이른바 '과거의 언어 구성설(/언

---

21) 大森莊藏, 『時間と自我』, 青土社, 1992, 54頁.

어 제작설)'이다. 이 점은 오모리를 베르그송과 뚜렷이 구분해 주는 지점이다.

3. 베르그송에게 흐르지 않는 시간은 공간화된 시간이다. 그것은 지속을 왜곡시킨 가짜 시간이거나 기껏해야 "실재의 반쪽"과 관련되는 시간일 뿐이다. 반면 오모리에게서 시간이 존재한다면, 그것은 바로 이 흐르지 않는 시간일 뿐이다. 그에게서는 이 흐르지 않는 시간이 현실 경험을 왜곡하는 것이 아니라, 단지 그것과는 다른 차원을 형성한다. 이 때문에 베르그송에 존재하는 잠재성의 차원, 무의식의 차원, 수직의 차원은 오모리에게서는 의미를 가지지 못한다.

양자의 논의에서 가장 문제가 되는 것은 결국 과거/기억의 존재 방식이다. 오모리에게 과거/기억은 지나간 것일 뿐이다. 그것은 오로지 언어로써만, 언어에 상관적으로만 구제된다. 이는 과거 사건이 그 자체로서 보존되는 것이 아니라 여러 기관들(해마, 후각 뇌고랑 등)의 협력을 통해 구성됨으로써 상기한다는 현대 뇌과학의 결론과 비교해 볼 만하다. 반면 베르그송에게서 과거/기억은 즉물적인 의미에서의 존재함을 넘어서는 어떤 형이상학적 방식의 존재함을 통해 존재한다. 그리고 이 차원이 흐르는 시간과 밀접하게 연관된다. 이 차원이 오모리에게서는 사라지며, 때문에 베르그송에게서 오모리로 가면서 우리는 '존재'가 상당히 빈약해짐을 느끼게 된다. 반면 베르그송에게는 이 형이상학적 차원, 정신의 차원의 존재 방식을 보다 정확히 해명해야 할 이론적 부담이 지워진다고 하겠다. 베르그송, 오모리, 뇌과학 등을 비교하면서 과거/기억의 존재론을 해명해 나가는 것은 여전히 중요하고 매력적인 존재론적 문제로 보인다.

3부

세계철학사에서의 혜강철학의 위치

한 사상가의 철학사적 위치를 논한다는 것은 무엇을 뜻하는가? 그것은 그 사상가가 타자들과 맺고 있는 '관계'들을 밝히는 것이며, 그 관계-망의 어떤 매듭에서 그의 얼굴을 찾아내는 일이다.

이 관계는 우선 그가 자신이 속했던 현존의 장에서 맺은 관계들을 말한다. 한 사람의 사상가는 특정한 장소와 날짜에 태어나 그의 삶과 사유를 시작한다. 그의 삶과 사유는 그가 가 보았던 땅, 만난 사람들, 나눈 이야기, 겪었던 사건들, 시대의 분위기 등등을 통해서 이루어진다. 인생이란 '만남'이고 만남이 빚어낸 사건들이 사유의 원초적 자료들이다. 그러나 현존의 장이 전부는 아니다. 사상가는 현존의 장을 넘어 다른 장소, 다른 시간의 사상가들과 대화한다. 이런 대화의 결정적인 매개체는 곧 '책'이다. 사상가는 모국어와 다른 언어로 된 책들을 번역서를 통해 읽음으로써 공간적 현존의 제한을 넘어서며, 다른 시대에 쓰인 책들을 읽음으로써 시간적 현존의 장을 넘어선다. 그리고 이 모든 만남/사건들을 자신의 내면에서 소화해내고, 미래를 예기하면서 그 자신의 책들을 써 나간다. 이렇게 책은 한 사상가의 만남의 지평을 비약적으로 넓혀 준다. 이런 직접적/외부적 관계들과 간접적/내면적 관계들의 총체가 그의 관계-망을 형성하며, 그 망의 어딘가에 그의 사유가 위치하게 된다.

혜강 최한기의 경우 그는 조선왕조의 마지막 날들을 살다 간 인물로서, 그가 현존의 장에서 맺은 관계들이란 곧 19세기 중엽 조선이라는 땅에서 맺을 수 있었던 관계들이다. 물론 철학자가 맺는 관계는 한 장소에만 국한되지는 않는다. 교통과 통신이 발달한 오늘날에는 더더욱 그렇다. 그러나 혜강의 경우, 대원군의 쇄국정치가 실시되었던 조선에서 활동해야 했고 게다가 그 자신 유목적이기보다는 정주적인 인물이었다. 그에게 공간상의 현존의 장이란 조선 땅 그것도 거의 서울에 국한되었다. 게다가 그의 학문적 교류는 제한적이었기에, 그가 현존의 장에서 맺은 관계는 매우 빈약했다고 할 수 있다. 이와 대조적으로, 그는 북경으로부터 방대한 서적들을 구입해 그것들을 섭렵했다. 그는 수많은 책을 구입하느라 가산을 탕진했을 정도였다. 현존의 장에서 맺은 관계의 빈약성과 책을 통해 맺은 간접적 관계의 풍부함 사이의 저 놀라운 대조를 보라. 이 사실은 혜강철학의 내용상의 성격까지도 상당 부분 설명해 준다고 할 수 있다.

혜강이 현존의 장에서 맺은 관계가 빈약하다는 것은 한편으로 그의 철학이 그런 관계로부터 오는 혜택을 받지 못했음을 뜻하지만, 또한 동시에 그런 관계가 만들어내는 제약으로부터 자유로웠음을 뜻하기도 한다. 한편으로 혜강의 철학은 동시대 철학자들 —사실 얼마 되지 않았다고 해야 하지만—과의 교유를 통한

"dialegesthai"가 거의 없었기에 당대의 인식론적 장 속에서 자신의 사유를 다질 수 없었으며, 이는 왜 그의 사유에 철학적 긴장을 불러일으키는 상마(相摩)가 희박하고 전체적으로 다소 밋밋한 성격이 나타나는가를 설명해 준다. 그러나 다른 한편, 그는 이런 관계로부터 자유로웠기 때문에 상상의 나래를 마음껏 펼 수 있었고 그 결과 호방(豪放)한 그의 사유를 힘껏 펼칠 수 있었다. '비판'이라는 행위와 제도적인 제약, 인간관계에서 오는 어려움이 존재하지 않는 장에서 사유했다는 점이 그의 불행이자 행복이었다.

이런 현실과 대조적으로, 그는 서적들을 통해서 자신이 사유로써 관여하는 지평을 세계 전체, 역사 전체로 잡고 있다. 비록 그가 생각한 세계 전체, 역사 전체는 북경에서 구입할 수 있었던 한문 서적들의 범위에 국한되었지만, 그가 사유로써 상관했던 장/지평은 분명 당대의 전-세계적인 것이었고 인류사 전체였다. 그러나 구입한 서적의 한계는 그의 사유 지평을 분명하게 한계 지었는데, 이는 특히 그가 근대 서양 철학자들의 문헌들을 읽지 못했다는 점에 그 핵심이 있다. 그는 19세기 중엽에 활동한 철학자였음에도, 데카르트에서 콩트에 이르는 근대 철학은 거의 접하지 못했다. 그는 근세 자연과학만을 접할 수 있었고 상당 부분 이 만남을 원동력으로 그의 사상을 전개했다. 어쨌든 비-현존의 장에 관련해서도 그는 그 장을 포용하는 넓은 사유를 펼쳤지만, 그런 사유가 마땅히 거쳐야 할 과정을 전혀 거치지 못한 상태에서의 사유를 펼쳤다고 할 수 있다.

요컨대 혜강의 사유는 (미리 말한다면) 이미 세계 전체, 역사 전체를 시야에 놓고서 전개된 '19세기 거대담론(grand narrative)'의 성격을 띠지만, 그런 담론이 전제하는 학문적 관계(과학사와 철학사, 문헌 섭렵, 상호 비판, 제도적 인정 등)를 거치지 않고서 성립한 사유이다. 이미 도래한 '시대적 분위기'를 감지하고서 만들어낸 거대담론이지만, 세밀한 학문적 '디아레게스타이'가 거의 없는 사유였던 것이다. 이렇게 본다면 그의 세계철학사적 위치를 가늠하는 것은 상당히 어렵고도 난처한 무엇이 아닐 수 없을 것이다. 그러나 역으로 본다면, 바로 이 점이 그의 세계철학사적 위치를 파악하는 열쇠라고도 할 수 있다.

I. 혜강은 '경험주의자'인가?

근대성을 구성하는 핵심적인 요소들 중 하나는 그 인식론적 재-정향에 있다. "중세"는 고대적 다원성을 통합해 거대 제국들을 구축했고, 고대 사상들 중 그 제국들을 '정초'할 수 있는 사상을 일종의 모범답안으로서 채택하였다. 그리고 그 사상을 종교적인 형태(~교)로 만들어 통치이데올로기로서 활용했다. 그러나 이런 와중에서도 이런 종교를 뒷받침할 수 있는 형이상학적 탐구들이 이어졌으며, 이 탐구들은 중세적인 형태의 거대담론들을 창출해 냈다. 주자의 성리학이나 토마스 아퀴나스의 스콜라철학, 인도의 6파 철학 등은 그 대표적인 예이다. 근대성의 인식론적 재-정향은 이런 중세적 거대담론들을 비판하면서 인식의 준거를 '가시성'에 두는 것이었다. 이는 곧 사유의 산물들은 '현존의 장'에서 그 참됨을 검증받아야 한다는 생각을 뜻한다. 근대 인식론의 이런 정향은 경험주의, 실증주의, 현상론, 현상학, 실용주의 등 다양한 형태로 전개된다.

여기에서 문제의 핵심은 '현존의 장'을 어떻게 이해할 것인가, 역으로 현존의 장이 아닌 비-현존의 차원에 대해 어떤 관점을 취할 것인가이다. 아울러 인식 '주체'의 위상을 어떻게 잡을 것인가, 궁극적으로 인식, 진리, 의미 등등을 어떻게 개념화할 것인가 하는 것이다.

혜강 인식론의 성격은 물론 그것을 다른 인식론들과 비교해 봄으로써 가늠할 수 있다. 한 사유의 성격과 의의는 반드시 그것을 다른 사유들과 비교함으로써만 드러나기 때문이다. 이런 비교에는 한 사상가 자신이 행한 내적 측면과 제3자가 바라보는 외적 측면이 있다. 혜강은 그 자신이 스스로의 인식론적 정향을 자주 논했지만 그것을 다른 인식론들과 비교하면서 정교화하지 않았다. 또, 그렇게 하기에는 제약이 너무 컸다. 때문에 우리 스스로가 혜강의 인식론을 인식론사의 장으로 옮겨 놓고서 그 성격과 의의를 다소 전지적 관점에서 가늠해 볼 수밖에 없다.

혜강의 인식론은 일견 경험주의를 떠올린다. 그러나 '경험주의'라는 말은 그 의미론적 폭이 매우 넓어, 좁게는 모든 인식을 지각의 차원에서 근거 지으려는 근세 영국의 경험주의로부터, 넓게는 경험의 넓이와 깊이를 끝없이 넓혀 가려는 다양한 형태의(특히 후설, 베르그송, 제임스 이래의) 현대 경험주의들에 이르기까지 많은 인식론들을 가리킬 수 있다. 혜강이 19세기 중엽에 활동한 것을 생각할 때, 그의 인식론과 비교해 볼 만한 인식론은 영국 경험론과 프랑스 실증주의이다.

혜강의 인식론적 정향은 흔히 '경험주의적'인 것으로 이해되지만, 영국 경험론과 혜강의 경험론 사이에는 큰 차이가 있다고 생각된다. 영국 경험주의자들 사이의 세밀한 차이를 접어 두고서 말한다면, 경험주의는 1) 인식의 출발점을 지각과 관념으로 잡는 것, 그리고 2) 사물 자체의 인식에 대한 회의를 핵심으로 한다. 지각을 인식의 근거로 본다는 것은 곧 감각경험의 우선성을 강조하는 것이며, 감각경험 이상으로의 비약을 경계하는 것이다. 인식의 출발점은 사물 자체보다는 오히려 인간의 '마음'이며, 사물들에 접해 생겨나서 마음을 채우는 '관념'들이다. 물론 로크는 사물들의 실재성 자체를 부정하는 데로까지는 나아가지 않았다. 우리에게 부딪쳐 오는 사물들은 존재한다. 그리고 그는 사물들에 대한 갈릴레오, 데카르트, 뉴턴 등의 탐구 성과들도 모르지 않았다. 그래서 로크는 갈릴레오와 데카르트가 행한 '제1 성질들'과 '제2 성질들'의 구분에 대해 신중하게 성찰하기도 했다. 그럼에도 지각을 인식의 출발점으로 잡는 한 우리는 사물들 자체("something-I-know-not-what")를 인식할 수 없다. 단순 관념들과 복합 관념들 사이에 정도차가 있긴 하지만, 우리가 가지는 어떤 관념도 사물들 자체를 그대로 반영해 주는 것은 아니다.[1] 로크에서 '존재와 사유의 일치'를 보장해 주던 끈은 잘려버린다. '표상'은 전적으로 주관 위주로 이해된다. 관념들은 인식의 근거이기도 하지만 동시에

---

1) 존 로크, 『인간 지성론』(추영현, 동서문화사, 2011), 4권, III, §6.

사물들과 우리 사이에 드리워져 있는 커튼과도 같다.

버클리는 이 답답한 커튼을 아예 걷어치웠지만, 그렇게 함으로써 급기야 현상을 넘어서는 인식의 가능성 자체를 파기해버렸다. 그에게 그것은 불가능한 것이 아니라 애초에 불필요한 것이다. 실재와 경험은 합치하는 것이기 때문이다. 이것은 정신을 객관세계에 흡수시켜버린 것이 아니라 객관세계를 정신에 흡수시켜버린 것이다. 이는 흄에게서도 확인된다. 그 역시 '실체' 같은 고전적인 개념은 '허구(fiction)'일 뿐임을 역설했다.[2] 그는 지각과 존재를 아예 일치시켜버리는 버클리보다는 좀 더 실재론적인 방향을 취했지만, 실재에 대한 갈릴레오 이래의 합리주의의 탐구는 물론이고 그런 탐구의 영역을 논리적으로 남겨 놓았던 로크에게조차도 동의하지 않았다. 고대 회의주의에서도 그랬거니와, 후기에 가서 많이 완화되기는 했지만 흄의 회의주의 역시 섬세한 경험주의를 취하는 한 필연적으로 도달할 수밖에 없는 어떤 것이었다.

우리는 근대 인식론에서 상이한 두 경향을 명확히 구분해야 한다. 현상 너머의 실재를 수학적 장치들을 통해 도달하려 했던 합리주의적 경향과 위에서 논한 영국 경험론의 현상론적 경향이다. 우리가 '근대성'의 인식론적 정향으로서 넓게 언급하는 '경험주의'와 엄밀한 의미에서의 '영국 경험론'을 명확히 구분하지 않으면 큰 오류가 발생한다고 할 수 있다. 그렇다면 혜강은 '경험주의자'인가? 미리 말

---

2) 흄에게서의 '허구' 개념에 대해서는 들뢰즈, 『경험주의와 주체성』(한정헌 옮김, 난장, 2012), 149쪽 이하에 잘 분석되어 있다.

한다면, 혜강의 "경험주의"는 영국 경험론의 경험주의와 매우 다른 것이라는 점을 주의해야 한다. 혜강이 서구의 일부 근세 과학들을 접했고 그것들을 수용했다고 해서 그를 "경험주의자"로 부를 수 있는 것은 아니다. 서구에서의 경험주의는 오히려 근세의 실제 과학과는 상반된 갈래의 사유인 것이다. 경험주의는 근세 과학을 정초한 것이 아니라 오히려 그 인식론적(더 정확하게는 존재론적) 전제를 의심쩍게 바라보면서 다른 방향의 사유 갈래를 걸어갔던 사유이다. 서구 근세 과학에의 혜강의 경도로부터 곧장 그를 '경험주의'에 연결시키면 곤란하다.

이 점은 영국 경험론자들과 혜강의 수학 개념을 비교해 볼 때 분명하게 드러난다. 전자의 경우 수학은 존재론적/실재론적 지위를 가질 수 없으며, 예컨대 버클리는 당대에 무한소미분에 이런 지위를 부여하려는 경향을 강력히 비판하기도 했다. 그러나 혜강은 수학에 존재론적 지위를 부여했으며, 수(數) → 상(象) → 리(理) → 기(氣)의 인식 과정을 강조했다("氣數之學 乃究通物理之要妙").[3] 요컨대 위에서 언급한 경험주의의 두 사항 중, 혜강은 1)을 공유하지만 2)의 경우에는 크게 갈라진다. 이는 그에게서 현상과 실재 사이의 간극이 매우 짧다는 사실과 관련된다.

혜강의 인식론은 분명 영국 경험주의와 친연성을 가진다. 혜강

---

3) 『氣測體義/神氣通』, 卷一, 「氣數之學」, 민족문화추진회, 고전국역총서 101·102. 물론 혜강에게서는 수학적 합리성이 세계의 궁극적 실재는 아니며, 이 점에서 그의 사유가 서구 근대 합리주의와 같은 것은 아니다. 그는 수학에 실재성을 부여했지만, 말할 필요도 없이 그 실재성은 기의 그것에는 못 미친다.

은 성리학이 강조했던, 인간에게 갖추어진 '본연'을 부정했다. 인식론적 본연이든 도덕철학적 본연이든 그에게 사유의 출발점은 본연이 아니라 경험이다. 혜강은 로크와 유사하게 인간의 마음을 아직 아무것도 비추고 있지 않은, 고요하고 투명한[澹然虛明] 거울(또는 우물)에 비유한다.[4] 그러나 이 거울은 전자와 후자에게서 다른 성격을 띤다. 후자에게 이 거울은 사물의 '표면'만을 비추어 준다. 그래서 표면과 심층 사이에 깊은 괴리가 생긴다. 그러나 전자에게 이 거울은 사물을 '있는 그대로' 비추어 주는 거울이다. 물론 이 '있는 그대로'는 오랜 경험의 축적을 통해서만 가능하다. 그러나 혜강의 거울에는 그것이 비추어 주는 것과 비추어 주지 못하는 것 사이의 날카로운 경계선 같은 것은 없다. 아래에서 논하겠지만, 거울의 이런 성격은 '추측(推測)'과 '통(通)'이라는 개념으로써 표현된다. 혜강이 넓은 의미에서의 경험주의자이면서도 영국 경험론과는 다른 사유를 펼친 이유는 이미 말했듯이 그가 서구 근대 철학자들의 저작을 읽지 못했다는 점, 때문에 현상과 실재를 둘러싼 근대 인식론의 고투를 함께하지 못했다는 점과 연관된다. 그러나 더 핵심적인 것은 오히려 그가 서양의 고중세 전통을 접할 수 있었다는 점이다. 그는 『영언여작[靈言蠡勺]』등 스콜라철학을 기반으로 천주교를 설파하는 선교사들의 저작들을 읽을 수 있었고, 그 과정에서 아리스토텔레스의 인식론을 접할

---

4) "心者 推測事物之鏡也."(『氣測體義/推測錄』, 卷一, 「萬理推測」) 그러나 인식론적 맥락에 국한하지 않고 본다면, 사실 혜강의 경우에도 '본연'은 존재하며 하늘과 사람 사이에는 연속성이 놓여 있다. 인간은 선험적으로 '천리'='유행지리(流行之理)'를 품부받은 존재이기 때문이다. 이 문제는 뒤에서 다룬다.

수 있었다. 혜강이 경험주의자들과 유사하면서도 크게 다른 이유를 풀어 주는 열쇠는 이 점에 있다.

그러나 혜강의 "경험주의" 인식론——사실 뚜렷한 인식론적 사유가 희박했던 동북아 철학사에서 '인식론'을 전개한 것 자체가 혜강의 결정적인 공헌이다——은 아리스토텔레스의 그것에서 촉발되었다고 해도, 양자의 사유는 크게 다르다. 플라톤의 그늘 아래에서 아리스토텔레스는 현상계(주체에서의 감성과 그것과 맞물리는 대상에서의 표면)를 솎아내고 실재계(주체에서의 이성과 그것과 맞물리는 형상의 차원)를 드러내는 데에 주력했다.[5] 반면 혜강에게는 이미 말했듯이 현상과 실재의 간극에 대한 서양철학적인 고민이 희박하며, 때문에 경험과 실재의 거리가 극히 가까운 연속주의적 사유를 전개했다. 혜강이 인식하고자 하는 '유행지리'는 그 자체 기의 한 국면이다. 혜강은 인식론을 수립함으로써 존재론을 제한한 것이 아니라, 존재론을 수립하고 그 한 국면으로서 인식론을 배치했다고 할 수 있다. 인식이란 그 자체 기화의 한 양상이다. 이런 맥락에서 혜강은 현상을 솎아내고 실재로 나아가는 아리스토텔레스와는 달리, 직접적 현상에 대한 '경험'으로부터 더 깊고 넓은 현상으로 '추측'해 나아가는 인

---

5) 이는 곧 '아페이론'의 생성을 넘어 '우시아'를 찾는 작업이다. "형상이라는 것은 무한정자에서 영향을 받지 않는 측면의 극한치야. 공간에서는 사물이 무수히 쪼개져서 다 분리돼. 서로 영향을 주고받지 않으니까. 공간에서는 운동이 빠지니까 사물을 구성하고 있는 여러 가지 질들이 서로 엉키는 것이 아니라, 모두 분리되어서 독립되어버려. 그것이 바로 형상의 세계야."(박홍규, 『형이상학 강의 2』, 민음사, 2004, 45쪽) 아리스토텔레스는 플라톤에 비해 생성을 강조했고 그 위에 자연철학을 전개했지만, 궁극적으로는 공간적 사유이기에 '기화(氣化)'를 핵으로 하는 혜강의 생성철학과 다르다.

식론을 전개한 것이다.

정리해 본다면, 혜강의 인식론은 영국 경험주의와도 다르고 아리스토텔레스와도 다르다. 그 핵심적인 이유는 그에게서 현상과 실재 사이의 긴장이 그다지 강하지 않아 아리스토텔레스 식의 본질주의와도 이 본질주의를 근대적 합리주의로 변형한 갈릴레오·데카르트의 합리주의와도 다르다는 점, 그러나 동시에 본체계를 아예 도려내고 좁은 의미에서의 경험주의를 전개한 영국 경험론과도 다르다는 점에 있다. 그리고 반복해 말한다면, 지금 열거한 세 갈래 사유에서 둘째 갈래와 셋째 갈래를 섞어 이야기하면 논의가 전체적으로 헝클어진다고 할 수 있다.

II. 실증주의와의 관계

이제 혜강과 비교해 볼 만한 또 하나의 사유-흐름은 19세기의 실증주의이다. 실증주의와 혜강의 관계는 다른 사조들(고대적 본질주의, 근대적 합리주의, 그리고 엄밀한 의미에서의 경험주의)에 비해 훨씬 가깝다.

실증주의는 고대적 본질주의나 근대적 합리주의보다는 경험주의에 가깝다. 그렇다면 경험주의와 실증주의의 차이는 어디에 있는가? 우선 경험주의의 출발점이 '지각' 또는 '상식'에 있다면, 실증주의의 출발점은 '과학'에 있다는 점을 들 수 있다. 경험주의가 고대의 인식론·영혼론을 이은 근세적 형태의 인식론이라면, 실증주의는 계몽시대를 거쳐 이미 '과학적 세계관'이 시대의 흐름이 된 시대에 등장한 과학철학이다. 경험주의의 가장 일차적인 탐구 대상 또는 사유의 출발점이 '마음'이라면, 실증주의의 일차적인 출발점은 현실적으로 진행되고 있는 과학 그리고 당대의 사회이다. 경험주의는 얼핏 느껴지는 바와 달리 주관 지향이며, 영국 경험론이 관념론의 방향으로 전개된 것은 어찌 보면 당연한 것이다. 이들에게 핵심적인 것은 대상이 아니라 대상의 지각을 통해 우리의 마음에 생겨나는 '관념'인 것이다. 이들이 당대의 합리주의적 과학의 성과들과 복잡미묘한 관계를 맺어야 했던 것도 이 때문이다. 흔히 영국 '경험론', 독일 '관념론'이라고 하지만, 사실 영국 '관념론', 독일 '이념론'이라 부르는 것이 더 정확할 것이다. 이에 비해 실증주의는 외향적이다. 실증주의는 어디까지나 객관적인 세계를 지향하며, 다만 이 '세계'를 플라톤 이래의 '실재로서의 세계'가 아니라 인간에게 나타난 '현상으로서의 세계'의 맥락에서 본다는 점이 경험주의와의 공통분모이다.[6] 양자 공히 주체와 객체가 만나는 표면을 출발점으로 하지만, 경험주의가 마음의 분석으로 길을 잡았다면 실증주의는 세계의 인식으로 길을 잡았다.

---

6) 콩트와 달리 외적인 실증성이 아니라 내적인 실증성을 추구한 것이 멘 드 비랑 이래의 '유심론/정신주의(spiritualisme)'이다. 두 사조는 이렇게 대조되고 실제 대개 양자를 대조시키는 방향으로 이해되지만, 사실 양자 공히 '실증성'을 추구한다는 점에서는 같은 지평에 놓여 있다고 할 수 있다. 또 하나, 이렇게 볼 때 영국 경험론과 가까운 것은 오히려 멘 드 비랑적 실증성이며, 영국 경험론을 프랑스 유심론/정신주의와 연결해 보는 작업도 흥미로운 작업이라 할 수 있다.

혜강의 경우는 어떠한가? 그는 경험주의보다 실증주의에 훨씬 가깝다. 그리고 이 실증주의는 '외적인 실증성'의 사유이다. 경험주의, 실증주의, 혜강철학은 모두 지각을 통한 현실의 경험을 중시했고, 이는 근대성의 일반적 경향들 중 하나이다. 그러나 지금까지 논했듯이, 경험주의와 실증주의 사이에는 작지 않은 뉘앙스 차이가 존재한다. 혜강은 경험주의처럼 관념들의 분석에 강조점을 두기보다는, 오히려 경험적 지식을 객관세계 전반으로 확대하는 것에 강조점을 두었다. 그에게는 객관세계가 선재한다. "내외를 통틀어 말한다면, 단지 유일의 '천인운화지기'가 순환하여 끝이 없고 어디든 통하여 끊어진 곳이 없다. '심기운화'는 '대기운화'에 따라 개별화되고 조절되기에 이를 벗어나거나 넘어설 수 없다. 운화의 십중팔구는 외면에 존재하면서 '접제'·'변통'·'화응'하며, 단지 일이만이 내면에 존재할 뿐이다."[7] 이런 식의 정향은 "외부 질서를 엄밀한 의미에서의 세계와 더불어 인간현상 전체를 포괄하는 것으로 간주"하고 "이러한 객관적 토대만이 인간생활 전체가 사회성에 의해 지배될 수 있도록 해 준다"고 했던 콩트의 정향[8]과 유사하다.

실증주의의 또 하나의 주요 경향은 종합에의 의지이다. 이는 콩

---

7) "統內外而言之 只是一箇天人運化之氣備環無端 透徹無間. 心氣運化爲大氣運化之裁御 不得違越. 十之八九分 在外接濟變通和應 纔爲一二分 在內運化之目."(『기학』, 손병욱 역주, 통나무, 2004, II, §10) 내부보다 외부를 중시한 이런 입장은 실천철학적으로는 곧 문호개방, 개국통상의 주장으로 이어진다. 사상적으로 시대를 주도한 혜강의 이런 주장을 받아들이지 못한 것이 조선 왕조의 비극이었다.

8) 콩트, 『실증주의 서설』(김점석 옮김, 한길사, 2005), 53~54쪽.

트가 그의 스승 생시몽으로부터, 더 멀리로는 스승의 스승인 달랑베르로부터 '백과전서'의 학풍을 잇고 있다는 점과도 관련된다. 이는 실증주의가 경험주의와 구분되는 중요한 변별점들 중 하나이다. 경험주의가 중세적 전통에 대한 회의와 인식에 대한 새로운 정초에의 의지에 기울어져 있다면, 실증주의는 프랑스대혁명 이래 무너진 질서를 다시 재건하려는 의지에 기울어져 있다. 실증주의는 한편으로 '실증'을 강조하는 경험주의의 얼굴을 가지고 있지만, 다른 한편으로는 19세기 특유의 거대담론의 얼굴을 가지고 있다. 이 점은 실증주의가 19세기 거대담론 특유의 열정을 반영하는 '역사철학'을 주요 요소로 담고 있는 것과도 연관된다. 튀르고, 콩도르세, 헤겔, 마르크스, 콩트, 스펜서 등 19세기 거대담론의 거장들은 모두 역사를 '진보'를 향한 거대한 드라마로 보았다. 콩트는 유명한 역사 3단계 ── 신학적 즉 허구적 단계, 형이상학적 즉 추상적 단계, 과학적 즉 실증적 단계[9] ── 를 "계속적인 진보의 관념, 더 정확히는 인류의 점진적 발전의 관념"으로 역설했다. 이런 생각은 경험주의적 정신보다는 오히려 19세기 거대담론의 정신에 훨씬 가깝다.

혜강의 사유는 콩트의 이런 비전과 궤를 같이하고 있다. 혜강은 동북아 사상사를 굵게 관류해 온 상고주의에 찬성하지 않는다. 혜강은 자신이 주공과 공자를 잇는다고 말하면서도, 중요한 것은 그들을 존숭하는 것이 아니라 그들이 당대에 했던 활동을 현재에 이루는 것

---

9) Auguste Comte, *Philosophie des sciences*, textes choisis par Jean Laubier, PUF, 1974, pp. 7ff.

이라고 생각했다. 특히 시대에 따라 변해 가는 것에 관련해서는 어디까지나 '방금운화'에 입각해 지금(과 여기)에 기준해야 한다고 보았으며, 이를 '변통'이라는 개념으로 표현했다.[10] 혜강의 이런 판단에는 당대가 새로운 과학의 발달을 통해 지식의 지평이 현저하게 넓어진 시대라는 생각이 깃들어 있다. 그는 예컨대 우주에 대한 인식은 지구가 고정되어 있다고 본 상고시대로부터 당대의 서양에서 이룩한 천문학에 이르기까지 계속적인 발달을 해 왔던 것이고, 이제 자신은 이런 거대한 흐름을 종합할 수 있는 위치에 서 있다고 생각했다. 새로운 학문과의 접촉은 그로 하여금 기존 성리학의 한계를 비판하는 데로만 인도한 것이 아니라, 새로운 창조적인 종합을 꿈꾸게 했다.

이런 그의 생각은 '추측(推測)' 개념에 짙게 함축되어 있다. 혜강은 '경험' 개념에 입각한 인식론을 펼치면서도 이를 '추측' 개념으로 보완한다. 이 과정에서 그의 사유는 경험주의적 정향에서 실증주의적 정향으로 넘어가버린다. 원래 실증주의는 '실증'을 강조하면서도 또한 세계에 대한 거대담론을 펼치는 이중의 얼굴을 띠고 있다. 이는 당대의 과학기술이 보여 준 위력과 사회 개혁의 분위기를 철학적 사유로 너무 빨리 옮겨버린 데에서 유래한다고 할 수 있다. 실증주의의 철학적 공허함은 이에서 유래하며, 때문에 콩트, 스펜서 등의 철학에서는 헤겔, 마르크스 등의 철학에 보이는 시대적 고민과 철학적 치열

---

10) "천지에 펼쳐져 흐르는 방금운화(方今運化)야말로 모든 것이 의지하는 터전이요, 과거와 미래의 기준이다."(『기학』, I, §1) "때에 따라서 변통(變通)하는 것은 금(今)을 따라야 하며, 고(古)를 따라 상황에 대처하려 하는 것은 불가하다. 만약 고와 금이 다르다면, 마땅히 고를 버리고 금을 따라야 한다."(같은 책, II, §68)

함이 잘 보이지 않는다. 다른 한편, 콩트는 "진정한 실증정신은 무엇보다도 미리 보기(prévoir) 위해 본다는(voir) 데에, 미래의 사태를 파악하기 위해 현재의 사태를 연구하는 데에 있다"고 한다. 또, "과학으로부터 예견이, 예견으로부터 행위가" 나온다고도 한다.[11] 이 또한 경험주의와 실증주의를 선명하게 대조시켜 주는 대목이다. 내일 해가 동쪽에서 뜰지 여부를 경험을 통해서는 알 수 없다는 흄의 생각과 대조해 보라. 콩트의 이런 낙관적 인식론의 저변에는 근대 과학이 보여 준 '예측'의 위력으로부터 세계의 결정론에 대한 인식론적(차라리 존재론적) 낙관으로 너무 빨리 옮겨 가게 만든 시대적 분위기가 가로놓여 있다. 과학의 현상적인 성공으로부터 세계의 법칙성/균일성으로 넘어가버린 실증주의의 이런 성격은 사회 개혁에 관련으로까지 그대로 연장된다. 이는 가족으로부터 전 세계에로 외연을 넓혀 가면 좋은 세상이 도래하리라는 콩트의 생각에서 특히 잘 드러난다. 콩트는 철학자·노동자·여성의 연대를 역설하는 독창적인 사회철학을 전개했지만, 그의 생각에는 사회의 작은 영역에서 큰 영역으로 너무 쉽게 넘어가버리는 낙관주의가 깔려 있다.

혜강 또한 19세기 거대담론들에서 등장하는 이런 비전을 공유했다. 그의 추측 개념과 통 개념이 이를 가능하게 했다고 할 수 있다. 혜강에게 추측이란 주관과 객관을, 이미 아는 것과 아직 모르는 것을 통하게 해 주는 역할을 한다. 다시 말해 혜강에게 '추측'과 '통'은

---

11) Comte, *Philosophie des sciences*, pp. 18ff.

서양 철학사에서 줄곧 이어져 온 '존재와 사유의 일치'의 역할과 같은 역할을 했다고 할 수 있다. 이 문제에 관련한 혜강의 매우 미묘한 위치는 아래에서 논할 것이다. 혜강에게 추측이란 경험과 쌍을 이루며, 경험이 지각에 기반한다면 추측은 지각 바깥의 세계를 미루어 가늠해내는 것 즉 추론하는 것이라고 할 수 있다. 혜강이 생각한 추측은 뉘앙스는 적지 않게 다르지만 콩트가 역설한 "prévoir"(미리-보기, 예측)의 개념과 통한다. 정확히 말해, '추'는 이미 아는 것들로부터 미루어 가는 것을 뜻하고 '측'은 아직 모르는 것을 가늠해 가는 것을 뜻한다. 그리고 경험에서 더 나아가 '유행지리'에 다가서는 것을 '추측지통'이라 부른다.[12] 이는 두 가지 맥락으로 해석할 수 있다. 하나는 귀납법이고, 또 하나는 '존재와 사유의 일치'이다.

만일 추측지통이 귀납법과 같은 것이라면 하나의 문제가 생긴다. 이미 흄이 날카롭게 지적했듯이, 귀납법을 통해서는 세계에 대한 일반 법칙을 발견하기 어렵다. 정확히 말한다면, 일반 법칙을 '추측'(현대적 의미)할 수는 있으나 여기에는 반드시 비약이 들어간다.[13] 혜강이, 어느 정도 신중함을 동반하기는 했지만, 콩트적 뉘앙스에서의 미리-봄에 대한 확신을 공유했던 것은 그에게 '흄의 문제'가 그리 절실하게 내재하지 않았다는 것을 뜻한다. 이는 혜강이 스콜라철학을 접하면서 알게 된 아리스토텔레스적 '에파고게'의 개념을 가지고

---

12) 최한기, 『기측체의/신기통』, 「리유기통(理由氣通)」, I, §6.

13) 칼 포퍼는 이를 '흄의 문제'로서 꼼꼼하게 분석해 주었다. 포퍼, 『추측과 논박』, 이한구 옮김, 민음사, 2001.

있었던 것에 그 한 이유가 있었을 것이다. 아리스토텔레스의 '에파고게'는 현대적 맥락에서의 귀납이라기보다는, 그의 형상철학을 전제한 한에서의 '발견의 논리'에 가깝다. 그러나 혜강이 아리스토텔레스의 형상철학을 공유하는가 하면, 그 또한 그렇지 않다. 그에게는 형상과 질료 사이의 구분과 후자에 대한 전자의 존재론적 우위 같은 생각은 거부된다. 그렇다면 혜강은 근대적 형태의 귀납법의 개념을 접하지 못했기에, 그의 추측/통 개념을 확신한 것인가? 그러나 사태의 핵심은 더 근본적인 곳에 있다고 생각된다.

III. 근대적 인식론과 중세적 존재론의 중첩

혜강의 추측/통 개념에 깔려 있는 심층적인 존재론은 서양 철학사에 있어 '존재와 사유의 일치'에 해당한다고 할 수 있다.

존재와 사유의 일치는 파르메니데스 이래 서양 철학사를 관류해 왔다. 이 일치는 소피스트들에 의해 회의에 부쳐졌지만, 플라톤과 아리스토텔레스에 의해 장대하게 복구되었다. 이렇게 때때로 존재와 사유를 잇는 끈을 잘라버린 사조들도 등장했지만, 흄에 이르기까지의 서양 철학사는 이 '역사적 아프리오리'[14]를 형성해 왔다. 나

---

14) 에밀 메이에르송은 그의 『동일성과 실재』에서 칸트적인 아프리오리 개념에 역사적 맥락을 도입한 '역사적 아프리오리(a priori historique)' 개념을 구체화했다. 역사적 아프리오리는 구체적인 역사의 과정에서 줄곧 다시 나타나곤 하는 사유소(思惟素)를 가리킨다. 예컨대 '동일성' 같은 사유소를 들 수 있다. 동북아 철학사에서의 성/정, 리/기 등의 개념 쌍들도 전

아가 흄과 칸트 이후에도 독일 이념론이나 후설 현상학 등 몇몇 사조는 이 사유소를 일정한 변형을 가해 다시 복구시키기도 했다. 그런데 '존재와 사유의 일치'를 파기하고자 한 사조들은 대개 지각에 입각한 감각주의/경험주의 철학자들이다. 이들에게 인식이란 현존의 장에 국한되며, 이 장 너머의 '실재'와 인간의 고유한 능력인 '이성' 사이를 잇는 끈은 부정된다. 혜강의 사유를 유심히 보면 그에게는 이 두 입장이 공존하고 있다. '경험'을 역설할 때의 그는 경험주의 철학자처럼 보이지만, '추측'/'통'을 역설할 때의 그는 여전히 고전적인 철학자처럼 보인다. 다시 말해, 그에게는 모든 인식을 '경험'에 의해 정당화해야 한다는 근대적 인식론(흄과 칸트 이래의 인식론)과 '존재와 사유의 일치'라는 중세적인 존재론이 공존하고 있다고 할 수 있다. 좀 더 좁혀 말하면, 서양 철학사의 맥락에서 보아 17세기 형이상학(여전히 중세적이었던)과 18세기 인식론이 공존하는 것이다. 혜강 사유의 이런 특징은 그가 주자학으로 대변되는 "중세"적 사유를 비판하면서 근대적 사유로 나아갔지만, 여전히 전통 사유의 그림자 아래에서 작업했음을 뜻한다.

혜강 사유의 이런 이중성 아래에서 작동하고 있는 핵심적인 생각은 어떤 것일까? 어떤 이유에서 혜강에게는 중세적 존재론과 근대적 인식론이 함께하고 있을까? 그것은 혜강에게서 인식의 주체인 '신기(神氣)'는 또한 세계의 원질이라는 점이다. 다시 말해, 혜강에

형적인 역사적 아프리오리들이다.

게서는 인식 주체와 객관적 실재가 연속적이다. 앞에서 콩트, 스펜서의 사유가 헤겔, 마르크스의 사유에 비해 못하다고 했던 것은 후자에게서 존재하는 주객의 치열한 변증법이 전자에게는 결여되어 있다는 의미였다. 혜강의 사유는 이 점에서 콩트·스펜서의 경우와 유사하다. 물론 혜강이 기일원론의 구도에서 세계를 연속적으로 본다 해서 그저 연속성을 즉각적으로 세운 것은 아니다. 그는 '기'의 다양한 존재론적 층위를 구분함으로써 그의 사유를 정교화하고 있다. 그럼에도 그의 사유는 근본적 수준에서 연속주의적이며, 바로 이 점이 그의 추측/통 개념을 경험주의적 함축을 넘어 작동하도록 만든다고 할 수 있다. 혜강에게서 결국 '인식'이란 세계의 어떤 부분이 세계 전체를 알아 가는 것이다.[15] 여기에 그의 사유가 어떤 측면에서 경험주의의 성격을 띠면서도 그 전체로서는 19세기적 스타일의 거대 담론인 이유가 있다.

혜강에게서는 마음과 몸은 연속적이다. 사실 동북아 사유 전통에서는 늘 마음과 몸 사이에 날카로운 단절은 없었다. 물론 이것이 분절이 없었다는 것을 뜻하는 것은 아니다. 그러나 혜강에서와 같은

---

15) 그러나 이 점을 지나치게 강조하는 것은 옳지 않다. 혜강은 추측 개념을 그렇게 간단히 세계 전체로 뻗어 가게 한 것은 아니다. "천하의 사물은 무궁하지만, 나의 추측 능력은 유한하다. 내가 이미 아는 것으로부터 미루어 보면 '마음 바깥에는 아무것도 없다'고 할 수 있겠지만, 아직 도달하지 못한 것으로 가늠해 가자면 무수한 사물들이 기다리고 있는 것이다(天下之事物無窮 我之推測有限. 推我所已知 則可謂心外無物, 測我未及知 則心外有幾許事物)"(『기측체의/추측록』, 「소지무기(所知無幾)」, I, §75). 혜강의 인식론은 형질통(경험) → 추측통(사유/추론) → 증험(검증) → 변통(인식의 수정/실천)으로 정교하게 구성되어 있으며, 이 구조를 좀 더 자세히 반영한 논의가 필요할 것이다.

기일원론의 사유에서는 이 점은 특히 두드러진다. 이 문제는 앞에서도 언급했던, 혜강이 서양 근세 철학자들을 읽지 못했다는 점과 밀접한 연관이 있다. 서양 근세 철학은 데카르트가 몸과 마음 사이에 그어 놓았던 '실체적 구분'이 가져온 여러 문제들을 붙들고서 고투한 과정에 다름 아니었기 때문이다. 혜강에서는 이런 고투의 과정이 매개되지 않았고, 바로 그 때문에 그의 연속적이고 일원적인 사유는 '경험'과 '추측' 사이의 무거운 긴장을 놓쳤다고 할 수 있다. 아울러, 혜강의 사유는 성리학을 비판하면서 등장했지만 성리학의 반쪽을 여전히 이어받고 있다. 성리학을 특징짓는 핵심적인 두 성격은 '본연'과 '원융'에 있다. 혜강은 '경험' 개념을 통해서 '본연' 개념을 해체했다. 그러나 다른 하나 즉 '원융'의 세계관은 혜강에게도 여전히 남아 있다. 말하자면 혜강의 세계는 '이일분수(理一分殊)'를 대체한 '기일분수(氣一分殊)'의 세계인 것이다. 혜강에게서 근대적 인식론과 중세적 존재론이 공존하는 것을 이 맥락에서도 음미해 볼 수 있다.

혜강 사유의 이런 측면은 다산과 비교해 볼 때 흥미로운 점이 있다. '근대성'을 형성하는 사상적 틀 중의 하나는 객체에 흡수되어 있던 주체가 객체로부터 갈라져 나와 주·객의 이분 구도가 되었다는 점에 있다. 동북아 철학사에서 볼 때 이는 곧 하늘로부터 인간이 분리되어 나온 것에 해당한다. 그리고 이 문제는 지금까지 우리 논의에서도 인식론적 맥락에서 계속 문제가 되어 왔다. 이 문제에 있어 다산과 혜강은 묘하게 대비된다.

주자는 "天命之謂性"을 "性卽理"로 해석함으로써 객체와 주체 사이에 연속성을 수립했다. 이러한 연속성은 자연에 관련해서도 주장되며, 성리학의 세계는 "자연적 사물들은 종(種)의 누층적 위계에 따라 질서지어져 있다"고 했던 서양 중세의 존재론과도 상통한다. 이러한 존재론은 실천적 맥락에서는 도덕형이상학으로 이어진다. 인간에게 도덕은 '명덕(明德)'으로서 처음부터 주어져 있는 것으로서 파악되며, 현실세계의 부-도덕은 인욕에서 유래하는 것으로서 파악된다.[16] 개인과 사회 또한 연속적으로 파악된다. 한고조 유방이 역설한 "천하는 일가(一家)"라는 생각은 그 후 철학적으로 정교화되어 내려왔으며, 혜강 또한 이러한 이념을 여전히 공유했다. 다산에서는 이런 중세적 연속성이 무너진다. 다산에게서도 기는 독립적인 존재이고 리는 의존적인 존재이다. 경험세계는 오로지 기질로서 설명된다. 그리고 인간의 세계와 자연의 세계는 불연속을 이루게 된다.[17] '성' 개념도 근본적인 전환을 겪게 되며, 이제 현실에서의 성 자체가 그대로 도덕형이상학적 뉘앙스가 탈각된 '본성' 개념이 된다. 자연적 맥락에서는 기를 통한 일원적 사유가 전개되지만, 도덕의 맥락에서는 중세적 연속성이 탈각되고 근대적인 주체성이 강조되기에 이른다.

이렇게 본다면 다산과 혜강은 매우 유사한 사유를 전개하고 있는 것으로 보인다. 그러나 서학의 종교/형이상학의 측면을 일정 정도 내면화했던 다산과는 달리, 혜강은 그것을 전적으로 거부했다. 이

---

16) "明德者 人之所得乎天, 而虛靈不昧 以具衆理 而應萬事者也, 但爲氣稟所拘 人慾所蔽 則有 時而昏, 然其本體之明 則有未嘗息者."(『大學章句』)
17) 단, 다산의 경우 '상제' 개념 등 종교적인 맥락에서의 초월성, 그리고 이 초월성과 인간 사이의 연속성은 남아 있게 된다. 여기에서는 철학적 측면에 초점을 맞춘다.

점에서 본다면, 혜강은 다산에 비해내재적 철학자이다. 그러나 경험세계에 대한 태도에서 양자 사유의 성격은 오히려 역으로 나타난다. 다산이 자연과 인간 사이의 불연속을 강조하면서 이 불연속성에서 오히려 도덕의 가능성을 찾았다면, 혜강은 오히려 다산보다 더 연속적이고 일원적인 사유를 전개했기 때문이다. 다산이 혜강에서와 같은 근대적 인식론을 전개하기보다는 어디까지나 훈고학이라는 동북아 학문의 전통에 충실했다면, 혜강은 전통과 크게 단절적인 새로운 인식론을 전개했다. 그러나 역설적으로 다산이 중세적 연속성에서 벗어난 반면, 혜강은 그의 근대적 인식론을 오히려 중세적 존재론으로 정초하고 있다. 물론 혜강의 연속성은 더 이상 성리학적인 연속성이 아니다. 그럼에도 얄궂게도 혜강 사유의 근간은 다산의 그것보다 더 연속주의적이다. 혜강의 사유에서는 근대적인 인식론과 중세적인 존재론이 중첩되어 있는 것이다.

IV. 경험주의 형이상학으로서의 21세기 기학

혜강 기학의 이런 이중적 성격은, 앞에서 언급했듯이 우리가 그의 사유를 환골탈태시킨다는 전제 하에서, '21세기 기학'의 가능성을 시사한다고 할 수 있다. 그렇다면 이 환골탈태의 핵심 조건은 어떤 것일까? 어떤 과정을 거쳐서 기학을 새롭게 재건할 수 있을까? 바로 현대 경험주의의 성과를 충분히 매개함으로써 가능할 것이다.

내가 여기에서 '현대 경험주의'라 부르는 것은 어떤 사유를 뜻하는지 밝히는 것이 순서일 것이다. 현대 경험주의는 우선 이름대로 경험주의의 전통 위에 선 사유들을 말한다. 그렇다면 '현대'라는 수식어는 무엇을 뜻하는가?

우선 현대 경험주의는 17~18세기 경험주의와 달리 '경험'을 표면적인 형태의 '지각'에 국한시키지 않는다. 예컨대 흄과 베르그송의 기억 개념을 비교해 보자. 흄에게서 인식의 출발점은 지각, 더 정확히는 인상이다. 기억이란 지나간 인상들의 집적체이며, 시간이 흐를수록 더 옅어지는 지각태들=이미지들이다. 그러나 베르그송에게서 현재와 과거는 '공존의 역설'을 형성한다. 지각은 언제나 '지각'과 기억의 교차를 통해 성립한다. 지각이란 단지 '관념 연합의 법칙'이라는, 근세 역학을 모델로 하는 기계적 메커니즘인 것이 아니라, 잠재성과 현실성 사이에서 벌어지는 역동적인 '마주침'의 운동이며,[18] 발터 벤야민이 말한 '변증법적 이미지'를 낳는 과정인 것이다. 베르그송 이래의 '경험'주의는 근세 역학적 사유 모델을 파기하고 다양한 새로운 사유들을 전개했다. 제임스가 생생하게 밝혀낸 '의식의 흐름'이라는 세계, 후설, 메를로-퐁티 등이 사유했던 경험 개념의 핵으로서의 '의미(노에마)'론, 니시다 기타로 철학의 탄생을 알린 '순수 경험'의 사유, 하이데거의 '존재사건' 등, 만일 우리가 근대 철학과 비교해 현대 철학이 이룬 가장 위대한 성과들을 꼽는다면 바로 이 **'경험' 개념의 세련화**를 뺄 수는 없을 것이다. 한국 철학사에서 이 "經

---

18) 자세한 논의로 키스 포크너, 『시간의 세 가지 종합』(한정헌 옮김, 그린비, 2008), 40~44쪽을 참조.

驗"이라는 개념을 진수시킨 인물이 바로 혜강이다. 그리고 혜강의 기학적 경험 개념은 앞에서 논한 것처럼 서구 근세의 경험 개념과 많은 차이를 담고 있다. 혜강의 경험 개념에는 근세적 인식론과 중세적 존재론이 겹쳐져 있으며, 바로 이 때문에 오히려 그의 경험 개념은 잠재적으로 오히려 현대적이다. 그러나 이 잠재성을 오늘날에 현실화하려면 바로 현대 경험주의 철학과의 폭넓은 대화가 필수적인 것이다.

아울러 현대 경험주의는 19세기적 실증주의와도 많이 다르다. 현대 경험주의는 실증주의와 "positivity"에 대한 경도를 공유하지만, 경험주의에서와 마찬가지로 실증주의에서도 이 개념이 너무 빈약하게 이해되고 있다고 본다. 실증주의에서의 실증성은 기본적으로 "센스-데이터"를 가리키지만, 이는 세계의 '나타남'에 대한 과학적 경험의 토대일 수는 있을 뿐 폭넓은 의미의 경험을 정초해 줄 수는 없다. 현상학이 다듬어낸 '현사실성(facticité)' 개념은 실증주의의 이런 편협함을 극복하기 위해서 등장한 개념의 예가 될 수 있다. 실증주의의 '실증성'와 현상학의 '현사실성'는 모두 '사실'에 관련되지만, 현상학적 사실에는 일간 실존의 근본 조건으로서의 '내던져짐'을 비롯한, 실증주의가 말하는 '사실'과는 전혀 다른 내용들이 함축되어 있다. 외부세계를 정복해 인간화하려는 꿈에 한껏 부풀어 있는 실증주의의 외향성과 마로니에 나무 앞에서 로캉탱이 느꼈던 (라이프니츠의 초-합리주의와 완벽하게 대조적인) 우연성 사이의 대조를 음미해 보자. 현대 경험주의는 인간 경험의 전혀 다른 측면들을 풍부하게 드러내 주었다고 할 수 있다.

실증주의가 띠고 있는 또 하나의 특징 즉 종합에의 의지에 관련해서는, 현대 경험주의를 두 갈래로 나누어 논해야 한다. 그 하나는 베르그송을 필두로 화이트헤드, 들뢰즈 등으로 이어지는 생성존재론 계열이고, 다른 하나는 후설을 필두로 메를로-퐁티, 레비나스 등으로 이어지는 현상학 계열이다. 전자에는 철학이라는 행위의 본래 성격들 중 하나인 종합에의 의지가 어떤 형태로든 깃들어 있다. 그러나 이들에게서의 종합은 실증주의적 종합과는 뉘앙스를 크게 달리한다. 이들은 한편으로 세계를 종합적으로 보려 하지만, 동시에 이들에게 세계의 핵심은 바로 지속, 과정, 우연성, 차이생성 등에 있기 때문이다. 'Syn-thesis'는 말 자체가 시사하듯이 공간적 개념이다. 방대한 공간적 병치가 종합의 핵심이거니와, 생성존재론에서 세계의 핵심은 시간에 있다. 따라서 이들에게 '종합'에의 의지가 존재한다면 그것은 **시간적 종합**이다. 사실 다름 아닌 실증주의 자체가 전통적인 공간적 종합을 시간적 종합으로 전환시킨 사조이다. 이것이 앞에서 언급한 19세기 철학의 '거대서사들'의 성격이다. 생성존재론은 한편으로 시간의 종합을 중시한다는 점에서 이런 시간적-역사적 종합을 이어받고 있지만, 다른 한편 이들에게 세계의 핵은 차이생성에 있기에 종합의 결과는 현저하게 달라진다. '사후적 구성'에 대한 베르그송의 집요한 비판이나 '역사', 특히 대문자 역사에 대한 푸코, 들뢰즈 등의 가혹한 비판을 상기해 보자. 생성존재론에서 시간적 종합은 중요한 한 계기이지만, 이 종합은 어디까지나 시간이라는 존재에 대한 급진적 재사유의 토대 위에서 성립한다고 할 수 있다.

현상학의 경우, 실증주의에서 볼 수 있는 종합에의 의지는 단호하게 거부된다. '지각' ── 영국 경험론이나 19세기 실증주의의 그 것에 비해 보다 성숙한 개념으로서의 지각 ── 에 충실코자 하는 현 상학은 세계를 지각을 넘어 재단하고자 하는 각종 형태의 '부감적 (survolant)' 방식들을 비판한다. 특히 모든 사물을 양으로 환원하고 세계를 함수화해 표상하고 그로써 미래의 예측을 목표로 삼는 근대 역학을 모델로 삼는 과학 전통과 현상학은 대극적이다. 현상학은 세 계를 부감하려 하기보다는 생생한 현재에서 또 구체적 장소에서, 생 기하는 신체를 통해 지각하려 하며, 무엇보다도 지각활동이 잉태하 고 있는 '의미본질' ── 실존을 넘어선 본질이 아니라 실존에 내재하 는 본질 ── 을 읽어내려 한다. 인간은 세계 바깥으로 나갈 수 없다. 인간은 세계-내에 이미 접혀 있으며, 세계는 이미 인간에 의해 물들 어 있다. 그리고 현상학은 이 접혀 있고 물들어 있는 부분, 존재의 주 름으로서의 **신체에 정박해** 사유하고자 한다. 물론 현상학에도 종합에 의 의지는 존재한다. 지각에 충실한 것과 지각에 속박되는 것은 다 르다. 현상학도 철학인 이상 세계의 특정 영역이 아니라 '세계' 자체 를 그 사유 대상으로 한다. 그러나 현상학은 어디까지나 '지각-장 (champ perceptif)'에 정박한 채로 그 지평을 넓혀 가고자 한다. 그것 은 지각의 위로 솟아오르기보다는 차라리 지각의 천들을 패치워크 처럼 짜나가는 것이라고 해야 할 것이다. 이런 정향은 세밀한 차이들 을 접어둔다면 프래그머티즘이라든가 니시다 철학 등에서도 발견되 는 현대 경험주의의 특징이다.

생성존재론과 현상학은 이렇게 실증주의적인 종합에의 의지와 길을 달리 하거니와, 혜강의 경우는 어떨까? 혜강의 사유의 정향은

19세기적 거대담론의 성격에 보다 가깝다. 혜강의 사유는 근대 경험주의 인식론의 일반적인 정향과 궤를 같이 하지만, 다른 한편 중세적 연속성을 그 핵심 계기로 가지고 있다. 이를 지금의 맥락에서 본다면 혜강 사유에 종합에의 의지가 강렬한 형태로 내포되어 있음을 말하며, 실제 혜강의 작업은 당대까지의 지식을 종합하려는 열망을 담고 있다. 어떤 면에서 이런 열망은 서구 철학자들을 능가하는데, 이들과 달리 혜강 사유에서는 '동과 서'를 통합하겠다는 웅대한 기획이 작동하고 있기 때문이다. 앞에서 혜강 사유의 이중성을 논하면서, 우리는 그의 사유의 경험주의적 정향과 거대담론적 성격 사이에 존재하는 긴장을 보았다. 혜강 사유의 이런 특징을 우리는 그 전체로서 받아들일 수는 없다. 부정적으로 볼 때, 혜강의 사유는 그 경험주의 인식론에서는 너무 기초적이고 그 중세적 존재론에서는 너무 사변적이라고 볼 수 있다. 그러나 우리는 이 양극 사이에 위치하면서 그리고 현대 경험주의를 매개하면서 그의 사유를 현대화할 수 있을 것이다. 앞에서 혜강 사유의 이중성이 어떤 면에서는 탈-근대적 사유를 위한 기반일 수 있다고 했던 것은 바로 이런 의미에서였다.

마지막으로 하나 덧붙인다면, 현대 경험주의는 정치적으로도 19세기 실증주의와 그 정향을 달리 한다. 이는 생성존재론을 비롯해 현대 경험주의에 속한다고 할 수 있는 대부분의 사조들이 반(反)자본주의의 성격을 띰을 뜻한다. 실증주의는 과학기술과 자본주의를 원동력으로 하는 서구 근대성의 한 가운데에서 배태된 사조이며, 현대 경험주의는 바로 이 과학기술과 자본주의에 대한 짙은 회의의 장에서 배태된 사조이다. 그러나 조심할 것은 반-자본주의의 흐름에는 여러 갈래가 존재한다는 사실이다. 현대 경험주의 철학자들이 어떤 정치적 공통성을 보여 주지는 않으며, 이는 이들이 애초에 정치철학을 그 실마리로 삼아 시작된 사유들이 아니라는 점을 뜻하기도 한다. 이들 대부분은 말하자면 '순수한' 철학적 문제의식에서 사유를 시작한 인물들이다. 현대의 반-자본주의 정치철학은 칼 폴라니가 지적했듯이 자유주의, 사회주의, 파시즘을 그 주요 갈래들로 포함한다. 정치적 지향의 공유로부터 출발한 것이 아닌 현대 경험주의 철학자들 역시 자유주의, 사회주의, 파시즘이라는 정치 스펙트럼에 골고루 걸쳐 있다. 대체적으로 대다수의 생성존재론, 현상학, 프래그머티즘 철학자들이 자유주의에 연계된다면, 사르트르와 메를로-퐁티, 푸코, 들뢰즈와 가타리 등은 사회주의에 연계되며, 하이데거와 니시다 기타로는 파시즘에 연계되었다. 경험주의 철학과 반-자본주의 정치(철)학 사이의 복잡미묘한 연계성에 대해서는 세심한 논의들이 필요하다.

혜강 최한기는 서구 근대성이 띠고 있었던 자본주의, 특히 제국주의적 자본주의의 성격을 간파해내지 못했다. 서구 근대성을 거리를 두고서 바라볼 수 있는 여건이 그에게는 주어지지 않았다. 혜강 이후 한 세기 반 정도의 역사적 과정을 잘 알고 있는 우리로서는 이 과정에 대한 진중한 반성 위에서 새로운 기학을 전개해야 할 것이다.

지금까지 현대 경험주의를 매개한 현대 기학의 방향을 짚어보았다. 이제 마지막으로 현대 기학이 할 수 있는 작업이 어떤 것들인지를 생각해 보자. 물론 가능한 작업들은 원칙적으로 무한하다. 다양한 과학적-철학적 작업들, 윤리적-정치적 작업들, 문화-예술적 작업들이 가능할 것이다. 그러나 이후의 어떤 작업을 위해서든 꼭 필요한 기초 작업들로서 세 가지를 생각해 볼 수 있다.

첫째, 가장 근본적인 물음으로서 "기란 무엇인가?"가 있다. "x란 무엇인가?"라는 물음은 모든 시작점들의 물음이자 모든 잠정적 종착점들의 물음으로서, 우리의 작업에서도 또한 "기란 무엇인가?"는 늘 그리로 돌아와야 하고 또 늘 거기에서 다시 시작해야 할 물음이다. 혜강의 핵심 개념은 '신기'이다. 현대 경험주의의 흐름에서 혜강의 신기 개념과 비교해 볼 수 있는 일차적인 개념은 베르그송의 정신 개념이 아닐까 싶다. 신기 개념은 개별 과학으로서의 물리학, 생물학, 정신과학 등이 말하는 물질, 생명, 정신 등으로 환원될 수 없다. 어디까지나 존재론적 개념으로 이해되어야 한다. 베르그송이 『물질과 기억』에서 제시한 물질 개념은 드 브로이의 지적처럼 양자역학적 물질 개념과도 통하며,[19] 현대적인 물질 개념의 출발점을 형성한다고 할 수 있다. 베르그송은 물질을 "이미지들의 총체"로 개념화했거니와, 여기에서 '이미지' 개념을 어떻게 이해할 것인가가 문제이다. 그리고 이와 연관해 그의 정신 개념이 성립하며, 우리는 이를 신기 개념과 비교해 보아야 한다. 혜강과 베르그송은 양의 동서를 달리하지만, 두 인물을 가로질러 이을 수 있다면 우리는 철학사를 새롭게 보는 눈을 가지게 될 것이다. 베르그송 이래의 정신 개념을 매개해 신기 개념을 새롭게 정의하는 것이 모든 논의의 출발점이라고 할 수 있다.

---

19) Louis de Broglie, *Physique et Microphysique*, Albin Michel, 1947.

두 번째 핵심적인 작업은 물(物)과 기(氣)의 관계를 규명하는 작업이다. 혜강은 "평생 탐구할 것은 오로지 '기'와 '물'일 뿐"이라고 했거니와, 여기에서 '물'이란 결국 개별자들을 뜻한다고 할 수 있다. 이렇게 본다면, '기와 물'의 관계에 대한 연구는 곧 개체화(individuation)의 문제라고 할 수 있다. 혜강 사유에서는, 사실 동북아 사유의 역사 전체에 걸쳐 개체화의 문제는 심도 있게 다루어지지 않았다. 서구 철학의 매개가 특히 크게 요청되는 문제가 개체화의 문제이다. 개체화의 문제는 서구 철학의 역사 자체와 궤를 같이 하거니와, 특히 칸트의 『판단력 비판』에서 현대적 형태로 다듬어져 제시되었으며 들뢰즈의 『차이와 반복』에서 심도 있게 논의되었다. 들뢰즈의 논의는 레이몽 뤼예, 질베르 시몽동 등의 논의들을 흡수하면서 개체화론을 차원 높은 형태로 정교화해 제시했으며, 만일 우리가 혜강의 기학을 들뢰즈의 개체화론을 매개해 새롭게 개념화할 수 있다면 이는 기학의 역사에서 하나의 비약적인 발전을 이루는 일이 될 것이다. 이 작업은 우리의 작업에서 넘어가기가 상당히 어려운 난코스라고 할 수 있고, 이 작업이 일정 정도 만족스럽게 이루어진다면 그 기반 위에서 다른 모든 작업들이 가능하게 될 것이라고 짐작해 본다. 이는 혜강 → 베르그송을 잇는 선을 들뢰즈에게까지 연장시킴으로써 혜강을 바로 우리 시대로 옮겨 놓은 작업이라고 할 수 있다.

마지막으로 위의 두 작업을 기반으로 해서 인간존재론의 기본 구도를 마련하는 작업이다. 인간의 핵심적인 존재양식으로서는 우선 지각, 감응, 행동을 들 수 있다고 본다. 이는 붓다의 용어로는 '상'(想), '수'(受), '행'(行)에 해당하며, 현대적 맥락에서는

"perception", "affection", "action"에 대항한다. 개체화의 문제와는 대조적으로 우리는 혜강에게서 이 개념들에 대한 풍부한 논의를 이끌어낼 수 있다. 사실 동북아 철학의 역사는 기철학과 불교, 도교, 성리학 등의 전통을 통해 인성론을 그 어느 전통보다도 풍부하게 전개해 왔으며, 혜강 역시 이런 흐름의 연장선상에 서 있다고 할 수 있다. 이런 흐름과 대화할 수 있는 대표적인 현대 경험주의는 베르그송 철학, 프래그머티즘과 더불어 특히 현상학이라고 할 수 있다. 우리는 메를로-퐁티의 『지각의 현상학』을 비롯한 현대 경험주의의 주요 인성론들과 혜강의 기학을 대화시킴으로써 새로운 형태의 기학적 지각론, 감응론, 행동론을 전개할 수 있을 것이다.[20] 지난 반세기에 걸쳐 일어난 중요한 학문적 사건들 중 하나는 생명과학의 비약적 발전이다. 뇌과학, 로봇학을 비롯한 다양한 생명과학적 성과들 또한 우리가 매개해야 할 핵심적인 갈래들 중 하나이다. 특히 철학과의 대화가 잘 이루어지지 않는 영미 계통의 생명과학이 아니라 현재 일본에서 이루어지고 있는, 들뢰즈 철학 등과 연계되어 전개되고 있는 생명과학의 흐름은 우리 사유를 위한 중요한 한 원천이라고 할 수 있다.

현대 기학의 구체적인 성과들은 이상 열거한 세 가지 작업의 토대 위에서 가능할 것으로 본다. 요컨대 혜강 이래 끊기어버린 전통

---

20) 지난 반세기에 걸쳐 일어난 중요한 학문적 사건들 중 하나는 생명과학의 비약적 발전이다. 뇌과학, 로봇학을 비롯한 다양한 생명과학적 성과들 또한 우리가 매개해야 할 핵심적인 갈래들 중 하나이다. 특히 철학과의 대화가 잘 이루어지지 않는 영미 계통의 생명과학이 아니라 현재 일본에서 이루어지고 있는, 들뢰즈 철학 등과 연계되어 전개되고 있는 생명과학의 흐름은 우리 사유를 위한 중요한 한 원천이라고 할 수 있다.

사유의 맥을 베르그송 이래의 현대 경험주의 철학을 매개해 오늘날 새롭게 재개하는 것이 우리 시대 사유의 한 과업이라고 볼 수 있으며, 이 과업은 이상의 세 가지 작업을 출발점으로 할 때 의미 있는 결실을 맺을 수 있을 것이다.

대안공간의 역사철학적 의미

— 대안공간 창설 20주년을 맞아

21세기 한국에서 일어난 주요한 지적 또는 정치적 사건들 중 하나는 대학 바깥에서 철학, 정치사상, 문화비평 등을 연구하고 가르치는 단체들의 발명이다. 2000년 이래 세 선구적 단체인 철학아카데미, 수유+너머, 다중지성의 정원이 하나하나씩 등장했다. 언젠가부터 그리고 누군가에 의해 이런 단체들이 "대안공간"이라 불리기 시작했다. 우리는 이런 물음들을 던질 수 있다. "어떤 상황에서 이런 단체들이 생겨났고 변해 왔는가?", "어떤 철학적 개념들을 통해서 이 지적-정치적 흐름을 개념화할 수 있을까?", "역사철학의 맥락에서 어떤 역사적 의의를 이 사건에 부여할 수 있을까?"

I. '대안공간'의 탄생, 그 후 20년

한국 사회는 1987년에 새로운 정치적 상황을 맞이하게 된다. 많은 지식인들이 이 해를 한국사의 새로운 출발점으로 간주하고 있다. 박정희 세력의 쿠데타가 일어난 1961년 이래, 한국은 독점자본 기업들과 연동된 군사정권에 의해 고통받았다. 그리고 1979년 박정희가 그의 적대자들 중 한 사람에게 살해당했을 때, 불행하게도 신군부 세력이 광주의 시체들을 밟고서 그 뒤를 이었다. 이 길고 어두운 시대에 사람들은 파시스트 정권에 지속적으로 저항했다. 이런 민주화의 흐름은 마침내 1987년 독재체제를 무너뜨리기에 이른다. 이 시민혁명은 '6월 혁명'으로 불리고 있다. 이 특이점을 통과하면서 한국 사회는 이전의 시대와는 현저하게 다른 새로운 시대를 맞이하기에 이른다.

1980년대에 조금씩 형태를 갖추고 1990년대에 본격적으로 전개되기 시작한 이 새로운 사회는 '포스트모던 사회', '후기 자본주의 사회'로 불린다. 정치적-경제적 맥락에서, 이 새로운 시대는 미국의 네오콘들에 의해 만들어진 신자유주의에 의해 이론적으로 뒷받침된 '세계화'라는 흐름에 의해 특징지어질 수 있다. 갑작스럽게 국가들 사이, 개인들 사이, 그리고 모든 종류의 집단들 사이에서 이른바 "무한 경쟁"의 시대가 도래했다. 곳곳에서 다국적 기업들의 지배가 시작되었다. 그리고 다른 지역들에서와 마찬가지로, 한국인들은 민영화, 복지 삭감 등과 같은 현상들에 마주하게 되었다. 사회적-문화적 맥락에서, 이 시대는 컴퓨터 등 디지털 기계들에 기반한 '정보화'에 의해 특징지어질 수 있다. 이런 새로운 상황에서, 더 이상 역사, 철학, 정치에 관심이 없는, 대중매체와 대중문화에 빠져드는 새로운 마음들이 출현했다. 대중매체와 대중문화는 새로운 테크놀로지를 갖추고 대중의 사고, 감정, 욕망을 지배하기 시작했다. 사회와 문화 전체가 속화되고 희화화되는 시대였다. 이 상황을 상징해 주는 사건들 중 하나는 많은 인문학 학과들이 인문학을 전공하려는 학생들을 찾지 못한 이른바 "인문학 위기"라는 사건이다. 교양 과목들 중 진지한 성격의 강좌들은 무더기로 폐강되곤 했다. 대학의 전통적인 의미와 가치는 몰락했고, 학문과 교육 일반의 영역에서도 또한 새로운 현실에 마주해야 했다. 그러나 새로운 사유와 실천의 어떤 가능성이 바로 이 몰락과 혼돈의 시대에 태어났던 것도 사실이다.

새로운 시대는 새로운 비판적 사유를 요구한다. 이 역사적 변환의 시대에 새로운 사유의 흐름이 도래했다. 이때의 "새로운"이란 바로 독재 시대에 한국 지식인들의 일반 문법이었던 헤겔과 마르크스에서 연원한 변증법적 사유에 대비해서의 "새로운"이었다. 1987년 이래 많은 지식인들이 사유의 이 새로운 흐름을 열렬히 받아들였다. 처음에는 미셸 푸코를, 그리고 들뢰즈와 가타리, 데리다, 라캉 등을. 그러나 어떤 강단 철학자들은 이러한 사유들을 감정적으로 거부했으며, 이 때문에 일반적인 사회적·지적 관심과 제도권 철학 사이에 큰 균열이 생겨나게 된다. 이러한 현상을 상징하는 주된 징후들 중 하나는 당시에 도처에서 열린 숱한 '특강'들이었다. 이는 곧 이 철학자들에 대해 배우고 싶어 했던 학생들이 대학의 정규 강좌들에서는 그들을 만날 수 없었음을 뜻한다. 참으로 많은 철학 특강들이 철학과의 바깥에서 열리곤 했다. 아래에서 논하겠지만, 이러한 상황은 대안공간의 탄생을 가능케 한 핵심 원인들 중 하나였다.

알튀세르에서 출발해 그 후 발리바르, 마슈레, 랑시에르 등에 의해 수행된 마르크스주의의 변형은 한국 마르크스주의자들에 의해 계승되어 연구되었다. 그러나 이 시대를 대표하는 이는 미셀 푸코였고, 그의 사유는 당시의 젊은 사상가들에게 깊은 영향력을 각인했다. 그는 무엇보다도 우선 서구 근대성을 마르크스주의와는 전혀 다른 방식으로 해부한 지식-권력의 철학자였다. 타자의 사유는 이 시대의 가장 공통적이고 주요한 요소라 할 수 있다. 사유의 이런 새로운 흐름은 들뢰즈의 존재론과 들뢰즈와 가타리의 노마디즘 연구에서 절정을 이루었다. 가장 큰 대중적 인기를 끈 이 사유는 인문학과 과학의 여러 영역들에 심대한 영향을 주었다. 그것은 지나치게 인기가 높아서, 오히려 여러 종류의 오해와 왜곡의 대상이 되어 수난을 겪기도 했다. 그리고 다른 갈래의 사상들, 라캉, 데리다, 리오타르, 보드리야르 등에 대한 연구에 기반한 사상들도 다방면에서 인구에 회자되었다.

그러나 이 시대의 사유 갈래들이 후기 구조주의 사상들에 큰 영향을 받았음이 사실이라 해도, 그것들은 또한 한국의 근현대사 및 당대 한국의 현실 상황에 뿌리 두고 있었다. 20세기 후반에 이르기까지의 현대 한국사에 주요 테마들이 존재한다면, 그중 두 가지는 산업화와 민주화라고 할 수 있다. 그러나 역설적으로 두 길은 상극이었는데, 이는 바로 민주화의 흐름이 극복하고자 한 것이 다름 아닌 산업화의 흐름(의 어두운 측면)이었기 때문이다. 후자는 개발독재의 형태로 수행되었고, 이는 곧 군사정부와 주요 기업들 사이의 야합에 기반한 것이었다. 바로 이런 상황에서 노동자들과 농민들은 기업들에 의해 착취당하고, 사회 일반은 군사정권에 의해 억압당했다. 많은 학생들과 지식인들을 민주화 운동과 마르크스주의 사상의 방향으로 이끌었던 것은 바로 이런 상황이었다. 노동자들 사이에서는 그들이 일하는 공장에서 배움을 이어 가려는 열망이 존재했고, 이러한 배움은 '야학(夜學)'이라고 불렸다. 그것은 마르크스의 생각, 즉 철학은 프롤레타리아트의 머리이고 프롤레타리아트는 철학의 심장이라는 생각을 실현해 간 사회 운동이었다.

대안공간은 1990년대라는 임계적인 시대를 거쳐 2000년대에 명백한 현실이 된 총체적 변화의 시대에 민주화 및 비-제도권 사유라고 하는 이 흐름을 계승했다고 할 수 있다. 1800년(다산 정약용이 유배를 떠난 해) 이래 이 땅에서 이루어진 창조적 사상들을 뒤돌아볼 때, 우리는 이 사상들이 대개 제도권 바깥에서 이루어졌음을 확인하게 된다. 혜강 최한기의 기학, 최제우 이래의 동학 등. 그리고 박치우는 자신의 사유를 실현하기 위해 대학을 나오기도 했다. 최근에는, 많은 사상가들이 제도권 바깥에서 군부 독재정권에 대한 비판들을 제기했다. 이 **바깥의 사유**, 비-전통적 전통이 야학과 대안공간으로 이어지고 있다고 할 수 있다.

그러나 강단 철학자들은 이런 사회적이고 역사적인 갈망을 거부했고, 이 때문에 젊은 철학자들은 새로운 사상들을 연구하고 가르치기 위해 새로운 담론의 공간을 수립하지 않을 수가 없었다. 요컨대 바깥의 사유의 전통을 이어 갈 새로운 **시민적 지성**에 대한 요청, 그리고 새로운 사상들의 도래와 이에 대한 강단 철학자들의 반감이 불러온 균열이 대안공간의 탄생을 가져왔다고 할 수 있다. 2000년 이래 철학아카데미, 수유+너머, 다중지성의 정원이 창설되었다. 그리고 이어서《르몽드 디플로마티크》등 대안 언론들도 창설되었다. 20년 전에 이루어진 이러한 창조는 21세기 한국에 있어 가장 의미 있는 사회적이고 지적인 사건들 중 하나이다.

대안공간의 출현 이후 20년이 지난 오늘날 뒤돌아볼 때, 한국 사회에서 대안공간은 무엇이었는가를 묻게 된다. 지난 20년간 한국 사회는 어떻게 바뀌었고, 그 과정에서 대안공간이 띠는 의미는 무엇이었던가? 민주화 운동의 결실로서 한국 사회는 1998~2008년에 민주적인 정부들을 수립할 수 있었다. 그러나 이어 등장한 2008~2017년의 정부들은 최악의 수준에 속하는 것들이었다. 그리고 정부들의 성격을 떠난 전반적인 흐름에서, 세계화와 정보화는 사회 전체를 뒤덮기 시작해 오늘날에 이르고 있다. 우리는 2000년을 전후해 형성된 이 한국 사회의 성격을 '관리사회/경영사회'로 특징지을 수 있다.

관리사회는 군사정권이 만들어낸 통제사회를 이어 등장한 사회이다. 근대 사회는 내가 '근대 국민국가 프로젝트'라고 부르는, 유럽에서 시작되어 이후 전 세계를 관류한 역사적 과정을 통해서 형성되었다. 그리고 이 프로젝트는 미셸 푸코가 세밀하게 분석했던, 사람들을 하나의 '민족' 또는 '주민'으로 만들려는 규율/훈육 장치들을 포함한다. 이 장치들은 사람들을 등질적인 존재로 만들려고 했으며, 사회를 동일성과 차이의 체계로 조직하고자 했다. 이 체제에서 규율은 개인들의 신체에 직접적으로 적용되었다. 그래서 신체들은 각 주체에 할당된 동일성(정체성)에 맞춰져야 했다. 그리고 그러한 체제 주체들의 술어에서 상징화되고, 그로써 내가 '술어적 주체'라고 부르는 주체들이 형성된다. 그래서 사람들은 그들의 술어적 주체에 의해 규정되며, 그것은 국민국가의 프레임에 의해 주조된다.

한국인들이 1961~1987년의 군사정부 시기에 겪어야 했던 것은 바로 이런 통제사회였다. 군사정권은 사람들을 국가 번영의 거대한 장치들로 밀어 넣어, 노동하는 인간으로 만들려 했다. 그것은 수많은 형태의 '국가적인/국민적인' 장치들을 만들어내었다: 국가보안법, 국민교육헌장 등등. 사회는 일종의 군대의 형태로 조직되었으며, 모든 것은 군대의 모델에 따라서 모양 지어졌다. 학교에서조차도 학생들은 군사훈련용 옷을 입어야 했고, 매일같이 국기에 경례하면서 국가에 대한 충성을 맹세해야 했다. 이런 식의 규율을 통해서 사람들의 신체와 영혼은 술어적 주체들로 구성된 체제의 한 부분이 되도록 강요받았다. 이것은 앞에서 언급했던 동일성과 차이의 체제에 다름 아니다. 이런 체제의 여파는 지금도 한국 사회의 도처에서 작동하고 있다.

그러나 현대 한국사의 전환점인 1987년 이후 한국 사회는 관리사회의 성격을 띠기 시작한다. 이 사회에서는 닫힌 장소들이 열린 복합적 네트워크들로 전환된다. 거시적인 맥락에서 볼 때에도, 세계화와 정보화는 세계를 네그리와 하트가 '제국'이라고 부른 열린 복합적 전체로 만들었다. 그리고 이 사회에서 모든 것은 "경영 마인드"에 의해 지배되기 시작했다. 모든 사람이 작은 사업가가 되기 시작했다. 그리고 이 디지털된 세상에서 관리=경영은 '유비쿼터스'의 방식으로 실행되고 있다. 사회 일반은 부드러워졌지만, 누구도 이 관리사회 바깥으로 나가지는 못한다. 그리고 들뢰즈가 지적했듯이, 이 끊임없이 코드화되고 탈-코드화되는 장으로서의 사회에서 "individual"
은 "dividual"이 되어버린다. 주체성은 분열적 존재로 분산되어버리
고, 단편적이고 희박한 주체성으로 귀착한다.

　　관리사회=경영사회는 세 가지의 본질적 차원 ——신체, 화폐,
기호(술어) —— 을 관리한다. 이것들 중 기호의 관리는 지금의 맥락
에 특히 밀접한 관련성을 띤다. 술어들은 항상 정치적 권력에 의해
관리되어 왔다. 그러나 "individual"이 "dividual"이 되어버린 이 사
회에서, 술어들의 체계는 매우 유동적이다. 그 결과 동일성과 차이
의 체계는 흔들리게 되고, 여러 종류의 차이생성이 일어나게 되었
다. 이 변화로 말미암아 관리사회는 술어들의 이 유동성, 더 이상 정
적 주체들이 아닌 차이생성하는 주체들을 관리하고자 한다. 두 종
류의 상이한 차이생성을 구분하는 것이 필수적이다. 새로운 주체들
의 자발적인 차이생성과 관리사회의 전략적인 차이생성. 사실, 후
자의 차이생성은 차별과 위계화의 차이생성 즉 차이배분으로서의
"differentiation"이며, 그것은 관리사회의 위계 내에서 타자들을 순
치시키고자 한 국가와 자본의 새로운 전략을 함축하는 것이다. 이 점
에서 우리는, 관리사회는 동일성과 차이의 체계가 아니라 차이들을
또는 차이생성을 관리한다고 말할 수 있다. 그리고 이 관리는 새로운
주체성들을 관리하는 것에 다름 아니다. 이런 종류의 사회는 1990년
대에 형성되었고, 2000년대가 되면 지배적인 현실로 자리 잡기에 이
른다. 이것이 새로운 사유의 요청이 나타난 역사적이고 사회적인 배
경이다.

II. 진리-사건으로서의 대안공간

지금까지의 역사적 논의를 철학적으로 음미해 볼 때, 대안공간이 띠는 역사철학적 의미는 무엇인가? '귀환'에서 이야기의 실마리를 풀어 보자.

귀환들이 일어난다. 어떤 귀환들인가? 실재들이 귀환한다. 귀환하는 실재들이란 어떤 것들인가? 철학의 역사는 '실재' 또는 '실재들'을 둘러싼 다양한 논의들로 차 있다. 그러나 지금 우리의 맥락에서, 실재들은 곧 신체, 화폐, 그리고 기호의 관리에 저항하는 생명, 노동, 주체이다. 귀환이란 바로 관리사회의 그물망에 저항하는 실재들의 귀환인 것이다. 우리는 이 귀환의 운동에서 대안공간 탄생의 열쇠를 찾을 수 있다.

우리는 진리를 실재의 이 운동, 즉 귀환 운동을 통해서 이해할 수 있다. 달리 말해, 진리를 실재들의 귀환, 우리의 맥락에서는 **생명, 노동, 그리고 주체의 귀환**으로서 정의할 수 있다. 전통적으로 '진리'라는 개념은 명제와 사태 사이의 '상응'으로서 정의되어 왔다. 하이데거는 진리 개념에 대한 다른 정의를 제시했다. '탈은폐성'이라는 정의를. 그러나 우리는 이 정의를 존재론적-시학적 맥락에서 천착했던 하이데거와는 달리, 그 윤리적이고 정치적인 의미를 규정해 볼 수 있다. 우리로부터 진리를 은폐하고 있는 것은 무엇인가? 그것은 바로 관리사회의 그물-망에 다름 아니다. 진리란 바로 신체, 화폐, 기호의 관리를 은폐하는 막을 찢고서 나타나는 생명, 노동, 주체라는 실재들의 귀환이다. 이것이 우리의 맥락에 있어 탈은폐성의 진정한 의미이다.

관리사회는 더 이상 자연의 착취를 주장하지 않는다. 오히려 "자연 보호", "환경 보존", "녹색 혁명" 등을 역설한다. 도처에서 다양한 형태의 협정, 협약이 맺어진다. 그러나 많은 경우 그것들은 국가들과 자본들의 전략으로 그친다. 그리고 이들에게 경고를 내리듯이, 생명은 전 세계에서 온갖 종류의 재난들로서 귀환한다. 관리사회는 또한 물신화된 상품들의 체계를 지배하는 화폐 —— "사회적 상형문자"(마르크스) —— 의 체계를 관리한다. 그러나 노동이 귀환한다. 그리고 화폐 회로에 구멍을 뚫는다. 노동이 사회의 표면에서 귀환할 때, 그것은 대개 정치적 투쟁의 성격을 띤다. 나아가 관리사회는 술어적 주체들을 관리한다. 그러나 술어적 주체성은 술어들의 집합으로 환원되지 않는 참된 주체성을 결코 소멸시킬 수가 없다. 그리고 국가와 자본의 관리에 저항하는 주체들의 귀환은 다른 사람들의 사유와 가치에 영향을 준다. 진리 즉 실재의 귀환, 우리 맥락에서는 생명, 노동, 주체의 귀환은 하나의 사건을, 진리-사건을 만들어낸다. 우리는 이 진리-사건을 통해서 대안공간 탄생의 역사적 조건을 이해할 수 있다.

인류 역사는 수많은 반복으로 차 있다. 그러나 각각의 반복은 차이의 강도를 동반하며, 그러한 강도들이 역사를 의미 있게 만든다. 역사에서의 반복들은 물리 현상들에서 볼 수 있는 빈약한 반복들이 아니라, 진리-사건을 즉 생명, 노동, 주체의 소진 불가능한 힘들의 귀환을 함축하는 차생적 반복들(differential repetitions)이다. 이런 맥락에서 우리는 역사철학적으로 중요한 하나의 물음을 던질 수 있다: 역사를 이끌어 가는 힘인 반복의 강도에서 우리는 어떤 의미를 읽어낼 수 있는가? 이 물음에 대해서 우리는 세 개념을 통해서 대답할 수 있다. 사건, 영원회귀, 그리고 투쟁이 그것들이다. 자연적 사건과는 다른 역사적 사건, 기계적 반복이 아닌, 차생적 반복의 영원회귀를 함축하는 역사적 반복, 그리고 진화론적 투쟁이 아닌, 억압과 회귀가 영원회귀에 연관되는 역사적 투쟁. 한마디로 말해서, 역사는 억압과 해방 사이의 투쟁을 포함하는 역사적 사건들의 차생적 반복들의 영원회귀이다.

역사에서의 의미 있고 강도 높은 반복들은 우리의 삶, 죽음, 운명과 상관적이다. 이런 종류의 반복들에 연관된 사건들은 억압과 해방의 사건들이다. 우리 시대에 이런 종류의 사건들은 관리사회로부터의 해방을 꿈꾸는 진리-사건들이다. '대안적'이라는 말은 생명, 노동, 주체의 귀환을 뜻하는 진리-사건을 함축한다. 관료주의적 국가와 냉혹하게 부풀어 가는 자본에 의한 신체들의 조직화는 생명의 관리라는 가면 아래 생명의 파괴를 자행하지만, 생명은 다양한 형태의 재난이라는 진리-사건들을 통해서 귀환한다. 화폐 회로의 안정화는 노동의 착취를 자행하지만, 노동은 노동자들의 다양한 형태의 사회운동을 통해서 귀환한다. 술어적 주체들의 코드화는 '(예속)주체화'를, 사람들의 수동적 주체-되기를 야기하지만, 진정한 주체들의 귀환 즉 시민적 주체들의 귀환은 새로운 사유들과 새로운 실천들에 의한 '시스템 오작동'을 만들어낸다.

현대 사회의 가장 두드러진 특징들 중 하나는 사람들의 술어적 주체를 관리한다는 점에 있다. 그러나 통제사회가 아닌 이 관리사회에서 기호들 또는 정체성들의 관리는 직접적인 방식들에 의해서가 아니라 다양한 형태의 이데올로기와 미디어에 의해서 수행된다. 학교에서 학생들은 민족주의와 애국주의, 경쟁사회의 신자유주의적인 가치들을 주입받는다. 대중매체와 대중문화는 사람들의 머리와 가슴에 엄청난 양의 저질스러운 이미지들을 쏟아 넣는다. 신체에 대한 직접적인 폭력은 줄어들었지만, 다양한 종류의 보이지 않는 폭력과 차별은 사회 전반을 관류하고 있다. 요컨대 국가와 자본은 신자유주의적으로 정향된 이데올로기, 이미지, 제도 등을 통해 사람들의 술어적 주체성을 관리하고 있다.

이런 종류의 사회에서, 대학이나 다른 유사한 기관들도 예외를 형성하지 않는다. 과학들, 나아가 심지어 인문학조차도 국가의 정치적 척도와 자본의 경영 전략에 의해 포획되어 있다. 관리사회의 가치들을 내면화한 오늘날의 대학은 다양한 경영학 과목들에 의해 주도되고 있다. "과학기술 경영", "예술 경영" 등의 표현들이 자연스럽게 사용되기 시작한 지는 오래이다(철학은 다행히 돈이 안 되기 때문에 이 우스꽝스러운 표현에서 면제되었다). 그리고 철학, 수학 등의 근본적인 학문들은 그 자리를 박탈당하고, 교양 과목들로 그 명맥을 유지하고 있다. 한국에서의 이런 흐름은 1990년대에 형성되어 2000년대에 심화되었으며, 내가 2000년(이른바 '새로운 밀레니엄')에 쓴 글들에서 표명했던 여러 우려들은 오늘날에는 돌이키기 힘든 현실로 굳어버렸다. 그리고 이런 현실은 바로 (취직에만 관심이 있는) 보수화된 학생들과 (재임용, 승진 등을 위한 논문에만 몰두하는) 소시민화된 교수들을 통해 여실히 드러나고 있는 것이다.

우리는 진리-사건으로서의, 즉 **시민적 주체의 귀환**으로서의 대안공간 출현이 가지는 의의를 이해할 수 있다. 이 점에서 앞에서도 보았듯이 대안공간은 새로운 시민적 지성의 형성과 궤를 같이하는 것이었다. 새로운 지성을 추구하는 주체들은 관리사회에 저항하고 있으며, 홈이 파이지 않은 공간을 구축하고자 하고 있다. 그들의 귀환, 주체들의 귀환은 진리-사건을 형성하며, 이것이 대안공간의 출현을 가능하게 만들었던 것이다.

그러나 이것은 한국사에서 단지 단일한 사건인 것은 아니다. 이 새로운 시민적 지성이 1987년 이래 등장한 새로운 현상이라 해도, 군사정권하에서의 '야학'의 경우에서도 보았듯이 그러한 귀환은 한국사에서 반복적으로 일어난 사건인 것이다. 그래서 역사철학의 맥락에서 그러한 귀환은 진리-사건들의 영원회귀를 드러내 준다. 따라서 우리는 새로운 시민적 지성과 더불어 이루어진, 최근에 이루어진 주체들의 귀환이라는 의의를 대안공간에 부여할 수 있는 것이다.

'나'를 어떻게 만들어 갈 것인가

청소년 여러분, 여러분이 가장 고민하는 문제 중 하나는 아마도 '나'라는 것을 도대체 어떻게 이해하고 어떻게 만들어 갈 것인가 하는 문제가 아닐까 싶습니다. 이런 고민은 삶에 항상 따라다니는 화두이지만, 특히 20대 나이의 여러분들에게는 핵심적인 화두일 것입니다. 나를 이해한다는 것은 내가 어떤 존재'인지'를 아는 것이고, 또 나를 만들어 간다는 것은 내가 어떤 존재'일 수 있을지'를 모색하는 것입니다. 여기에서 이 문제에 대해 한번 생각해 봅시다.

그런데 '나'에 대해 생각하는 것과 '인간'에 대해 생각하는 것은 좀 다릅니다. '나' 역시 '인간'의 한 요소이므로, 인간에 대한 파악은 곧 나에 대한 파악이 됩니다. 하지만 나에게는 인간이라는 일반 개념으로 규정할 수 있는 부분 못지않게 오로지 나의 고유한 측면에서밖에는 이해할 수 없는 부분도 있습니다. 그래서 객관적으로 나를 규정하고 있는 측면들을 정확히 인식하고, 동시에 그런 측면들로 해소되지 않는 나 고유의 측면들을 만들어 가야 하는 것입니다. 이렇게 우리의 삶이란 객관적 '인식'과 주관적 '창조'가 얽히는 과정이라 할 수 있습니다. 전자가 결여될 경우 우리는 주관적인 환상에 사로잡히게 되고, 후자가 결여될 경우 우리는 고유한 나를 만들어 갈 수가 없는 것이죠.

인식/공부의 필요성과 한계

우선 첫 번째 측면을 생각해 봅시다. 나라는 존재의 '~임'을 알아가는 과정을 우리는 '공부'라고 부릅니다. 오늘날 공부의 의미는 이미 많이 몰락했지만, 공부라는 개념의 본래 의미는 이런 것이죠. 특히 대학생들인 여러분은 세계와 우리 자신을 이해하기 위해 여러 가지를 공부합니다. 언어학자들은 우리가 쓰고 있는 말들의 심층적인 메커니즘을 밝혀 보여 줍니다. 정신분석학자들은 우리의 무의식이 우리의 의식을 지배하고 있음을 가르쳐 줍니다. 경제학자들은 우리 사회의 경제가 어떻게 변하고 있는가를 분석해 줍니다. 물리학을 통해서는 사물들이 여러 작은 입자들로 되어 있다는 것을 배웁니다. 또, 생물학은 우리 몸이 세포로 되어 있다든가 DNA를 통해서 유전을 한다든가 하는 사실들을 알려 주죠. 이 외에도 숱한 형태의 과학들이 우리가 살고 있는 세계와 우리 자신에 대해서 말해 줍니다. 우리는 이런 지식들을 통해서, 과학을 통해서 앎을 넓혀 나갈 수 있죠.

그런데 우리는 이런 공부들에 관해 비판적인 의식을 가질 필요가 있습니다. 단지 그렇구나 하고 수동적으로 배우는 것이 아니라, 과학이라는 것 자체에 대해 다소 거리를 두고 반성해 볼 필요가 있습니다. 그렇지 않으면 지식을 쌓으면 쌓을수록 나와 세계가 이해가 되는 것이 아니라 오히려 독단과 혼란만 가중되기 때문입니다. 부분적인 지식을 전체적인 지식으로 오해함으로써 독단이 쌓이고, 수많은 지식들을 정리하지 못함으로써 혼란에 휩싸입니다. 내가 살았던 20대를 추억해 보면 바로 그런 시간들이었던 것 같습니다.

인식/과학에 대해서 비판적으로 반성한다는 것은 곧 이런 지식들을 아무리 쌓아도 해소되지 않는 한 가지, 아니 두 가지가 있다는 사실을 깨닫는 것입니다. 하나는 이런 과학적 사실들을 산더미처럼 쌓아 놓아도 궁극적으로 '나', 이 고유한 나는 이런 사실들로 온전히 환원되지 않는다는 것입니다. 아무리 많은 지식을 동원해도 완전히는 해소되지 않는 그 어떤 나가 있다는 것이죠. 20세기 중엽 장 폴 사르트르(1905~1980)를 비롯한 여러 철학자들은 이런 고유한 나의 존재 방식을 '실존'이라고 표현하기도 했습니다. 그 무엇으로도 환원되지 않는 고유의 주체성, 이것이 곧 실존이죠.

또 하나, 과학적 지식들이 제시하는 내용이 다양해서 어떤 궁극적 지식으로 통합되지 않는다는 것입니다. 각각의 과학은 모두 인간을 어떤 특정한 틀로 환원해 설명해 주지만, 문제는 그 틀이 하나둘이 아니라는 것입니다. 가끔씩 어떤 틀이 기존의 틀을 포괄함으로써 과학적 발전을 이루기도 합니다만(마르크스의 '타자' 개념이 푸코의 '타자' 개념에 포괄된다든가, 에우클레이데스 기하학이 리만 기하학으로 포괄된다든가, 열역학이 통계역학으로 포괄되는 경우 등. 바슐라르는 이런 '포괄' 개념을 상세히 논했습니다), 이런 일은 매우 드뭅니다. 어떤 하나의 틀로 다른 틀들을 환원해 설명하려 하는 것을 '환원주의' 즉 어떤 일정한 원리들을 설정해 놓고서 모든 것들을 그리로

소급시켜 설명하려 하는 입장이라고 합니다만, 그 어떤 환원주의도 성공한 적이 없습니다. 과거에는 철학자들이 형이상학적 사변을 통해서 환원주의를 시도했고, 최근에는 예컨대 뇌과학이니 동물행동학이니 하는 분야들을 비롯한 생명과학을 동원한 환원주의가 유행하기도 했습니다. 그러나 과학적 지식들의 다원성은 어느 하나의 틀로 결코 환원되지 않습니다. 그렇다면 우리는 도대체 그중 어느 것을 '진리'로 받아들여야 하나요?

요컨대, 한편으로 어떤 지식들을 동원해도 '나'는 온전히 해소되지가 않으며 또 다른 한편으로 그런 지식들 자체도 통일되어 있지 않다는 것입니다. '나'라는 주체, 아니 그 이전에 개개의 개별적 존재, 개체, 개인 등은 그 어떤 틀로도 온전히는 환원되지 않는 것입니다.

그렇다면 이런 지식들은 모두 쓸모없는 것일까요? 물론 전혀 그렇지 않습니다. 이런 지식들이 '나'를 온전히 해명해 주지 않는다고 해서 그것들이 필요 없는 것은 아닙니다. 각각의 과학은 인간의 **어떤 측면을** 매우 잘 밝혀 주고 있기 때문입니다. 이런 측면들을 인식하지 못하고 자기 자신에 대해 주관적인 상상과 착각에 빠진다면, 이는 곤란한 일이죠. 자신의 주관을 넘어 객관적인 지식을 쌓는 것은 중요합니다. 그래야만 자의적인 주체성의 환상에 빠지지 않을 수 있기 때문입니다. 그래서 지식들은 중요하지 않은 것이 아닙니다. 공부를 하지 않아도 되는 것이 아닙니다. 오히려 가능하면 많이 공부하는 것이 좋습니다.

왜 가능한 한 많이 공부하는 것이 좋을까요? 어느 한 지식만을 잘 아느니 차라리 지식이 없는 것이 더 낫기 때문입니다. 지식이 없이 단순한 상식에 따라 사는 것은, 물론 바람직하지는 않은 것이지만, 최소한 독단에 빠지지는 않기 때문이죠. 하지만 어느 한 지식만을 가진 사람은 오로지 그 지식만으로 세상을 보고, 오로지 그 지식에만 집착하기 때문에 오히려 몰상식한 인간이 되기 십상입니다. 생물학만으로 세상을 보는 사람은 인간의 언어, 문화, 역사, 정신 등은 도외시하고 덮어놓고 뇌의 운동이니 세포의 분열이니 DNA니 하는 것들을 가지고서 세상을 봅니다. 정신분석학만 공부한 사람은 덮어놓고 무의식이니 하는 것들을 동원해서만 사람을 봅니다. 특정 과학만을 공부한 사람은 지식의 어떤 한 영역에서는 성과를 낼지 몰라도, 삶 전체, 인생 전반에 대해서는 차라리 건전한 상식을 가지고 살아가는 사람보다 오히려 더 못하게 되는 경우가 많은 것이죠.

그래서 공부를 할 때 가능하면 여러 분야, 여러 관점, 여러 틀을 많이 보는 것이 좋습니다. 그런데 말이 쉽지, 그 수많은 지식들을 어떻게 균형 있게 건강하게 섭취할 수 있을까요? 이 맥락에서 특히 중요한 두 학문이 역사와 철학입니다. 왜 그럴까요? 역사와 철학을 통해서 다양한 지식을 종합하고 **거시적 안목**을 기를 수 있기 때문입니다. 다른 분야들은 어느 특정한 영역을 다룹니다. 물리학은 물질을, 생물학은 생명체를, 경제학은 경제 현상을, 언어학은 언어를,… 다룹니다. 하지만 역사와 철학은 모든 분야들을 종합해서 삶 전체를 바라보는 거시적 비전을 주는 분야이고, 때문에 늘 이 두 분야를 중심에 놓고서 다른 지식들을 종합하는 습관을 들이는 것이 좋습니다. 모든 지식은 시간이 흘러가면 역사가 됩니다. 언어학은 언어학사가, 미술은 미술사가, 정치는 정치사가 됩니다. 모든 것은 결국 역사인 것이죠. 그리고 역사에 대한 폭넓은 시각에 근거해서 현재와 미래를 사유할 수 있는 것입니다. 또, 종합적 안목, 거시적 안목의 성숙에는 철학적 사유가 필수적입니다. 앞에서 특정한 과학을 가지고서 세계 전체를 보려는 시도들에 대해 언급했습니다만, 이것은 바로 철학이 해야 할 일을 개별 과학을 가지고서 하려는 시도, 즉 사이비 철학이라고 할 수 있습니다. 모든 형태의 환원주의는 결국 사이비 철학인 것이죠.

요컨대 1) 아무리 지식을 쌓아도 '나'라는 존재가 그 지식들로 온전히 환원되지는 않습니다. '나'는 고유한 실존이고, 그 어떤 것으로도 환원되지 않는 주체성입니다. 2) 하지만 이것이 과학적 지식을 도외시해도 된다는 말은 아닙니다. 오히려 다양한 과학을 널리 공부해 교양을 쌓는 것이 '나'를 이해하는 데 필수적입니다. 그렇지 않으면 주관적인 착각에 빠져 살아가게 됩니다. 3) 늘 역사와 철학을 가지고서 여러 지식을 종합하는 안목을 기르는 것이 좋습니다. 그래야만 단순한 지식이 아니라 나의 사상, 사유, 비전을 기를 수 있습니다.

타인들과 더불어 나를 만들어 가기

우리는 처음에 '나'에 대한 물음을 제기했고, 나를 이해/인식하는 것과 나를 만들어 가는 것에 대해 이야기했습니다. 지금까지 이야기한 것은 바로 나를 이해/인식하는 것이었습니다. 그 이야기를 하면서 공부에 관한 이야기를 했습니다. 대학에서 공부를 하면서 미래를 준비하고 있는 20대에게는 특히 중요한 문제죠. 이제 두 번째 문제로 돌아와서 생각해 봅시다. 이제 나를 이해/인식하는 것에서 나를 만들어 가는 것으로 방향을 돌려 봅시다.

내가 아무리 많은 지식을 쌓는다 해도, 나아가 역사와 철학을 통해 나의 사유를 만들어 간다 해도, 여전히 그런 사유로는 해결되지 않는 '나'가 남습니다. 이 대목이 바로 내가 '만들어 가야' 할 나입니다. '나'를 인식하는 것만으로는 삶이 해결되지 않습니다. 행위하는 나, 내가 만들어 가야 할 나, (객관적 '나'가 아니라) 고유한 주체성으로서의 나가 남아 있기 때문입니다. 이는 인식의 문제가 아니라 행위의 문제, 창조의 문제입니다. 인식이 없는 창조는 주관일 뿐입니다. 하지만 창조가 없는 인식은 일반성에 그칠 뿐 고유한 나를 완성해 주지는 못합니다.

그런데 나를 창조해 간다는 것이 오로지 나라는 존재 그 자체 내에서만 가능할까요? 물론 아닙니다. 독립된 어떤 개체, 독립된 나의 주체성은 사실 가능하지 않습니다. 그것은 일종의 환상입니다. 나는 언제나 어떤 특정한 **관계 속**에 들어 있는 나입니다. 나아가 중요한 것은 '나'라는 존재가 먼저 있고 그러고 나서 다른 존재와의 관계가 형성되는 것이 아니라는 점입니다. 오히려 나의 나-됨은 특정한 관계를 **통해서 성립**합니다. 예컨대 가족 안에서의 나와 학교에서의 나는 많이 다르죠? 사회에 나가 특정한 관계망들 속에 들어가면 그때마다 '나'는 달라집니다.

찰리 채플린 영화의 한 장면을 생각해 봅시다. 거지인 주인공이 길을 걷고 있습니다. 길에 빨간 깃발을 단 작은 막대기가 떨어져 있습니다. 주인공이 그것을 주워서 "이게 뭐지?" 하고 장난으로 흔들어 봤습니다. 그런데 그 뒤쪽에서 데모대가 몰려온 것이죠. 그러자 어떻게 되었을까요? 주인공은 졸지에 혁명의 주체가 되어버린 것이죠. 주인공의 '실체'가 존재하는 것이 아니라 관계 속에서 어떤 특정한 존재가 되는 것이죠. 이는 매우 중요한 내용이므로 꼭 기억해 두셨으면 합니다.

물론 그렇다고 나의 나-됨이 오로지 관계를 통해서만 가능한 것은 아니죠. 그럴 경우, '나'는 관계가 달라지면서 아예 다른 어떤 존재로 끝없이 변해버릴 테니까요. 안톤 체호프의 「귀여운 여인」이라는 단편소설이 있습니다. 여기에서 주인공은 여러 번 결혼하는데, 결혼할 때마다 배우자에 동일화되어버리죠. 배우자와 같아져버립니다. 예컨대, 기억이 정확지는 않습니다만, 선생과 결혼하면 아주 조신한 여인이 되었다가 사업가와 결혼하면 아주 정력적인 여인으로 둔갑하곤 했던 것입니다. 이 여인에게는 '나'라는 주체성이 거의 없다고 해야겠죠. 이럴 경우, '나'라는 것은 의미를 상실할 것입니다.

물론 그런 것은 아닙니다. 인간이 관계 속에서 변해 가는 존재라 해도 '나'라는 것이 그렇게 쉽게 변해서 흘러가는 것은 아니죠? 왜 그럴까요? '기억'이라는 것이 존재하니까요. 현대 철학의 문을 연 앙리 베르그송은 그의 위대한 저서인 『물질과 기억』에서 기억을 심층적으로 해명하기도 했습니다. 꼭 읽어 볼 만한 저작이죠. 들뢰즈의 『시네마』와 함께 읽으면 더 좋습니다. 베르그송이 밝혀 주었듯이, 기억이란 딱 정해져 있는, 불변의 어떤 실체가 아닙니다. 이미 지난 일이므로 변할 수 없는 무엇이 되어 창고에 저장되듯이 저장되는 것은 아니라는 뜻입니다. 결국 '나'라는 존재는 시간 속에서, 관계 속에서 변해 가는 존재인 **동시에** 또한 기억을 통해서 그 정체성을 성숙시켜 나가는 존재라 하겠습니다. 나의 삶은 관계 속에서 계속 생성해 가고, 거기에 기억이 연속성을 부여하는 것입니다. 여기에 다시, 기억 자체도 계속 생성해 가기 때문에 '나'란 무척이나 복잡하고 역동적인 존재인 것이죠. 그래서 '나'를 만들어 간다는 것은 관계 속에서 생성해 가는 것인 동시에 기억을 통해서 일정한 정체성 —— 그러나 그 자체 계속 생성해 가는 정체성 —— 을 만들어 가는 과정이라고 할 수 있습니다. 이 내용은 내가 『주체란 무엇인가?』[1]라는 책에서 자세히 논한 바 있습니다.

　이런 성숙에 대해 좀 더 이야기해 보자면, 19세기 초에 활동했던 게오르크 헤겔이라는 철학자가 있습니다. 헤겔은 '나'란 반드시 내가 아닌 다른 사람, 타인을 경유해서만 성립한다고 했습니다. 내가 내 안에 갇혀서 나를 이해하는 것을 좀 어려운 말로 —— 사실 내가 학생이었을 시절에는 가장 자주 들었던 용어들 중 하나였습니다만, '즉자적(an sich)' 수준이라고 했습니다. 영어의 'in itself'에 해당합니다. 그러나 이렇게 즉자적 수준에서 생각한 '나'는 사실 주관적인 환상에 불과하죠. 참된 나는 타인과 부딪쳐 보았을 때 알 수 있습니다. 타인과 부딪쳐서 내가 부정되어 봐야, 흔히 말하듯이 "깨져 봐야" 비로소 나를 알 수 있다는 것이죠. 이런 수준을 '대자적(für sich)' 수준이라 했습니다. 영어의 'for itself'에 해당하죠. 그런 과정을 거쳐서 다시 자신에게로 돌아와 봐야 비로소 '나'라는 것을 잘 알게 되는

---

1) 본 저작의 첫 번째 글 「무위인-되기」.

것입니다. 이렇게 부정의 과정을 거쳐서 나 자신에게 돌아온 나, 즉 단지 자신 내부의 환상에 사로잡혀 있는 나가 아니라 타인에 의한 부정을 거쳐 다시 자신에게로 돌아온 나가 바로 '즉자-대자적(an-und-für sich)' 나인 것입니다. 그리고 이런 과정은 일회로 끝나는 것이 아니라 계속되어야 하며, 그런 계속적인 과정을 통해서 나는 성숙해 갈 수 있습니다.

친구들과의 관계를 생각해 봅시다. 나는 내가 뛰어나다고 생각하고, 다른 사람들보다 낫다고 생각합니다. 속담에도 "제 잘난 맛에 산다"고 하죠? '즉자적' 단계입니다. 하지만 사고가 성숙해지면서 우리는 상대방도 나 못지않게, 더하면 더했지 못하지 않게 자존심과 욕망, 아집 등을 가지고 있다는 것을 깨닫습니다. 그 순간 내가 나 자신에 대해 가졌던 환상이 부정됩니다. 그로써 '대자적' 단계에 들어섭니다. 하지만 그런 과정에서 이제 나는 오로지 내 시선을 통해서만이 아니라 타인의 시선을 통해서도, 또 더 나아가서는 상대방과 내가 관계 맺고 있는 그 객관적 전체를 보게 됩니다. 그러면서 오로지 나만이 아니라 내가 속해 있는 관계-망 전체에 대해 좀 더 성숙한 시선으로 보게 되는 것이죠. 그러면서 '나'에 대한 '나'의 시선이 한층 성숙해집니다. 이것이 '즉자-대자적' 단계입니다. 20대의 나이란 한참 자존심, 욕망, 아집, 주관, 환상이 강한 나이죠. 헤겔적인 뉘앙스에서의 성숙이 특히 필요한 나이 대라 하겠습니다.

그런데 문제는 우리가 살아가고 있는 '사회'에서 이 관계라는 것이 이미 정형화되어 있다는 점입니다. 관계들이 열려 있고 그래서 자유로운 관계들을 통해서 나를 성숙시켜 가면 좋겠지만, 현실이 그렇지가 않죠. 이 점을 조금 더 이야기해 봅시다.

'하나'와 '여럿'에 대해 생각해 볼까요? '하나'라는 말은 참 묘한 말입니다. 나도 하나이지만 우리 가족도 하나죠. 우리 학교도 하나입니다. 무엇이든 한 덩어리로 보면 하나죠. 여럿을 하나로 묶어서 보면 하나입니다. 그런데 우리 삶에는 이렇게 여럿으로 구성된 하나가 참 많습니다. 가족부터 그렇고 한 학교, 한 학급, 한 동아리, 넓게는 한 국가, 한 권역 등등. 그리고 이런 단위들은 피라미드처럼 위계를 이루고 있습니다.

여러분들이 대학생들이므로, 한 대학을 생각해 봅시다. 일단 이과와 문과로 나뉘죠? 문과로 들어가면 인문학과 사회과학으로 나뉩니다. 또, 인문학으로 들어가면 어문학 계통과 인문 계통으로 나뉩니다. 어문학으로 들어가면 서양 어문학과 동양 어문학으로 나뉘겠죠. 이런 식으로 계속 스무고개 하듯이 나뉘어 있습니다. 반대 방향으로 이야기하면 한 개인은 예를 든다면 불문학과에 속하고, 어문학계에 속하고, 인문대학에 속하고, 문과계에 속하고, 어떤 대학에 속하는 것이죠. 대학만이 아닙니다. 다른 모든 단위들도 이렇게 되어 있습니다. 좀 개념적으로 이야기해서 우리의 사회는 일반성과 특수성의 체계로 되어 있습니다. 하나의 일반성이 여러 특수성들로 나뉘어 있는 구조인 것이죠. 하지만 이 일반성도 그보다 상위의 일반성에서 보면 또 하나의 특수성입니다. 사회란 이렇게 피라미드처럼 되어 있습니다. 이런 사실이 지금 우리 논의의 맥락에서 무엇을 말할까요? 바로 우리가 사회에서 맺는 **관계들이 정형화되어 있다**는 뜻입니다. 이는 곧 관계를 통해서 '나'를 만들어 간다고 해도, 이 관계라는 것이 사실은 매우 구조화되어 있다는 것을 말합니다. 사회는 한 인간을 자꾸 이런 정형화된 관계망에 가두려고 합니다.

그래서 관계를 통해 '나'를 만들어 간다고 할 때, 중요한 것은 이런 정형화된 관계가 아닌 독특한 관계, 특이한 관계를 만들어 나가는 것입니다. 이때 우리의 삶은 창조적인 것이 될 수 있죠. 바로 이렇게 특이한 관계를 만들어 나갈 수 있게 하는 힘, 결코 어떤 정형화된 관계에 온전히 복속되지 않으려고 하는 역능(potentiality), 이것이 곧 앞에서 말했던 고유한 나, 그 어떤 것으로도 온전히 환원되지 않는 나라고 할 수 있습니다. 이때 삶이란 그저 어떤 '주어진 것'이 아니라 '만들어 가는 것', 일종의 실험 즉 삶의 존재양식을 둘러싼 실험이 될 수 있습니다.

물론 이것이 사회에 이미 구축되어 있는 틀을 간단히 무시하고서 내 길을 찾아갈 수 있다는 것을 뜻하지는 않습니다. 그렇게 생각하는 사람은 앞에서 말한 '즉자적' 단계에 머무는 것이죠. 우리는 공기 없이 살 수 없듯이 사회의 틀 없이도 살 수 없습니다. 따라서 많은 사유와 모색, 실험, 소통, 좌절 등을 통해서 서서히 스스로를 만들어 가면서 동시에 사회의 변화에도 일조할 수 있는 것이지, 그저 내 생각만으로 세상이 달라질 수 있다고 생각하면 그건 낭만적인 착각이죠. 창조적 삶을 살고자 하는 우리 내면의 불을 꺼트리지 않으면서도, 동시에 보다 냉정하고 객관적인 자세로 사회와 부딪치면서 한 발자국 한 발자국씩 나가야 하는 것입니다.

요컨대 1) '나'란 오직 나 내부에서만 성립할 수 있는 것이 아니라, 타인과의 관계를 통해서 성숙시켜 나갈 수 있는 것입니다. 2) 그런데 우리가 살아가고 있는 사회는 대부분 정형화된 관계로 되어 있고, 사회는 그런 관계를 강요합니다. 3) 하지만 우리는 우리 내부의 '나', 그 무엇으로도 환원되지 않는 나의 주체성을 통해서 **창조적인 관계들을 맺어 나갈 때** 진정한 '나'를 만들어 갈 수 있습니다. 바로 이때에만 개별적 존재로서의 '나'와 타인과의 관계를 통해서 성립하는 '나'가 화해할 수 있는 것입니다.

시대의 이미지

I. 진화인가 진보인가?

하나의 말, 더 정확히는 개념은 사상가들에 의해 창조되지만, 그것
이 사회 일반으로 흘러나갈 무렵이면 거기에는 어느새 왜곡의 그림
자가 둥지를 튼다. 아니, 하나의 개념이 본래 그것에는 익명적이었던
장에 스며들 경우 거기에는 어떤 형태로든 필연적으로 왜곡이 형성
된다고 할 수 있다. 사상/개념의 역사는 속화(vulgarization)와 희화화
(parody)의 역사이다.

'트라우마'라는 말이 그 전형적인 예를 제공해 준다. 여기저기
에서 이 말이 애용된다. 하지만 프로이트의 원래 개념화에서 트라우
마는 기억되는 것이 아니라 반복되는 것이다. 강박적으로 반복되는
것, 그러나 주체의 의식에서는 기억되지 않는 것, 그것이 트라우마이
다. 그래서 멀쩡히 잘 기억되는 것을 '트라우마'라고 부르는 것은 이
말의 남용이다. 이렇게 사상가의 언어는 대중의 언어로 화하면서 큰

인플레이션을 겪게 된다.

그러나 언어란 늘 변해 가기 마련이므로, 이런 왜곡을 부정적으로만 받아들일 필요가 없을지도 모르겠다. 그저 맥락을 잘 구분해서 사용하면 그만일 것이다. 그러나 이런 속화와 희화화가 그리 단순하지 않은 경우, 거기에 그 어떤 역사적·정치적·사상적 착잡함이 깃들어 있는 경우들, 그래서 진지한 비판을 요구하는 경우들도 있다. 오늘날 "진화(進化)"라는 개념이야말로 바로 그런 경우의 전형이 아닐까 싶다.

오늘날 한국 사회에서 가장 남용되는 개념어는 어떤 것일까? 이 물음에 대한 답으로서 '진화'라는 말을 빼놓을 수는 없다. 찰스 다윈 탄생 200주년을 기념한 행사들이 여기저기에서 열리는 현상과 정확히 비례해, 하지만 내용상으로는 얄궂게도 반비례해 이런 경향은 더욱 심해지는 것 같다.

사람들이 '진화'라 말하는 경우들을 유심히 들어 보자. 거기에서 우리가 발견하는 것은 대개는 '진보', '발달', '발전', '변신' 같은 말들이 뜻하는 바의 것이다. 그중에서도 특히 많은 것을 생각하게 만드는 경우는 '진화'와 '진보'의 관계이다.

'진보'의 의미로 오용되는 '진화'

진화와 진보의 가장 핵심적인 차이는 전자는 자연적 과정이고 후자는 역사적 과정이라는 점이다. 예컨대 사람들은 어떤 새로운 기술이 등장했을 때 기술이 "진화"했다고 말한다. 또, 기업이 자신들의 가치를 홍보할 때도 "진화"라는 말을 애용한다. 오늘날 진화라는 말을 가장 자주 사용하는 분야는 자본주의적 영역, 기업이나 기술의 영역이라고 할 수 있다. 그리고 이런 흐름은 대중문화의 물결을 타고서 더욱 일반화된다. 자본주의, 과학기술, 대중매체라는 세 영역에서 '진화'라는 말은 일종의 공용어로 화하고 있는 듯하다.

그런데 묘한 것은 이들이 이 말로 뜻하고자 하는 바는 본래 의미의 진화가 아니라 오히려 '진보'라는 점이다. 기업들은 자신들의 회사가 진보하고 있다는 뜻으로 '진화'라는 말을 쓴다. 과학기술은 새로운 기계를 만들어냈을 때 기술이 진보하고 있다는 뜻으로 '진화'라는 말을 쓴다. 그리고 이런 용법들은 대중매체를 타고서 일반화된다.

이런 용어법은 발터 벤야민의 용어법과 묘하게 어긋난다. 벤야민은 자본주의와 과학기술이 추구하는 발달/발전을 '진보(Entwicklung)'라고 표현했다. 사실 "Entwicklung"이라는 말은 19세기 이래 진화와 진보를 동시에 뜻했으며, 이는 많은 사람들이 진화와 진보를 동일시했음을 뜻한다. 벤야민의 이 용법은 이런 흐름을 이어받고 있기도 하지만, 그가 말하고자 한 것은 자본주의와 과학기술이 자체의 발달/발전을 '진보'라고 생각한다는 뜻이었다. 그래서 그는 자본주의와 과학기술이 생각하는 진보의 역사관 — "기술이 너희를 자유케 하리라"는 역사관 — 을 맹렬하게 비판한 것이다. 결국 그는 오늘날 한국의 자본주의, 과학기술, 대중매체가 남용하는 "진화"의 역사관을 비판한 것이다.

이것은 곧 기술에서의 발달이 역사에서의 발달이 아님을 역설하는 것이다. 예컨대 그는 독일 노동 계급이 실패한 한 이유를 기술의 발달을 역사의 발전으로 착각한 점에 있었다고 지적한다. 이런 식의 역사 이해는 기술의 발달이 "자연에 대한 통제력의 진보만을 인정할 뿐, 사회적 퇴행은 인정하지 않았던" 데에서 유래한다(「역사철학 논고」). 거대하고 화려하게 들어선 새로운 아파트 마을의 밑바닥에는 그곳에서 갈 데도 없이 쫓겨난 철거민들의 눈물이 묻어 있다. 벤야민은 헤겔 이래에 일반화되고 다시 진화론과 혼효한 진보 개념을 비판한 것이다. 그리고 그의 이 진보 개념은 바로 오늘날 남용되는 개념으로는 "진화"인 것이다.

자연과 역사

진화는 자연적 과정이다. 거기에는 인간의 어떤 의도적인 배치나 의지적인 노력도 개입하지 않는다. 그래서 어떤 야구 선수가 열심히 노력해 발전된 모습을 보이는 것을 두고서 그 선수가 "진화했다"고 표현하는 것은 참으로 이상한 용법이라 하겠다. 물론 오늘날 자연과 문명의 '공-진화(co-evolution)'를 주장하는 사람들도 있지만, 이때에도 '문명'은 자연사적으로 다루어진다는 전제하에서 이해된 개념이다. 인간의 의지와 사유가 개입하는 것은 역사이다. 물론 우리는 역사 자체도 의지와 사유라는 요인을 빼고서 자연사적으로 다룰 수 있다. 이는 또 하나의 환원주의이다. 어떤 것도 다른 것으로 환원되어 설명될 수 있지만(자연을 역사로 환원해서 설명하는 것도 물론 가능하다), 모든 환원주의는 참이 아니다. 자연의 문법과 역사의 문법은 엄연히 다르다. 그런데 왜 사람들은 역사에 대해서 "진화"를 이야기할까?

여기에는 물론 여러 가지 맥락들이 있겠지만, 적어도 한국에서는 '진보'라는 말이 함축하고 있는 특정한 뉘앙스를 빼놓고서는 설명이 되지 않을 것이다. 말할 필요도 없이 우리에게 '진보'란 한국의 현대사, 특히 해방 이후의 현대사를 개념화한 대표적인 개념이다. 한국 현대사를 민주주의의 진보로 파악할 때의 그 '진보'이다. 그리고 이런 역사철학과 각을 세우면서 이루어진 또 하나의 개념화가 곧 '산업화'이다. 그러나 흔히 "산업화와 민주화"라고 언급되지만 이 '와'에는 작지 않은 긴장이 들어 있다. '산업화 세력'과 '민주화 세력'이라는 말이 이 점을 잘 드러내 준다. 자본주의와 친자본주의적 영역들에서 '진보'라는 말을 쓰기가 어색한 것은 이 때문일 것이다.

아울러 자본주의와 자연과학의 친화성 또한 큰 역할을 한다고 할 수 있다. 자본주의에게 자연과학은 기술의 기초이며, 자신들의 힘을 증강해 주는 지적 기반이다. 반면 인문사회과학, 더 정확히 말해 '사상'이라 부를 수 있는 영역은 대체적으로 반(反)자본주의적 가치를 내포한다. 학문이 자본주의에 종속되면 될수록, 학자들은 사상보다는 과학기술로 기울어진다. 과학기술은 자본주의에 '응용'될 수 있지만, 사상은 자본주의를 '비판'하기 때문이다. 결국 이렇게 말할 수 있다. 오늘날 자본주의, 과학기술, 대중매체 등은 '진화'를 말하지만, 이들이 말하고 싶은 것은 사실 '진보'이다. 그러나 이들이 생각하는 진보란 바로 민주화 진영이 생각하는 진보와는 상이한 진보, 즉 자본주의의 진보인 것이다.

진화의 시간과 진보의 시간

진화와 진보의 또 하나의 중요한 차이는 진화란 극히 긴 시간대에 걸쳐 일어나는 것이지만, 진보는 상대적으로 짧은 시간대에 걸쳐 일어나는 것이라는 점이다. 사실 '역사'라는 것 자체가 길게 잡아 봐야 10,000년 정도의 일이므로 이는 당연하다면 당연한 것일 것이다. 그러나 문제의 핵심은 물리적 시간대의 길이에만 있는 것이 아니라, 진화와 진보의 본성적 차이에 있다. 진화란 생명의 차원에서 자연적 과정을 통해 일어나는 매우 느린 '과정'이지만, 진보는 인간의 차원에서 어떤 극히 중요한 시간대에 즉 '카이로스'의 시간대에 벌어지는 '사건'이라는 점이다.

일본의 어떤 애니메이션을 본 적이 있다. 여기에서 주인공들은 위험에 처한 순간이 닥치면 가지고 다니는 공을 던진다. 그러면 그들을 따라다니던 원래 아주 귀엽게 생긴 몬스터가 한 마리의 거대한 괴물로 화하곤 한다. 도롱뇽이 용가리가 되는 것이다. 그런데 이런 변화를 여기에서는 "진화"라 부른다. 진화라는 개념의 본래 의미를 알고 있는 사람에게는 어리둥절한 용어법이다. 확인해 봐야겠지만, 이 만화의 작자는 어쩌면 『장자』의 「소요유」를 참조했을지도 모르겠다. 북녘 바다의 작은 물고기 곤(鯤)이 '화(化)'해서 거대한 붕(鵬)이 되는 이야기 말이다. 이런 식의 변화는 진화가 아니라 '변신(metamorphosis)'이다. 그레고르 잠자가 잠에서 깨어났을 때 거대한 벌레로 변한 자신을 발견한 것, 이것이 바로 '변신'인 것이다. 그러니까 이런 상황을 '진화'라고 하는 것은 정말이지 이상한 용어법이라 하겠다.

자본주의적 맥락에서만이 아니라 일반적인 맥락에서까지 사람들은 왜 이렇게 "진화"라는 말을 좋아할까? 어쩌면 그 이유들 중 하나는 '進化'라는 번역어 자체에 이미 깃들어 있었다고 해야 한다. 이 말 자체가 더 나아지는 것, 더 우월해지는 것, 즉 발달/발전의 뉘앙스를 담고 있기 때문이다. 이론적 맥락을 모르는 대중이 이 말을 쉽게 사용하는 것은 어쩌면 예고된 일일지도 모른다. 그래서 일본의 생물학자 나카무라 게이코는 이 말을 다시 'evolution'의 본래 번역어인 '천연(天演)'으로 되돌리자고까지 주장한 바 있다.

다윈 자신은 "evolution"이라는 말을 쓴 적이 없다. 이 말은 진화론이 이미 사회적 함축을 띠기 시작하던 시기, 심지어 제국주의의 이데올로기로 화하던 시기에 만들어진 말이다. 다윈을 비롯한 자연학자들이 이해하는 의미에서의 '진화'에는 '진보'라는 뉘앙스는 들어 있지 않다. 환경이 변했을 때 어떤 종들은 살아남고 어떤 종들은 도태된다. 그러하면 살아남은 종들이 '우월한' 것일까? '생존'을 기준으로 하면 물론 그럴 것이다. 그러나 진화는 기본적으로 우연적인 과정이다. 그것에는 어떤 필연적인 시나리오가 존재하지 않는다. 물론 그 차이는 미묘해서 이런 혼동을 피하려 노력한 다윈 자신에게서조차도 문득문득 이런 가치 판단이 작용하고 있음을 『종의 기원』의 여기저기에서 볼 수 있다. 그러나 진화는 인간의 가치판단을 넘어선 자연적 과정일 뿐이다.

어쨌든 우리는 앞에서 본 '진화'라는 개념의 여러 이상한 용법들에는 '진화' 개념에 깃들어 있는 이런 혼동 —— 순수한 자연적 과정으로서의 진화 개념과 역사에 대한 진보사관적 개념을 함축하는 진보 개념 사이의 혼동 —— 의 영향이 각인되어 있다.

주어지는 진화와 만들어 가야 할 진보

진화가 우발적 과정이라면 진보는 이성과 의지, 노력의 과정이다. 진화에는 어떤 이성적 개입도 없다. 갈라파고스 군도의 생명체들은 환경에 적응해 가면서 각자의 본능에 따라 살아갔으며, 그 전체적 과정이 진화를 형성했다. 그러나 기업들이나 기술자들, 야구선수들은 각자의 판단과 의지에 따라 '더 좋은' 미래를 위해 노력한다. 그 결과를 진화론적 용어들로 설명할 수는 있겠지만, 그것은 그 과정을 삭제하고 그 결과만을 서술하는 것일 뿐이다. 나아가 역사의 발전을 위해, 민주화를 위해 노력한 사람들은 말할 필요도 없이 그들의 이성과 의지에 입각해 싸웠고 때로 피를 흘리기도 한 것이다. 이들은 진화를 위해 노력한 것이 아니라 진보를 위해 노력한 것이다. 그러나 1987년 이런 '진보'에의 노력이 어느 정도 가시화되었을 때, 얄궂게도 시대는 오히려 '진화'의 시대로 접어들었다.

진화는 우리 삶의 필연적 조건이다. 그러나 진보는 충분한 목적이다. 자연과 마찬가지로 역사도 어떤 면에서는 진화한다. 이성의 사유와 의지의 노력 바깥에서 우연적으로 진화해 간다. 그러나 인간은 그 진화 위에서 진보를 꿈꾼다. 우발적이고 맹목적인 역사의 흐름인 진화는 우리에게 필연적으로(자연적으로) 주어진 조건이지만, 우리가 꿈꾸었던 진보는 우리의 삶에 충분한 의미를 부여해 줄 목적이라 할 수 있다.

우리의 주체적 노력이 어느 정도 달성되었다 싶었던 1987년 6월 이후, 우리의 삶은 얄궂게도 "진화"의 시대로 접어들었던 것이 아닐까? 그래서 '진화'라는 말이 무엇을 뜻하는지 생각도 하지 못한 채, 자본, 기술, 대중문화로 이루어진 '포스트모던'의 시대를 아무 생각도 없이 살아온 것이 아닐까? 진보의 길이 아직도 멀고도 먼데, 자기도 모르게 '진화'에게 자리를 내준 것은 아닐까? 이제 1987년 이후 오늘날까지 이어진 시간들을 반추해 보면서 잃어버린 진보를 찾아서 다시 역사에 대해 사유해 봐야 하지 않을까?

II. 사후적 구성의 시대

우리의 삶은 크고 작은 사건들로 이루어지며, 이 사건들은 서로 연결되어 어떤 '이야기'가 된다. '신화'로 번역되는 헬라어 'mythos'는 '이야기'를 뜻한다. 그것은 인간이 만들어내는 사건들로 구성되는 이야기, 즉 역사이다. 인간의 삶은 인간적 사건들로 이루어지며, 사건들의 계열화를 통해 이야기로서의 역사가 기록된다. 그래서 역사는 인간의 가장 기본적인 활동이다. 아니, 역사를 통해서 인간은 비로소 본격적인 의미에서의 '인간'이 된다고 해야 할 것이다.

문제는 역사란 항상 사건들이 끝난 후에만 서술될 수 있다는 사실이다. 행위하면서 기록하는 것은 쉽지 않다. 그래서 사건들이 전개된 후에 그것이 기록되고 또 의미가 부여된다. 때문에 사건들을 가장 빨리 기록하려는 노력들이 이어져 왔다. 전통 사회에서 전쟁을 치르는 부대에 대개 기록원이 배치되어 사건들(행동, 말 등등)을 일일이 기록한 것은 이 때문이다. 오늘날에는 각종 기계장치들이 동원되기도 한다. 그러나 무엇을 기록하고 무엇을 기록하지 않을 것인가를 비롯해서 사건들의 기록에 완전한 객관성이란 확보하기 어렵다. 결국 사건들을 어떻게 분절하는가, 어떻게 계열화를 행하는가에 따라 사건들의 '의미'는 달라지게 마련이다. 역사라는 것이 때로는 매우 예민한 논쟁거리가 되는 이유들 중 하나도 여기에 있다.

현실적인 것과 이념적인 것

행위/사건과 의미/이야기/역사를 둘러싼 논의에는 '현실적인 것(das Reale)'과 '이념적인 것(das Ideale)' 사이의 묘한 연관성이 개재되어 있다.

독일 이념론의 완성자인 헤겔은 '이념적인 것'에 대해, 현실적인 것의 죽음과 이념적인 것의 탄생에 대해 흥미로운 분석을 가했다. 그에 따르면, 이념적인 것의 탄생은 현실적인 것의 죽음을 통해서 이루어진다. 역으로 말해, 현실적인 것의 죽음이 이념적인 것의 탄생을 가져온다. 현실의 카이사르는 황제가 되고 싶어 했으나 그렇게 될 수 없었다. 그러나 얄궂게도 브루투스 등에 의해 죽임을 당함으로써 카이사르는 '카이사르'가 되었다. 신체를 가진 카이사르가 죽음으로써 그는 '카이사르'라는 이념이 된 것이다. 카이사르가 죽음으로써 현실에서 황제가 되지 못했던 카이사르와 이념으로서의 '황제=카이사르' 사이에 존재했던 모순이 해소된 것이다. 아울러 브루투스는 황제 카이사르를 막기 위해서 그를 죽였지만, 역설적으로 그로써 황제=카이사르를 탄생시켰다고 할 수 있다. 황제가 되고 싶었던 카이사르는 죽음으로써만 황제가 될 수 있었고, 황제 카이사르를 막으려 했던 브루투스는 그를 죽임으로써 오히려 황제=카이사르를 탄생시킨 것이다. 헤겔은 이 묘한 과정을 '역사의 간지(奸智)'라는 말로 표현했다. 역사는 이런 역설적인 과정을 통해서 모순을 해소하고 이념적인 것을 탄생시키는 것이다.

역사는 세계정신의 자기전개라든가 '이성의 간지'를 통해 이념적인 것이 탄생한다는 등의 다소 난해한 개념들을 접어 둔다면, 헤겔의 이런 통찰은 결국 사건과 의미 사이의 관련성을 날카롭게 파악한 것이라고 하겠다. 현실적 존재들의 행위를 통해서 발생하는 사건들은 의미라는 비–물질적 차원으로 전환된다. 이야기 즉 역사를 통해서.

의미의 '사후적 구성'

그런데 만일 카이사르 사후의 권력 투쟁에서 옥타비아누스의 최후 승리가 이루어지지 않았다면, 역사는 어떤 방향으로 진행되었을까? 아니 그 전에, 키케로가 보낸 두 집정관이 하필이면 모두 전사해버린 사건이 벌어지지 않았다면? 그러나 이미 사건들이 벌어지고 그것들을 계열화할 때면, 이런 우연의 존재론적 위상은 격하되고 마치 모든 과정들이 어느 정도 정해져 있었다는 듯이 서술되곤 한다. 시간의 철학자 베르그송은 인간 이성의 이런 시간 이해를 심도 있게 비판한 바 있다.

사건들에 대한 이런 식의 서술을 우리는 '사후적 구성'이라고 부를 수 있다. 의미의 부여는 사건들의 진행 뒤에 이루어지기 때문에, 사실상 모든 역사/이야기는 사후적 구성이다. 이는 곧 모든 이야기/역사는 사건들의 발생 이후에 이루어지는 구성적인 행위라는 점을 함축한다. 따라서 완벽한 객관적 역사는 불가능하다. '사실(fact)'이란 '만들어진 것(factum)'이다. 물론 이것이 대중문화 등에 의한 역사 왜곡을 정당화하는 논리로 사용되면 곤란하다. 사건 구성에 주관이 개입된다는 것으로부터 "그러므로 역사란 결국 주관적으로 구성하기 나름"이라는 결론이 나오는 것은 아니기 때문이다. 오히려 **바로 그렇기 때문에** 역사의 구성은 더더욱 신중하고 치밀해야 한다고 말해야 할 것이다. 역사가 '필연적으로' 사후적 구성이라면, 모든 역사에서의 구성적 성격은 '정도'의 문제라고 말할 수밖에 없다. 그러나 이로부터 "그러므로 다양한 역사 서술들 사이에는 인식론적 차이가 없다"는 결론이 나오는 것은 아니다. 오히려 그렇기 때문에 그 '정도'를 조금이라도 더 개선해 나가야 한다고 말해야 할 것이다. 사후적 구성이라는 근본적 한계를 인정하고서, 객관에 최대한 다가가려는 것이 역사 서술의 윤리여야 한다.

사실 과학적 역사학이 발달하기 이전(19세기 이전)의 거의 모든 역사들은 매우 강한 사후적 구성의 산물이었다. 사마천의 『사기』는 중국사 — 바로 이런 개념 자체가 사마천에 의해 창작된 것이거니와 — 를 '삼황오제(三皇五帝)'에 관한 이야기로부터, 다시 말해 중국의 시간적 정체성 즉 '시원'을 제시하면서 시작된다. 따라서 그 이전의 다채로운 동북아 역사는 중국사의 '전사(前史)'로 흡수되어버리며, 숱한 갈래의 삶들이 하나의 갈래로 억지로 통합되어버리게 된 것이다. 대기업의 고층빌딩이 들어서면 그 장소에서의 이전의 역사는 어디론가 휘발되어버리는 것과 같은 이치라 하겠다. "역사란 승리한 자들의 것"이라는 말은 이런 이치를 가리키는 말일 것이다.

승리한 자가 아닌 패배한 자가 자기중심적 역사를 만들어낼 때에도 사후적 구성의 힘은 두드러지게 나타난다. 억지스러운 사후적 구성의 가장 대표적인 예는 유대민족의 『구약』이다. 실제에 있어 이집트, 바빌로니아, 페르시아를 비롯한 거대 제국들의 역사에서 소수민족의 삶을 살았던 이 민족은 오리엔트의 전(全) 역사가 마치 자신들의 신이 기획한 프로그램의 거대한 실현인 듯이 묘사하는 "역사"를 구성해냈다. 이는 말하자면 중앙아시아의 어떤 소수민족이 동북아 역사 전체를 자신들이 믿는 신의 섭리의 실현으로서 구성하는 것과 같은, 사후적 구성의 극치라고 해야 할 것이다. 그러나 '허구'의 힘은 강하다. 특히 허구와 실재를 구분할 수 있는 이성적 능력이 없는 사람들에게 허구의 힘은 상상을 초월할 정도로 강하다. 사후적 구성은 거대한 허구를 낳곤 했지만, 인류 역사는 바로 이런 허구들에 의해 좌우되어 왔다고도 할 수 있다.

투퀴디데스의 『펠로폰네소스 전쟁사』라든가 몇몇 뛰어난 로마, 동북아의 역사가들 같은 비교적 객관적인 사서들의 경우도 있었지만, 실증주의 역사학의 세례를 받기 이전의 "역사" 서술들이란 대개 이런 강한 사후적 구성의 성격을 보여 준다. 왜냐하면 이 경우 "역사"란 사실상 종교와 유사한 의미를 띠었기 때문이다. 역사와 종교는 공히 한 민족의 정체성을 규정하고 가치관을 세우는 작업이었다. 하나의 '민족'과 그 민족을 지키는 '신'에 대한 담론이 역사와 종교이다. 역사 서술의 이런 성격은 사실 오늘날까지도 사건들의 인식에 작지 않은 그림자를 던지고 있다.

현실의 이념화와 사후적 구성

빔 벤더스 감독의 〈욕망의 날개〉(1987. 한국에서는 '베를린 천사의 시'라는 제목으로 개봉되었다)는 인간이 되고 싶어 했던 천사의 이야기를 그리고 있다. 즉, 현실적인 것이 되고 싶어 했던 이념적인 것의 이야기이다. 천사의 세계는 인간의 세계와 달리 고통과 슬픔이 없는 세계, 이상적인 세계이다. 그러나 바로 그렇기 때문에 그 세계는 환희도 사랑도 없는 세계, 회색의 세계이다. 천사는 이런 인간의 세계가 부러워서, 또 그들의 고통과 슬픔을 함께하기 위해서 스스로 인간이 된다. 그 순간 회색의 화면은 총천연색으로 바뀐다. 이념의 세계가 현실의 세계가 되었다.

오시이 마모루 감독의 〈아발론〉(2001)은 정확히 반대의 과정을 보여 준다. 현실의 세계는 회색의 세계이다. 주인공이 요리를 할 때 느낄 수 있듯이, 현실의 세계는 실재감이 있는, 신체의 무게가 느껴지는 세계이다. 그러나 이 세계는 벤더스 영화의 세계와는 반대로 우울하고 칙칙한 회색의 세계이다. 이 세계로부터 탈주하고 싶어서 젊은이들은 '아발론'에 몰두한다. 여주인공이 사이버공간의 클래스들을 하나씩 돌파하고 마침내 최종 코스의 세계로 들어설 때 화면은 총천연색으로 바뀐다. 여기에서 현실적인 것은 회색이고 이념적인 것(이 경우에는 사이버세계)[1]은 총천연색이다. 현실적인 것은 이념적인

---

1) 전통 세계에서의 이념적인 세계는 '세계 II'에 해당하지만, 오늘날 새로운 형태로 등장한 이념적 세계는 '세계 IV'를 형성하고 있다. '세계 II'와 '세계 IV'에 대해서는 『접힘과 펼쳐짐』(그린비, 2011)의 「보론 1」에서 논한 바 있다.

것이 되었다. 전자는 이념의 세계가 현실의 세계가 되는 경우이고, 후자는 현실의 세계가 이념의 세계로 되는 경우이다.

현실적인 것의 죽음과 이념적인 것의 탄생 과정은 각각의 '탄생설화'를 가진다. 가장 전형적인 경우는 예수의 경우일 것이다. 예수는 십자가에 못 박힘으로써 죽었지만 부활함으로써 "예수 그리스도"가 되었다. 여기에서 부활을 물리적 부활로 생각한다면, 그것은 인식이 아니라 하나의 믿음('도그마')일 뿐이다. 이런 주장을 한 것은 예수의 제자들이고, 예수의 부활이 공적으로 확인된 경우는 없다. 그러나 이런 즉물적 이해를 넘어서서 생각해 본다면, 예수는 분명 부활했다. 이념적인 존재로서 부활한 것이다. 그리고 이념적인 것은 현실적인 것을 훨씬 능가한다. 예수보다 덜 극적이지만 "공자"의 탄생설화 또한 마찬가지이다. 자신의 뜻을 충분히 펴지 못한 불우한 선비였던 공자는 한 제국에 이르러 성인으로 받들어지고, 수천 년이 지난 오늘날까지도 동북아의 위대한 정신으로서 살아 있다. 물리적인 부활은 허구 또는 상상에 불과하지만, 이념적인 부활은 역사적 실제이고 철학적 의미인 것이다.

그러나 현실적인 것의 이념화에는 대개는 과장과 왜곡이 동반된다. 예수가 이념적인 것으로 부활했다면, 그것은 사람들에 대한 그의 따스한 사랑, 사회적 모순에 대한 강렬한 저항, 영혼에 대한 소중한 가르침 같은 것일 것이다. 그러나 역사적 예수가 이념화되면서 형성된 신학적 예수는 원죄, 대속, 삼위일체 등을 비롯한 갖가지 공상적인 이야기를 만들어 예수에게 덧씌웠다. 공자가 이념적인 것으로 부활했다면, 그것은 '문(文)'에 대한 그의 위대한 업적, 만고의 스승으로서의 삶, 참된 정치에 대한 뜨거운 열망 같은 것일 것이다. 그러나 역사적 공자가 이념화되면서 형성된 한대(漢代)의 공자는 마치 '슈퍼맨'과도 같은 이미지로 화해버렸다.

이런 왜곡이 일어나는 근본적인 이유는 이런 왜곡을 통해서 거대한 권력과 부를 쌓고자 하는 무리들이 있기 때문이다. 사제계층은 예수를 신비화함으로써 지중해 세계의 지배계층으로 군림하게 된다. 본래 그리스와 로마에서 사제계층은 여러 관직들 중 하나에 불과했다. 사제계층이 왕과 나란히 권력을 나누었던 곳은 훗날 게르만족이 점령하게 되는 지역에서 살던 켈트족이었고, 기독교 사제계층은 이 켈트족의 분권 구조를 흡수해 이원적 권력구조를 만들어내게 된다. 이 이원 구조는 '교황과 황제'의 구도로 중세에 확고하게 굳어지기에 이른다. 이들이 내세우는 것이 바로 '원죄'이고, 이 원죄의 개념으로 어리석은 대중을 겁박해서 거대한 권력과 부를 쌓게 된다. 한국 같은 나라에서는 이런 행위가 일종의 비즈니스로 화해서, 예수를 '아이템'으로 하는 장사가 극도로 성행하고 있다. 인도의 바라문 계층 역시 유사한 이야기를 만들어내어 서양의 경우보다 더한 권력을 누렸다. 인도의 경우 바라문 계층은 크샤트리아 계층보다 더 위이다. 인간이 세상에 존재하게 된 것 자체가 신들에게 '빚'을 졌기 때문이고, 이 빚을 갚기 위해 인간은 제식(祭式)을 통해 신들을 달래야 한다. 그리고 이 제식의 주체는 물론 자신들이라는 것이다. 니체는 사제계층의 근본 논리를 바로 이 '빚'의 개념에서 찾아낸 바 있다.

이념적인 것의 구성, 즉 의미의 구성이 순수 학문/사상의 문제가 아니라 정치의 문제이기도 한 것은 바로 이런 맥락에서 이해할 수 있다. 의미란 사후적 구성이고, 사후적 구성이 어떤 형태로 되는가에 따라 의미의 모습 또한 크게 달라진다. 때문에 역사적 진실성과 철학적 정확성을 갖춘 사후적 구성이 무엇보다도 중요한 것이다.

이념의 현실화

현실적인 것의 이념화를 이야기했지만, 그 반대의 경우 즉 이념적인 것의 현실화 또한 중요하다. 이념의 현실화는 곧 그것의 구현이다. 구현(embodiment)이란 몸을 갖추지 못한 이념이 어떤 몸을 갖추게 되는 것을 뜻한다. 〈욕망의 날개〉에서의 천사가 인간이 되었을 때, 그는 초월성을 상실하는 대신 음식을 먹을 수 있고 여인을 사랑할 수 있는 몸을 가지게 된다.

이념적인 것의 현실화는 이론적인 것의 실천을 뜻하기도 한다. 이는 예컨대 예수나 공자에 관련해 이루어진 이념의 차원을 세계 내에서 구현하려 노력하는 것을 뜻할 수 있다. 보다 현대적인 예로서, 자연과학적 이론을 응용해서 기술적 성취를 이루거나 정치철학적 이론을 실천해 사회 변혁 나아가 혁명을 이루는 것을 들 수 있을 것이다. 이론과 사유는 이념적인 것을 탄생시킨다. 그리고 이렇게 탄생한 이념들은 언젠가는 그리고 어떤 형태로든 세계 속에서 실현된다. 때문에 이론과 사상이 존재하지 않을 때, 세계는 현실성 그 자체에 매몰되어 어떤 가치도 의미도 없이 흘러가게 된다. 또, 설사 사상가들의 사유가 이루어져도 그것이 대중과 연결되지 못할 때 현실과 사상은 이원적으로 분리되어 서로 겉돌게 된다.

이념적인 것의 현실화는 반복의 문제와 연결된다. 벤야민도 지적했듯이, 로베스피에르 등의 혁명가들은 로마 공화정을 반복함으로써만 그들의 시도를 끌어갈 수 있었다. 순욱(荀彧)을 비롯한 동북아의 책사들은 항상 주공 단(周公 旦)을 반복하려 노력했다. 이념적인 것은 현실적인 것들 속에서 반복된다. 그러나 이 반복이라는 과정 자체가 현실적인 것은 이념적인 것에 늘 못 미친다는 것을 함축한다. 새로운 이념을 창조해내지 못하고 과거의 이념들을 반복할 때, 그 반복들은 항상 불완전하기 마련이다. 나아가 이념의 반복은 그것의 심각한 왜곡이 되기도 한다. 마르크스가 세워 놓은 원대한 사회주의 이념은 스탈린 등에 의해 형편없이 왜곡된 국가이데올로기로 전락하기도 했다. 역사상 많은 위대한 사상가들이 위대한 이념들을 창조해냈음에도 세상이 늘 이 모양 이 꼴인 것은 이념과 현실 사이의 이런 안타까운 간극 때문이다. 이는 역사적 인물들의 경우에도 자주 볼 수 있는 현상이다. 헤겔이 "중요한 인물은 역사에 두 번 등장한다"고 했을 때, 마르크스는 이렇게 덧붙였다. "한번은 비극으로 한번은 소극으로".

투쟁의 역사에서 역사의 투쟁으로

해방 이후 한국 사회는 숱한 사건들을 겪으면서 오늘날에 이르렀다. 이런 사건들을 계열화할 때, 그중 가장 굵직한 것들 중 하나는 '민주화'이다. 민주화 역시 사후적으로 구성된 개념이며, 거기에는 숱한 곡절들이 숨어 있을 수 있다. 그러나 지난 수십 년간 진행되어 온 역사는 민주화라는 계열을 빼고는 이해하기 힘든 역사라는 점은 분명하다. '민주화'란 숱한 투쟁의 과정을 통해 형성된 한국 현대사의 대표적인 이념이다. 다시 말해 민주화란 현대 한국의 탄생설화인 것이다.

　민주화라는 이념이 극복하기가 쉽지 않은 이념이라면('민주주의'를 뛰어넘는 이념을 창조해내는 것이 21세기 정치철학의 과제일 것이다), 오늘날은 이 민주화를 가장 긍정적인 형태로 반복해야 할 시대일 것이다. 그러나 오늘날의 민주주의는 오히려 경제 지상주의, 테크노유토피아, "진화" 이데올로기 등의 갖가지 흐름들에 의해 퇴색하고 있다고 해야 할 것이다. 일부 사상가들에 의해 '포스트민주주의', '급진적 민주주의' 같은 시도들이 이루어지고 있는 것도 이런 맥락에서이다. 벤야민은 과거의 짓밟힌 사람들은 미래의 사람들을 기다리고 있다고 했지만, 오늘날 사람들은 이들의 얼굴을 갈수록 외면하거나 잊어버리고 있다.

　이념적인 것의 현실화를 가로막는 것은 현실화의 한계만은 아니다. 하나의 이념에 대립하는 것은 또 다른 이념이다. 민주화의 이념이 퇴색하는 그 반대편에서 반-민주화의 이념은 살아나고 있다. 반복되어야 할 것은 반복되지 않고, 반복되지 말아야 할 것은 반복된다. 이명박 정권은 '개발'이라는 이념을 빈약하게 반복하면서 한국 사회에 많은 문제점들을 남겨 놓았다. 이러한 반복은 오늘날에도 지속되고 있으며, 삼촌을 반복하는 조카의 소극이 아니라 아버지를 반복하는 딸의 소극을 보여 주고 있다. 그러나 이제 이러한 반복의 초점은 다른 곳으로 이동한 것으로 보인다. 아니, 이번에는 그 초점이 무엇인지 자체가 잘 보이지 않는다고 해야 할 것 같다.

　만일 그런 초점을 찾는다면 우리는 그 하나로서 '역사'를 찾을 수 있지 않을까. 역사라는 것이 사후적으로 구성되는 것이라면, 역사를 둘러싼 갈등은 결국 사후적 구성을 둘러싼 갈등이다. 그것은 곧 우리가 살아온 사건들의 의미가 무엇이냐는 것을 둘러싼 갈등이다. 우리는 지난 세월 투쟁의 역사를 살아왔다. 그러나 우리의 시대는 역사의 투쟁이 요청되는 시대가 아닐까.

III. 민주주의와 대중주의

외국에서 장기간 체류하던 중 TV에서 한국 드라마를 본 사람들은 깊은 인상을 받게 된다. 예컨대 일본의 TV 드라마들은 한국의 그것들보다 대개 밋밋하다. 극한적으로 감정을 표출하는 장면도 드물고, 스토리 라인도 대개 일상적이고 상식적이다. 그러나 한국 TV 드라마는 많이 다르다. 50분 남짓한 사극 한 회분에 음모, 배신, 몰락 등이 끝없이 이어진다. 단 한 회의 드라마에 눈물을 흘리는 장면이 끝도 없이 이어져 마치 사람의 감정을 그야말로 남김없이 짜내려는 듯하다.

그래서 그런지 내가 일본어 회화를 배웠던 학원의 선생(여성)도 한국 여성들이 "진짜로" 그렇게 있는 힘을 다해 악을 쓰는지 무척 궁금해한 적이 있다. 끝도 없이 이어지는 불륜 드라마, 미친 듯이 악을 쓰는 여배우들, 걸핏하면 주먹을 휘두르는 젊은이들, 역사에 대한 '최소한의 예의'도 없는 "사극"들, 이런 TV 드라마들이 "국민"의 사랑을 받고 장안의 화제가 된다. 그래서 인문학자들, 비판적 지식인들은 이런 속류 문화에 대한 날카로운 비판을 던지곤 한다. 현대의 '문화산업'에 대한 아도르노의 비판은 유명하다.

하지만 이런 식의 비판, 저질문화 비판이 사회에 의해 쉽게 받아들여질 수 있을까? 이런 비판의 어려움은 아주 간단한 데에 있다. "대중이 그런 것들을 좋아하는데, 도대체 무엇이 문제란 말인가?" 여기에서 이런 유의 비판은 말문이 막힌다.

이런 현상은 예컨대 영화의 경우에도 마찬가지인 것으로 보인다. 할리우드 액션 영화의 위세가 워낙 강해 문제의식이 있는 작품들은 상영관을 잡지 못한다고 한다. 마블 영화사의 작품이 개봉되면 한 영화관이 그 영화로 도배가 된다. 하지만 이 경우에도 제작자들은 이렇게 말할 것이다. "우리는 대중이 좋아하는 것을 만들어서 돈을 번다. 도대체 무엇이 잘못된 것이란 말인가?" 여기에서도 비판가는 딱히 할 말이 없다.

대형 서점의 인문학 코너에, 특히 신간 코너에 가 보면 묘한 느낌이 든다. 잘 팔린다고 하는 책들의 제목이 아무리 봐도 인문학 서적의 제목이라기보다는 무슨 액션영화의 제목처럼 들린다. 책의 내부를 펼쳤을 때 거기에서 발견되는 것은 지성의 노력보다는 잔재주의 행진뿐이다. 그러나 이 경우에도 반응은 똑같을 것이다. "많은 사람들이 읽는 책을 써야지 팔리지도 않을 책을 무엇 하러 쓴단 말인가?" 말문이 막힌다.

결국 근본적인 문제는 대중에게 있다고 해야 할 것 같다. 대중이 수준 높은 문화를 향유한다면, 위와 같은 상황도 또 그에 대한 비판도 필요 없게 될 것이다.

대중 비판과 엘리트주의

그런데 이런 문제에 관련해 흥미로운 반응을 본 적이 있다. 대중의 이런 문제점에 대한 비판을 "엘리트주의"라고 비난하는 경우이다. 이 비난은 정당한 비난일까?

'엘리트'라는 말은 한 사회의 권력(넓은 의미)을 차지하고 있는 계층을 일컫는 말이다. 오늘날의 권력은 대부분 부로 환원 가능하기에, 엘리트라는 말은 결국 한 사회의 부와 권력을 점유하고 있는 계층을 가리킨다. 특이하게도 한국 사회에서는 높은 학력을 가리킬 때 이 말을 자주 사용한다. 누군가가 외국에서 학위를 따 왔다면, 사람들은 그를 가리켜 "엘리트"라고 말한다. 하지만 외국 학위가 있다고 당장 엘리트 계층으로 들어서는 것은 아니다. 국내 박사학위를 가진 많은 사람들 중 상당수는 엘리트 계층은커녕 중산층에도 속하지 못하는 사람들이다. 그렇다면 현대의 문화적 현실에 대한 지식인들의 비판이 "엘리트주의"인가?

저질 문화의 비판자들이 어떤 사람들인가를 보면, 위와 같은 비난은 참으로 엉뚱한 것이라는 점을 잘 알 수 있다. 이런 비판자들은 대개 인문사회 계통의 지식층으로서, 이들은 지식층이긴 하지만 엘리트층은 아니다. 그들 중에는 가난한 지식인들도 많다. 그래서 위와 같은 비난에서 드러나는 것은 경제적 층과 문화적 층의 혼동이다. 한 사회에서 경제적인 층들과 문화적인 층들은 일치하지 않는다. 문화적인 면에서 본다면, 하층민들은 대개 **속류** 문화를 향유하지만 상류층은 대개 **속물** 문화를 향유한다.

위와 같은 비난이 더욱 얄궂은 것은 이 비난하는 이가 옹호하고

자 하는 속류 문화를 경제적으로 지원하는 것이 곧 엘리트층이라는 사실이다. 현대 엘리트층의 일부는 과거와는 달리 바로 이런 '문화산업' —— 이 말을 처음 들었을 때 그 표현 자체가 참으로 낯설었는데 이제는 익숙한 말이 되어버렸다 —— 의 경영자들인 것이다. 이런 식으로 비난하는 자는 엘리트층이 투자해서 만드는 대중문화를 비판하는 지식인들을 "엘리트주의"로 비난하는 기이한 아이러니를 보여주고 있는 것이다. 오늘날 문화산업은 다름 아니라 엘리트주의의 한 축을 이루고 있다.

대중 비판과 반(反)민주주의

그런데 또한 위와 같은 반응보다 더 흥미로운 도발을 접한 적이 있다. 그것은 대중이 좋아하는 문화를 비판하는 사람들은 곧 "반-민주주의자들"이라는 비난이다. 앞의 비난이 문화적 맥락과 경제적 맥락이 기이하게 착종된 비난이라면, 이 비난은 이번에는 문화적 맥락과 정치적 맥락이 기이하게 착종된 비난이라 하겠다.

이런 비난에는 이런 식의 변형된 삼단논법이 깔려 있는 것 같다. "민주주의는 대중을 위한 정치이다. 대중은 대중문화(속류 문화)를 좋아한다. 따라서 대중문화를 비판하는 자들은 반-민주주의자들이다." 문화적 맥락과 정치적 맥락이 착종된 이 기이한 논리는 무척이나 흥미롭다. 왜냐하면 속류 문화와 대중의 현실태를 비판하는 사람들은 대개는 자본주의 비판자들이고 민주주의 옹호자들이기 때문이다. 현대 사회의 문제점으로서 속류 문화를 비판하는 것이 어떻게 갑자기 반-민주주의로 둔갑하는 것일까?

여기에서 우리는 '대중주의'와 '민주주의'를 정확히 구분할 필요가 있다. 민주주의는 한 국가의 주권을 국민에게 두는 정치체제이다. 대중주의 — 잘 쓰이는 용어는 아니지만 — 는 모든 가치의 기준을 대중(다수)에게 두는 주의이다. 그런데 대중주의와 민주주의는 일치할까 일치하지 않을까?

우리가 민주주의라고 말할 때, 이 말에는 어느새 좁은 의미의 민주주의와 대중주의가 혼합되어버린다. 그러나 우리는 민주주의라는 개념에서 정확한 의미에서의 민주주의와 거기에 섞여 있는 대중주의를 구분해야 한다.

민주주의란 군주제, 과두제와 더불어 세 가지 정체 중 하나였다. 군주제는 한 사람이 통치하는 것이고, 과두제는 여러 사람이 통치하는 것이고, 민주제는 모든 사람이 통치하는 것이다(정확히는 통치에 참여하는 것이다). 인류 역사는 민주주의를 향한 역사이며, 오늘날 민주주의의 확립은 인류의 역사가 이룩한 가장 위대한 성취라 할 수 있다(그러나 오늘날의 정체는 사실 세 정체가 합쳐진 것이다. 대통령제는 군주제의 유산이고, 의회는 과두제의 유산이고, 선거제도는 민주제의 유산이다). 이런 정확한 의미에서의 민주제가 가지는 역사적 의미는 의심할 여지 없이 크다.

그러나 다음 사실을 깨닫는 것이 핵심이다. 이는 곧 현실적으로 민주주의는 대중주의와 섞여 있다는 점, 그리고 이 대중주의는 정치적 맥락과는 구분되는 맥락 즉 근대성을 특징짓는 등질화(homogenization)의 맥락에서 탄생한 것이라는 점이다. 이 등질화란 곧 모든 존재자들을 양/수로 **환원시키는** 것, 그리고 대개는 보다 더 큰 수에 가치를 두는 것을 뜻한다. 이 대중주의는 근세에 과학기술, 자본주의와 함께 세쌍둥이로 태어난 가치관이라 할 수 있다. 과학기술은 모든 사물을 양화해서 법칙화하고자 하며, 자본주의는 모든 사물을 화폐의 양으로 환산해서 조작하고자 하며, 대중주의는 모든 가치를 대중의 **머릿수**에 두고자 한다. 이것은 곧 양/수 지상주의라 할 수 있다.

오늘날의 민주주의에는 이 두 가지 갈래가 섞여 있다는 점을 분명히 보는 것이 중요하다. 순수 정치적 맥락에서 쟁취해 온 민주주의, 우리가 흔히 생각하는 민주주의가 있는가 하면, 거기에는 모든 것을 철저하게 대중의 머릿수로 판단하는 대중주의가 혼재한다고 할 수 있다. 전자는 분명 역사적으로 정당하지만, 후자는 무조건 정당하다고 볼 수 없다(양과 질이 일치하는 경우도 있지만, 그렇지 않은 경우들도 많다). 전자는 인류의 위대한 성취이지만, 후자는 긍정적인 면과 부정적인 면이 혼재해 있다고 보아야 한다. 다수를 기준으로 판단하는 것은 좋은 것이지만, 그 다수가 항상 옳다고 볼 수는 없기 때문이다.

이렇게 본다면, 속류 문화 비판을 반민주주의로 매도하는 것은 틀린 생각이지만 바로 그 틀림으로 인해 우리에게 무엇인가를 일깨워 준다고도 할 수 있다. 어떤 생각이 옳지만 별 의미가 없을 수도 있고, 틀리지만 뭔가를 일깨워 줄 수도 있다. 위와 같은 매도는 우리에게 문화의 문제와 정치의 문제가 별개의 것이 아니라 모종의 밀접한 관련성을 갖고 있다는 것을 (얄궂은 방식으로) 가르쳐 주고 있는 것이다. 즉, 정치와 문화를 잘못 연결시키고 있는 이 매도에서 우리는 오히려 그 올바른 연결, 정치적 민주주의와 문화적 대중주의를 혼동하면 안 된다는 점을 깨닫게 되는 것이다.

민주주의와 대중주의의 착종

오늘날의 민주주의는 완성된 민주주의가 아니다. 다만 형식적으로 완성되었을 뿐이다. 민주주의의 완성이란 무엇을 뜻할까? 민주주의란 주권을 국민에게 두는 정체이고, 그 현실적 표현은 선거에 있다. 이렇게 본다면 오늘날 민주주의는 완성된 것으로, 적어도 궤도에 들어선 것으로 보인다. 그러나 민주주의의 형식이 아니라 내용을 들여다보면 사정은 달라진다. 민주주의란 국민 개개인이 '주체'가 되는 제도이다. 그리고 이 주체란 곧 정치적으로 올바른 '판단'을 할 수 있는 주체를 뜻한다. 따라서 민주주의가 형식적으로 완성되었다고 해서 그것이 국민들의 판단의 질을 확보한 것으로 말할 수는 없다. 판단의 질이란 국민 개개인의 지적 수준과 판단력을 전제하기 때문이다.

이것은 바로 방금 말한 대중주의와 민주주의의 구분과도 관련된다. 민주주의가 형식적으로 완성되었다 해도, 선거 주체들의 판단의 질이 낮다면 이는 곧 대중주의의 폐해를 함축하기 때문이다. 이런 경우는 결국 양의 폭력, 머릿수의 폭력에 불과하게 된다. 민주주의에서는 정치학자도 한 표를 행사하고, 정치에 관심도 없는 사람도 한 표를 행사한다. 질적 차이는 하등의 고려의 대상이 되지 않으며, 오로지 양만이 문제가 되는 철저한 등질화의 세계인 것이다. 이것은 요컨대 오늘날의 민주주의란 형식적으로는 주권재민을 실현하고 있지만, 내용적으로는 대중주의라는 것을 뜻한다. 그래서 선거란 정치에 대한 옳은 판단보다는 단지 개개인의 이해타산의 모자이크가 될 뿐이다. 질은 양에 파묻혀버린다.

앞에서 속류 문화의 비판을 반-민주주의라고 비난한 경우를 보았거니와, 바로 이런 비난에는 양적으로 많은 것은 무조건 옳은 것이라는 대중주의를 민주주의와 구분하지 못하는 생각이 함축되어 있다. 그러나 역으로 우리는 바로 이런 대중주의 때문에 민주주의가 한계에 부딪힌다고 해야 할 것이다.

민주주의의 완성을 향하여

그렇다고 민주주의를 부정할 것인가? 이는 역사의 수레바퀴를 거꾸로 돌리는 것으로, 아무도 찬성하지 않을 것이다. 길은 하나밖에 없다. 바로 대중이 질적으로 성숙해져 대중주의와 민주주의가 일치하게 되는 길, 즉 양과 질이 일치하게 되는 길이다.

속류 문화 비판자를 반-민주주의자로 매도하는 경우를 보았거니와, 이제 우리는 다음과 같이 답할 수 있다. 속류 문화 비판 즉 대중주의 비판이야말로 바로 민주주의를 발전시켜 나갈 수 있는 조건이라고. 대중의 문화적 수준에 대한 비판은 정치와 상관없는 비판이 아니라, 바로 위의 매도가 틀린/얄궂은 방식으로나마 일깨워 주었듯이 정치와 매우 밀접한 관련성이 있다는 것을 말이다. 대중의 성숙이 없이는, 즉 판단의 질을 높이지 않고서는 민주주의란 발전할 수 없다. 아니 작금의 상황이 보여 주듯이 오히려 퇴보해 갈 것이다.

민주주의는 "무조건" 긍정되어야 한다는 주장을 접한 적이 있다. 그러나 이것이야말로 주장자의 의도와는 달리 반-민주주의적 주장이다. 어떤 제도이든 역사적으로 진보해 나가는 것이며, 끝없이 개선되어 가야 한다. 민주주의를 그 현실태 그대로 긍정한다는 것은 곧 그것의 발전을 멈추어야 한다는 주장과도 같다.

그렇다면 민주주의의 어떤 부분이 발전되어 가야 하는가? 바로 민주주의의 내용적 측면인 대중주의가 극복되어 가야 하는 것이다. 대중의 판단의 질이 성숙해지고 그로써 판단의 양과 질이 합치해 나갈 때 민주주의는 완성을 향해 나아갈 수 있다. 민주주의의 질적 측면 즉 그 대중주의를 비판해 가야 하는 것은 이 때문이고, 바로 그렇기 때문에 문화에서의 비판이 곧 정치 발전의 중요한 한 조건을 이루고 있는 것이다.

현대 건축과 현대 철학

정인하　오늘 대담에서는 현대 철학자 질 들뢰즈의 생각 가운데, 건축과 관련된 부분들에 대해 집중적으로 이야기 나눠 보겠습니다. 건축가들은 철학적 논의 가운데서도 존재론에 관심이 많은데, 특히 들뢰즈의 『주름』이란 책에서 나오는 여러 가지 우주론이나 공간 및 시간 개념 등을 자주 인용합니다. 이 주름이라는 개념이 철학사적으로 어떤 의미를 갖는지 말씀해 주시면 좋겠습니다.

이정우　우선 라이프니츠에 관련해서 설명해 드려야겠는데요. 라이프니츠가 주창하는 모나드Monad는 '하나'라는 뜻을 지닙니다. 그리스어 'monas'에서 나왔죠. 라이프니츠의 '하나'는 그 안에 매우 많은(원칙적으로 무한한) 질적 차이들을 가진다는 묘한 특징이 있습니다. 그러니까 1과 2 사이에도 (무리수까지 감안하면) 무한한 수가 있다는 양적인 맥락과는 다르죠. 하나인 동시에 질적으로 여럿, 즉 '내적 복수성'이 곧 모나드이죠. 현대 철학의 맥락에서는 '다양체'라는 말을 쓸 수 있습니다. 라이프니츠로부터 리만, 베르그송, 들뢰즈(와 가타리)로 이어 주는 사유의 끈을 가리키는 개념이기도 하죠.

모나드, 내적 복수성, 다양체의 개념을 건축에 적용해 본다면, 하나의 건축물은 목재, 유리, 콘크리트 같은 재료들, 공간적인 구성, 시간적 분절들(그 건축물 안에서 벌어질 사건들의 시간적 분절들), 법적인 요건들, 미학적 고려 등 매우 이질적인 여러 가지 요소들이 다양체를 이루면서 하나를 형성하고 있다고 할 수 있습니다.

라이프니츠의 주름은 이처럼 여럿이 접혀 들어가 하나가 된 경우를 말하죠. 그래서 질적 다양체를 '주름'이라고 부를 수 있습니다. 사실 라이프니츠가 주름이라는 표현을 쓰긴 했지만, 스스로 주름이라는 말을 특정한 뉘앙스로 사용한 적은 없습니다. 들뢰즈가 이를 끄집어낸 거죠. 상당히 매력적인 개념입니다. 우리가 평소에도 자주 쓰는 다양성multiplicity이라는 말은 '다수multi로 접혀pli 있다'는 뜻을 갖습니다. 프랑스어로 'pli'가 주름이죠. 그래서 일상어 자체가 주름의 개념을 잘 보여 줍니다. 'implication', 'explication', 'complexity' 같은 말들도 음미해 보세요. 들뢰즈는 이 'pli' 개념을 현대 철학의 맥락으로 발전시켰습니다.

나는 다소 다른 방식으로, 이 개념을 갈래, 울림 개념에 연결시켜 다룬 바 있습니다(『접힘과 펼쳐짐』, 2000). 여기에서 라이프니츠 철학을 현대 디지털 테크놀로지와 연계시켜 해석했습니다. 라이프니츠적 주름/모나드는 일종의 디지털 정보 체계와도 닮아 있습니다. 이를테면 여기 보이는 펜과 리모콘은 물질과 물질로서 상호 침투되지 않지만, 컴퓨터의 정보 체계는 서로 합쳐질 수 있죠. 두 개의 프로그램은 물리적 존재가 아니기 때문에 하나로 합쳐질 수 있습니다. 오시이 마모루 감독의 〈공각기동대〉(1995)가 이 내용을 흥미롭게 다룬 적이 있죠.

건축 같은 경우 유리나 콘크리트 등 고체를 많이 다루는데, 고체적 차원에서 어떻게 주름을 구현할 수 있을지 고민해 볼 수 있겠습니다. 고체를 주름으로 만들기가 어려우니까요. 하지만 주름 개념을 이렇게 즉물적으로 이해할 필요는 없습니다. 오히려 건축에서의 공간 배치, 기능들의 배치, 사건들의 배치 등 여러 측면에서 주름 개념을 활용할 수 있습니다. 주름 개념을 다양체 개념으로서 발전시켜 나갈 필요가 있습니다.

정인하 '주름'이라는 개념에 대해 전반적으로 말씀해주셨는데, 그 것의 공간적 의미는 어떻게 설명될 수 있을지요?

이정우 주름 개념을 즉물적 방식보다는 다양체로서 발전시켜 나갈 필요가 있다고 했습니다만, 이 다양체 개념은 원래 리만의 비非에 우클레이데스 기하학에서 비롯하는 것으로 연원이 아주 깊습니다. 리만 공간의 주요 특징 가운데 하나가 여러 형태의 공간이 합쳐져 있는 것입니다. 예를 들어 구와 정육면체가 합쳐진 공간은 전통적인 기하학으로는 해석하기가 쉽지 않지요. 다양체는 이렇게 마치 여러 가지 이질적인 천들로 만들어낸 패치워크와 같은 것으로, 현대 공간론의 중요한 특징입니다.

이 외에도 리만적인 다양체 개념에는 여러 중요한 특징이 있습니다만(나는 최근에 「리만 다양체의 존재론적 의의」, 「다양체 개념의 변환: 리만에서 들뢰즈로」라는 논문들에서 이를 다룬 적이 있습니다), 가장 흥미로운 측면이라 할 만한 것은 차원 전환dimension transformation입니다. 예를 들어 3차원을 차원 낮춤하면 2차원이, 차원 높임하면 4차원이 되는 것인데요. 흔히 선이 1차원, 면이 2차원, 입체가 3차원이라고 보고 그 이상의 차원은 존재하지 않는다고 생각합니다만, 리만은 n차원과 n+1차원을 이야기하면서 상호 전환시킬 수 있다고 봅니다. 이러한 전환은 대단히 흥미로운 것이고 '차원' 개념을 일반화했다고 할 수 있습니다.

건축에서도 이런 차원 전환을 연구해서 응용해 볼 충분한 가치가 있습니다. 물론 건축은 순수 공간을 구축하는 것이 아니라 현실의 공간, 차라리 장소를 구축하는 것이기에, 우리에게 필요한 것은 질적 다양체입니다.

베르그송은 리만의 다양체를 질적 다양체로 발전시켜 나갔습니다(그리고 들뢰즈는 이를 '잠재적 다양체'로, 가타리와 들뢰즈는 다시 이를 '매끄러운 공간' 개념으로 발전시켜 나갔습니다). 기하학자인 리만은 그의 사유에 색채, 촉감 등의 감각적 부분을 포함시키지는 않았습니다. 사실 리만도 이런 방향으로 나아갔지만 모색에 그쳤죠. 베르그송은 리만적 사유에 그러한 여러 가지 질적인 요소가 더해져 구성된 다양체를 생각한 겁니다. 이처럼 리만의 기하학적 이야기들을 다양한 방식으로 응용해 나갈 수 있죠.

포스트모더니즘 건축은 이런 방향으로 나아갔다고 할 수 있습니다. 공간 구성만을 놓고 본다면, 모더니즘의 정육각형 건물들이 기하학적 다양체의 성격을 띤 건물들로 전환했다고 할 수 있습니다. 빌바오 구겐하임 미술관이 좋은 예라고 할 수 있겠습니다.

정인하 《도무스 코리아》이번 호 주제가 '터Ground'인데요. 주름이라는 관점에서 생각한다면 이 땅, 터는 또한 고정되지 않고 계속해서 움직이며 무언가를 생성할 가능성을 열어 두고 있다고 생각됩니다. 이런 점은 현대 건축가들이 어떤 식으로 이해할 수 있을지요.

이정우 터에는 여러 가지 의미가 있겠지만, 동양적인 맥락과 서양적인 맥락 두 가지를 먼저 떠올려 보고자 합니다.

서양 사람들에게 터는 대개 기하학적인 공간, 기하학적인 면을 말합니다. 그래서 이 사람들은 자연에 그대로 주어진 것을 기하학적 공간으로 바꾸어 건축을 합니다. 돌이 많았던 그리스의 자연적 환경은 한편으로 기하학을 낳았고, 다른 한편으로 그리스 건축을 낳았습니다. 같은 자연 그리고 같은 정신에 입각해 있죠. 기하학이란 어찌 보면 그리스적 자연nature으로부터 그리스적 문화culture의 바탕을 잡아 나가는 과정이었던 겁니다. 그래서 서양 사람들은 건축을 할 적에 가장 먼저 땅을 평평하게 밀고 시작하지 않습니까. 일단 순수공간을 확보해 놓고서 거기에 건축물들을 구축하죠.

반면 동양에서는, 이 역시 여러 경우가 있으니 쉽게 말할 수 없겠으나, 상대적으로 자연을 주어진 그대로 존중하고 최소한의 방식으로 조작하여 집을 짓죠. 자연을 기하학적으로 깎아 내기보다는 문화를 자연 속에 상감(象嵌)해 넣는 것이죠. 그래서 동양의 건축은 공간이 아닌 장소를 구축해 왔다고 볼 수 있습니다. 다만 바둑판처럼 설계한 궁궐 건축 등에서 볼 수 있듯이, 동양에 기하학적 건축이 부재했다는 식으로는 이야기할 수 없겠죠. 그러나 문화에 자연을 상감해 넣고자 한 서양 건축과 자연에 문화를 상감해 넣고자 한 동양 건축 사이에는 확실히 차이가 있습니다. 현대적인 건축술을 구사하면서도 그 내부에 자연을 끌어들이려 노력했던 안도 다다오의 작품들이 이런 면을 잘 보여 줍니다.

그래서 동양 건축물들에서의 '주름'은 기하학적 맥락을 띠기보다는 오히려 역사적 맥락을 띤다고 할 수 있죠. 자연 속에 문화를 상감해 넣으려 했기에, 이때의 주름은 곧 존재론적 주름보다는 역사적 주름의 성격을 띱니다. 자연에 주름을 주입하려 하기보다는 역사가 자연 속에서 주름이 되기를 원한 것이죠. 서양 건축은 자연을 역사에 끌어들여 그것에 주름을 부여했습니다. 반면 동양의 건축은 문화를 자연에 상감해 넣어서, 역사가 그 자연 속의 주름이 되도록 한 것이죠. 그래서 동양 건축에서의 '터'란 매끈하게 다듬어진 기하학적 면이 아니라, 바로 역사가 품고 있는 시간적 주름이었다고 하겠습니다.

정인하 현대 철학에서 시간과 공간 개념은 과거에 비해 달라졌다고 생각합니다. 과거 칸트는 시간이나 공간을 독립된 한 범주로, 선험적으로 주어진 범주로 가정했습니다. 그런데 현대 철학에 와서는 시간이 보다 강조되고, 공간은 시간이 만들어내는 효과적 관점으로 이해하는 경향이 강합니다. 들뢰즈 철학에서는 시간과 공간 사이 관계를 전반적으로 어떻게 이해하는지 궁금합니다.

이정우 들뢰즈는 공간을 시간의 효과로 보기보다 오히려 공간을 다시 강조합니다. 말씀하신 것처럼 서양 사상사를 보면 칸트부터 시작해서 19세기를 거쳐 20세기 중반까지 시간의 시대라 해도 과언이 아닙니다. 헤겔의 변증법, 니체의 영원회귀, 베르그송이 말하는 시간의 지속, 하이데거의 실존적 시간 등이 모두 시간을 사유의 축으로 놓고 전개되는 경우들입니다. 그러나 20세기 후반에 가면서 상황이 바뀝니다. 시간 못지않게 공간, 특히 장소를 중시하는 경향이 등장하게 되지요. 그래서 들뢰즈에게 공간은 시간에 부차적인 것이 아니라, 공간과 시간이 같이 가는 것으로 봅니다.

더 정확히 말하면, 공간과 시간은 한 사태의 두 측면입니다. 보통 들뢰즈 하면 시간과 생성 개념을 떠올리기 마련이지만, 사실 들뢰즈 사유의 기초인 공간적인 것을 들여다봐야 하고, 거기서 시간은 공간이 운동하는 정도로서 등장합니다. 인간이 있고 장소와 사물이 존재할 때, 이를 둘러싼 공간이 내포하는 운동성과 변화도를 측정한 지표가 시간인 것입니다. 따라서 공간이 시간의 효과라기보다 거꾸로 시간이 공간의 효과인 셈입니다. 공간이 생성하는 정도, 공간의 운동성의 정도, 그것이 곧 시간이죠.

홈 파인 공간에 상대적으로 매끄러운 공간에서 이 점을 잘 볼 수 있습니다. 양자는 어떤 '대립항'이 아닙니다. 서로 떨어진 어떤 두 공간이 아닙니다. 하나의 공간이 있을 뿐이고, 그 공간이 시간을 더 내포할수록 더 매끄러운 공간이 되는 것이고 그 반대의 경우는 더 홈 파인 공간이 되는 것입니다. 두 개의 공간이 아니라 한 공간이 운동성/생성을 얼마나 품고 있느냐에 따라 그 홈 파인 정도/매끄러운 정도가 결정되는 것이죠. 그래서 들뢰즈에게서 공간과 시간은 별도로 존재하는 것이 아닙니다.

정인하 들뢰즈의 공간 개념에 덧붙여서 말씀드리자면, 미셸 푸코도 서구의 공간 역사를 기술하면서 '헤테로토피아'라는 개념을 제안

합니다. 이 헤테로토피아와 관련해서 궁금한 점이 있는데요. 들뢰즈가 이야기하는 '강도의 공간'과 푸코의 '헤테로토피아'는 서로 연결될 수 있는 관점인지, 혹은 어떤 관계로 이해될 수 있을지 여쭤보고 싶습니다.

이정우   들뢰즈는 사물을 설명할 적에 가장 중요한 두 가지로 특이성과 강도를 꼽습니다. 특이성은 말하자면 사물의 구조와 같습니다. 지하철을 구축할 때에 1호선과 9호선이 만나는 환승역을 건설한다면 이 넓은 도시 위에서 어느 위치에 놓을지가 중요하지요. 지도 위에 일반 정류장을 제외한 환승역만을 점으로 찍어 표시해 본다면 이것이 바로 특이성인 것입니다. 인체 구조에서 관절과도 같은 것이라 생각해 볼 수 있겠습니다.

강도intensité는 이러한 특이성만으로는 설명될 수 없는 요소입니다. 철에 힘을 가하면 하중이 내부로 전달되겠지요. 그렇게 해서 철을 부드럽게 만들 수도 있고 더욱 압착하여 강하게 만들 수도 있지요. 이렇게 들뢰즈는 사물의 구조를 특이성으로, 사물에 작용하는 힘을 강도로 말합니다.

반면 푸코의 헤테로토피아는 말 그대로 '이질적인 장소'를 말합니다. 『광기의 역사』에서 다룬 17세기의 수용소가 그 전형적인 예이죠. 양자의 개념은 상이한 맥락에서 생성되어 나온 개념들이기에 쉽게 비교하기는 어렵습니다.

정인하   들뢰즈는 『주름』에서 〈바로크의 집〉이라는 삽화를 통해 바로크 시대에 있었던 사유와 공간 관계를 묘사한 적이 있습니다. 그렇다면, 들뢰즈 철학에서 주체가 공간을 인식하고 공간과 관계 맺는 측면을 어떻게 바라보았는지 간단히 말씀해 주시면 감사하겠습니다.

이정우　들뢰즈가 공간과 주체를 직접적으로 연결해낸 경우는 드뭅니다만, 가까운 경우를 생각해 보면 '영토화'를 들 수 있겠습니다. 영토화라는 것은 본디 동물행동학의 개념인데요, 우리가 어떤 삶을 영위하려면 가장 먼저 필요한 것이 영토를 만드는 행위입니다. 터에 어떤 선을 긋는 일이죠. 모든 것이 영토화에서 출발합니다. 사이버 공간에서 계정을 만드는 일 또한 영토화라 할 수 있습니다. 영토화는 즉 주체화입니다. 레비나스 식으로 말하면 "il y a"(단순히 오로지 존재함)에 어떤 차이를 도래시키는 것이죠. 근대 철학자들은 주체화를 의식이라는 면에서 탐구해 들어갔지만, 사실 모든 주체화는 곧 어떤 장소에서의 주체화입니다. 자신의 장소가 없는 주체는 주체가 아니죠. 그래서 영토를 둘러싼 투쟁이 벌어지는데, 정치나 경제의 영역은 바로 이런 투쟁의 영역입니다. 바로 이런 이유 때문에 건축은 정치나 경제에 연루될 수밖에 없는 것이지요. 영토화란 곧 "내가 주체냐, 네가 주체냐"를 둘러싼 싸움의 문제이기도 하니까요.

정인하　들뢰즈 개념 가운데 건축가들이 또 하나 자주 인용하는 것이 바로 다이어그램입니다. 형태를 발생시키는 과정에서 다이어그램을 소위 컴퓨터의 알고리즘과 유사한 개념으로 이해하는 경향이 있는데, 건축하는 입장에서는 어떤 식으로 받아들이면 좋을지요?

이정우　사회적으로 통용되는 다이어그램diagram과 구분하기 위해 들뢰즈의 것을 '디아그람diagramme'이라는 프랑스식 발음으로 불러야 오해의 소지가 없을 것 같네요. 마치 '시뮬레이션'과 '시뮬라시옹'은 같은 단어("simulation")이지만 뉘앙스가 판이하듯이 말이죠.

다이어그램이란 개념이 수학의 함수와 비슷하다면, 디아그람은 방금 이야기했던 특이성과 강도로 이루어진 것입니다. 비유하자면 해적들의 보물섬 지도 같은 것이겠죠. 과학적으로 모든 면적과 거리를 측정해낸 지도가 아니라, 축척도 엉망인 데다 공간도 정확히 그려져 있지 않고, 오로지 관심 있는 목표와 기타 지점들만 간단히 그려낸 것 말이죠. 현실을 공간적으로 축약한 일반적 지도가 아니라 특이성과 강도만으로 그려낸 지도를 들뢰즈는 카르토그라피cartographie라 불렀습니다. 이런 지도와 유사한 것이 곧 디아그람입니다.

이걸 응용한다면 들뢰즈가 자주 이야기하는 배치, 즉 기계적 배치와 언표적 배치를 이야기할 수 있습니다. 기계적 배치에서 '기계'란 메카닉을 뜻하는 것이 아니라 가장 넓은 의미에서의 "body", 몸체를 뜻합니다. 우리들 한 사람 한 사람도 바디이고, 서울이란 도시도 바디이며 건축물도 하나의 바디라고 말할 수 있습니다. 이러한 몸체적인 것과 더불어 언표, 즉 언어적인 것들이 짜이는 방식을 이야기하는 배치가 있지요. 우리가 하는 말, 서울을 설명하는 안내서, 건축의 설계도 등이 언표들이죠. 동물원이 기계라면 동물학은 언표이고, 감옥이 기계라면 범죄학은 언표입니다. 언표적 배치와 기계적 배치는 그 존재론적 위상이 전혀 다르죠. 이 전혀 다른 성격의 두 배치가 형성하는 배치 전체가 바로 디아그람입니다.

정인하　이제 대담을 마무리 짓고자 합니다. 오늘날 건축 분야는 큰 어려움에 봉착해 있습니다. 바로 전 지구적으로 직면하고 있는 환경 문제 때문인데요. 들뢰즈 이론이 이러한 생태적 환경, 생태 문제와는 어떤 연관을 갖고 있는지 말씀해 주실 수 있을까요?

이정우　들뢰즈가 생태주의를 직접적으로 언급하지는 않았지만 연관시킬 수는 있습니다. 오히려 가타리가 명료하게 생태철학 ecosophy을 주창했지요. 다만 중요한 것은 동물과 인간, 그리고 기계 사이 생태 그물을 어떻게 만드느냐는 것입니다. 사람과 함께하는 반려동물을 제외한다면, 동물들은 인간의 문명에서 거의 쫓겨난 상태나 마찬가지입니다. 다음으로 기계류에 포함되는 여러 개체들이 있지요. 건축도 넓은 의미로 기계류에 속합니다. 이렇게 동물, 인간, 기계 삼자가 있죠. 그래서 이 세 종류의 존재들이 어떻게 함께 생태계를 형성해 가느냐가 핵심입니다. 이때 중요한 것이 '되기(becoming)'이지요. 동물의 인간-되기, 인간의 동물-되기, 또 인간의 기계-되기, 기계의 인간-되기, 그리고 동물의 기계-되기, 기계의 동물-되기. 물론 여기에서 '되기'란 철수가 개가 된다든가, 뽀삐가 로봇이 된다든가, … 하는 것이 아니죠. 이것은 그저 상상적인 이야기일 뿐입니다. 다만 인간이 건강한 생태계를 만들어 가려면, 동물과 인간의 거리, 기계와 인간의 거리를 좁히는 일, 존재론적으로 우리 자신을 동물 쪽으로 또 기계 쪽으로 변화시켜 가는 것이 중요하다는 것을 말합니다.

정인하　그렇군요. 마지막 질문 하나 드리겠습니다. 교수님께서는 들뢰즈 철학을 연구하시면서 노자나 장자, 도교 철학과의 관계까지 포함해 그동안 여러 연구를 해 오신 것으로 압니다. 우리 건축가들 입장에서 보면 지금 발 딛고 선 지역의 전통이나 생각을 바탕으로 건축을 하고자 할 때, 노자나 장자와 같은 동양사상이 현대 건축에 활용될 수 있을지 고민되는 부분이라 생각합니다. 그 부분에서 조언해 주실 점이 있을지요.

이정우 노장사상이 가진 함의가 워낙 다의적이라 임의로 한정해서 이야기할 수는 없습니다만, 가장 중요한 것을 꼽자면 방금 말씀드린 생태 건축과 맥을 같이하는 지점이겠습니다. 그동안 우리는 인간의 작위/인위를 동원하여 타자들을 구성하고 세상을 망가뜨리면서 여기까지 왔습니다. 노자의 사상에서 무위자연이 거대 문명을 구축하는 흐름에 대해서 함축하는 깊은 회의, 불에 의한 삶이 아니라 물처럼 흐르는 삶, 남성성이 아닌 여성성의 가치, 이런 데에 의미가 있다고 생각합니다. 장자의 만물제동의 사상, 도추(道樞)에 서기, 양생술 등도 마찬가지입니다.

이는 수천 년 전 고대 사상을 액면 그대로 받아들이자는 뜻이 아니라 우리 시대에 걸맞은 방식으로 재창조하기 위한 매개체로서 노장사상을 보는 것이죠. 지금 21세기에 살아가는 우리가 전통적인 노장사상을 현대적으로 재창조하는 것은 매우 중요한 과제라고 생각합니다. 그러나 핵심은 노장사상에 현대를 녹여 넣는 것이 아니라, 현대에 노장사상을 녹여 넣는 일이죠. 전자는 단순히 철학적 주석에 관련된 문제이지만, 후자는 우리 문명을 어떻게 끌고 갈 것인가에 관련된 중차대한 문제이니까요. 건축으로 말한다면, 현대적으로 노장적 건축을 추구하는 것보다 노장적으로 현대 건축을 추구하는 것이 더 중요하다는 말씀입니다. 우리의 문명을 통나무로 되돌리는 것은 이제 불가능합니다. 우리 문명의 통나무의 정신을 심어 방향과 속도를 바꾸어 나가는 것이 핵심인 것이죠.

발표 · 게재 일람

「무위인-되기」는 2009년에 『주체란 무엇인가』라는 제목의 '주체' 개념에의 입문서로 발간된 바 있다. 이번에 제목을 '무위인-되기'로 바꿨다.

「'이-것'-되기로서의 주체-화」는 2011년 5월 19~21일 숨도에서 열린 '인지와 자본' 심포지움에서 발표한 글이다. 『인지와 자본』 (조정환 엮음, 갈무리, 2011), 113~190쪽에 수록되었다. 심포지움에 초청해 주신 조정환 선생께 감사드린다.

「내재적 가능세계론을 향해」는 본래 "內在的な可能世界論へ向け(Towards the Immanent Theory of Possible Worlds)"라는 제목으로 2016년 가을 오사카대학 인간과학부 현대사상교실에서 강의한 내용이며, 그 후《철학연구》, 118호(2017년 가을), 55~77쪽에 게재되었다. 오사카대학에 초청해 주신 히가키 다쓰야 교수께 감사드린다.

「우연의 존재론에서 타자-되기의 윤리학으로」는 소운서원에서 강의한 내용으로서,《동양철학연구》, 102집(2020년 5월),

122~146쪽에 게재되었다.

「도(道)의 지도리에 서다」는 '지도리에 서서 사유하기'라는 제목으로 2020년 10월 29일 정동1928 아트센터에서 열린 '정/동/사/물 2' 콜로키움에서 강연한 내용이다. 이후 다음과 같이 게재되었다. 《동양철학연구》, 109집(2022년 2월), 135~158쪽. 강연에 초청해 준 이승현 선생에게 고마운 마음을 전한다.

「아이온의 시간에서 시간의 직접적 이미지로」는 2015년 8월 14일 KIAS에서 "cosmic Space-time, Human Space-time"을 주제로 열린 국제학회에서 "The Fold of Time: Dogen, Ozu, Deleuze"라는 제목으로 발표한 것이다. 보완된 버전은 같은 해 가을 오사카대학교 인간과학부에서 강의할 때 사용했다. 그 후 게재가 여의치 않아, 결국 도겐 부분을 떼어낸 형태로 「아이온의 시간과 시간의 직접적 이미지들」, 《철학연구》, 120호(2018년 봄), 143~166쪽에 게재했다. 학회에 초청해 주신 김재영 교수께 감사드린다.

「'영원의 지금': 도겐과 니시다 기타로」는 앞의 논문에서 떼어냈던 도겐 부분을 니시다 기타로의 사유에 연결시켜 작성한 것이다. 「일본적 시간론의 한 연구: 도겐과 니시다에서의 '영원의 지금'」이라는 제목으로, 《동양철학연구》, 93집, 동양철학연구회, 2018, 179~212쪽에 게재되었다. 앞의 글과 이어서 읽으면 좋을 것이다.

「"시간은 흐르지 않는다", 오모리 쇼조의 경우」는 《시대와 철학》, 32권 2호, 한국철학사상연구회, 2021년 8월, 79~105쪽에 게재되었다.

「세계 철학사에서의 혜강철학의 위치」는 "The Position of Hyegang's Philosophy in the History of World Philosophy"라는 제목으로 다음 저작에 수록되었다. *The Idea of Qi/Gi: East Asian and Comparative Philosophical Perspectives*, ed. By Suk Gabriel Choi, Lexington Books, 2018. 이번에 한글본을 만들면서 약간의 수정을 가했다. 저술에 참여하도록 초청해 주신 최석 교수께 감사드린다.

「대안공간의 역사철학적 의미」는 2019년 6월 21일부터 23일에 도쿄대학교에서 개최된 '7th International Conference_Deleuze international in Tokyo'에서 "The Alternative Space in Korea as a War Machine"이라는 제목으로 발표했다. 모임에 초청해 주신 고쿠분 고이치로 교수께 감사드린다.

「'나'를 어떻게 만들어 갈 것인가」는 2016년 봄 대안연구공동체에서 강연했던 내용이고, 후에《르몽드 디플로마티크》에 게재되었다. 강연에 초대해 준 성일권 선생에게 고마운 마음을 전한다.

「시대의 이미지」는 2015년《르몽드 디플로마티크》에 게재되었던 글들이다.

「현대 건축과 현대 철학」은 2020년 9월 6일 가졌던 대담으로서, 후에《도무스》, 8호(2020년 가을), 22~25쪽에 게재되었다. 대담의 기회를 마련해 준 정인하 교수께 감사드린다.

2023년 여름

逍雲

참고문헌

가라타니 고진, 『트랜스크리틱』, 송태욱 옮김, 한길사, 2005

가토 슈이치, 『일본 문화의 시간과 공간』, 박인순 옮김, 작은이야기, 2010

고형곤, 『禪의 세계』, 동국대학교출판부, 2005

권오영, 『崔漢綺의 學問과 思想』, 집문당, 1999

김재희, 『베르그손의 잠재적 무의식』, 그린비, 2010

김효은, 『인공지능과 윤리』, 커뮤니케이션북스, 2019

나카무라 미츠오 외, 『태평양전쟁의 사상』, 이경훈 외 옮김, 이매진, 2007

남회근, 『장자 강의』, 송찬문 옮김, 마하연, 2015

노자, 『노자』, 죽간본, 최재목 역주, 을유문화사, 2012

니시다 기타로, 『선의 연구』, 서석연 옮김, 범우사, 2001

도킨스, 리처드, 『이기적 유전자』, 홍영남 옮김, 을유문화사, 1993

들뢰즈, 질, 『경험주의와 주체성』, 한정헌 옮김, 난장, 2012

_____, 『의미의 논리』, 이정우 옮김, 한길사, 1999

_____, 『시네마 2: 시간이미지』, 이정하 옮김, 시각과언어, 2005

라투르, 브루노 외, 『인간 · 사물 · 동맹』, 홍성욱 엮음, 이음, 2010

로크, 『인간지성론』, 추영현 옮김, 동서문화사, 2011

메를로-퐁티, 모리스, 『현상학과 예술』, 오병남, 옮김, 서광사, 1983

바슐라르, 가스통, 『순간의 미학』, 이가림 옮김, 영언, 2002

박이문, 『인식과 실존』, 미다스북스, 2016

박홍규, 『형이상학 강의 2』, 민음사, 2004

_____, 『베르그송의 『창조적 진화』 강독』, 민음사, 2007

베르그송, 앙리, 『물질과 기억』, 박종원 옮김, 아카넷, 2005

베블런, 소스타인, 『자본의 본성에 관하여 외』, 홍기빈 옮김, 책세상, 2009

브라이언트, 레비, 『존재의 지도』, 김효진 옮김, 갈무리, 2020

아즈마 히로키, 『동물화하는 포스트모던』, 이은미 옮김, 문학동네, 2007

이정우, 『전통, 근대, 탈근대』, 그린비, 2011

_____, 『접힘과 펼쳐짐』, 그린비, 2011

_____, 『진보의 새로운 조건들』, 인간사랑, 2012

_____, 『시간의 지도리에 서서』, 그린비, 2022

_____, 『타자-되기』, 그린비, 2023

자콥, 프랑수아, 『생명의 논리』, 이정우 옮김, 민음사, 1994

장자 외, 『장자』, 안동림 옮김, 현암사, 1993

최한기, 『기학』, 손병욱 역주, 통나무, 2004

최현민, 『불성론 연구』, 운주사, 2011

콩트, 『실증주의 서설』, 김점석 옮김, 한길사, 2005

타다 토미오, 『면역의 의미론』, 황상익 옮김, 한울, 2010

투르니에, 미셸, 『방드르디, 태평양의 끝』, 김화영 옮김, 민음사, 2003

포퍼, 『추측과 논박』, 이한구 옮김, 민음사, 2001

포크너, 키스, 『시간의 세 가지 종합』, 한정헌 옮김, 그린비, 2008

폰 윅스퀼, 야콥, 『동물들의 세계와 인간의 세계』, 정지은 옮김, 도서출판b, 2012

피어슨, 키스 안젤, 『싹트는 생명』, 이정우 옮김, 산해, 2005

허우성, 『근대 일본의 두 얼굴 : 니시다 철학』, 문학과지성사, 2000

후쿠나가 미츠지, 『장자 내편』, 정우봉·박상영 역, 문진, 2020

흄, 데이비드, 『오성에 관하여』, 이준호 옮김, 서광사, 1994

히가키 다쓰야, 『순간과 영원』, 이규원 옮김, 그린비, 2021

히로마쓰 와타루, 『근대 초극론』, 김항 옮김, 민음사, 2003

헤겔, 게오르크 빌헬름 프리드리히, 『정신현상학』, 임석진 옮김, 한길사, 2005

九鬼周造, 『偶然性の問題』, 岩波文庫, 2015

大森莊藏,『時間と自我』, 青土社, 1992

_____,『時間と存在』, 青土社, 1994

_____,『時間は流れず』, 青土社, 1996

道元,『正法眼藏』, 水野弥穂子 校注, 全4冊, 岩波文庫, 2012

_____,『正法眼藏』, 增谷文雄 全譯注, 全4卷, 講談社, 2016

賴住光子, 『道元』, NHK出版, 2005

山内志郎,『ライプニッツ ── なぜわたしは世界にひとりしかいないのか』,

_____, 日本放送出版協會, 2003

山形賴洋・三島正明,『西田哲學の二つの風光』, 萌書房, 2009

西田幾多郎,『西田幾多郎キ─ワ─ド論集』, 書肆心水, 2007

_____,『西田幾多郎生命論集』, 書肆心水, 2007

_____,『善の研究』, 岩波文庫, 2013

_____,『西田幾多郎哲學論集』, I, II, III, 岩波文庫, 2016

矢野茂樹,『大森莊藏, 哲學の見本』, 講談社, 2007

王弼,『王弼集校釋』, 樓宇烈 校釋, 華正書局, 民國八十一年

莊子 外,『莊子』, 池田知久 全譯注, 講談社, 2014

_____,『莊子集釋』, 郭慶藩撰, 中華書局, 2010

佐藤優,『學生を戰地へ送るには』, 新潮社, 2017

中島義道,『生き生きした過去』, 河出書房新社, 2014

中村桂子,『自己創出する生命』, 哲學書房, 1993

田辺元,『田辺元全集』, 第4卷, 筑摩書房, 1963

_____,『種の論理』, 岩波文庫, 2010

池田清彦,『生命の形式』, 哲學書房, 2002

陳鼓應,『莊子今注今譯』, 商務印書館, 2020

檜垣立哉,『日本哲學原論序說』, 人文書院, 2015

崔漢綺,『氣測體義』, 民族文化推進會, 古典國譯叢書, 101 · 102

Aristoteles, *De l'interprétation*, traduit par Jules Tricot, Vrin, 2000

Aristoteles, *Physique*, traduit par H. Carteron, Les Belles Lettres, 2002-2003

Bergson, Henri, *Matière et mémoire*, Presses Universitaires de France, 1939(2017) *L'Évolution créatrice*, Presses Universitaires de France, 1941

_____, *La pensée et le mouvant*, Éd. du centenaire, Presses Universitaires de France, 1939

Cauchy, Augustin-Louis, *Cours d'Analyse de l'Ecole Royale Polytechnique*(1821), Kessinger Publishing, 2010

Comte, Auguste, *Philosophie des sciences*, textes choisis par Jean Laubier, Presses Universitaires de France, 1974

Cover, J. A. & O'Leary-Hawthorne, J., *Substance and Individuation in Leibniz*, Cambridge University Press, 1999

De Broglie, Louis, *Physique et Microphysique,* Albin Michel, 1947

Deleuze, Gilles, *Différence et répétition*, Presse universitaire de France, 1968

_____, *Logique du sens*, Éd. de Minuit, 1969

_____, *Cinéma 1: image-mouvement*, Éd. de Minuit, 1983

_____, *Cinéma 2: image-temps*, Éd. de Minuit, 1986

_____, *Foucault*, Éditions de Minuit, 1986

Deleuze, G. et Guattari, F., *Mille plateaux*, Éd. de Minuit, 1980

De Landa, Manuel, *A Thousand Years of Nonlinear History*, Swerve Editions, 2000

Kant, Immanuel, *Kritik der reinen Vernunft*, Suhrkamp, 2014

Leibniz, Georg Wilhelm, *Principes de la Nature et de la grâce fondés en raison et Principes de la Philosophie ou Monadologie*, PUF, 1954

Philosophical Papers and Letters, 2nd ed., by Loemker, Reidel, 1969

Lewis, Davis, *On the Plurality of Worlds*, Blackwell, 1986

McTaggart, John, *The Nature of Existence*, Cambridge Univ. Press, 1927

Mayaud, P.-N.(éd.), *Le problème de l'individuation*, Vrin, 1991

Simondon, Gilbert, *L'individu et sa genèse physico-biologique*, Millon, 1995

Stalnaker, Robert, *Inquiry*, The MIT Press, 1984

Stiegler, Bernard, *La technique et le temps*, 3 vols., Galilée, 1998~2001

Thom, René, *Structural Stability and Morphogenesis*, Advanced Books Classics, Westview Press, 1994

Toscano, Alberto, *The Theater of Production*, Palgrave Macmillan, 2006

인명 찾아보기

개념 찾아보기